마르크스 이해하기 2

나남
nanam

한국연구재단 학술명저번역총서
서양편 367

마르크스 이해하기 2

2015년 2월 10일 발행
2015년 2월 10일 1쇄

지은이_ 욘 엘스터
옮긴이_ 진석용
발행자_ 趙相浩
발행처_ (주) 나남
주소_ 413-120 경기도 파주시 회동길 193
전화_ (031) 955-4601 (代)
FAX_ (031) 955-4555
등록_ 제 1-71호 (1979.5.12)
홈페이지_ http://www.nanam.net
전자우편_ post@nanam.net
인쇄인_ 유성근 (삼화인쇄주식회사)

ISBN 978-89-300-8787-2
ISBN 978-89-300-8215-0 (세트)

'한국연구재단 학술명저번역총서'는 우리 시대 기초학문의 부흥을 위해
한국연구재단과 (주)나남이 공동으로 펼치는 서양명저 번역간행사업입니다.

마르크스 이해하기 2

욘 엘스터 지음 | 진석용 옮김

나남
nanam

Making Sense of Marx
by Jon Elster

마르크스 이해하기 2

| 차례 |

제 2 부

역사 이론

제 1부에서는 주로 마르크스의 자본주의 경제 이론과, 자본주의 생리학(제 3장) 및 병리학(제 2장과 제 4장)을 살펴보았다. 이것은 마르크스의 이론적 관심사 두 가지 중 하나였다. 나머지 하나는 범위가 더 넓은 역사 이론인데, 이것이 제 2부의 주제이다. 범위의 확장은 이중적으로 이루어진다―자본주의에서 전 범위의 역사적 현상으로, 경제적 영역에서 전 범위의 사회적 현상으로. 제 5장에서 첫 번째 확장, 즉 마르크스의 경제사 이론을 살펴볼 것이다. 나머지 장에서는 두 번째 확장, 즉 계급투쟁 이론과 자본주의에서의 정치 및 이데올로기를 살펴볼 것이다.

일반 이론으로서 역사적 유물론은 확실히 이러한 두 가지 확장을 동시에 시도한 것이었다. 1859년의 《정치경제학 비판》(*Critique of Political Economy*) "서문"에는 역사적 유물론의 핵심이 잘 요약되어 있다. 여기에서 마르크스는 경제적 토대와 정치적·이데올로기적 상부구조 사이의 관계가 역사상 모든 생산양식에 적용될 수 있다고 주장한다. 하지만 이러한 주장을 뒷받침할 수 있는 자세한 역사적 탐구는 하지 않았다. 마르크스는 전자본주의 사회의 비경제적 현상에 대해서는 말한 것이 거의 없다. 예외가 있다면, 고대세계에서의 계급투쟁에 대한 언급과 아시아적 생산양식에서의 국가의 역할에 대한 언급이 고작이다. 하지만 그의 저작들 여기저기에 전자본주의 경제체제들에 대한 언급이 흩여져 있고, 자본주의의 비경제적 양상들에 대한 방대한 서술이 있다.

루카치와 그를 따르는 핀리는 전자본주의 사회들이 자본주의와 다른 점은 경제적 영역과 비경제적 영역 간의 관계에 있다고 주장한다. [1] 마르크스가 전자본주의 사회들의 상부구조에 대해 침묵한 것을 보면, 여기에는 일반 이론에 적용되지 않는다는 것을 스스로 인정했다고 추측할 수도

---

1) Lukacs, "Funktionswechsel de historischen Materialismus"; Finley, *The Ancient Economy*, p. 50.

있다. 그러나 이러한 추측은 잘못된 것이다. 《자본론 I》의 다음 구절을
보자.

> 이 기회에 미국의 어떤 독일어 신문이 나의 저서 《정치경제학 비판을 위하
> 여》(Zur Kritik der politischen Ökonomie, 1859년)에 대해 제기한 반론에 간
> 단히 답하고자 한다. 그 신문은 말하기를, 나의 주장 ─ 즉 일정한 생산양식
> 과 그에 언제나 상응하는 생산관계, 간단히 말해 사회의 경제구조는 실질적
> 인 토대로서 그 위에 법률적 및 정치적 상부구조가 세워지고, 그에 상응하는
> 일정한 사회적 의식형태가 형성된다는 것, 생산양식이 사회적・정치적・정
> 신적 생활 일반을 결정한다는 것 ─ 은 물질적 이해관계가 만사를 지배하는
> 오늘날의 세계에는 딱 들어맞는 말이지만, 가톨릭이 지배하던 중세나 정치
> 가 지배하던 아테네나 로마에는 맞지 않다는 것이다. 우선 중세나 고대세계
> 에 대한 그 진부한 문구를 모르는 사람이 있을 것이라고 생각하다니 놀랍기
> 짝이 없다. 하지만 이것만은 분명하다. 중세에도 가톨릭으로 먹고 살 수는
> 없었으며, 고대세계에도 정치를 먹고 살 수는 없었다. 오히려 그들이 생활
> 을 유지한 방법과 양식이 왜 고대에는 정치가, 중세에는 가톨릭이 주역을 담
> 당했는가를 설명해준다. 2)

여기에서 마지막 구절은 '파생된 자율성'이란 개념을 낳았는데, 이에 대
해서는 많은 연구가 이루어졌다. 3) 이와 관련된 문제는 7.1에서 마르크
스의 자본주의 국가 이론을 다룰 때 논의할 것이며, 그 개념이 이치에 맞
지 않다는 사실을 밝힐 것이다. 4) 내가 여기에서 원문을 인용한 이유는,

---

2) *Capital I*, p. 82 note.
3) 특히 Balibar, "Les concepts fondamentaux du matérialisme historique"
   참조.
4) 만일 인용한 구절의 끝에서 두 번째 문장을 놓고 그런 주장을 한다면, 이것은
   속류 마르크스주의일 뿐이다. 브레히트(Brecht)의 "의식이 족해야 예절을 안
   다"는 주장과 다를 바 없다.

그가 1867년 시점〔《자본론 I》이 출간된 해 — 옮긴이〕에서 자신의 상부구조 이론이 일반 이론이 될 수 있다고 믿었다는 증거이기 때문이다. 그가 이 이론을 전자본주의 사회들에 적용하지 않은 이유가 무엇이었든, 결코 적용가능성을 의심했기 때문은 아니었다.

제 2부의 장들은 연속적으로 겹치는 내용을 담고 있다. 제 5장과 제 6장은 '역사의 근본적인 동력'에 관한 것이다. 마르크스주의에서 이 지위를 가질 후보는 당황스럽게도 둘이다. 이 둘의 관계는 아직도 미해결 상태로 남아 있다. 한편으로 모든 역사는 생산력과 생산관계의 관계의 역사이다. 생산관계는 생산양식을 구별하는 기준이 되는데, 생산력을 촉진하는가 방해하는가에 따라 등장하고 몰락한다. 이것이 바로 1859년의 "서문"의 핵심인데, 주요한 내용은 이미 《독일 이데올로기》에 다 들어 있다. 다른 한편, "지금까지 존재한 모든 사회의 역사는 계급투쟁의 역사이다." 5) 1859년의 "서문"에 계급 이야기가 없다고 해서 문제 될 것은 없다. 프러시아 당국의 검열을 피하기 위해 생략했을 수도 있기 때문이다. 6) 문제는 계급투쟁이 새로운 생산관계의 '필요성'과 그 생산관계의 현실적인 수립을 매개하는 수단인가 아닌가에 대해 마르크스가 아무 말도 하지 않았다는 데 있다. 마르크스는 기능적 설명을 좋아했고, 그 배경에는 사변적인 역사철학이 있었기 때문에, 이 문제는 별로 중요하지 않다고 생각했을 수도 있다. 하지만 그의 계승자들은 이 문제를 놓고 골머리를 앓아 왔다.

제 6장과 제 7장의 주제는 1850년경 유럽 주요 국가들의 사회적·정치적 계급투쟁이다. 마르크스는 신문 기고문에서, 그리고 《루이 보나파르트의 무월 18일》(*The Eighteenth Brumaire of Louis Bonaparte*)에서 이들 사

---

5) *The Communist Manifesto*, p. 482.

6) Printz, "Background and ulterior motives of Marx's 'Preface' of 1859".

건에 대해 자세히 논평했다. 제 6장은 계급과 계급의식에 대한 일반적 분석이며, 제 7장에서는 그것이 국가 자율성의 문제와 어떤 관련이 있는지 살펴보았다. 여기에서 내가 주장하고 싶은 것은 **계급연합** 이론을 발전시킨 것이 마르크스의 뛰어난 업적이라는 것이다. 또한 그가 집합행위의 다른 요인들에 비해, 그리고 국가기구의 힘에 비해 계급의 힘을 과대평가했다는 점도 밝힐 것이다.

마지막으로 제 7장과 제 8장의 주제 역시 겹친다. 7. 1의 주요 논제는 경제와 계급투쟁에 대한 정치의 자율성을 어떻게 이해하고 그 범위를 어떻게 정할 것인가 하는 것이고, 8. 1에서는 사상의 자율성 문제를 살펴본다. 이데올로기에 관한 마르크스의 저작들과 씨름하면서 모호하고 수사적인 표현들 때문에 끊임없이 짜증이 났다. 그의 주장을 분명히 하기 위해 1. 1에서 말한 방법론적 개체론으로 접근했는데, 그 결과가 일부 독자들에겐 앞뒤가 안 맞는 주장으로 보일 수도 있다. 하지만 나로서는 더 나은 방법은 알지 못한다. 이데올로기의 '기능' 혹은 사유와 실재 간의 '구조적 상동'에 대해 일관성 있는 설명을 하지 못하고 있다는 점은 마르크스주의의 심각한 결함이 아닐 수 없다. 이 문제를 해결하기 위해서는(나는 이 문제가 해결되어야 한다고 생각한다) 다소 냉정한 실증주의가 필요한 것으로 보인다.

제5장

생산양식

생산양식의 등장과 몰락에 관한 이론은, 1859년의 "서문" 등에 나오는데, 사회의 생산관계를 **생산력 성장률**의 극대화 여부와 관련하여 설명한다. 기존의 생산관계가 이러한 발전에 더 이상 적합하지 않으면, 바로 그때 새로운 생산관계가 출현한다. 극대화대상에 관해 마르크스와 다른 접근방법 두 가지를 먼저 설명하는 것이 좋겠다. 첫째, 재산권 제도가 **주어진 시점**에서 사회적 순생산물을 극대화하는 경향이 있다는 주장이 있다. [1] 이 주장은 생산력의 최적의 발전이 아니라 최적의 사용을 강조하고 있다는 점에서 마르크스와는 다르다. 마르크스 역시 이러한 정적(靜的) 기준을 염두에 두고 있었지만, 그의 주된 관심은 동적(動的) 기준에 있었다는 것이 내 생각이다. 둘째, 재산권 제도가 **사회의 지배 계급**, 혹은 **지배적 집단에게 귀속되는 잉여**를 극대화한다는 주장이 있다. [2] 이 주장

---

[1] 예컨대, Posner, *Economic Analysis of Law* 참조. 이러한 접근법에 들어 있는 암묵적인 기능주의에 대한 훌륭한 비판으로는 Field, "The problem with neoclassical institutional economics" 참조.

은 계급투쟁을 역사의 기본적 동력으로 보는 마르크스의 주장과 일맥상 통하는 것으로 보인다. 그러나 생산력이 역사적으로 계속 진보한다고 보 는 마르크스의 견해와는 차이가 있다.

이 세 가지 대상이 동시에 극대화되는 경향이 있다고 볼 수는 없다. 오 히려 일정한 조건 아래서는 이들이 서로 발산(發散)한다고 볼 만한 이유 가 있다. 최적의 발전과 최적의 사용이 서로 충돌하는 것이 특허 체제의 역설이다. 이에 대해서는 앞에서 여러 번 언급한 바 있다. 기술 지식을 마음대로 활용할 수 있으면 현재의 산출은 극대화되겠지만, 새로운 지식 의 생산을 위한 의욕은 감소된다. 현재의 산출을 최적화하는 재산권이 잉여의 추출을 어렵게 혹은 값비싸게 만들 경우, 순산출의 극대화와 잉 여의 극대화는 서로 충돌하는 것이다. 그러므로 통치자의 입장에서 측정 비용이 적게 드는 세금징수제도는 상대적으로 비효과적임에도 불구하고 지속된다(예를 들면 콜베르의 프랑스에서 독점권의 부여).[3]

5.1에서 우선 1859년의 "서문"에 나오는 일반 이론을 소개하고, 이를 다른 여러 저작들에 비추어 해석해보겠다. 이 부분은 코헨의 선구적인 연구에 크게 의존하였지만, 일부 내용은 그가 내린 결론과는 다르다. 특 히 코헨은 마르크스의 일반 이론과 전자본주의 사회들의 동학(動學)에 대한 설명 간의 충돌이, 자신이 제시한 방법으로(혹은 다른 방법으로) 해 소될 수 있다고 주장하지만, 나는 그렇게 생각하지 않는다. 5.2에서는 마르크스의 일반 이론과 다양한 역사적 생산양식에 대한 그의 설명을 체 계적으로 비교한다. 마르크스가 봉건제에서 자본주의로의 이행을 설명 할 때는 잉여극대화의 개념을 사용하였지만, 자본주의에서 공산주의로 의 이행을 예견할 때는 산출극대화를 강조했다는 것이 내 주장이다. 이

---

2) 이러한 접근을 하는 여러 가지 이론은 North, *Structure and Change in Economic History*; Marglin, "What do bosses do?" 참조.

3) North, *Structure and Change in Economic History*, p. 43.

두 개의 이행과정을 설명하는 데 있어서 생산력 성장률의 극대화는 그 어떤 중요한 역할도 하지 않는다. 그렇기는 하지만, 자본주의적 생산관계가 생산력의 발전에 더 이상 최적이 아니게 되었을 때, 바로 그 때문에 공산주의가 도래한다는 주장을 재구성해보겠다. 이 주장을 설득력 있게 만들기는 매우 어렵다는 것을 알게 될 것이다. 5.3에서는 마르크스의 역사적 시기 구분과 2.4에서 논의한 사변적 역사철학과의 관계를 살펴본다. 마르크스가 저 유명한 일련의 생산양식 외에 각 시기에 지배적이었던 생산의 **목적**─사용가치의 생산, 교환가치의 생산, 이윤 생산─이라는 관점에서 시기를 구분하기도 하였다는 것이 나의 주장이다.

5.1. 생산양식에 관한 일반 이론

1859년의 《정치경제학 비판》 "서문"에서 마르크스는 다음과 같이 말한다.

> 인간은 그들 생활의 사회적 생산에서 자신의 의지와는 관계없는 일정한 필연적인 관계, 즉 그들의 물질적 생산력의 일정한 발전단계에 상응하는 생산관계에 들어간다. … 사회의 물질적 생산력은 현존하는 생산관계 내부에서 발전하다가 일정한 단계에 이르면 현존의 생산관계, 또는 이것의 법률적 표현에 불과한 소유관계와 충돌하게 된다. 여기에 이르면, 생산관계는 생산력의 발전형태가 아니라 생산력에 대한 족쇄로 변한다. 바로 이때부터 사회혁명의 시기가 시작된다. … 어떠한 사회구성체도 그 내부에서 생산력이 발전할 여지가 있는 한 결코 멸망하지 않는다. 또한 새로운, 더 높은 생산관계는 그것의 물질적 존재조건이 낡은 사회의 태내(胎內)에서 성숙하기 전에는 결코 나타나지 않는다. [4]

이 구절은 《정치경제학 비판》의 핵심적인 주장을 나타낸다. 5.1.1과 5.1.2에서 일반 이론의 기본적 구성요소인 생산력과 생산관계의 개념을 논의할 것이다. 5.1.3에서는 생산력과 생산관계 간의 '상응'과 '모순'을 이해하는 다양한 방법들을 살펴볼 것이다. 5.1.4에서는 생산관계에 대한 생산력의 '우선성'이 어떤 뜻인지 규명한다.

5.1.1. 생산력

코헨은 생산력을 내포적으로, 외연적으로, 이론적으로 정의한다. 내포적으로는 "생산력이 되기 위해서는 그 설비를 생산주체가 생산이 (부분적으로) 일어나는 방식으로 사용할 수 있어야 하고, 그 설비가 생산에 기여하는 것이 누군가의 의도에서 비롯된 것이어야 한다".[5] 외연적으로는 생산수단(특히 생산도구와 원자재)과 노동력이 포함된다. 노동력의 속성, 즉 기술이나 지식 등도 포함된다. 이론적으로는 생산력이라는 개념이 사용된 좀더 일반적인 이론에 의해 제약된다. 생산력은 ① 반드시 소유되어야 하는 것은 아니지만, 소유할 수 있는 것이어야 한다. ② 역사를 통해 발전해야 한다. 여기에서 발전은 생산된 재화에 들어 있는 노동의 양을 (넓은 의미에서) 감축시키는 것을 말한다. ③ 생산관계의 형태를 설명할 수 있어야 한다. ④ 생산관계가 족쇄가 되는 것이어야 한다.[6] 나는 이들을 각각 소유가능성 제한, 발전 제한, 설명 제한, 족쇄 제한으로 부르겠다.

코헨의 접근방법은 아주 명확하다. 그렇게 하면 마르크스의 주장과 관련 있는 이론을 일관성 있게 구축할 수 있다. 그러나 마르크스는 그처럼

---

4) *Critique of Political Economy*, pp. 8~9.

5) Cohen, *Karl Marx's Theory of History*, p. 32.

6) *Ibid.*, p. 41. 소유가능성 제한에 대해서는 또한 p. 43 참조.

명확하지도, 일관되지도 않았다. 복잡한 역사적 발전과 더 깊은 관련이 있었다. 사회적 관계와 과학 및 인구라는 꽤 까다로운 경우들을 살펴봄으로써 이를 설명하고 예시하겠다. 그런 다음 생산력의 **발전**이라는 개념에 들어 있는 모호성에 대한 논의로 끝을 맺겠다.

마르크스는 '생산력'이라는 용어 외에 일반적인 의미에서 동의어[7]로 볼 수 있는 다른 용어들도 사용한다. 노동자의 생산성이나 총산출의 크기를 증진시키는 인과적 효능이 있는 것은 무엇이든 생산력으로 간주한다. 예를 들면 《요강》에서 "과학, 발명, 분업, 노동의 결합, 향상된 교통수단, 세계시장의 창출, 기계 등에서 비롯되는"[8] 생산력의 증가에 대해 언급한다. 여기에서 (좁은 의미에서) 생산력의 증가를 **구성**하는 것 ─ 예컨대 발명 ─ 이 그러한 증가의 **원인**이 되는 것 ─ 예컨대 세계시장의 발전 ─ 과 동등한 수준으로 나열된다. 그렇다면 마르크스는 후자 그 자체가 생산력의 증가라고 말한 것으로, 그리고 좀더 일반적으로 생산의 사회적 관계가 생산력의 (최적의?) 발전을 촉진하는 한, 그것도 생산력이라고 말한 것으로 이해할 수 있다. 이와 비슷하게 마르크스는 《독일이데올로기》에서 '기계와 화폐'가 어떤 조건하에서는 '파괴적인 힘'이 될수도 있다고 말하는데, 이것은 그런 조건이 아니라면 둘 다 생산력이 될수 있다는 의미로 이해된다. [9] 한 걸음 더 나아가 종교와 같은 상부구조

---

7) 《독일 이데올로기》에는 생산력이라는 의미로 생산조건(Produktionsverhält-nisse)이라는 말이 한 번(p. 35) 나온다. 이 저작에서는 일반적으로는 "생산 및 교통조건"(Produktions- und Verkehrsverhältnisse)(pp. 176, 209, 416), "생산 및 교통방법"(Produktions- und Verkehrsweise)(pp. 88, 159, 247, 367), "생산 및 교통조건"(Produktions- und Verkehrsbedingungen)(pp. 85, 418) 등의 복합적 표현을 사용하는데, 이 표현들이 나중에 "생산력과 생산관계"라는 용어로 발전한다.

8) *Grundrisse*, p. 308.

9) *The German Ideology*, p. 52.

적 관행도 노동생산성을 향상시키는 한 생산력에 포함된다고 주장할 수
도 있다.

　코헨이 지적한 것처럼, 생산력의 개념을 이렇게 확장하는 것은 말이
안 된다. 10) 마르크스가 가끔 그런 방식으로 표현했다 하더라도 그 개념
은 이론적 제약을 받는다. 특히 생산의 사회적 관계는, 만일 그 자체가
생산력이라면, 생산력에 의해 설명될 수 없다. 둘 사이의 관계를 설명하
려면 각각의 개념이 분명하게 구별되어야 한다. 마르크스 자신도 **"생산력
(생산수단)과 생산관계라는 개념들의 변증법, 그 범위가 규정되어야 하
고, 실질적인 차이를 지양하지 않는 변증법"**에 대해 언급한 바 있다. 11)
하지만 코헨은, 제대로 일반화한다면, 이러한 다양한 현상을 인식적 동
의어로 생산력의 개념에 넣을 수는 있다고 말한다. 마르크스처럼12) 코헨
도 순수한 기술적 분업과 자본주의 특유의 형태를 구분한다. 그의 어법
에 따르면, 전자는 물질적 작업관계이고 후자는 사회적 생산관계이
다. 13) 분업은 관계이기 때문에 사용 또는 소유의 대상이 될 수 없고, 따
라서 생산력의 자격을 가질 수 없다. 그러나 그러한 물질적 작업관계가
노동생산성을 향상시킨다는 우리의 직관을 수용하기 위해 그는 이렇게
덧붙인다.

　　그 영역에 속한 것 중 **어떤 것**은 생산력이라는 데 동의하지만, 작업관계 그
　　자체는 아니다. 노동을 조직하는 방법에 대한 지식은 경영 노동력을 구성하
　　는 생산력이지만, 그 지식의 실행으로 수립된 관계는 생산력이 아니다. 관계

---

10) Cohen, *Karl Marx's Theory of History*, pp. 32ff.

11) *Grundrisse*, p. 109.

12) *Capital I*, p. 420; 또한 p. 419 참조. 여기에는 "가능한 모든 기계를 대규모로
　　사용"할 경우에 요구되는 기술적 분업에 더하여 특히 자본주의적 분업이 어떻
　　게 추가되는지에 대한 분석이 나와 있다.

13) Cohen, *Karl Marx's Theory of History*, ch. IV.

의 수립을 위한 청사진과 관계 그 자체는 다른 것이며, 생산력은 전자다. 14)

코헨은 자본주의 특유의 분업에 대해서는 유사한 해설을 하지 않았지만, 동일한 인식적 유추가 여기에서는 왜 적용될 수 없는지 궁금할 것이다. 《자본론 I》의 다음 구절을 보자.

> 그런데 기계가 낡은 분업 체계를 기술적으로 무너뜨린다고는 하지만, 이 체계는 처음부터 매뉴팩처의 전통으로서 공장에서도 관습적으로 존속하며, 나아가 더욱 가증스러운 형태의 노동력 착취수단으로서 자본에 의해 체계적으로 재생산되고 고정된다. 전에는 동일한 도구를 다루는 일이 평생의 전문이었지만, 오늘날에는 동일한 기계를 다루는 일이 평생의 전문이 된다. 노동자를 어릴 때부터 어느 한 기계의 부분으로 만들기 위해서 기계가 악용된다. 이런 방식으로 노동자 자신의 재생산에 필요한 비용이 현저히 감소할 뿐 아니라, 동시에 공장 전체에 대한, 나아가서 자본가에 대한 노동자의 절망적인 종속이 완성된다. 어디서나 그렇듯이 여기서도 사회적 생산과정의 발전에 따른 생산성의 증대와 이 과정의 자본주의적 착취에 의한 생산성의 증대를 구별해야 한다. 15)

이 구절은 모호하지만 흥미롭다. 마지막 문장에 이를 때까지는, 자본주의 특유의 생산조직은 그 동기가 효율성이나 생산성이 아니라 이윤이라고 주장하는 것으로 읽힌다. 특히 자본가는 노동자를 복속시키기 위해 (3.2.2에서 제시한 주장을 예시하면서) 기술적으로 열등한 방법을 선호한다는 것이다. 그런 다음 자본주의적 조직이 생산성을 향상시킨다고 결론내리고 있으니 놀라운 일이다. 첫 번째 독법은 5.2.2에서 다시 살펴보겠다. 여기에서는 마지막 문장을 중시하는 두 번째 독법에 따라, 자본주의

---

14) *Ibid.*, p. 113.

15) *Capital I*, p. 422.

적 분업이 더욱 생산적이라는 경영지식 — 이것은 생산성을 향상시키는 물질적 작업관계에 대한 지식과 유사한 것이다 — 이 왜 생산력이 될 수 없는지에 대해 질문을 제기하고자 한다. 테일러주의는 생산력이 될 수 없는 것인가? 이런 것까지 생산력으로 인정한다면, 경영지식을 어디까지 일반화할 것인가? 종교가 노동자들을 더욱 열심히 일하게 만든다는 지식은 (그들이 임금인상 요구를 자제할 가능성도 있다는 것은 차치하고) 어떤가? 사회적 관계에 대한 지식은 그 자체가 사회적인 것도 아니고 관계도 아닌데 왜 생산력에 포함될 수 없는가?

나는 마르크스가 이러한 결론에는 반대했을 것이라고 확신한다. 하지만 다음과 같은 연쇄에서 경계를 어디에 설정해야 하는지는 분명하지 않다. 기계—기술적 분업—자본주의적 분업—테일러주의—인간관계—공장에서의 아침 기도—공장 아동들을 위한 일요학교—공장 노동자들을 위한 일요예배. 가장 자연스러운 해결책은 이론적 제약을 가하는 것이다. 즉 생산력은 생산관계에 대해 **중립적**이어야 한다는 것이다. 이것은 생산관계가 변화했을 때 그 생산관계에 사용된 생산력에는 **즉각적인** 변화가 없어야 한다는 것을 의미한다. 변화가 나중에 일어날 수는 있다. 새로운, 더 나은 생산력이 발전할 수도 있기 때문이다. 그러나 즉각적인 영향은 없어야 하고, 따라서 기존의 생산력이 그대로 유지되어야 한다. 문제가 없는 것은 아니지만,16) 이러한 제안은 마르크스의 핵심적인 사고 중 하나와 일치하는 것으로 보인다. 즉 생산력의 발전은, 인간에 대한 인간

---

16) 해석상 어려움을 야기하는 문헌은 《리스트 평주》(*Commentary on List*, p. 285)이다. 여기에서 마르크스는 생산력을 매우 넓은 의미로 사용한다. "어떤 직업의 단조성 때문에 그 일이 자신에게 더 잘 맞는다면, 단조성도 생산력이다." 문제는 생산자의 선호(3. 2. 2)에서 발생한다. 효율성의 측면에서 최적인 기술이 복지의 측면에서는 그렇지 않을 수도 있다. 마지막으로 생산력에 대한 중립적인 정의를 내리는 데 있어서도 이론적인 어려움이 있다. 비중립적인 조직방법들이 생산관계를 설명하는 데 사용될 수도 있기 때문이다.

의 더욱 효과적인 착취가 아니라, 자연에 대한 인간의 진보적인 지배를 반영한다는 것이다.

이제 **과학**을 생각해보자. 마르크스에 따르면, 이것은 논란의 여지 없이 생산력이다. [17) 정신적 창조물인 과학이 어떻게 물질적인 생산력이 될 수 있는지 반문할 독자도 있을 것이다. 이에 대해서는 두 가지 대답이 가능한데, 어떤 것을 선택하든지 별 문제가 없다. 하나는, 마르크스가 말한 대로, 생산력은 '정신적인' 것도 있고, '물질적인' 것도 있다는 것이다. [18) 또 하나는, 코헨이 말한 것처럼, '물질적'의 반대말은 '정신적'이 아니라 '사회적'이라는 것이다. 그렇다면 생산력은 정신적이면서 동시에 물질적인 것이 될 수 있다. [19) 이 문제는 별로 중요하지 않다. 하지만 위 문단의 논리에 따르면, 사회적 관계에 관한 과학은 생산력이 될 수 **없을** 것이다.

또 하나의 어려움은 자못 심각하다. 코헨에 따르면, 생산력은 소유 가능해야 한다. 그러나 과학적 지식은 법적으로 소유가 인정되기 어려운 경우들이 있다. 특정 지식을 자기 혼자만 알고 있으면 **사실상** 독점이 가능하지만, 법적 소유권을 주장하는 순간 독점은 무너진다. 소유권을 주장하기 위해서는 이를 공개해야 하는데, 그렇게 되면 누구라도 이를 공짜로 사용할 수 있게 된다. 정보는 독특한 성질을 가지고 있다. 정보는 구매자가 그 정보를 알 때까지는 그 가치를 알 수 없다. 그러나 그 정보를 알게 되었을 때는 그 정보를 사실상 공짜로 얻은 것이다. [20) 특허제도는 이 문제를 어느 정도 극복한다. 수학 및 자연과학 지식은 대부분 특허가 적용될 수 없다. 이러한 특허 불능의 지식은 발전 제약을 만족시키지만,

---

17) 특히 *Grundrisse*, pp. 690ff; *Zur Kritik (1861~1863)*, pp. 260ff 참조.
18) *Grundrisse*, pp. 223, 502.
19) Cohen, *Karl Marx's Theory of History*, p. 47.
20) Arrow, *Essays in the Theory of Risk-Bearing*, p. 152.

소유가능성 제약에는 위배된다. 족쇄 제약은 만족시킬 수도 있다. 만일 과학자가 전체적으로 혹은 부분적으로 자신의 발견으로 이윤을 얻고자 하는 동기를 가지고 있을 경우에는 그럴 수 있다. 1861~1863년의 《비판》에서 마르크스는 이렇게 말한다.

> 이들 과학이 자본을 부유하게 하는 수단으로 봉사하고, 이로써 전문가들을 부유하게 하는 수단이 된다면, 과학자들은 과학의 **실용** 방법을 찾기 위해 서로 경쟁한다. 21)

하지만 마르크스는 이 동기를 그리 중요하게 여기지는 않았다. 과학에 대한 그의 일반적인 태도는 다음과 같은 언급에 잘 나타나 있다. "자본은 과학을 창출하는 것이 아니라 이용한다."22) 특허 불능의 지식에서 성장이 일어나고, 자본은 그러한 지식의 창출에 어떠한 기여도 없이 이를 활용한다. 그렇다면, 과학이 설명 제약을 만족시킬 수 있는지는 의문이다. 생산수단의 사적 소유가 소유 불가능한 생산력의 발전에 영향을 미친다는 식으로 설명하는 것은 터무니없는 주장이다. 마르크스가 자본주의의 역사적 과업은 자유시간을 창출하는 것이고, 이로써 예술적·과학적 활동에 전념할 수 있는 사람들이 생겨나고, 이들의 활동이 미래사회의 초석을 놓는다고 한 것은 사실이다(2.4.2). 하지만 그는 자본주의적 생산관계가 왜 이런 결과를 가져오는지, 이러한 결과가 무엇을 설명할 수 있는지에 대해서는 아무런 설명도 하지 않았다. 게다가 과학의 발전은 자본가 계급의 **집합적** 이익이지 개별 기업가 각각의 이익은 아니다. 따라서 이것으로 생산수단의 **사적** 소유를 설명할 수 있다는 주장은 이해하기 어렵다. 자본가 계급의 집합적 이익은 주로 정치적 수단에 의해 증진된다.

---

21) *Zur Kritik (1861~1863)*, p. 2062.
22) *Ibid.*, p. 2060; 또한 *Capital*, p. 386 note.

하지만 생산관계를 설명하면서 정치제도를 끌어들일 수는 없다. 그렇게 되면 그 정치제도는 왜 그런 형태를 띠고 있는지를 또 설명해야 하기 때문이다.

완성도를 높이기 위해, 더 복잡해지기는 하겠지만, 나는 코헨의 소유 가능성 개념이 효과적인 통제를 위한 보다 근본적인 관계의 필요성을 법적 개념으로 말한 것이라는 점을 지적하고자 한다. 그의 견해에 따르면, 법적 소유관계는 효과적인 통제를 위한 전(前) 사법적 관계를 안정화시킨다. 23) 이에 대한 자세한 논평은 7. 1. 1 이하에 나와 있다. 여기에서 지적하고자 하는 것은 소유가능성 제약이 효과적 통제가능성 제약으로 대체된다면, 특허 불능의 지식도 그 제약을 만족시킬 수 있다는 점이다. 24) 다른 한편 법적 인정은 그로 인해 그 정보가 공개됨으로써 전사법적 통제를 안정화시키는 것이 아니라 오히려 파괴할 것이다. 그러므로 코헨은 난관에 부딪힌다. 생산력의 법적 소유가능성을 주장하려면 과학이 생산력의 일부가 아니라는 것을 받아들여야 한다. 이것은 마르크스의 견해와는 상반된다. 생산력의 효과적인 통제가능성을 주장하려면 효과적 통제를 위한 일부 형태들은 법적 인정으로 인해 안정화될 수 없다는 것을 받아들여야 한다. 이것은 자신의 이론과 모순된다. 25)

그러므로 사회적 관계와 과학의 개념적 지위는 다소 모호하다. 이 둘

---

23) Cohen, *Karl Marx's Theory of History*, ch. VIII.

24) 하지만 이 경우에도 지식이 통제되면서 **동시에 사용될** 수 있는가 하는 문제가 남는다. 왜냐하면 최종 산물이 나온 후에야 거기에 들어간 지식이 무엇인지 재구성할 수 있는 경우가 종종 있기 때문이다.

25) 코헨이 명시적으로 밝힌 것은 모든 권리는 그에 해당하는 힘이 있다는 것이다. 이것은 앞의 주에서 언급한 조건이라면 특허 가능 지식에는 해당하지 않는다. 반대 주장, 즉 모든 힘에는 그에 상응하는 권리가 있다는 주장은 특허 불능 지식에는 해당하지 않는다. 코헨은 명시적으로 이러한 주장을 하고 있지는 않지만, 그의 설명과 그가 해석하고 있는 이론 속에 암암리에 포함되어 있다.

은 생산력에 대한 이론적 제약 일부는 만족시키지만, 나머지에는 위배된다. 그렇다고 해서 마르크스의 작업이 근본적인 어려움을 안고 있다는 말은 아니다. 사회변동을 설명하는 포괄적인 이론에는 그런 정도의 문제들은 있기 마련이다. 더 심각한 이론적 결함은 마르크스가 인구를 대하는 태도에 있다. 중상주의적 전통[26]을 따라 그는 인구를 생산력에 포함시키려 했다. 이것은 자신의 일반 이론에 배치되는 것이다. 그는 경제성장의 외연과 내포를 혼돈했다. 즉 총생산의 성장과 1인당 생산의 성장을 혼돈했던 것이다.

1861~1863년의 《비판》에서 그는 인구가 자본가가 공짜로 얻을 수 있는 많은 생산력 중 하나라고 보았다.

> 자본가가 공짜로 얻을 수 있는 기구 중 하나는 생산과정에서의 분업과 노동의 결합이다. 그는 노동자 개개인의 노동력에 대해서만 임금을 지불할 뿐, 그들의 결합이나 사회적 노동력에 대해서는 한 푼도 지불하지 않는다. 나아가 과학의 힘도 공짜로 얻는 생산력이다. 인구성장 역시 공짜로 얻는 생산력이다. 하지만 오직 자본의 소유를 통해서만, 특히 기구의 형태로만 이들 공짜 생산력을 전유할 수 있다. 이러한 사실은, 인구성장과 사회의 역사적 발전이 가져오는 모든 사회적 노동력은 말할 것도 없고, 자연의 잠재적인 부와 자연력에도 해당한다.[27]

---

26) 중상주의와 신중상주의에서는 인구를 국가의 가장 중요한 생산력으로 여겼다. 라이프니츠의 간명한 주장은 이러한 사고방식을 잘 보여준다. "힘은 토지의 비옥함과 인구 및 화폐이다"(Sombart, *Der moderne Kapitalismus*, vol. II, p. 934에서 인용). 여기에서 라이프니츠는 생산력의 내포(토지의 비옥함)와 외연(인구)을 혼동하고 있을 뿐만 아니라, 협의의 생산력(생산에 사용된 것)과 광의의 생산력(생산증가의 효과를 가지고 있는 것)도 혼동하고 있다. 마르크스도 이 두 가지 오류에서 벗어나지 못했다.

27) *Zur Kritik (1861~1863)*, p. 2047.

마지막 문장을 보면, 그가 인구를 생산력에 넣은 이유를 알 수 있다. 즉 노동자 총수의 증가는 노동자 1인당 생산성을 향상시키는 경향이 있다는 것이다. 그렇다면 그는 생산력의 성장을 구성하는 것과 그러한 성장을 야기하는 원인이 되는 것을 순간적으로 혼동한 잘못이 있을 뿐이다. 이렇게 읽으면 인구성장은 생산력의 발전이 아니라, (자본주의적 조건하에서) 분업의 증가를 가능하게 함으로써 생산력의 발전을 가져오는 원인인 것이다. 같은 원고의 다른 곳에서 마르크스는 이 점을 분명히 밝히고 있다. "인구성장과 더불어 [노동자의] 기술이 향상되고, 분업이 증가하고, 기계의 사용가능성도 높아지고, 고정자본도 증가하고, 요컨대 노동생산성이 증가한다. 28)

마르크스에 따르면, 오직 자본주의적 조건하에서만 인구증가가 노동생산성의 증가를 가져온다. 전자본주의적 조건하에서는 인구규모와 1인당 생산 간에는 정적(正的) 상관이 아니라 오히려 부적(負的) 상관관계가 나타난다.

> 고대 그리스와 로마에서 강제이민은 정기적인 식민지 수립의 형태를 취하면서 본국의 사회구조와 조직적으로 연계되어 있었다. 이들 국가는 체제 자체가 일정한 수의 주민을 전제로 수립되어 있었기 때문에, 주민의 수가 그 한계를 넘어서면 고대문명 자체가 위협을 받았다. 왜 그랬을까? 물질적 생산을 과학적으로 할 줄 몰랐기 때문이다. 문명화되기 위해서는 소수가 되어야 했다. 그 한계를 넘어선 사람들은 신체적으로 고된 일을 할 수밖에 없었을 것이고, 이런 일을 하는 사람들은 자유민에서 노예로 전락했다. 생산 능력의 결핍으로 인하여 시민의 수는 일정한 비율을 유지해야 했다. 강제이민이 유일한 대책이었다. 아시아 고원지대의 야만인들이 구세계로 침입한 것도 생산 능력에 대한 그와 같은 인구 압력 때문이었다. 형태는 달랐지만 원인은

---

28) *Theories of Surplus-Value*, vol. 3, pp. 244, 259 참조.

같았다. 야만인이 되기 위해서는 소수가 되어야 했다. 그들은 목축, 수렵, 약탈로 살아가는 부족이었다. 그들의 생산방식은 각 개인에게 넓은 땅이 있어야 했다. 현재 북아메리카의 인디언들이 그러하듯이. 인구수가 늘어나면서 그들은 서로의 생산영역을 빼앗았다. 29)

이 진술은 인구증가가 **일정한 조건하에서** 생산력 증가의 원인이 된다는 주장과 일치하지만, 인구증가 그 자체가 생산력 증가는 아니다. 마르크스에 따르면, 그 일정한 조건이란 자본주의적 생산을 말한다. 이 주장이 틀렸을 수도 있지만,30) 지금 우리의 논의와는 상관이 없다.

앞에서 나는 원전을 근거로 마르크스가 인구를 생산력으로 보았다고 단정할 수는 없다고 결론지은 바 있다. 하지만 고대세계의 해체의 문제는 그러한 결론을 재고하게 만든다. 마르크스는 전자본주의 사회에서는 어떠한 기술변혁도 일어나지 않았다고 생각했다(5.2.1). 그렇다면 이러한 사회들이 노동자 1인당 생산성이 증가한 결과 붕괴되었다는 주장은 이해하기 어렵다. 다른 한편 마르크스는 고대세계가 인구증가로 인해 붕괴되었다고 주장하는데, 그렇다면 인구가 생산력이라는 말이 된다.

> 공동체가 그 자체로 전래의 방식으로 존속하기 위해서는 그 구성원들이 전제된 객관적 조건하에서 재생산되어야 한다. 생산 그 자체, 인구증가(이것도 생산에 속한다)는 점차 필연적으로 그 조건들을 통하지 않게 만든다. 그 조건들을 재생산하는 것이 아니라 파괴한다. 그리고 이와 더불어 공동체의 기초를 이루고 있던 소유관계들이 몰락하면서 공동체도 몰락한다. 31)

---

29) *New York Daily Tribune* 1853. 3. 22.

30) 인구성장이 전자본주의 사회에서 기술변혁의 주된 원인이었다는 주장에 대해서는 Boseru, *Population and Technological Change* 참조.

31) *Grundrisse*, p. 486.

모든 [전자본주의적] 생산형태들에 있어서 생산력의 발전은 전유의 기초가 아니었다. 생산조건들에 대한 특정한 관계(소유형태들)는 생산력에 대한 가상의 장벽이었는데, 같은 형태로 재생산되었다. 따라서 인구의 증가는(여기에 모든 생산력의 발전이 집약되어 있는데) 외적 장벽에 부닥쳤고, 그리하여 제한되어야 할 것으로 나타났다. 일정한 수의 인구가 바로 공동체의 조건이었던 것이다. … 과잉 인구와 인구를 합하면 특정한 생산 토대가 낳을 수 있는 전체 인구가 된다. 인구가 어느 정도 그 장벽을 넘어서는가 하는 것은 장벽 그 자체, 혹은 그 장벽을 만드는 동일한 토대에 의해 결정된다. 32)

《요강》에서 인용한 이 원문에 비추어보건대, 마르크스가 인구를 생산력에 포함시켰다는 것이 내 생각이다. 그 이유는 ① 생산력의 발전으로 사회변동을 설명할 수 있어야 한다는 이론적 제약에 부합하고, ② 부의 주된 원천으로 볼 수 있기 때문이다. 이는 중상주의적 전통과도 일맥상통한다. 마르크스가 간과한 것은, 인구성장과 기술변혁이 사회변동에 같은 방식으로 작용하지는 않기 때문에 설명의 방식이 달라야 한다는 점과, 인구의 증가가 반드시 1인당 생산의 증가를 동반하지는 않는다는 점이다.

이것이 다소 사변적인 재구성이라는 점은 인정한다. 사회변동의 일반 이론과, 자본주의 및 전자본주의 사회에 대한 일반 이론의 일관성 있는 적용, 이 두 가지 모두를 마르크스에게서 찾을 수 있다면 더할 나위 없이 좋을 것이다. 나는 마르크스가 일반 이론의 적용을 시도하지 않은 것이 아니라, 시도는 했으나 혼란스럽게 했다고 해석하는 것이 마르크스에게 더 관대한 일이라고 생각한다. 생산력에 대한 이중적인 이해, 즉 인구성장의 외연적 과정으로 혹은 1인당 생산성의 내포적 과정으로 이해한 덕분에 ― 이로 인해 일관성은 상실했지만 ― 마르크스는 일반 이론과 전자

---

32) *Ibid.*, p. 605.

본주의 사회에 대한 탐구를 연결시킬 수 있었던 것이다.

인구성장의 문제를 살펴본 결과, 생산력의 발전이라는 개념에 또 하나의 모호성이 있다는 것을 알 수 있다. 우리는 지금까지 생산력의 발전을 내포적 과정으로 간주해왔다. 다음 시나리오를 생각해보자. 초기단계에서 희박한 인구가 화전(火田)으로 농사를 짓고, 1인당 꽤 높은 생산성을 보인다. 둘째 단계에서 농업 기술의 변화는 없이 인구가 증가하여 생산성이 하락한다. 마지막 단계에서 집약적 농업으로 전환하여 생산성은 향상되었지만 초기단계에는 미치지 못했다고 하자. 첫째와 마지막을 비교했을 때 '생산력의 발전'이 일어났는가?

대답은 초기조건의 자원과 인구하에서의 새 농법이 도입되었다고 가정했을 경우 그 효율성을 어떻게 추정하느냐에 따라 다를 것이다. 새 농법이 그 상황에서 1인당 생산을 증가시켰을 것이라고 본다면 새 농법의 출현은 생산력의 발전이다. 이에 대해 코헨은 이렇게 반박한다. "생산력의 발전수준은 경제구조의 형태를 결정하는데, 추정을 근거로 경제구조를 논할 수는 없다."[33] 그러나 3단계 시나리오를 다시 한 번 생각해보자. 둘째 단계에서 집약적 농업은 화전보다는 더 나은 기술이었을 것이다. 새로운 생산관계가 확립되어야 새 농법의 도입 및 발전이 가능하다고 한다면, 이 사실은 왜 다음 단계에서 그런 관계가 성립되었는지에 대한 설명이 될 수는 있다. (나는 그렇게 생각하지 않지만, 논의의 편의상 여기에서는 일단 인정하기로 한다.) 이 진술에는 반사실적 가정은 없다. 반사실적 비교는 새 농법이 생산력의 발전을 구성하는가를 결정하는 데 필요할 뿐이지, 그것이 경제구조의 형태를 결정하는가 하는 문제와는 아무 관계가 없다.

그러므로 이러한 가정적 시나리오를 통해 우리는 생산력이 발전하는

---

33) Cohen, *Karl Marx's Theory of History*, p. 61.

것이며, 생산관계의 변화를 설명한다고 말할 수는 있다. 그러나 생산관계의 변화가 생산력의 발전에 의해 설명된다고 말할 수는 없다. 34) (생산력의 발전 없어도 강압에 의해 생산관계의 변화가 초래될 수도 있기 때문이다. 앞의 예시에서 새 농법이 초기단계의 농법보다 못하다 할지라도 변화된 환경과 인구조건하에서는 옛 농법보다 더 나을 수도 있다.) 이것이 아마도 코헨의 반론의 요점일 것이다. 그러나 그의 반론은 생산력의 '발전'의 의미와는 관계없다. 마르크스가 생산관계의 변화는 언제나 선행하는 생산력의 발전에 의해 설명될 수 있다고 믿었는지 여부와 관계가 있을 뿐이다.

마지막으로 이 쟁점과 관계있는 문제가 하나 더 있다. 생산력이 일정한 발전수준에 이르면, **어떤 특징으로 인해** 더 나은, 최적의 성장을 가능하게 할 새로운 생산관계를 요구하는가 하는 문제이다. 표준적인 대답은 그 특징이 잉여의 수준이라는 것이다. 35) 이것은 확실히 마르크스가 자본주의에서 공산주의로의 이행과 관련하여 취한 견해였다(5.2.3). 그러나

---

34) 그럼에도 불구하고 생산력의 발전이 생산관계의 변화를 가져온 **원인**이라고 말할 수는 있다. 생산력의 발전으로 인하여 생산관계의 변화가 일어난 것이 아닌 경우에도 "생산력의 발전"이라는 과정이 생산관계의 변화를 가져온 하나의 원인일 수 있기 때문이다. Beauchamp and Rosenberg, *Hume and the Problem of Causation*, pp. 93ff 참조.

35) 좀더 구체적으로 말하자면 1인당 잉여의 수준이다. 그러나 총 잉여를 관련 특징으로 보는 견해도 드물지 않게 만날 수 있다. Boserup, *Population and Technological Change*, p. 65, *passim*에 따르면, 전자본주의 사회에 있어서 기술진보는 전형적으로 1인당 잉여의 하락과 총 잉여의 증가를 가져왔다. 총잉여의 증가가 전문가 계급의 출현을 가능하게 했으며, 이들이 또한 기술진보를 촉진하였다. 그러나 1인당 잉여의 증가 자체는 그러한 결과를 가져오지 않았다. 나는 이것이 마르크스의 견해는 아니라고 생각하지만, 후일의 마르크스주의자들이 때때로 이런 견해를 보였다. 나는 이런 견해가 매우 그럴듯하지만 불충분하다고 생각한다. 예를 들어, 한계 노동생산성이 그다지 급격히 하락하지 않음에도 불구하고, 기술변혁 없는 인구성장이 왜 동일한 효과를 낳지 못하는지는 여전히 불분명하다.

이런 주장도 가능하다. 즉 생산력이 충분히 세련된 기술이나 지식을 구현하고 있을 경우, 더 나은 최적의 발전을 위해 새로운 생산관계가 요구될 수도 있다는 것이다. 예를 들어 노예제에 기초한 체제에서는 생산력의 발전에 내재적인 한계가 있을 수 있다. 풍요로운 자연환경 덕분에 엄청난 잉여를 생산하고 있는 노예제하에서는 더 이상의 기술진보는 일어나지 않는다. 반대로 가능성은 희박하지만, 자본주의하에서 인구성장과 자원 감소로 인해 노동자 1인당 잉여 혹은 총잉여가 전자본주의 수준까지 하락해도 전자본주의적 생산관계는 최적이 아닌 상황도 생각해볼 수 있다.

대부분의 경우 생산력의 '발전'이라는 말로 표현할 수 있는 여러 가지 현상들은 병행한다. 잠재적 잉여가 크면 동시에 현실적 잉여도 크고, 기술적 세련성(파악하기 어려운 개념이지만 의미 없는 말은 아니다)도 높아진다. 그렇다 하더라도 경제구조의 변화를 설명하는 데 결정적으로 관련 있는 특징이 무엇인지는 밝혀야 한다. 상황논리를 피하기 위해 모든 경우에 이 특징은 같아야 한다. 노예제의 붕괴를 그 체제 내의 숙련노동의 사용에 대한 내재적 한계 때문이라고 설명하고, 자본주의의 한계를 자본주의가 창출한 잉여의 비효율적 사용 때문이라고 설명하는 것은 흡족한 설명이 아니다. 이것이 노예제의 붕괴에 대한 마르크스의 설명이라는 뜻은 아니다. 그러나 이러한 설명에 솔깃해하는 마르크스주의자들이 있다. 생산력과 생산관계 간의 모순을 보여주는 사례로 보이기 때문이다.

5.1.2. 생산관계

여기에서도 도움이 될 만한 코헨의 논의를 살펴본 다음, 몇 가지 보충하겠다. 소유관계는 생산관계의 "법적 표현에 불과"하므로, 생산관계는 생산요소들에 대한 소유와 비소유의 관점에서 구별할 수 있다. 코헨에

〈표 2〉 소유관계와 생산양식

		생산자가 자신의 노동력을 소유하고 있는가?		
		그렇다	부분적으로	아니다
생산자가 생산수단을 소유하고 있는가?	그렇다	독립 생산자	불가능	불가능
	부분적으로	자본주의로의 과도기 형태	농노제	가능성 희박
	아니다	자본주의	가능성 희박	노예제

따르면, 소유는 완전한 소유, 부분적 소유, 비소유로 구분된다. (6.1.1 에서는 계급에 대한 정의를 내리기 위해 이보다 좀더 자세하게 구분한다.) 생산요소도 인적 요소(노동력)와 비인적 요소(생산수단)로 구분할 수 있다. 이 둘을 결합하면 〈표 2〉와 같다.[36]

표 안의 항목 중 불가능과 가능성 희박의 경우는 코헨을 따랐다. 나머지 항목들은 생산관계에 대한 광범위한 개념화를 위해 해설이 필요하다.

독립 생산자

이 범주는 근본적으로 서로 다른 두 개의 하위범주로 나뉜다. 하나는 생계를 위한 생산이고, 또 하나는 '단순 상품생산'이다. 두 경우 모두 생산수단을 소유하고 있으며 타인의 노동을 고용하지 않고 생산 활동을 한다. 전자의 생산단위는 자급자족이며, 후자는 상품시장에 통합되어 있다. 생계용 생산은 전통 농업사회에서 지배적이었다. 정도의 차이는 있었지만 과세의 형태로 잉여의 추출이 있었다. 이로 인해 이것은, 아시아적 생산양식과 같은 것으로 간주되어, 보통 의존적 생산으로 알려져 있다. 그러나 과세가 있었다고 해서 생산자들이 생산수단에 대한 완전한 소유권을 갖지 못했다고 할 수는 없다(과세와 착취의 관계에 대해서는

---

36) 코헨의 〈표 1〉과 〈표 2〉를 결합한 것임. Cohen, *Karl Marx's Theory of History*, pp. 65~66.

4.1.5의 논의를 보라).

　단순 상품생산은 더 취약한 구조를 가지고 있다. 4.1.3에서 설명한 것처럼, 자산이 불평등한 상황에서 계급형성 없이 착취가 이루어진다. 따라서 이 두 현상은 논리적으로 분리된다. 마르크스에 따르면, 단순 상품생산에 기초를 둔 사회는 곧 신용시장 혹은 노동시장이 발달하고, 그리하여 자본주의로, 혹은 아래에서 논의할 과도적 형태들 중 하나로 이행한다. 이전에는 모든 사람들이 자신의 자본으로 일했지만, 이제 노동력의 구매자와 판매자가 등장하고 자본을 빌려주는 자와 빌리는 자가 등장한다. "소생산자의 생산조건의 유지 또는 상실은 수많은 우연적인 상황에 달려 있으며, 우연히 빈곤에 빠지게 되면 그 틈새에 고리대라는 기생충이 들러붙는다."[37] 덧붙여 말하자면, 기업을 일으킨 자본가가 나타나서 임노동계약을 제안할 수도 있고, 상인이 선대계약을 제안할 수도 있다. 단순 상품생산은 본질적으로 불안정하다.

과도적 형태들

　마르크스에 따르면, 자본주의로의 과도적 형태는 두 가지가 있다. 고리대자본에 의한 착취와 상인자본에 의한 착취가 그것이다.[38] 이 둘이 발달상 과도적이라는 것인지, 분류 체계상 중간 범주라는 의미에서 그렇다는 것인지는 분명하지 않다. 고리대자본은 본질적으로 더 이상의 발달 가능성이 없는 정체된 착취형태이므로 후자에 속하는 것으로 보인다.

　이 형태는 생산자에 대한 착취를 강화하고, 극단으로 몰고 간다. 〔고리대금업자는〕 이리하여 자본주의적 생산양식을 도입한다. 처음에는 노동을 자본에 형식적으로 포섭하는 형태로 시작되는데, 노동생산성을 증강시키는 일

---

37) *Capital III*, p. 599.
38) 특히 *Zur Kritik (1861~1863)*, pp. 2152ff 참조.

이나, 자본주의 특유의 생산양식으로의 이행에 도움이 되는 일은 아무것도 하지 않는다. 오히려 노동을 황폐화시키는 형태이다. 39)

마르크스가 말한 "**임금노예와 구별되는 채무노예**"40) 는 두 가지가 있다. 저당에 의해 착취당한 프랑스 농민처럼41) 생산수단이 담보물로 사용되는 경우도 있고, 인디언 농부처럼42) 생산자가 투자금을 얻기 위해 미래의 생산물을 저당 잡히는 경우도 있다. 두 경우 모두 생산자의 생산수단에 대한 소유는 부분적이다. 소유권의 일부, 즉 처분권이나 수익권을 행사할 수 없기 때문이다.

상인자본은 선대제도로 발달하는데, 이것은 자본주의로의 과도적 형태이다. 생산자는 생산수단의 일부를 소유하지만, 상인이 원자재를 공급하고 합의된 가격으로 생산물을 구매한다. 고리대자본을 통한 착취와 마찬가지로, 이 형태 역시 기술변혁에 상응하여 노동이 자본에 실질적으로 종속되는 것도 아니요, 형식적으로도 종속되지 않는다. 이런 경우에 상인자본은, 매우 불분명하긴 하지만, 발달상의 의미보다는 분류상의 의미에서 과도적 형태로 보인다.

봉건적 생산양식으로부터의 이행에는 두 가지 길이 있다. 하나는 생산자가 상인 겸 자본가가 되어 농촌의 자연경제와 대립하고, 중세도시의 길드에 구속된 수공업과 대립하는 것이다. 이것은 실로 혁명적인 길이다. 또 하나는 상인이 생산을 직접 장악하는 것이다. 후자가 역사적 이행에서 아무리 자주 나타나더라도 — 예컨대 17세기 영국의 직물상인은 종전에는 독립적이었던 직공들을 지배 아래 두어 그들에게 양모를 판매하고 그들의 직물을 구매하

---

39) *Ibid.*, p. 2155; 또한 *Capital III*, p. 596.
40) *Zur Kritik (1861~1863)*, p. 2155.
41) *The Class Struggles in France*, pp. 57, 122.
42) *Zur Kritik (1861~1863)*, p. 2155.

였다 — 후자의 길은 그 자체로서는 낡은 생산양식을 타도할 수 없고, 오히려 낡은 생산양식을 자신의 전제조건으로 보존하고 유지한다. 43)

자본주의

제 3장과 제 4장에 충분히 분석하였으므로 더 보탤 것이 없다. 다만 마르크스의 이론에 나타나는 길드의 개념에 관해서만 몇 마디 추가하겠다. 길드는 중세적 현상이지만, 이 제도를 봉건제나 농노제의 관점에서 설명하는 것은 적합하지 않다. 오히려 길드는 역사적으로 토지소유로부터 노동의 해방을 나타낸 것이었고, 진보적인 국면에서는 봉건·귀족세력과 끊임없이 투쟁하기도 했다. 44) 길드제도는 봉건적인 것이 아니었다. 심지어 마르크스는 그것이 자본주의적인 것이라고 말한 적도 있다.

〔길드제도는〕 구매자와 판매자 간의 관계를 가지고 있다. 임금이 지불되고, 장인과 직인과 도제는 자유인으로서 만난다. … 장인이 생산조건 — 도구, 원료 등 — 을 소유하고(직인도 도구를 소유할 수 있지만), 생산물을 소유한다. 이 점에 있어서 그는 **자본가**이다. 45)

코헨이 제안한 자본주의에 대한 구조적 정의에 따르면, 46) 중세의 장인은 자본가였다. 어느 시점에서 보더라도, 한편에는 생산수단의 사적 소유가 있고, 다른 한편에는 노동력에 대한 사적 소유가 있다. 그러나 이러한 정의는 너무 협소하다. 생산관계는 동적으로 정의되어야 한다. 47) 사적

---

43) *Capital III*, p. 334.

44) *Zur Kritik (1861~1863)*, p. 1975.

45) *Ibid.*, pp. 2131~2132(=*Results of the Immediate Process of Production*, p. 1029).

46) Cohen, *Karl Marx's Theory of History*, pp. 73ff.

47) 이에 대해서는 코헨의 책에 대한 나의 서평, *Political Studies*, pp. 122~123

소유와 임금노동 외에 자본과 노동의 자유로운 이동이 자본주의의 특징이다. 길드제도에는 정확히 이것이 결여되어 있다. 이 두 제도를 구별하기 위해서는 일정 시점에서의 상태만 볼 것이 아니라 시간의 흐름에 따라 일어날 수 있는 변화를 함께 고찰해야 한다.

마르크스는 길드제도에 대한 제한들을 무시하지 않았다. 도제의 수가 제한되어 있어서 "한 업종의 장인이 자본가로 변신"하기 어려웠다. [48] 또한 장인의 '자본'은 다른 생산 분야로 쉽게 옮겨갈 수가 없고, 자신의 업종에 갇혀 있다. [49] 그렇다면 장인을 자본가라 할 수 없다. (마르크스는 장인이 생산수단과 최종 생산물을 소유한다는 '점에서' 자본가라고 했을 뿐이다.) 마르크스는 다른 곳에서, 길드의 생산관계는 자본주의적 생산관계와는 다르고, 여타 전자본주의적 관계들과 나란히 놓을 수 있는 독특한 형태라는 것을 분명히 밝히고 있다. 그는 《요강》에서 "길드제도, 농노제, 노예제"가 자본주의가 도래하기 이전에 생산력에 대한 족쇄로 작용했다고 말한다. [50] 《공산당 선언》의 첫머리에서도 전자본주의 사회에서의 투쟁이 "자유인과 노예, 귀족과 평민, 영주와 농노, 길드 장인과 직인" 사이에 있었다고 말한다. [51] 코헨의 표는 이 텍스트를 무시한다. 이 텍스트는 마르크스의 역사 이론을 명확하게 보여주는 가장 유명한 두 개의 진술 중 하나이다. 나중에 보게 되겠지만, 코헨은 나머지 하나도 무시한다. [52]

참조. 또한 6.1.4 이하 참조.

[48] *Capital I*, p. 309.

[49] *Capital III*, pp. 377~378. 또한 *Zur Kritik (1861~1863)*, pp. 2132, 2353 참조.

[50] *Grundrisse*, p. 749.

[51] *The Communist Manifesto*, p. 482.

[52] 이 자체가 그 표에 대한 비판이 될 수는 없다. 그 표는 직접 생산자의 소유 지위를 나타내기 위한 것일 뿐이다. 그러나 그 표에서 무시된 것이 코헨의 책 전체에서 무시되고 있다.

결론적으로 말해서, 길드는 독자적인 생산관계로 간주되어야 한다. 자본주의적 생산관계에 포함시킬 수 있는 것이 아니다. 일반적으로 말하자면, 생산관계는 소유구조의 일시적인 교차비교를 통해 결정될 수 없다. 소유의 유형을 제대로 파악하기 위해서는 그것이 어떻게 획득되고 상실되는지를 분석해야 한다. 이것이 계급형성과 어떠한 관계가 있는지는 6.1.4에서 논의한다.

농노제

이 범주를 고찰하기 위해서는 마르크스가 말한 또 하나의 생산관계를 살펴봐야 하는데, 이것이 코헨의 표에는 빠져 있다. 1859년의 "서문"에서 마르크스는 이렇게 말한다. "대체로 보아 사회구성체의 진보 단계들로서는 아시아적·고대적·봉건적 및 근대 부르주아적 생산양식을 들 수 있다."[53] 이 중 아시아적 생산양식은 코헨의 표에 들어설 자리가 없다. 물론 마르크스가 아시아적 양식이라는 용어를 자주 사용한 것은 아니다.[54] 그러나 이 말이 중요한 이유는 그것의 경제구조가 나머지 셋과는 개념적으로 확연하게 구별된다는 것을 마르크스가 인식하고 있었음을 보여주기 때문이다. 아시아적 생산양식에 대한 그의 생각은 혼란스럽고 크게 틀린 것이긴 하지만,[55] 우리가 지금 알고 있는 것을 기준으로 그의 잘못을 논할 수는 없다.

아시아적 생산양식이 코헨의 표에서 농노제의 하위형태라고 주장할

---

53) *Critique of Political Economy*, p. 9.
54) 마르크스의 저작을 살펴보면 아시아적 생산양식이라는 말을 똑 부러지게 사용한 것이 2.5회다. 앞의 주에 언급한 저작에 한 번, *Zur Kritik (1861~1863)*, p. 2269에 한 번 나온다. 그리고 *Capital I*, p. 79에는 "구(舊) 아시아적 생산방식"(*altasiatische Produktionsweise*)이라는 말을 사용한다.
55) Anderson, *Lineages of the Absolutist State*에 있는 아시아적 생산양식에 관한 부록 참조.

수도 있다. 직접 생산자의 관점에서 보자면 그 둘은 구별이 불가능할 수도 있다. 트로츠키도 이와 유사한 주장을 한 적이 있다. 세기 말 러시아는, 고용주가 사적 자본이 아니라 국가이긴 했지만, 임금노동이 있었기 때문에 자본주의였다는 것이다.[56] 하지만 이런 근거로 아시아적 양식을 빼는 것은 받아들이기 어렵다. 원전에 나오는 용어를 무시해서도 안 되거니와, 고려해야 할 중요한 이론적 제약도 있다. 생산과 직접 관계가 없는 소유자의 문제는 생산력에 대한 생산관계의 족쇄가 강화되는 현상을 분석할 때 매우 중요한 문제가 된다. 또한 코헨의 주장처럼, 정치적·법적 상부구조가 생산관계를 안정시키는 힘이 있다고 설명하려면, 생산관계를 정의할 때 경제적 지배 계급이 누구인가를 명확히 해야 한다. 그러므로 코헨의 표는 비생산 소유자의 본질에 대한 명확한 설명을 보충해야 한다. 이들이 개인인지, 중간 집단인지, 국가 관료기구인지.

요약하자면, 생산관계는 다음 세 가지 관점에서 정의할 수 있다. ① 생산자의 생산수단 및 자신의 노동력에 대한 관계, ② 비생산 소유자가 있는 경우 그들의 본질, ③ 소유의 획득과 이전을 지배하는 법칙. 따라서 아시아적 생산양식과 길드제도는 특수한 생산관계의 형태로서 흔히 사용되는 세 범주, 즉 노예제·농노제·자본주의와는 다르다. 아시아적 양식은 비생산 소유자의 본질과 관련하여 농노제와 다르고, 길드제도는 자본과 노동의 이동성과 관련하여 자본주의와 다르다.

5.1.3. 상응과 모순

각 생산양식에서 생산관계는 처음에는 생산력에 상응하다가 나중에는 '모순'하게 된다. 이것이 무슨 말인지 밝히는 일은 꽤 복잡하다. 우선 주

---

56) Knei-Paz, *The Social and Political Thought of Leon Trotsky*, p. 117 참조.

장의 얼개를 살펴보자.

1859년 "서문" 등에 나오는 일반 이론은 모호하다. 생산관계가 생산력과 충돌하는 것이 생산력이 정체상태가 되었을 때 그렇게 된다는 뜻 같기도 하고, 생산력을 더 발전시킬 수 있는 다른 생산관계가 있을 때 그렇게 된다는 뜻 같기도 하다. 뜻을 분명히 하기 위해 특정 생산양식, 특히 자본주의에 대해 마르크스가 뭐라고 말했는지 살펴볼 필요가 있다. 그의 말대로라면 두 번째 해석을 선택해야 한다. 문제는 어떤 해석을 선택하든 그의 자본주의에 대한 다른 언급들이 일반 이론과 일치하지 않는다는 것이다. 뒤에 인용하겠지만, 여러 곳에서 그는 생산관계가 생산력의 최적의 **사용** ― 최적의 **발전**과는 다른 ― 을 가로막을 때 충돌이 일어난다고 말한다. 그렇다면 모순의 의미는 다음과 같은 세 가지 해석이 가능하다.

(1) 발전에 대한 족쇄   (1a) 정체
                       (1b) 하위최적
(2) 사용에 대한 족쇄

이 셋 중에서 나는 (1b)가 역사적 유물론의 핵심이라고 생각한다. 한편 자본주의에서 공산주의로 이행하는 과정에 대한 마르크스의 사고는 주로 (2)를 보여준다. 5.2.3에서 그러한 이행 이론이 역사적 유물론과 잘 맞게 구성될 수 있는지를 살펴보겠다.

5.1의 개요에서 인용한 1859년의 "서문"의 진술은, 《독일 이데올로기》에도 비슷한 구절들이 나오지만,[57] 다음과 같이 해석하는 것이 자연스럽다. 각 생산양식의 초기단계에는 생산력의 급속한 발전이 일어난다. 이때 생산관계는 생산력의 '발전형태'로서 그 둘은 서로 '상응한다'. 나중

---

57) *The German Ideology*, pp. 88, 432.

에 생산력의 정체가 일어난다. 이때 생산관계는 생산력 발전에 '족쇄'가 된다. 그러므로 상응과 모순은 각각 기술적 진보와 기술적 정체로 해석된다. 이러한 해석은 "서문"의 다음 구절과 잘 맞는다. "어떠한 사회구성체도 그 내부에서 생산력이 발전할 여지가 있는 한, 결코 멸망하지 않는다." 또한 한계 생산성의 감소 — 생산양식의 창조적 잠재력의 궁극적 소진 — 에 대한 직관적인 관념과도 잘 어울린다. 예를 들어 자본주의를 놓고 이 추상적인 정식에 살을 붙여 다음과 같은 시나리오를 만들어볼 수 있다. 경쟁이 급속한 기술진보를 가져오고, 규모의 경제가 동반되고, 독과점이 등장하고, 변혁과정은 둔화된다. 58)

"서문"만 따로 떼어놓고 볼 경우 이렇게 읽는 것이 가장 그럴듯해 보이고, 많은 학자들이 그렇게 해석해왔지만, 59) 더 넓게 생각해보면 그 해석은 받아들일 수 없다. "서문"과 일치하면서도 (앞 문단에서 인용한 구절은 예외가 되겠지만) 다른 많은 텍스트와도 일치하도록 해석해야 한다. 이 독법에 따르면, 상응에서 충돌로의 변화는 생산관계가 생산력의 발전에 하위최적 상황일 때 일어난다. 생산력의 발전이 정체되었을 때가 아니다. 생산관계가 하위최적 상황이 되는 것은 생산력의 급속한 발전을 가져올 다른 생산관계가 있을 때이다. 여기에서 비교대상은 현재의 생산관계가 아니라, 반사실적 생산관계이다. 이 경우 하위최적성은 기술적 정체와 우연히 일치할 수도 있다. 게다가 정체가 시작되면, 기술적 진보의 여지가 있다고 전제할 경우, 이를 하위최적의 징조로 여기게 된다. 다른 한편 하위최적 상황이 정체 없이 올 수도 있다. 자본주의가 바로 이런 경우다. 자본주의는, 존재하는 동안, 심지어 "충돌"이 시작된 후에도, 중단 없는

---

58) 졸저 *Explaining Technical Change*, p. 215 참조.

59) 예컨대 Plamenatz, *German Marxism and Russian Communism*, pp. 20, 28; Kolakowski, *Main Currents of Marxism*, vol. 1, p. 375; Cohen, *Karl Marx's Theory of History*, p. 173, Proposition 4 참조.

기술변혁을 촉진한다.

자본주의하에서의 생산력 발전의 모형은 5. 2. 3에 나와 있다. 이 모형의 원전 증거를 여기에 제시하겠다. 이것은 전통적인 해석에 대한 반증이기도 하다. 생산력이 자본주의하에서 더욱 급속히 발전할 것이라고 마르크스가 꼭 집어 말한 적은 없지만, 다른 진술들로부터 그러한 해석을 연역할 수 있다. 그는 자본주의적 발전과정에서 "자본의 유기적 구성과 기술적 형태의 변동속도가 증가한다"고 주장한다. 60) 게다가 "획득된 생산성 수준은 가변자본에 대한 불변자본의 상대적 우세에서 나타난다". 61) 이러한 진술들은 기술변혁의 속도가 증가한다는 주장을 내포하고 있다.

둘째, 더욱 결정적인 증거는 1857~1858년과 1861~1863년의 원고에 있는 텍스트들이다. 여기에는 자본의 이중적 경향성, 즉 생산력의 발전과 족쇄에 대한 언급들이 많이 있다. 때로는 사용 족쇄를 언급하기도 하는데, 이에 대해서는 아래에서 자세히 논의한다. 명백히 발전 족쇄를 의미하는 경우도 많이 있다. 1861~1863년의 원고에서 발전 족쇄의 특수한 형태, 예를 들면 노동최소화가 아니라 이윤극대화를 가져오는 기술의 선택을 언급하기도 한다(3. 3. 2). 그는 이것이 자본주의에 대한 "장벽", 62) "충돌 사례"63) 라고 말한다. 그러나 이러한 족쇄가 있다고 해서 자본주의가 생산력의 발전을 촉진하는 경향이 중지되는 것은 아니다. 마르크스는 심지어 어떤 곳에서는 "무제한의" "족쇄 없는" 발전이 일어난다고 말한다. 64) 이러한 이중의 경향은 《요강》에서 확인할 수 있다.

---

60) *Capital I*, p. 631.

61) *Capital III*, p. 759. 다른 구절들은 3. 3. 2에 인용되어 있다.

62) *Zur Kritik (1861~1863)*, p. 1671; *Theories of Surplus-Values*, vol. 3, pp. 116, 120.

63) *Zur Kritik (1861~1863)*, p. 1653(훼손된 텍스트).

64) *Theories of Surplus-Value*, vol. 3, pp. 55~56.

우선 생산 일반이 아니라 자본에 기반한 생산에 내재하는 한계가 있다. 이 한계는 이중적으로, 또는 두 방향에서 관찰된 동일한 한계이다. 여기에서는 자본이 생산의 **특수한** 제한을 포함하고 있다는 것을 입증하는 것으로 충분하다. 이것은 생산에 대한 어떤 장벽도 뛰어넘어 생산의 일반적 경향과 충돌한다. 이것을 알면 과잉 생산의 기반, 발전된 자본의 근본적인 모순을 알 수 있다. 이것을 알면 일반적으로 자본이 경제학자들의 생각처럼 생산력 발전을 위한 **절대적인** 형태가 아니라는 것을, 생산력 발전과 절대적으로 일치하는 부의 형태도 아니라는 것을 알 수 있다. 자본의 관점에서 관찰하면, 자본에 선행하는 생산 단계들은 각각 생산력의 족쇄로 나타난다. 그러나 자본 자체는 정확하게 이해하면, 생산력 발전의 조건으로 나타난다. 생산력 발전이 외적 자극을 필요로 하는 한 그러하다. 그러나 그것은 외적 자극인 동시에 재갈이기도 하다. 자본은 생산력에 대한 일종의 규율이다. 일정한 발전수준에 이르고 나면 불필요하고 부담스러워진다. 길드처럼. [65]

여기에 자본이 과거의 모든 생산 단계와 다르다는 것을 보여주는 자본의 보편적 경향이 나타난다. 자본은 그 본성에 한계가 있지만, 생산력의 보편적 발전을 추구하며, 새로운 생산양식의 기초가 된다. 이 새로운 생산양식은 주어진 조건을 재생산하거나 기껏해야 확장하기 위한 생산력의 발전을 기초로 삼는 것이 아니다. 이 새로운 생산양식에서는 자유롭고 제약받지 않으며 전진적이고 보편적인 생산력의 발전이 그 자체로 사회의 전제가 되고, 따라서 사회의 재생산의 전제가 된다. [66]

자본주의적 생산관계는 생산력에 대해 박차이자 재갈이다. 이 말은 다음과 같이 풀이할 수 있다. 《경제학·철학 원고》에 나와 있는 인간의 본성에 따르면, 혁신적·창조적 활동은 인간의 자연적 본성이다. 정치경제학의 일반적인 접근방법과는 달리, 문제는 혁신에 대한 동기를 유발하는 것이

---

65) *Grundrisse*, p. 415.
66) *Ibid.*, p. 540.

아니라, 인간의 본성적·창조적 욕구에 대한 장애를 제거하는 것이다. "인간에게는 자아실현이 내적 필연성으로 존재"하기 때문이다. [67] 결핍과 빈곤이 지배하고 있을 때에는 특별한 동기유인이 필요하다. 여기에서 개인의 욕구는 왜곡되어 있으며, 그의 능력은 일면적으로 발달한다. 자본주의 초기단계에서는 엄청난 결핍과 빈곤이 있었다. 불가피하게 그러했다. 높은 수준의 욕구충족을 위한 물질적 조건이 아직 창출되지 않았기 때문이다. 이러한 상황에서 자본주의는 최선의 그리고 최고의 진보적 장치였다. 진보를 이윤에 종속시키긴 했지만. 하지만 이 체제는 스스로 자신의 무덤을 팠다. 자본주의의 후기단계에 가면 다시 엄청난 빈곤이 온다. 불가피하게 온다. 자본주의 그 자체가 발전시켜놓은 기술 덕분에 새로운 체제가 들어설 수 있는 물질적 조건은 마련되어 있다. 이 새로운 체제에서는 욕구충족의 수준이 아주 높고, 혁신이 자발적인 활동으로, 개개인의 일반적인 자아실현의 일부로 저절로 온다. 그 결과 전대미문의 혁신이 나타난다.

'박차와 재갈' 주장은 다음과 같이 표현할 수도 있다. 다가올 혁신은 탐색과 선택의 결과이다. [68] 일정한 생산력 수준에 이를 때까지 자본주의는 새로운 방법에 대한 탐색을 자극하는 불가결의 박차이지만, 선택에 대해서는 항상 재갈이다. 예를 들면 자본주의는 노동최소화 대신 이윤극대화를 선택한다. 초기단계에서 이러한 서로 반대되는 경향들의 순효과는 다른 대안들에 비하면 긍정적이다. 그러나 어느 지점에 이르면 새로운 생산관계의 가능성이 출현하고, 이것이 더 나은 박차가 되고 재갈은 제거한다. 5.2.3에서 노동자들이 이러한 변화를 가져올 목적으로 혁명을 일으키는 것이 가능한지에 대해 논의하겠다. 여기에서는 그러한 변화가능

---

67) *Economic and Philosophical Manuscripts*, p. 304.
68) Nelson and Winter, *An Evolutionary Theory of Economic Change*; 졸저 *Explaining Technical Change*, ch. 6 참조.

성에 대한 회의적인 의견만 몇 마디 덧붙이겠다. 3. 2. 2에서 이윤극대화가 과연 기술변혁에 가장 중요한 재갈인지에 대한 의문을 제기한 바 있다. 다른 족쇄들도 있을 수 있다. 그러나 마르크스가 말한 것은 아무것도 없다. 또한 새로운 강력한 박차의 창출도 사변적이다. 특히 인간의 자아실현이 최고의 가치라면, 바로 그것이 족쇄의 대상이 될 수도 있다 (2. 2. 7). 그렇다고 해서 혁신의 새로운 동기에 대한 관념이 쓸모없다고 생각해서는 안 된다. 예술과 과학의 역사를 보면, 창조적 욕구가 물질적인 유인을 필요로 하지 않는다는 것을 잘 알 수 있다. 하지만 수익성(혹은 복합 노동가치의 최소화)의 제약을 받는 혁신이 개인적 자아실현을 위한 출구를 제공하는지에 대한 질문은 제기될 수 있다. 기술적 완벽주의와 정확성이 때로는 경제적 합리성의 적이 된다. 여기에서는 최고가 선의 적이 될 수 있다.[69] 개인에게 가치가 있는 혁신적인 작업이 반드시 사회에도 유익하리라는 보장은 없다. 2. 2. 7과 4. 3. 3에서 공산주의의 문제점을 지적했는데 여기에 하나 더 추가하자. 과학자는 너무 많고, 엔지니어는 너무 적을 것이다.

생산력과 생산관계의 모순에 대해 달리 해석할 수 있는, 즉 하위최적 발전이 아니라 하위최적 **사용**으로 해석할 수 있는 텍스트들을 살펴보겠다. 기술이 최적이 아닌 방식으로 사용되고 있다는 것을 마르크스에게 물어보지 않고 알 수 있는 방법이 있을까? 첫째, 카르텔이나 독과점 등에 의해 자원배분이 비효율적으로 정체되는 경우가 있다. 둘째, 외부효과나 무임승차 문제 등으로 인해 공공재가 하위최적 상태로 공급되는 경우가 있다. 셋째, 실업, 유효수요가 없어 미사용 상태에 있는 생산 능력과 생산재가 있다. 이러한 현상은 시장의 특징인 조정기능의 결여로 일어난

---

69) 일반성에 대한 탐색이 무의미한 사례로는 라이프니츠를 엔지니어로 일반화하는 것을 수 있다. 졸저 *Leibniz et la Formation de l'Esprit Capitaliste* 제3장 참조.

다. 마지막으로 생산력이 비인간적인 방식으로 사용될 수도 있다. 이런 일은 노동자가 자신의 능력을 제대로 발휘하지 않거나, 생산이 저속한 욕구에만 영합할 때 벌어진다.

이들 중에서 마르크스는 첫 번째 문제에 대해서는 언급한 것이 거의 없다. 3. 1. 1에서 말한 방법론적 이유 때문이었을 것이다. 7. 1. 1에서 더 자세히 설명하겠지만, 두 번째 문제에 대해서는 그 중요성을 제대로 인식하지 못하고 있었다. 그러나 그는 세 번째와 네 번째 문제에 대해서는 생산관계와 생산력이 '충돌'하는 경우로 생각했다.

혁명의 조건을 논의한 《프랑스의 계급투쟁》에서 그는 이렇게 말한다.

> 이러한 전반적인 호황의 경우에 부르주아 사회의 생산력은 부르주아적 관계 내에서 발달할 수 있는 한 최대로 왕성하게 발달하기 때문에 진정한 혁명을 논할 수 없다. 진정한 혁명은 이 두 요인, 즉 근대적 생산력과 부르주아적 생산형태가 서로 충돌하는 시기에나 가능하다 … 새 혁명은 새 공황이 일어나야만 가능하다. 그러나 그것은 공황의 발생처럼 확실한 것이다.[70]

'발전'과 '공황'을 기묘하게 병치시킨 점에 주목해보자. 이것이 발전과, 족쇄가 채워진 발전, 혹은 균형과 교란을 병치시킨 것으로 보일지도 모르겠지만, 그런 쌍이 아니다. 이러한 이질적인 대조는 마르크스의 저서에 자주 보인다. 《요강》과 1861~1863년의 원고에서 그는 자본주의 전성기의 생산력의 발전과, 일정 시점 이후에 찾아오게 될 과잉생산의 위기를 순서대로 언급한다.[71] 텍스트를 놓고 보면, 이러한 '혼합' 해석은 (1b), 혹은 (2)의 '순수' 해석보다 더 그럴듯해 보인다. 혼합 해석이란 '상응'은 최적의 발전이라는 관점에서 이해하고, '모순'은 최적의 사용이

---

70) *The Class Struggles in France*, p. 135.

71) *Grundrisse*, pp. 541, 748ff; *Theories of Surplus-Value*, vol. 3, p. 56.

라는 관점에서 이해하는 것을 말한다. 하지만 이렇게 이해하면 일반 이론을 일관성 있게 재구성할 수가 없다.

마르크스는 생산력과 생산관계의 모순을 자본주의의 비인간적인 측면으로 여겼는데, 이것은 1856년부터 〈인민신문〉에 실은 논설을 통해 알 수 있다.

> 오늘날 모든 것이 대립물을 잉태하고 있는 것 같다. 기계는 인간의 노동을 단축시키고 성과를 높여주는 놀라운 능력을 주었지만, 우리는 기아와 과로를 보고 있다. 최신의 부의 원천이 이상한 마법에 걸려 결핍의 원천으로 변했다. 예술의 성공은 인격의 상실을 통해 얻어지는 것 같다. 인류가 자연을 정복하는 것과 같은 속도로 타인의 혹은 자기 자신의 비행의 노예가 되고 있는 것 같다. 과학의 순수한 빛조차도 오직 무지의 어두운 배경 앞에서만 빛나는 것 같다. 우리의 모든 발명과 진보는 물질적인 힘에 지적인 생명을 부여하게 되었고, 인간의 삶은 물질적인 힘 앞에서 무력해지고 만 것 같다. 한편에 근대 공업과 과학의 적대가 있고, 다른 한편에는 빈궁과 해체의 적대가 있다. 우리 시대의 생산력과 생산관계의 적대는 사실이다. 명백하고, 저항할 수 없고, 부정할 수 없는 사실이다.[72]

이 연설은 자본주의에 대한 그의 주장 가운데 가장 간결하고도 감동적인 고발일 것이다. 거의 모든 문장에 심층적인 이론적 전제들이 들어 있다. 노동과 과학의 대립은 1861~1863년의 《비판》에 다시 등장하는데,[73]

---

[72] *People's Paper* 1856. 4. 19.

[73] "과학은 일에 대해 낯설고 해로운 힘으로 나타나고 일을 지배한다. 과학의 적용은 한편으로는 단편적인 지식과 관찰과 업무기술 ─ 생산과정을 분석하고, 자연과학을 물질적 생산과정에 적용하기 위한 ─ 의 통합을 수반하고, 다른 한편으로는 과학의 발전을 가져온다. 이러한 적용은 개별 노동자의 지식·경험·전문성으로부터 지적인 힘을 분리시키는 것이다. 생산조건의 강화 및 발전이 자본으로 변형되어 노동자로부터 생산조건을 박탈하고, 그들을 분리시

여기에 이어지는 문장은 물신숭배에 대한 초기의 진술이다. 생산력과 생산관계의 '적대'는 분명히 생산력의 비인간적 사용을 나타낸다. 해방의 잠재력과 노예화의 현실이 대립하는 것이지, 높은 수준의 변혁 잠재력과 낮은 수준의 현실이 대립하는 것이 아니다. 그러므로 생산력과 생산관계의 모순은 여기에서는 정신적 소외(2.2.5)와 같은 것이다.

앞에서 《독일 이데올로기》에 해석 (1)을 지지하는 것으로 보이는 구절이 있다고 말한 바 있다. 이것은 1859년의 "서문"에 따라 읽으면 그렇다는 것이다. 《경제학·철학 원고》에 따라 읽으면 해석 (2)가 더 자연스럽고, 모순은 생산력의 비인간적 사용을 의미한다고 보아야 한다. 우선, 모순은 생산력이 "파괴적인 힘"이 될 때 나타난다고 볼 만한 구절이 있다.

> 〔대공업은〕 거대한 생산력을 산출했는데, 그러한 생산력에 대해서 사적 소유는 하나의 족쇄가 되었다. 마치 길드가 매뉴팩처에 대해서 그러했고, 또한 소규모의 농촌경영이 발전하는 수공업에 대해서 그러했던 것처럼. 이러한 생산력이 사적 소유제도 아래서는 오직 일면적으로 발전할 뿐이었고, 대다수에게 그 생산력은 파괴적인 힘이 되었다. 더구나 이 생산력의 상당 부분은 사적 소유의 틀 내에서는 전혀 적용될 수 없었다. [74]

키는 것처럼. 공장에서 일하는 노동자는 활용할 수 있는 지식이 별로 없다. 그러므로 지식이 늘어나자 도제법도 폐지되었다. 공장 아동들에게 최소한 읽기와 쓰기를 가르치도록 국가가 캠페인을 벌였다는 사실은 '생산과정에 대한 과학의 적용'이 그 과정을 구성하는 행동에 있어서의 지적 발달의 억압을 동반하였다는 것을 잘 보여준다. 물론 일부 수준 높은 노동자들이 형성되는 것은 사실이지만, 모든 지식을 박탈당한〔*entkenntnisst*〕 노동대중에 비하면 극소수에 불과하다."(*Zur Kritik (1861~1863)*, pp. 2061~2063) 이 구절은 지식이 노동 계급의 내적 균열을 가져올 수도 있다는 것을 시사하는데, 이런 내용은 마르크스의 다른 저작에서는 찾아볼 수 없다.

74) *The German Ideology*, p. 73.

이 구절을 보면 족쇄가 하위최적 혹은 비인간적 사용을 의미하는 것으로 보인다. 나아가 "교통 형태"(나중에 이것을 생산관계라고 하였다)[75]가 개인의 "자기활동"에 족쇄로 작용한다고 말하기도 했다. 이런 내용이 두 곳에서 발견된다. 여기에 인용하기에는 너무 길지만, 어쨌든 그리 결정적인 것은 아니다. 그중 한곳에서는 자기활동이 개인의 완전한 자아실현이라고 분명하게 말하고,[76] 다른 한곳에서는 "자기활동의 진전된 양식"이 "더욱 발전된 생산력"과 연결되어 있다고 말한다.[77] 공산주의와 관련하여 자기활동에 대한 두 가지 견해는 물론 양립 가능하다. 하지만 이전의 생산양식에서는 아니다. 인류의 발전과 인간 개개인의 발전은 같이 가는 것이 아니다. 하나의 생산관계에서 다른 생산관계로의 이행은 확실히 생산력의 발전, 즉 인류의 자아실현과 연결되어 있다. 그러나 그렇다고 해서 개인의 자아실현 정도가 반드시 더 높아지는 것은 아니다(5. 3. 2).[78]

결론적으로 생산양식의 모순을 생산력의 하위최적 사용으로 정의할 경우, 강점과 약점은 다음과 같다. 이 개념을 수용해야 할 강력한 이론적 압력이 분명히 있다. 우선 마르크스의 철학적 인류학과 역사적 유물론 사이의 간격을 메울 수 있다. 생산력과 생산관계의 모순이 정신적 소외와 동일시될 수 있기 때문이다. 다음으로, 모순이 정치적 행동의 동기가

---

75) 각주 7) 참조.

76) *The German Ideology*, pp. 87~88.

77) *Ibid.*, p. 82.

78) Ste Croix, *The Class Struggle in the Ancient Greek World*, p. 112는 이 두 가지 발전 개념을 혼동하고 있다. 그는 마르크스의 다음과 같은 구절을 인용한다. "자본의 문명화 측면은 자본이 잉여노동을 착취하는 방식과 조건이 이전의 노예제나 농노제 등에 비교해 생산력과 사회관계의 발전에 그리고 더 높은 새로운 사회형태를 위한 요소들의 창출에 더 유리하다는 점이다."(*Capital III*, p. 819) 하지만 이것을 "고용 노동자가 노예나 농노보다 더 나은 지위에 있다"는 의미로 해석한 것은 잘못이다. 진보와 발전의 차이에 대해서는 5. 3 이하 참조.

될 수 있다. 일단 모순이 인식되면 생산력이 더 효과적으로, 인간적으로 사용되기를 요구하는 압력이 생길 수 있다. 5. 2. 3에서 더 자세히 말하겠지만, 해석 (1b)의 약점은 모순과 정치적 행동의 관계를 제대로 연결시킬 수 없다는 점이다.

해석 (2)의 분명한 약점은 동적 메커니즘을 보여주지 못한다는 것이다. 생산력과 생산관계의 상응 개념과 관련하여, 이 상응이 내생적으로 모순으로 변해가는 것을 이론적으로 설명할 수 있어야 한다. 상응을 해석 (1b)처럼 이해하면, 생산력의 변화가 최고 수준에 이르면 그런 현상이 생긴다고 설명할 수 있다. 그런데 생산력의 완전한 활용으로 이해하게 되면 그렇게 설명할 수 없다. 해석 (2)를 선택한다면, 모순이 왜 정치적 행동을 가져오는지, 궁극적으로 새로운 생산관계의 수립을 가져오는지는 이해할 수 있지만, 왜 모순이 급속한 기술진보와 함께 등장하는지는 이해하기 어렵다.

생산력을 잘 활용하는 체제에서는 기술변혁의 속도가 오히려 **둔화된다**는 유명한 주장이 있다. 슘페터에 따르면, 공산주의는 낭비와 경기순환이 없다는 점에서는 자본주의보다 낫다. 그러나 새로운 기술을 발전시키는 데 있어서는 더 못하다. 이 예시는 다음과 같은 일반명제로 표현될 수 있다. "그 어떤 체제든 — 경제체제든 다른 체제든 — **모든** 주어진 시점에서 그 가능성을 최대한 활용하는 체제는, 장기적으로는 그 어떤 시점에서도 그렇지 못한 체제보다 열등하다. 그렇지 못한 체제의 실패 그 자체가 장기적 성취를 위한 조건이 되기 때문이다."79) 그러므로 생산력의 더 나은 사용이 소유권의 변화를 가져오는 동기라면, 이것이 생산력의 변화율을 극대화할 것이라고 추정할 수는 없다.

이 문제는 5. 2. 3에서 다시 살펴보겠다. 앞의 논의에서 나온 내용들을

---

79) Schumpeter, *Capitalism, Socialism and Democracy*, p. 83. 또한 2. 4. 1 참조.

종합해보자. 사회적 순생산의 성장률은 (대체로) 다음과 같은 세 가지 변수의 복합함수로 볼 수 있다. ① 신기술의 탐색 강도, ② 탐색을 통해 얻은 것들 중 신기술을 선택하는 데 있어서의 효율성, ③ 선택된 기술을 생산에 활용하는 데 있어서의 효율성. 사회체제들을 비교할 때, 이러한 성장률은 주요한 기준이 되어야 한다. 기술진보율은 사회적 순생산의 증가율에 영향을 미치는 한 중요하다. 원칙적으로 이 세 변수는 트레이드오프80) 관계에 있다. 한 측면에서 좋은 체제는 다른 측면에서는 나쁘다. 2.2.7에서 본 바와 같이, 마르크스는 그러한 가치들 간의 트레이드오프 관계에 대해서는 별로 생각하지 않았다. 그는 공산주의가 세 가지 모든 측면에서 자본주의보다 더 낫다고 생각했다. 좋은 것들은 모두 함께 간다는 이러한 믿음이 그의 사회 이론의 가장 큰 약점이다.

5.1.4. 생산력의 우선성

마르크스의 사위 라파르그는 어느 날 이렇게 외쳤다고 한다. "하느님, 이것이 바로 생산력이로구나." 파페아누는 이 말을 인용하면서 마르크스에게 그와 같은 생산력 숭배가 있었다고 말한다.81) 그의 해석에 따르면, 마르크스는 인간은 오직 생산적인 일을 통해서만 자신을 실현할 수 있다고 생각했다는 것이다. 여기에서 생산적인 일이란 과학과 기술의 도움으로 자연을 변형시키는 것을 말한다.82) 이러한 해석은 틀린 것이다. 마르크스는 **예술**을 통한 자아실현도 기사의 일이나 과학적 작업과 똑같이 보

---

80) 〔옮긴이주〕 어느 것을 얻으려면 반드시 다른 것을 희생하여야 하는 경제 관계. 완전 고용과 물가 안정은 서로 모순된 관계에 있는데, 실업을 줄이면 물가가 올라가고, 물가를 안정시키면 실업률이 높아지는 것 따위이다.

81) Papaïoannou, *De Marx et du Marxisme*, p. 59.

82) *Ibid.*, pp. 78ff, 89ff.

람 있는 일이라고 믿었다. 생산이 아니라 **창조**가 마르크스의 철학적 인류학의 핵심이다(2.2.7). 그러나 역사적 유물론에서는 생산력이 무대의 중심에 있다.[83] 공산주의에서 생산력의 확장은 인간의 창조적인 활동이 넘쳐나면서 그 일부로서 일어난다. 그러나 이 단계에 이르는 과정에서 생산력은 특권적인 지위를 누린다. 생산력은 공산주의 사회의 여러 가치 중 하나이지만, 다른 모든 가치들을 희생하면서 그 사회의 물질적 조건을 창출하는 것이 바로 생산력의 발전이다.

이것은 거창하고 사변적인 쟁점이다. 이 문제를 좀더 구체적으로 표현하면 이렇게 된다. 생산력은 생산관계에 대해 일종의 우선성을 가진다는 것이다. 생산관계의 등장과 변화를 이해하기 위해서는 생산력에 주목해야 한다.

만일 마르크스가 생산력의 우선성을 믿었다면, 그는 다음과 같은 딜레마에 부딪힌다.[84] 마르크스의 주장은 이렇게 정리된다.

① 한 사회의 생산력의 발전수준은 그 사회의 경제구조의 본질을 설명한다.

다른 한편, 다음과 같이 생각했다고 믿을 만한 충분한 증거가 있다.

② 사회의 경제구조는 생산력의 발전을 촉진한다.

이 주장은 생산관계가 생산력에 상응할 때는 성립한다. 그러나 상응하지 않을 때는 새로운 생산관계를 요구하는 변화의 압력이 발생한다.

---

83) 이에 대해서는 Cohen, "Reconsidering historical materialism" 참조.

84) 딜레마와 그 해결책에 대한 자세한 내용은 다음을 참조하라. Cohen, "Functional explanation, consequence explanation and Marxism".

이 두 진술의 명백한 충돌은 마르크스주의에서 엄청난 혼란을 불러일으켰다. 생산력의 우선성과 생산관계의 막강한 영향력을 놓고 (또한 이와 형태가 유사한 경제구조와 상부구조의 관계[85]에 대해) 논쟁이 벌어졌고, 해결책 비슷한 것이 제시되었다. 이에 대한 코헨의 업적은 주목할 만하다. 그에 주장대로 ①에서 주장된 우선성을 **기능적** 설명으로 이해하면 ①과 ②는 깔끔하게 조화를 이룰 수 있다. 생산관계는 생산력에 대해 미치는 영향에 의해 설명될 수 있다. 생산관계는 생산력의 발전에 적합하기 때문에 등장하고, 또한 적합한 한 유지된다. 더 이상 적합하지 않을 때 변화가 일어난다. 설명항이 일반적으로 피설명항에 대해 우선성을 가지기 때문에 두 개의 주장은 양립 가능하다.

파리스와 의견을 주고받으면서 코헨의 입장은 좀더 분명해졌다.[86] 생산관계가 일정 시점에서 생산력의 발전에 더 이상 최적이 아니게 되는 이유는 무엇인가? 코헨에 따르면, 이 문제에 대한 해답은 생산력의 발전수준에 있다. 이러한 견해의 근거는 공산주의의 우월성에 대한 마르크스의 주장에서 찾아볼 수 있다. 즉 자본주의하에서 생산력의 발전이 일정 수준에 이르면 공산주의적 생산관계가 생산력의 발전에 더 유리해진다는 것이다. 그러므로 생산력은 생산관계를 설명할 때 이중으로 나타난다. 첫째, 생산력은 어떤 관계가 최적인가를 결정한다. 둘째, 생산력(혹은 생산력의 발전)은 생산관계의 최적성의 대상 요소를 구성한다. 달리 표현하면, 생산관계를 설명하는 것은 생산력의 **수준**과 생산력의 **변화율**이다. 생산력의 수준은 왜 특정 생산관계가 생산력의 변화율을 최대화하는지를 설명한다. 논리적으로 말하자면, 생산력 이외의 어떤 것을 두 곳 어디에

---

85) 유사한 형태로 나타내면 다음과 같다. ③ 한 사회의 경제구조는 그 사회의 상부구조의 본질을 설명한다. ④ 사회의 상부구조는 경제구조를 안정화시킨다.

86) Van Parijs, "Marxism's central puzzle" 및 Cohen, "Reply to four critics" 참조.

든 넣을 수 있다. 87) 그러나 코헨에 따르면, 마르크스가 그렇게 설명했다는 것이다.

이것은 매우 매력적인 해석이다. 이렇게 해석하면 마르크스에게서 발견되는 두 개의 진술이 단번에 하나로 모아진다. 한편에는 생산관계가 생산력의 최대한의 발전이라는 역사적 과업을 수행하지 못할 때는 사라지고 만다는 취지의 목적론적 주장이 있다. 다른 한편에는 생산력의 변화는 생산관계의 변화를 야기한다는 좀더 직접적인 인과적 진술이 있다. 전자는 코헨의 초기 해석이고, 후자는 파리스의 반박을 받고 나서 내놓은 수정된 견해이다. 이 수정된 해석은 큰 장점이 있다. 다른 어떤 독법보다도 마르크스의 주장이 일관성 있어 보인다. 이 부분은 마르크스의 이론에서 그 어떤 것 못지않게 중요하기 때문에 그 장점을 쉽게 버릴 수 없다.

하지만 이러한 독법에 맞지 않는 증거들을 제시하겠다. 생산력에 의해 야기된 생산관계의 변화를 언급할 때, 마르크스는 최적의 생산관계의 등장으로 말미암아 야기되는 변화라고 하지는 않았다. 오히려 그는 좀더 평범하게, 혹은 직선적으로 말했다. 원문의 증거는 다음과 같다. 첫째, 마르크스가 그러한 인과적 진술을 했을 때 말하고자 했던 것을 비유를 들어 설명하겠다. 컴퓨터 혁명의 사회적 영향을 생각해보자. 컴퓨터 기술 덕분에 생산력의 발전에 적합한 계획경제가 가능해졌고, 이제 곧 새로운 생산관계가 출현할 것이라고 주장할 수 있다. 하지만 '사회적 영향'은 그

---

87) Van Parijs, "Marxim's central puzzle"의 잠정적인 주장에 따르면, 세계경제의 중심·주변 구조에서 그 나라가 어디에 위치하느냐에 따라 어떤 관계가 생산력에 적합한지가 결정된다. 반대로 생산력은 어떤 관계가 사회통합에 적합한지를 결정한다. 이것은 분명한 구별을 위해 제시한 가정적인 예일 뿐이다. 5. 2. 2에서 봉건주의에서 자본주의로의 이행에 관한 마르크스의 이론을 살펴볼 때 말하겠지만, 생산력의 변화율이 아니라 생산력의 수준이 새로운 관계에 더 결정적이다.

것이 다가 아니다. 회사 내 작업 습관, 권위 및 종속 관계 등에 있어서의 광범위한 변화도 있다. 어느 정도까지는 이러한 변화들이 기능적으로 설명될 수 있다. 새로운 기술의 **최적의 사용**을 위해 필요하기 때문이라고. 그러나 이것은 소유관계의 광범위한 변화가 기술의 **최적의 발전**을 위해 필요하다는 주장과는 아무런 관계가 없다. 마르크스가 새로운 기술이 사회관계에 미치는 영향에 대해 언급한 인과적 진술은 이 두 번째 방식으로 해석하는 것이 더 그럴듯하다는 것이 내 주장이다. 이 주장을 꼭 받아들이라는 것이 아니라 한번쯤 생각해보자는 것이다.

내가 이렇게 말할 수 있는 증거는 최근에 출간된 1861~1863년의 《비판》에 있다. 우선 《철학의 빈곤》(Poverty of Philosophy)에 나오는 유명한 구절부터 보자. 거기에 이런 내용이 있다. "인간의 생산력에 있어서의 변화는 반드시 생산관계에 있어서의 변화를 가져온다."[88] 이 변화가 생산력의 추가적인 발전에 가장 적합한 방식으로 이루어진다는 암시는 없다. 물론 원문과 이러한 견해는 양립할 수 있지만, 선입관을 갖지 않고 읽었을 때 그렇게 생각할 독자는 없다. 다른 곳에서 마르크스는 이렇게 주장한다.

> 사회적 관계는 생산력과 밀접히 연관되어 있다. 새로운 생산력을 얻으면 생산관계가 변화된다. 생산양식이 변화하면서 생활 방식이 달라지고, 사회적 관계에 변화가 생긴다. 맷돌이 봉건영주 사회를 낳고, 증기방아가 산업자본가 사회를 낳는다. [89]

이 원문에 대해서도 같은 논평을 할 수 있다. (마르크스가 나중에 깨달은 것처럼, 그것은 역사적으로도 말이 안 된다. 5.2.1에 인용된 원문을 보라.)

---

88) *Poverty of Philosophy*, p. 175.
89) *Ibid.*, p. 166.

맷돌이 봉건주의를 '낳은' 것은 봉건적 생산관계가 증기방아의 발전에 더 적합하기 때문이었다고 읽을 독자는 아무도 없을 것이다. 소규모 기술과 분산된 생산의 관계, 혹은 낮은 생산성과 자본주의적 생산의 불가능성 등에 대해 생각해볼 수는 있을 것이다. 반드시 그렇게 읽어야 하는 것은 아니지만, 그렇게라도 읽는 것이 목적론적 해석보다는 더 그럴듯하다.

이 구절에는 두 개의 주요한 개념이 나오는데, '생산력'과 '생산양식'이 그것이다. 코헨이 밝힌 것처럼, 90) 마르크스는 생산양식이라는 말을 물질적 의미로도 사용하고, 사회적 의미로도 사용했다. "자본주의적 생산양식"이 농노제 혹은 노예제와 다르다고 했을 때, 그것은 사회적 의미를 지닌 것이었다. "자본주의 특유의 생산양식"이라고 했을 때는 물질적인 의미, 즉 매뉴팩처 혹은 수공업 생산과는 다른 공장제 생산을 가리킨 것이었다. 91) 마르크스가 생산력이 사회관계에 미치는 영향은 생산양식에 의해 매개된다고 했을 때, 그 용어는 물질적인 의미로 사용된 것으로 보아야 한다.

마르크스가 생산력에 변화가 생기기만 하면 반드시 생산양식의 변화가 발생한다고 말한 것처럼 보이지만, 나는 이것이 그의 본뜻은 아니라고 생각한다. 맷돌과 증기방아의 예를 보면, 여기에는 생산성의 양적인 증가에 대한 언급은 없다. 일의 조직에 있어서 근본적인 불연속이 있을 뿐이다. 1861~1863년의 《비판》에서 마르크스는 기계의 도입에 대해 이렇게 말한다. "이것은 기술 수준에 있어서 분명한 경계를 보여주는 것이 아니라, 노동수단의 적용에 있어서 하나의 혁명으로서, 이것은 생산양식의 변화를 가져오고, 이와 더불어 생산관계의 변화를 가져온다." 92) 생산양식의 변화가 없어도 기술변혁은 생길 수 있다. 다만 그러한 기술

---

90) Cohen, *Karl Marx's Theory of History*, pp. 79ff.

91) *Capital*, I, pp. 510, 624, 629, 738. 또한 뒤의 각주 131) 참조.

92) *Zur Kritik (1861~1863)*, p. 1915.

변혁이 생산양식의 변화를 동반하고, 이것이 생산관계의 변화를 야기할 뿐이다. 같은 원고에 《공장조사보고서》의 한 구절에 대한 중요한 논평이 있다.

> "최근에는 기계적 발명이 없었기 때문에 매뉴팩처 방식에 있어서, 그리고 직공들의 습관에 있어서 그다지 큰 변화 — 예전에 방적기와 소모방적기가 초래했던 것과 같은 — 가 없었다."
> 이것이 올바른 연관이다. "기계적 발명", 이것이 "매뉴팩처 방식에 있어서의 큰 변화"를 일으켰고, 따라서 생산관계에 있어서, 사회적 관계에 있어서, 그리고 "마침내 직공들의 습관에 있어서" 변화를 초래했다. [93]

만일 이것이 기술변혁과 생산관계의 변화 사이의 '올바른 연관'이라면, 이것은 목적론적 해석과는 상당한 거리가 있다. 마르크스가 여기에서 언급하는 생산관계의 변화는 자본주의 내에서 일어날 수 있는 변화를 말한 것이지, 자본주의에서 공산주의로 이행할 때 일어나는 변화가 아니다. 5. 1. 2에서 생산관계에 관해 논의할 때는 추상수준으로 인해 체제 내적 변화를 다룰 여지가 없었다. 하지만 소유와 관리의 구체적인 양상은 체제변화에 해당하는 변화 없이도 변화할 수 있다는 것은 분명하다. 또한 그러한 변화는 작업과정의 변화의 결과로 발생할 수도 있다. 이런 경우에 등장한 생산력의 '우선성'은 목적론적 우선성과는 거의 관계가 없다.

5. 2에서 구체적인 역사적 과정을 논의할 때 우선성 문제를 다시 살펴보겠다. 코헨과 반 파리스의 해석은 자본주의에서 공산주의로의 이행을 설명하는 마르크스의 이론에 대해서는 잘 들어맞는다(5. 2. 3). 여기에서는 그들의 해석에 따라 생산력의 수준과 생산력의 변화 수준을 하나로 합칠 수 있다. 한편 봉건주의에서 자본주의로의 이행에 관한 이론(5. 2. 2)

---

93) *Ibid.*, p. 2002.

은 생산력이 아니라 생산관계에 우선성을 부여해야 자연스럽게 이해된다. 여기에서 생산력의 성장은 자본주의적 생산관계의 확립에 따른 부산물로 보인다. 그 사건을 설명하는 요인이 아니다.

5. 2. 역사적 생산양식

이제 마르크스의 일반 이론과 특정 생산양식에 대한 설명이 서로 부합하는지 살펴보기로 하자. 이러한 분석은 일반 이론 중 모호한 부분을 읽는 가장 좋은 독법이 무엇인지 알려줄 것이다. 일반 이론 속에 구체적인 적용의 지침이 나와 있는 경우도 있는데, 과연 마르크스가 이 지침대로 하고 있는지도 살펴볼 것이다. 일반 이론이 여러 가지 방식으로 해석될 수 있는 경우에는 이 이론이 적용된 구체적인 사례에 대한 분석을 통해 가장 일관성 있는 독법이 무엇인지 찾아볼 것이다. 5. 1에서 이미 이러한 방식으로 논의한 바 있지만, 여기에서는 좀더 체계적으로 진행하겠다. 5. 2. 1에서는 전자본주의적 생산양식에 대한 마르크스의 견해를 살펴본다. 전자본주의적 생산양식에서는 잉여가치 추출이 경제 외적 강제에 의해 이루어진다는 것과 기술의 정체가 공통된 특징이다. 5. 2. 2에서는 봉건주의에서 자본주의로의 이행에 대한 마르크스의 설명을 살펴본다. 더 정확히 말하면, '자본주의의 등장'과 '산업혁명'의 관계에 대한 설명이다. 5. 2. 3에서는 자본주의에서 공산주의로의 이행을 예견하는 마르크스의 여러 저작들을 살펴보겠다. 여기에서 공산주의로의 '이행 적기(適期)'를 판단하는 기준이 여러 가지 있다는 사실을 밝힐 것이다. 또한 '국가들의 흥망'과 '소유권 구조의 등장과 몰락' 간의 관계를 살펴본다. 이 문제는 5. 3. 2에서 더 자세히 논의한다. 5. 2. 4에서는 논의 내용을 요약한다.

5.2.1. 전자본주의적 생산양식

마르크스는 《요강》에서 전자본주의적 생산양식들을 모두 "자본주의적 생산에 선행한 형태들"이라는 이름 아래 길게 논의한다. 지금 시점에서 보면, 이들의 가장 큰 특징은 생산력의 정체이다. 《자본론 I》에서 마르크스는 이렇게 쓴다. "근대 공업의 기술적 기초는 그러므로 혁명적인 것이다. 반면에 이전의 모든 생산양식들은 본질적으로 보수적이었다."[94] 이 문장에 《공산당 선언》의 한 구절을 인용하여 각주로 달아놓았다.

> 부르주아 계급은 생산도구를 끊임없이 변혁시키고, 이에 따른 생산관계와 모든 사회적 관계를 끊임없이 변혁시키지 않고서는 존재할 수 없다. 이와는 달리 낡은 생산양식을 보존하는 것이 이전의 모든 산업계급의 존재의 제 1의 조건이었다.[95]

5. 1. 1에서 같은 취지의 내용을 《요강》으로부터 인용한 바 있다. 전자본주의적 사회의 동학은 생산력의 외연적 발전에 있는 것이지, 일반 이론에 함축된 내포적 발전에 있는 것은 아니라는 것이 마르크스의 견해라는 것을 입증하기 위해서였다.

다른 해석이 가능한지 알아보기 위해 《요강》의 다른 구절을 살펴보자. 여기에서 마르크스는 자본주의 이전의 공동체들에 대해 이렇게 말한다.

> 필연적으로 제한된, 실로 원칙적으로 제한된 생산력의 발전에 상응한다. 생산력의 발전은 이들을 해체한다. 그리고 이들의 해체 자체가 인간의 생산력

---

94) *Capital I*, p. 486.
95) *The Communist Manifesto*, p. 487. 이 구절은 5. 1. 4 말미에 언급한 '우선성' 테제를 지지한다.

의 발전이다. 노동은 일정한 기반 위에서 — 처음에는 자생적으로 — 행해지
다가 나중에는 역사적 전제하에서 행해진다. 그러나 이러한 기반이나 전제
자체는 지양되거나 사라진다. 진보하는 인간의 무리가 살아가기에는 너무
제한적이기 때문이다. 96)

이 구절은 코헨의 견해를 지지하는 것 같다. 코헨의 견해는 전자본주의
적 생산관계는 생산력을 간접적으로 자극한다는 것이다. 마치 입헌군주
제가 민주주의에 대항하면서도 민주주의를 사실상 조장하는 것처럼. 97)
그러나 이러한 견해가 성립하기 어려운 근거들이 있다. 마르크스의 주장
에 따르면, 전자본주의적 생산관계는 기술변혁을 가로막았을 뿐만 아니
라, 고대로부터 근대 초에 이르기까지 기술 자체에는 기본적으로 변화가
없었다(5.2.2). 이 구절을 놓고, 생산력에는 역사를 통해 발전하는 **독립
적** 경향이 있고, 이에 저항하는 그 어떤 생산관계도 파괴한다는 뜻으로
읽을 수도 있을 것이다. 98) 특히 마지막 문장을 보면 그렇게 읽을 수도 있
다. 하지만 그 문장은 인구성장이 가져오는 불안정 효과에 대한 진술로
읽을 수도 있다. 어떻게 읽든 고대 세계에 있어서의 기술적 정체에 대한
언급을 놓고 목적론적 해석을 할 수는 없다.

  3개의 전자본주의적 생산양식은 내적 구조와 동학이 서로 다르다. **아
시아적 생산양식**의 경우, (2.1.3의 인용문에서 마르크스가 말한) 관개기술
과 중앙집권적 관료제의 관계는 생산력의 우선성을 보여주는 사례로 제
시되어왔다. 99) 우선 이러한 주장은 일반 이론과 맞지 않는다. 경제구조
와 생산력 간의 이러한 관계에는 동적 요소가 없기 때문이다. 게다가 정

---

96) *Grundrisse*, pp. 496~497.

97) Cohen, *Karl Marx's Theory of History*, p. 170.

98) 조슈아 코헨(Joshua Cohen)은 코헨의 책에 대한 서평에서 이것이 코헨의 해
    석이라고 보고 있는데 수긍하기 어렵다.

99) Cohen, *Karl Marx's Theory of History*, p. 201.

태적 의미에서의 설명적 우선성도 반드시 성립하는 것은 아니다. 인용한 구절에서 동양에서는 물 때문에 경제에 대한 정부의 개입이 '필요했다'고 마르크스가 말했는데, 이 말은 중앙집권적 정부가 관개의 필요조건이라는 뜻이지, 이 필요 때문에 중앙집권적 정부가 수립되었다는 뜻은 아닐 것이다. X가 Y에 불가결하고, Y가 그 사회에서 중요한 경제적 기능이라면, Y는 X를 안정시키는 경향이 있고, 다른 대안이 등장할 기회를 감소시킨다. 진 나라가 좋은 예가 될 수 있다. 진 나라는 기원전 4세기에 통일제국을 형성했는데, 이것은 관개 문제를 해결할 능력이 있었기 때문이다. [100] 기능 Y에 앞서 (혹은 Y가 없다는 가정하에) X가 그러한 강력한 기반을 가진 경우에는 Y로써 X의 존재를 설명할 수는 없다. 강하고 관대한 사람은 강하고 인색한 사람보다 더 강력하긴 하지만, 약간 더 강력할 뿐이다. [101]

마르크스가 말한 것을 보면, 아시아적 생산양식은 태곳적부터 불변인 것처럼 보인다. "동양의 제국들은, 정치적 상부구조를 형성하는 사람과 부족은 끊임없이 변하지만, 사회구조는 변하지 않는다."[102] 아시아적 생산양식에서 인구성장조차도 다른 곳에서와는 달리 파괴적인 영향을 미치지 않는다. "인구가 증가하면 새로운 공동체가 설립된다. 옛날 방식으로, 사람이 살지 않던 땅에."[103] 이 양식은 역사의 뒤안길이다. 영국 식민주의가 산산조각을 낸 다음에야 변화가 일었다. 이 문제는 5.3.2에서

---

100) Needham, *Science and Civilisation in China*, vol. IV: 3, pp. 254ff. 특히 p. 265.

101) Veyne, *Le Pain et le Cirque*, pp. 404ff, *passim*.

102) *Die Presse* 1862. 7. 7. ; *Capital I*, p. 358. 하나의 예외가 있다. 인디언 공동체들은 "스스로 발전하는 사회 상태를 불변의 자연적 운명으로 변형시켰다" (*New York Daily Tribune* 1853. 6. 25). 이 진술은 정체가 시작되기 전에 일정한 발전이 있었다는 것을 시사한다.

103) *Capital I*, p. 358.

간단히 살펴보겠다.

다음으로 고대 **노예제**를 살펴보자. 마르크스에 따르면, 이 체제는 낮은 노동생산성으로 인해 본질적인 결함을 가지고 있었다. 《자본론 I》에서 그는 자본주의의 특징으로 원자재와 도구와 노동의 낭비가 없다는 것을 들었다. 그리고 이렇게 덧붙였다.

> 이것은 노예노동에 기초한 생산으로 하여금 많은 비용이 들게 하는 상황들 가운데 하나이다. 여기에서 노동자는, 옛사람의 인상적인 표현에 따르면, 말하는 도구(*instrumentum vocale*)에 불과하다. 동물은 반벙어리 도구(*instrumentum semivocale*)이고, 생명 없는 도구는 벙어리 도구(*instrumentum mutum*)이다. 그러나 노동자 자신은 동물이나 노동 도구를 통하여 자신이 그것들과 같은 것이 아니라 오히려 인간임을 느끼려고 한다. 그는 동물은 학대하고, 도구는 열심히 손상시킴으로써 스스로 그들과는 다르다는 자기만족(*Selbstgefühl*)을 얻는다. 따라서 이 생산양식에서 일반적으로 채택되는 원칙은 가장 조잡하고 가장 무거운 도구를 사용하는 것, 무디기 때문에 잘 손상되지 않는 도구를 사용하는 것이다. 104)

이러한 해석방법은 노예의 생산성이 낮은 이유를 사회심리학에서 찾고 있다. 노예가 자존감을 갖기 위해 동물과 도구를 심하게 대할 필요가 있었고, 그렇게 함으로써 자기 스스로를 인간으로 인식할 수 있었다는 것이다. (또한 내생적 선호형성에 관한 1.3.1의 논평을 보라.) 다른 곳에서 마르크스는 임금노동에 대해 이렇게 쓰고 있다. "노예에 비해 이 노동은 더 집중적이므로 더 생산적이다. 노예는 채찍의 공포가 있을 때에만 일한다. 왜냐하면 자기 몸이 자기 것이 아니지만, **생존이 보장**되어 있으므로, 자신의 생존을 위해 일하는 게 아니다."105)

---

104) *Capital I*, p. 196 주(번역 수정). 또한 Finley, *Ancient Slavery and Modern Ideology*, pp. 111, 175(Note 71) 참조.

노예소유주들이 잉여를 새로운 생산에 투자하지 않으려 한다는 점도 하나의 이유가 될 수 있을 것이다. 이에 관한 마르크스의 주장은 다소 모호하다. 그는 한편으로는 "직접적인 생활수단의 생산을 지향하는 가부장적 노예제가 잉여가치의 생산을 지향하는 노예제도로 전환"된 것이 상업과 상인자본이 발달한 결과라고 말한다. 106) 이 견해는 5. 3. 3에서 더 자세히 논의한다. 이 구절은 마르크스의 전형적인 주장은 아니다. 그가 자주 강조한 것은 전자본주의 생산양식에서 지배 계급은 투자보다는 소비를 선호하는 경향이 있었다는 것이다. 《요강》에서 그는 이렇게 말한다. "자본이 수행하는 이 **특별한 선불**(先拂)은 자본이 대상화된 잉여노동, 즉 잉여생산물을 새로운 살아 있는 노동에서 **증식시킨다**는 것을 의미할 따름이다. 이집트의 왕이나 에트루리아의 귀족 승려들이 피라미드 등에 투하 (지출) 한 것과는 달리."107) 몇 줄 지난 다음 이런 내용이 이어진다. "고대의 유물이 보여주는 바와 같은 **사치품** 생산은 노예 관계의 필연적인 결과이다. 과잉 생산이 아니라 과잉 소비와 광적인 소비가 기괴한 수준으로까지 발전하면서 고대 국가의 몰락을 초래한다."108) 《잉여가치 학설사》에는 좀더 일반적인 진술이 나온다. 자본주의에서는 대다수의 생산자가 부의 소비로부터 배제되어 있다는 사실을 지적하면서 이렇게 말한다.

> 이것은 노예제에 기초한 고대 생산양식에서도 그러했고, 그 정도는 더욱 심했다. 고대인들은 잉여생산물을 자본으로 전화시킬 생각은 하지도 않았다. 그런 일이 있었다 해도 보잘것없는 수준이었다. (고대인들 사이에서 유행했던 좁은 의미에서의 재보(財寶) 의 축적은 얼마나 많은 잉여생산물이 전혀 이용되지 않고 사장되었는가를 보여준다.) 그들은 잉여생산물의 대부분을 예

---

105) *Results of the Immediate Process of Production*, p. 1031.
106) *Capital III*, p. 332. 이 구절은 5. 3. 3에서 자세히 논의한다.
107) *Grundrisse*, p. 433.
108) *Ibid.*, p. 434.

술품, 종교적 건축물, 공공사업과 같은 비생산적인 일에 사용했다. 물질적 생산력의 전개 및 발전 — 분업, 기계, 사적 생산에의 자연력과 과학의 적용 — 에는 별로 관심이 없었다. 109)

핀리가 말한 것처럼, 노예소유주의 심리는 금리생활자와 같았다. "그들의 관심은 부를 창출하는 것이 아니라 부를 소비하는 데 있었다."110) 그들이 왜 그러한 선택을 했는지에 대한 설명은 여러 가지가 있을 수 있다. 마르크스처럼 생산수단에 대한 노예들의 과시적인 태도를 들 수도 있다. 노예들이 생산도구들을 거칠게 다룬다면, 생산수단을 개선하는 데 투자해봤자 소용이 없을 것이다. 혹은 헤겔이나 제노비즈(Genovese)처럼, 투자의 결여를 노예에 대한 노예소유주의 과시적인 태도 때문이라고 설명할 수도 있다. 111) 즉 노예소유주들이 노예에 대한 우월성을 과시하기 위해 비생산적으로 소비했다는 것이다. 물론 노예소유주들에게는 수익성 있는 투자대상도, 투자동기도 없었다고 설명할 수도 있다. 어떤 방식으로 설명하든, 이것은 노예제 생산관계를 생산력에 미치는 영향의 관점에서 설명하는 것은 아니다.

그러나 마르크스가 노예제의 기원에 관해 설명한 것을 보면, 이와는 약간 다른 견해가 나타난다. 여기에서도 기본적인 메커니즘은 인구증가이다.

로마라는 도시가 건설되고 주변지역이 시민들에 의해서 경작된 후에 공동체의 조건은 이전과 달라졌다. 이 모든 공동체들의 목적은 **생존**이다. 즉 공동체 구성원 개개인을 소유자로 재생산하는 것, 구성원들의 관계를 형성하고,

---

109) *Theories of Surplus-Value*, vol. 2, 528.

110) Finley, "Technical innovation and economic progress in the ancient world", p. 188.

111) 졸고 "Some conceptual problems in political theory" 참조.

이로써 공동체 자체를 형성하는 객체적 실존 방식을 재생산하는 것이다. 그러나 이러한 재생산은 필연적으로 새로운 생산이자 동시에 낡은 형태의 파괴이다. 예를 들어 각 개인이 일정한 크기의 토지를 점유해야 하는 곳에서는 인구증가가 방해가 된다. 이 문제를 해결하려면 식민화가 필요하고, 정복 전쟁이 필요해진다. 그에 따라 노예 등. 112)

다른 곳에서 마르크스는 이러한 '정복 노예설'에 다음과 같은 설명을 덧붙인다. "노예를 빼앗아오는 목적은 자기 나라의 생산을 맡도록 하기 위해서이다. 따라서 그 나라의 생산은 노예노동이 필요한 방식으로 구조화된다."113) 이 말이 무슨 뜻인지 분명하진 않지만, 복잡성의 정도에 있어서 생산력 수준이 그렇게 되었다는 뜻으로 보인다(5.1.1). 산업 국가는 노예를 첨단 산업시설의 인력으로 사용할 수는 없었다. 정복을 통해 노예를 얻을 수 있다고 해도 말이다. 그러므로 노예 생산관계는 이중으로 생산력과 관계가 있다. 첫째, 인구성장은, 외연적 의미에서 생산력의 발전인데, 정복을 필요로 하고, 값싼 노동을 대량으로 창출하는 노예제를 선택 가능한 대안으로 만든다. 다음으로 그 대안의 채택 여부를 결정하는 것은 생산력의 성격이다. 이것은 (내포적 의미에서) 생산력으로 평가된 노예제 그 자체와는 아무런 관련이 없다. 여기에서도 역사적 사례는 마르크스의 일반 이론과 맞지 않는다.

봉건주의에 대해서는 마르크스는 사실상 침묵하였다. 맷돌과 봉건영주에 관한 언급은 별로 중요하지 않다. 1861~1863년의 《비판》에는 방아의 종류에 대한 논의가 길게 나온다. 맷돌이 봉건주의 혹은 농노제의 특징이라는 암시는 없다. 절구를 사용하다가 회전식 맷돌을 발명하게 되었다는 것을 설명한 다음에 그는 이렇게 덧붙인다. "곡식을 가는 일은 처

---

112) *Grundrisse*, pp. 493~494.
113) *Ibid.*, p. 98.

음에는 여성노예들의 몫이었으나 나중에는 농노들이 이 일을 맡게 되었다."[114] 그런 다음 여러 가지 형태의 맷돌이 봉건적 소유구조와 어떻게 맞았는지를 설명한다.

> **중세. 맷돌, 축력 맷돌, 물레방아.** (풍차는 10세기 혹은 11세기에 독일에서 발명되었으며, 12세기 이전에는 거의 사용되지 않았다. 그때부터 **16세기 중반**까지 대세를 이루었다.) 독일 귀족들이, 나중에는 승려들까지 나서서, 바람이 자기 것이라고 주장한 것이 대표적인 예이다. 1159년 프리드리히 1세는 물레방아가 왕실 소유라고 선언했다. 나중에 이는 풍차에까지 확대되었다. **영주권 혹은 강제노동 방아.** 모세는 이렇게 말했다. "곡식을 밟아 떠는 소에게 망을 씌우지 말라."[고린도전서 9:9 — 옮긴이] 그러나 기독교도인 독일 영주들은 이렇게 말한다. "농노들이 일하는 동안에는 목에 큰 널빤지를 채워 곡분을 집어든 손이 입에 닿지 못하도록 하라."[115]

이 기술의 역사는 흥미진진하다. 독일 귀족들이 바람을 사적으로 소유하려 했다는 것은 특히 재미있다.[116] 하지만 이것은 봉건적 생산관계와 그것이 생산력에 미치는 영향에 관한 이론적 설명과는 관계가 없다. 마르크스는 다른 저작에서는 이 이야기를 전혀 하지 않는다. 그는 중세의 농업기술에 관해서도, 블로흐(Marc Bloch) 등이 말한 농노제의 미세한 다양성에 관해서도 전혀 언급이 없다. 또한 농노제에 내재한 동적 메커니즘 — 지대가 노동지대로, 현물지대가 화폐지대로 변환되는 과정을 설명할 수 있는 — 에 대해서도 아무런 언급이 없다.

---

114) *Zur Kritik (1861~1863)*, p. 1918.

115) *Ibid.*, p. 1925.

116) 각주 27)로 인용한 구절 참조. 자연력은 기초과학과 마찬가지로 소유가 불가능한 생산력이다. 그러나 과학적 지식을 활용하여 자연력을 인간의 목적에 이용할 수 있을 때에는 자연력 자체를 사적으로 소유할 수 있는지에 대한 지식을 발전시키려는 동기유인이 존재할 수 있다.

5.2.2. 봉건주의에서 자본주의로의 이행

준비 원고에서도 그렇지만, 《자본론 I》과 《자본론 III》에서도 그는 이 과정을 아주 복잡하게 설명한다. 거칠게 요약하면 그의 주장은 이렇다. 세계시장의 창출과 전통적인 농업의 변형이 자본주의적 산업생산 체제와 내수시장을 창출했고, 이 내수시장이 그러한 체제의 확장을 위한 조건이 되었다는 것이다. 이것은 일반 이론의 주장과는 거리가 멀다. 일반 이론에 따르면, 새로운 생산관계는 생산력의 최적의 발전을 위해 필요한 때에, 그리고 그 때문에 등장한다. 아래에서 이 문제를 더 자세히 살펴보겠다. 우선 《자본론 I》의 한 구절을 보자. 여기에서 마르크스는 이전의 생산관계가 생산력에 족쇄가 되었기 때문에 자본주의가 등장했다고 설명한다.

노동자가 자신의 생산수단을 소유하는 것은, 농업에서건 공업에서건 소경영의 기초이다. 그리고 소경영은 사회적 생산의 발전과 노동자 자신의 자유로운 개성의 발전을 위한 필수 조건이다. 물론 이러한 생산양식은 노예제나 농노제 및 기타 예속적 관계하에서도 존재한다. 그러나 그것이 번영하고, 온힘을 다 발휘하며, 꼭 맞는 전형적 형태를 획득하는 것은 노동자가 자신이 취급하는 노동수단 — 농민은 자신이 경작할 땅, 수공업자는 숙련된 솜씨로 다루는 도구 — 의 사적 소유일 경우뿐이다. 이 생산양식은 토지의 분할과 기타 생산수단의 분산을 전제로 한다. 이것은 생산수단의 집적을 배제하는 동시에 각각의 독립된 생산과정 내에서의 협업과 분업을 배제하고, 자연의 힘에 대한 사회적 지배와 생산적 활용 및 사회적 생산력의 자유로운 발전도 배제한다. 그것은 협소한 원시적인 한계 안에서만 움직이는 생산체제 및 사회에서만 가능한 일이다. 이 생산양식을 영구화하려는 것은, 페케르가 정확하게 지적한 것처럼, 마치 "모두들 멍청이가 되라고 명령하는" 것과 같다. 일정한 발전수준에 이르면 이 생산양식은 스스로를 파멸로 이끄는 물적 수단을 창출해낸다. 이 순간부터 사회의 태내에서는 새로운 힘과 열정이 솟아 나기 시작하지만, 낡은 사회 조직은 이 힘과 열정을 억압한다. 그 생산양식은 소멸하지 않을 수 없으며, 실제로 소멸한다. [117]

이 구절은 다소 모호하고 1859년의 일반원칙으로부터 연역될 수 있는 내용은 아니지만, 그 텍스트와 단순히 양립할 수 있는 수준 이상의 것이다. 요점은 "단순 상품생산"은 "사회적 생산의 발전을 위한 필수적 조건"이었다가, 일정한 단계에 이르면 그 태내에서 창출된 생산력의 발전에 족쇄가 된다는 것이다. 그때가 되면 "그 생산양식은 소멸하지 않을 수 없으며, 실제로 소멸한다". 그러나 마르크스는 이러한 일이 일어나는 과정을 정확히 설명한 일이 없고, 일부 텍스트는 오히려 이와는 다른 주장을 한다.

"영국에서 농노제는 14세기 말경에 사실상 사라졌다. 당시 아주 많은 수의 인구가 자유로운 자영농으로 이루어져 있었다. 15세기에는 더욱 그러했다. 그들의 소유권이 봉건적 간판에 의해 가려져 있었지만." [118] 다시 말해 단순 상품생산이 등장한 것이다(5.3.3을 보라). 그러나 경제적인 이유는 물론 정치적인 이유로 인해 이 체제는 파괴될 운명이었다. 《자본론 I》에서 마르크스는 소규모 소유 생산의, "경제적인 이유"와 관계없는 "폭력적 수단"을 다룬다. [119] 이것이 16~18세기에 걸쳐 농민의 소유지를 약탈한 그 유명한 엔클로저 운동이다. 처음에는 불법적 폭력으로 저질러졌으나, 나중에는 불법적·합법적 폭력이 모두 동원되었다. [120] 《자본론 III》에 "경제적인 이유"가 나열되어 있다. [121] 대규모 공

---

117) *Capital I*, pp. 761~762.

118) *Ibid.*, p. 717.

119) *Ibid.*, p. 723.

120) 더 자세한 내용은 *ibid.*, p. 724 참조.

업과의 경쟁으로 인한 농촌 가내공업의 파괴, 소규모 경작의 원시적 성격에 따른 토지의 황폐화, 대농장 및 대규모 자본주의적 농업과의 경쟁, 농업기술 향상으로 인한 농산품의 가격하락과 더 많은 자본의 필요성, 자연재해 및 이로 인한 고리대자본에 대한 취약성, 마지막으로 좀더 정치적인 수단으로서 과세 등이다. 이들 이유 중 대부분은 자본주의가 농업 등의 분야에서 이미 확립되어 있다는 것을 전제로 한다. 따라서 이것들로 자본주의가 어떻게 확립되었는지를 설명할 수는 없다. 자본주의와 관계없이 작동하는 경제적 이유들은, 프랑스에서 그러했던 것처럼, 고리대자본과 과세에 의해 착취당한 농업의 저생산성을 설명해줄 뿐이다.

그러므로 영국에서의 자본주의의 전개는 정치적 수단에 의해 설명되어야 하고, 그럴 때에야 영국에서의 본원적 축적에 관한 마르크스의 논의가 의미를 가질 수 있다. 마르크스에 따르면, 영국에서 엔클로저 운동은 토지를 잃은 수많은 노동자들을 시장으로 내몰았고, 이로써 도시 자본주의의 필수적 전제조건이 창출되었다. [122] 이러한 견해는 오늘날에는 더 이상 통하지 않는다. [123] 엔클로저 운동은 이로 인해 토지를 잃은 노동자보다 더 많은 노동자들을 흡수했다. [124] 따라서 도시 노동자들의 공급은 일반적인 인구증가의 결과였다.

그러나 노동의 방출이 마르크스가 말하는 엔클로저 운동의 유일한 효과는 아니었다. 엔클로저 운동은 규모의 경제를 가능하게 하고, 농업에

---

121) *Capital III*, p. 807.

122) *Capital I*, p. 725.

123) Chambers and Mingay, *The Agricultural Revolution 1750~1880*, ch. 4; Collins, "Marx on the English agricultural revolution". 콜린스의 논문은, 약간의 과장이 있지만, 마르크스의 설명이 사실적으로 틀렸을 뿐만 아니라 내적 일관성도 결여하고 있음을 잘 보여준다.

124) 마르크스도 이러한 사실을 부분적으로 인정한다. *Capital I*, p. 329, note 1 참조.

서의 임금수준을 하락시킴으로써 농업의 수익증대를 가져왔다. 당분간 이들 메커니즘 중 첫 번째 것에 집중하자. 이것을 보면, 자본주의의 등장이 생산력의 족쇄를 푸는 일과 관련 있었다는 주장이 일리가 있어 보인다. 소규모 소유는 "노동자의 자유로운 개인성"을 발전시키는 동안에는 진보적인 것이었다고 추론할 수 있다.[125] 그러나 단순 상품생산의 생산성 증가 잠재력은 곧 소진되었다. 자유농이 노예나 농노보다 일을 훨씬 더 열심히 하는 것은 사실이지만, 소규모 생산이라는 한계가 있다. 이러한 한계를 극복하기 위해 대토지에 기반한 생산 — 단순한 대토지 소유가 아니라 — 이 필요했다. 영국에서 이 일은 엔클로저 운동에 의해 수행된 합병의 형태로 나타났다. 이것이 마르크스의 설명이라면(그렇게 단정할 수 없다는 것을 곧 알게 되겠지만), 미시적인 기초가 부족하다. 어떤 조건하에서 기업가가 제도적인 변화로부터 발생하는 잠재적인 이익을 가져갈 수 있는지는 간단하게 답할 수 있는 문제가 아니다.[126]

그것이 정말로 마르크스의 견해였는지를 논의하기에 앞서, 이와 관련 있는 문제, 즉 매뉴팩처에 의해 대체된 독립적인 장인에 관한 논의부터 살펴보겠다. 마르크스는 이 과정을 엔클로저 운동과 직접 비교한다.

자본의 **본원적 축적**에 결정적인 역할을 한 이 **과정**과 동시대에 벌어진 사건들을 보자. 여기에서 현저한 특징은 **산업 아동들로부터 땅의 분리**(나중에 스튜어트 인용), 즉 대농장의 형성 혹은 이른바 '집중' — 작은 농장들을 한 **사람의 손에 집중시키는 것** — 이다. 미라보에서 그랬던 것처럼. 미라보에서

---

125) Macfarlane, *The Origins of English Individualism*, pp. 43, 195에 따르면, 마르크스는 영국 농업의 특수성을 무시하고, 모든 면에서 유럽 대륙의 조건들과 유사하다고 생각하였다. 그는 영국에서의 소생산자의 자유로운 개인성에 관해 언급하지 않았으며, 《자본론 III》(p. 807)의 유사한 구절에도 보이지 않는다.

126) 특히 *North, Structure and Change in Economic History* 참조

는 대규모 작업장들을 '공단'(*fabriques réunies*) 이라고 불렀는데, 작은 제조 회사들이 한 사람의 손에 집중되어 있었다. 127)

매뉴팩처의 출현은 자본주의의 발생에 있어서 결정적인 단계였다. 아래에서 논의하겠지만, 마르크스는 그것이 가장 결정적인 단계라고 생각한 것 같다. 그 전제조건은 길드에 묶여 있지 않은 도시 노동자들의 존재와, 그들을 고용할 잠재적 자본가들이었다. 이 두 가지 전제조건 중 후자에 대해 《자본론 I》과 《자본론 III》은 각기 다른 설명을 한다. 《자본론 I》의 "산업자본가의 탄생"에 관한 장에 따르면, 길드 장인 혹은 직인이 자본가로 변신하는 과정은 "달팽이 걸음"으로 진행되었고, 128) 해외무역과 다양한 정치적 조치들에 의해 창출된 자본의 투자가 훨씬 더 중요했다는 것이다. 《자본론 III》(5. 1. 2에 인용) 에서는 반대로 설명한다. 즉 생산자가 상인으로 변신한 것은 '실로 혁명적인 길'인 반면, 상인자본이 실제 생산과정에 미친 영향은 미미했다는 것이다. 이 두 가지 견해는 신용과 은행을 도입하면 조화될 수 있다. 무역을 통해 생긴 자본은 신용과 은행을 통해 생산적 활동에 투자될 수 있다. 129) 그러나 마르크스는 놀랍게도 이 중개 메커니즘에 대해서는 거의 말이 없다. 130)

---

127) *Zur Kritik (1861~1863)*, p. 2298.

128) *Capital I*, p. 750.

129) 구체적인 내용은 Crouzet, "Capital formation in Great Britain during the Industrial Revolution" 참조.

130) 《자본론 III》의 자본주의적 생산에서 신용의 역할에 관한 장은 자본주의 초기 단계에서 신용이 할 수 있는 역할에 대해 아무런 언급이 없다. 《자본론 I》(p. 309) 에서는 "어떤 생산부문은 자본주의적 생산의 시초부터 최소한의 자본 — 아직 개개인의 수중에는 없지만 — 을 필요로 한다"는 사실만 간단히 지적한다. 마르크스가 예시한 가능한 조치 중에는 사적 개인에 대한 국가보조금, 특정 산업 및 상업 분야에서의 합법적 독점권을 가진 단체의 형성 등이 있지만, 은행과 사금융 제도에 대한 언급은 없다.

매뉴팩처는 자본주의적 생산의 최초 형태이긴 하지만 완성된 형태는 아니다. 마르크스는 모든 후기 저작에서 자본주의를 두 단계로 나눈다. 첫 단계는 '절대적 잉여가치의 생산' 혹은 '노동의 자본에의 형식적 포섭'이고, 둘째 단계는 '상대적 잉여가치의 생산' 혹은 '노동의 자본에의 실질적 포섭' 및 '자본주의 특유의 생산양식'이다. 이렇게 두 단계의 특징이 서로 다르다고 주장하면서도, 131) 이를 일관성 없이 사용한다. 《자본론 I》에서 협업, 분업, 공장제 기계공업을 모두 제 4부 "상대적 잉여가치의 생산" 편에서 다루고 있지만, 공장제 기계공업만 자본주의 특유의 생산양식이라고 말한다. 상대적 잉여가치는 생산양식의 대변혁을 통해서만 창출될 수 있는데, 132) 매뉴팩처는 길드에서 사용된 수공업적 방법과 크게 다를 바가 없어서 생산양식에 있어서 어떠한 변화도 가져오지 않았다고 그는 분명하게 주장한다. 133) 하지만 그는 또한 많은 노동자들을 한곳에 모아놓는 것만으로도 고정자본을 절약하는 효과가 있으며, 따라서 노동생산성을 향상시킨다고 주장한다. 134)

이 다양한 견해들은 다음과 같이 해석하면 조화를 이룰 수 있다. 생산성 향상의 원천은 두 가지가 있다. 주어진 기술 내에서의 규모의 경제와 기술변혁이 그것이다. 이 중 후자만이 (물질적) 생산양식의 변화에 해당

---

131) 상대적 잉여가치 생산과 특히 자본주의적 생산양식을 동일시한 것은 *Capital I*, p. 510 참조. 노동의 자본에의 실질적 포섭과 특히 자본주의적 생산양식을 동일시한 것은 *Capital I*, p. 738 및 *Zur Kritik (1861~1863)*, p. 2145 참조. 형식적 포섭과 절대적 잉여가치를 동일시한 주장은 *Zur Kritik (1861~1863)*, p. 2130 및 *Results of the Immediate Process of Production*, p. 1021에 나와 있다. 1861~1863년의 《비판》에서는 형식적 포섭을 "대립"(*Gegensatz*) 혹은 "소외"(*Entfremdung*)로, 실질적 포섭을 "적대"(*Widerspruch*) 혹은 "적의"(*Feindlichkeit*)로 나타낸다(pp. 2014, 2057~2058).

132) *Capital I*, p. 510.

133) *Ibid.*, p. 310.

134) *Ibid.*, pp. 324~325.

한다(5. 1. 4). 초기단계에서 자본주의적 생산양식은 낡은 기술을 사용했지만, 이전에는 몰랐던 규모의 경제를 달성함으로써 상대적 잉여가치의 창출이 가능하게 되었다. 개념적으로 볼 때 이것이 생산력의 발전에 해당하는지, 아니면 생산력의 사용에 있어서의 향상인지는 논란의 여지가 있다. 나는 규모의 경제는 생산력의 **사용**에 있어서의 향상이라고 생각한다. 규모의 경제는 충분한 수요에 달려 있기 때문에 인구감소 등으로 수요가 하락하면 실패할 수 있다. 반면에 생산력의 발전은 불가역적이며, 수요에 대한 의존성이 없다. 어느 경우든, 규모의 경제의 성장 잠재력은 곧 소진된다. 그 다음 단계에서 상대적 잉여가치는 오로지 기술변혁을 통해서만 창출된다. 게다가 이것은 무진장한 잉여가치의 원천이며, 따라서 '자본주의 특유의 생산양식'에서 중요하다.

하지만 마르크스에 따르면, 자본주의적 관계는 강제력을 사용하여 수립될 수도 있다.

생산과정 안에서 … 자본은 노동에 대한, 즉 활동하고 있는 노동력 또는 노동자 그 자체에 대한 지휘권을 획득했다. 인격화된 자본인 자본가는 노동자가 자신의 일을 질서정연하게, 충분한 강도로 수행하도록 감시한다. 나아가 자본은 강제관계로까지 발전했다. 노동자 계급은 자신의 소박한 생계욕구가 요구하는 것보다도 더 많은 노동을 수행해야 했다. 타인의 활동을 생산하는 자로서, 잉여노동의 추출자 및 노동력의 착취자로서, 자본은 직접적 강제노동에 기반한 그 이전의 모든 생산제도를 능가하는 정력과 무절제와 효율을 보여준다. 처음에 자본은 역사적으로 주어진 기술적 조건에 기초하여 노동을 자신에게 종속시킨다. 따라서 자본은 생산양식을 즉각적으로 변화시키지는 않는다. 그러므로 지금까지 고찰한 형태의 노동일의 단순한 연장을 통한 잉여가치의 생산은 생산양식 그 자체의 어떠한 변화와도 관계가 없다는 것이 입증되었다. 그것은 구식 제빵업에서도 근대적 방적공장에 못지않게 효과적이었다. 135)

5. 1. 1에서 인용한 구절도 유사한 내용이다. 136) 형식적 포섭에 관하여는 《직접적 생산과정의 결과》와 1861~1863년의 《비판》에서 자세히 다룬다. 1861~1863년의 《비판》에 따르면, 아래 인용문에서 보는 바와 같이, 생산관계의 변화와 (물질적) 생산양식의 변화 사이에는 이중(二重) 인과관계가 있다.

> 노동의 자본에의 실질적 포섭과 함께, 우리가 지금까지 살펴본 모든 변화들이 기술적 과정과 노동과정에 반영된다. 또한 생산물에 대한, 그리고 자본에 대한 노동자의 관계에도 변화가 일어난다. 마지막으로 노동의 생산력에도 변화가 일어난다. 사회적 생산력이 발전한 결과, 자연력과 과학 및 기계의 힘을 직접적인 생산과정에 대규모로 적용하는 일이 발생하는 것이다. 그러므로 여기에서의 변화는 단순한 형식적 관계의 변화에 그치는 것이 아니라 노동과정의 실질적 변화이다. 자본주의적 생산양식은 여기에 이르러 비로소 독자적인 생산양식으로서 물질적 생산의 형태를 변화시킨다. 다른 한편, 이 변화는 자본주의적 생산관계의 발전을 위한 기초를 형성한다. 이 생산관계의 형태는 물질적 생산력의 발전에 있어서 주어진 단계를 전제로 한다. 우리는 이 모든 것이 생산과정에 있어서 노동자의 종속 조건의 본질을 어떻게 바꾸어놓는지를 살펴보았다. 이것이 가장 중요한 점이다. 이러한 노동생산성의 향상과 생산규모의 확대는 자본주의적 생산관계의 결과이자 토대이다. 137)

《직접적 생산과정의 결과》에서 마르크스는 그답지 않게 자본주의적 생산관계가 도입되려면 다음과 같은 전제조건이 있어야 한다는 점을 강조한다.

---

135) *Ibid.*, pp. 309~310.
136) *Ibid.*, p. 422.
137) *Zur Kritik (1861~1863)*, p. 2142. 또한 p. 2160 참조.

사회적 생산이 일정한 역사적 수준에 도달해야 한다. 낡은 생산양식의 틀 내에서도 일정한 욕구와 유통 및 생산의 수단들은 발전한다. 이들은 낡은 생산관계를 넘어서고, 자본주의적 형태로의 전환을 강요한다. 그러나 그들은 당분간은 노동의 자본에의 형식적 포섭이 가능한 지점까지만 발전된다. 그러나 그러한 변화를 기초로 하여 생산양식에서의 특정한 변화가 초래되고, 이것이 새로운 생산력을 창출한다. 138)

욕구와 생산수단이 생산관계의 자본주의적 형태로의 전환을 "강요한다"는 주장은 무슨 뜻인지 알기 어렵다. 생산력의 추가적인 발전을 위해 자본주의가 필요하다는 뜻이 아닌 것은 확실하다. 마르크스가 그렇게 주장하긴 했지만, 이것은 자본주의의 등장에 관한 그의 설명과는 관계가 없다. 1859년의 "서문"에 나타난 일반 이론의 수준에서는 그렇게 말할 수 있다. 자본주의의 등장에 관한 본격적인 논의에서 그는 노동의 자본에의 실질적 포섭과 이에 동반하는 생산력의 발전은 그 과정의 원인이 아니라 부산물이었다고 주장한다. 위 인용문의 앞부분, 즉 자본주의의 도입은 사회적 생산의 일정한 수준에서만 가능하다는 주장은 나중에 살펴보겠다. 여기에서는 뒷부분에 주목하자. 여기에서 마르크스는 자본주의적 관계의 등장이 생산력의 발전에 앞서, 생산력의 발전과 관계없이 등장한다고 주장한다.

이 해석이 맞다면, 마글린(Stephen Marglin)이 "사장들은 무엇을 하는가" — 부제 "자본주의적 생산에 있어서 계서제의 기원과 기능" — 에서 강력하게 주장한 내용은 사실상 마르크스의 것이다. 마글린에 따르면, 매뉴팩처와 공장제 기계공업은 노동자를 복속시킬 목적으로 도입되었다. 처음에는 노동자의 생산물에 대한 통제를 파괴하고, 다음에는 작업과정에 대한 통제를 박탈한다. 목적은 노동자의 저항을 꺾어놓는 것이지

138) *Result of the Immediate Process of Production*, p. 1064.

생산성의 향상이 아니다. 마글린은 심지어 매뉴팩처가 생산성의 향상으로부터 부수적으로 얻는 이익조차 없다고 주장한다.[139] (물론 그는 공장제 기계공업이 거대한 기술적 진보를 가져왔다는 사실은 인정한다. 그러나 이것이 자본주의의 등장과는 관계가 없다고 주장한다. 하지만 중요한 것은 첫째 단계이다.) 마르크스가 주장한 것처럼, 매뉴팩처가 규모의 경제를 창출했다는 것을 받아들인다고 하더라도, 우리는 다음과 같이 주장할 수 있다. ① 규모의 경제가 생산력의 발전을 구성하는 것은 아니다. ② 어느 경우든, 그것은 착취 효율의 증가에 비하면 부차적이다. 나는 일반 이론적 근거에서 ①은 마르크스의 주장이 확실하다고 생각한다. 그리고 그가 ②를 받아들였다는 직접적인 증거가 있다.

이 해석에 따르면, 일반 이론은 봉건제에서 자본주의로의 이행을 설명하지 못한다. 자본주의적 생산관계는 그것이 더 많은 잉여를 보장했기 때문에 출현한 것이지, 생산력의 급속한 발전에 유리하기 때문에 등장한 것이 아니다. 생산력의 발전은 그 결과일 뿐이다. 이 결론을 받아들이기 전에, 농업혁명에 관한 이론을 잠시 보기로 하자. 일반 이론과 구체적인 사례를 연결하는 데 도움이 될 수도 있으니까. 엔클로저 운동의 동기가 집중에서 생기는 이익이라면, 그리고 자본주의 농업이 엔클로저 운동에 의존하였다면, 이것으로 생산성의 향상과 사회변동을 연결시킬 수는 없을까?

그러나 이러한 주장은 매뉴팩처에 대한 논의에서와 같이 여러 가지 반론에 직면한다. 우선 엔클로저 운동의 주요 동기가 생산성 향상을 통한 수익이라는 것이 마르크스의 주장이었는지가 불분명하다. 16세기 엔클로저 운동과 관련하여 그는 이렇게 말한다. "자본주의 체제가 원했던 것

---

139) Marglin, "What do bosses do?", pp. 20ff. 이에 대한 반론으로는 *Explaining Technical Change*, pp. 172ff 참조.

은 … 인민 대중의 예속상태, 그들을 피고용자로 만드는 것, 그들의 노동수단을 자본으로 전화시키는 것이었다."[140] 이것은 엔클로저 운동이 노동자를 생산수단으로부터 분리시키는 기능을 했다는 말이다. 그리고 그것은 자본주의의 발전에 필요한 일이었다는 것이다. 제 2차 엔클로저 운동에 관해서도 강조점은 또한 농촌인구를 매뉴팩처 산업에 필요한 프롤레타리아로 '해방시켰다'는 사실에 있다.[141] 둘째로, 그 동기가 집중으로 인한 생산성 향상에 있었다 하더라도, 그러한 규모의 경제가 '생산력의 발전'이라고 할 수 있는지 의심스럽다. 마지막으로 마르크스는 "농업은 결코 자본의 출발지가 될 수 없다"고 분명히 말한 바 있다.[142] 《자본론 III》에 그 이유가 꽤 길게 나와 있다.

> 지대가 화폐 형태를 취하고 지대 지불 농민과 토지소유자 사이의 관계가 계약관계가 되자마자 ― 이러한 발전은 세계시장·상업·매뉴팩처가 상대적으로 높은 발전수준에 도달했을 때에만 가능하다 ― 토지는 필연적으로 자본가들에게 임대되기 시작한다. 자본가들은 종전에는 농촌의 경계 밖에 있었으나, 이제 도시에서 얻은 자본을 농촌과 농업에 들여왔고, 이와 더불어 자본주의적 경영방식이 발달하게 되었다.[143]

《자본론 III》의 "농업자본가의 탄생"에 관한 장에는 자본주의 농업의 기원에 관해 이와는 다른 설명이 있다. 즉 여기에서는 자본주의 농업이 도시 자본주의의 출현에 앞서, 이와는 독립적으로 발생했다고 설명한다. 하지만 전체적으로 보면 마르크스가 이와는 반대되는 견해를 가지고 있었다는 증거가 더 많다. 어느 경우든 처음 두 가지 반론에 의거하여 보

---

140) *Capital I*, p. 720.
141) *Ibid.*, p. 725.
142) *Grundrisse*, p. 669.
143) *Capital III*, p. 799.

면, 마르크스가 자본주의적 생산관계의 등장을 농업에서의 생산성 향상으로 설명했다고 보기는 어렵다. 하지만 이런 견해를 완전히 배제하지는 않겠다. 그 어떤 해석도 배제할 수 없는 것이 마르크스의 난해한 사고의 특징이다.

지금까지 나는 생산력의 **변화율**이 자본주의적 생산관계의 등장에 관한 마르크스의 설명에서 아무런 역할을 하지 않는다는 점을 논증했다. 그러므로 마르크스가 자신의 일반 이론 — 그 핵심에 변화율이 있다 — 을 구체화하는 그 어떠한 메커니즘도 제시하지 않은 것은 충분히 이해가 간다. 자본주의적 생산관계의 등장은 도입의 시점에서 발생하는 수익에 의해 설명해야 한다. 생산성의 향상으로 나중에 발생할 이익에 의해 설명해서는 안 된다. 이것은 예견할 수도 없고, 시간상 너무 멀리 있어서 이윤을 추구하는 개인들을 움직이는 동기가 될 수 없다. 무임승차 문제가 여러 가지 방식으로 얽혀 있는 것은 물론이고.[144]

그러나 생산력의 **수준**은 설명에서 여전히 일정한 역할을 할 수도 있다. 파리스의 주장을 살펴보자. 그에 따르면, 어떤 생산관계가 최적인지는 생산력의 수준에 따라 달라지지만, 극대화대상(5. 1. 4)은 생산력의 변화율 이외의 어떤 것이 될 수 있다. 구체적으로 말하면, 극대화대상은 직접 생산자로부터 추출하는 잉여가 될 수 있다. 각주 138로 《직접적 생산과정의 결과》에서 인용한 구절은 이러한 견해의 근거가 될 수 있다. 또한 1861~1863년의 《비판》에도 이 견해를 지지하는 내용이 있다.

---

144) 기초과학을 지원하는 국가의 역할에 대해서는 앞에서 말한 바 있다(5. 1. 1). 문제는 또 있다. 코헨(*Karl Marx's Theory of History*, p. 292)이 주장한 바와 같이, 생산력의 발전으로 가장 큰 수익을 얻을 계급이 다른 계층으로부터 동맹을 얻어 지배권을 확보한다면, 동맹에 가담한 계층이 그렇게 하는 것이 무임승차의 이익보다 크다고 판단한 이유를 설명해야 한다.

화약, 나침반, 인쇄술, 이 3대 발명품은 부르주아 사회를 선도했다. 화약은 기사의 세계를 날려버렸다. 나침반은 세계시장을 열었고, 식민지를 개척했다. 인쇄술은 청교도들이 원했던 도구를 제공했고, 과학 부흥의 길을 열었다. 그것은 필요한 지적 기초를 건설하는 데 가장 강력한 도구였다. [145]

흔히 거론되는 이 3대 발명품은, 고대로부터 근대 초에 이르기까지 생산력에 이렇다 할 변화가 없었다는 견해에 대한 반증으로 보인다. 그런데 이 발명품들이 과연 그 자체로 생산력의 증가를 **구성했다**고 할 수 있는지는 의문이다. 생산력 증가의 중요한 **원인**이었다는 것은 분명하지만 말이다. 화약은 결코 생산력이 될 수 없다. 인쇄술은 수익성 있는 투자 분야로서가 아니라, 정신적 발전을 위한 전제조건으로서 중요했다. 마지막으로 나침반은 생산력으로 볼 수도 있고, 그렇지 않을 수도 있다. 이것은 상품을 어떻게 개념화하느냐에 달린 문제다. 그 상품이 가진 고유한 성질은 물론, 그것을 이용할 수 있는 시간과 장소까지 고려하여 상품을 개념화한다면, 교통수단의 발달은 곧 생산력의 증가이다.

그러므로 파리스의 주장은 이렇게 이해할 수 있다. 근대 초기의 기술 변혁의 결과로 사회조직에 있어서 근본적인 변화가 일어났다. 새로운 군사과학기술은 기사들의 힘을 무력하게 만들었다. 항해술의 발달은 세계시장을 창출했고, 특히 아메리카 금광의 발견을 가져왔다. (방법론적 문제와 관련하여 1.3.2에 인용된 구절을 참조하라. 《요강》에서 인용한 이 구절에서 마르크스는 재부(財富)가 금광에 의해 창출된다는 생각은 환상이자, 동시에 자기충족적이라고 말한다. 라퐁텐의 우화, 《농부와 자식들》에서 그러하듯이.) 마지막으로 인쇄술은 청교도 혁명의 핵심이라고 할 수 있는 성경의 전파를 가능하게 한 물질적 조건이었고, 또한 과학 혁명의 물질적 조건이기도 했다. 이처럼 급변한 상황에서 자본주의적 생산관계는 잉여노

---

145) *Zur Kritik (1861~1863)*, p. 1928.

동을 추출하는 데 더 유리했다. 거듭되는 말이지만, 생산력의 **수준**은 이 설명에서 보조적인 성격을 띤다. 오히려 발명품들의 특성이 핵심적인 설명 기능을 한다.

이것이 마르크스의 견해라고 주장하고 싶은 생각은 없다. 이런 이론은 마르크스주의자뿐만 아니라 비마르크스주의자들도 주장할 수 있다. 많은 마르크스주의자들이 이렇게 희석된 이론을 거부하고 희석되지 않은 이론(5.1.3에 나와 있다)에 집착하는 이유도 이 때문일 것이다. 희석되지 않은 이론을 한마디로 요약하면, '기술이 사회변동의 주결정인'이라는 것이다. 물론 이런 표현은 희석되지 않은 이론을 정확하게 나타난 것은 아니며, 여러 가지 해석을 낳을 수 있고, 희석된 이론처럼 해석될 수도 있다. 후일의 마르크스주의자들은 희석된 이론의 근거들이 희석되지 않은 이론의 근거로도 사용될 수 있다는 것을 알게 되었다. 마르크스 자신이 이 둘을 구별하지 못하고 뒤섞어 생각했는지는 분명하지 않다. 지금까지 살펴본 바와 같이, 그가 혼동했다는 것은 분명하지만, 정확히 무엇을 혼동했는지는 알기 어렵다.

5.2.3. 자본주의에서 공산주의로의 이행

5.1.3에서 공산주의 혁명은 자본주의적 생산관계가 공산주의적 관계보다 생산력의 발전에 덜 우호적일 '때, 그리고 그 때문에' 일어난다는 주장을 살펴본 바 있다. 그리고 일반 이론에 의한 마르크스의 주장과, 자본주의가 생산력의 하위최적 사용으로 인하여 붕괴된다는 주장은 서로 다르다는 점을 지적하였다. 여기에서는 마르크스의 사고에 대한 여러 가지 해석방법을 공식을 사용하여 살펴보겠다. 먼저 공산주의는 생산력을 발전시키기 위해 필요한 때, 그리고 그 때문에 도래한다는 경성(硬性) 이론부터 살펴보겠다. 이 주장은 받아들이기 어렵다는 것을 논증한 다음,

다소 완화된 주장을 살펴보겠다. 완화된 주장은 첫째, 때를 나타내는 절은 생략한다. 그래서 그 관계가 실제적으로 하위최적이 되기 이전에도 혁명이 일어날 수 있다고 본다. 다음으로 '때문에'는 근본적으로 수정하여 생산력의 발전과 혁명 사이에 단지 상관관계가 있는 것으로 해석한다. 이러한 연성(軟性) 이론 역시 성립하기 어렵다. 기본적인 전제 중 하나가 역사적으로 입증되지 않았기 때문이다. 마르크스가 자본주의에서 중심과 주변의 관계를 고려했더라면 그의 이론은 좀더 설득력이 있었을 것이다. 아래에서, 그리고 5. 3. 2에서 다시 살펴보겠지만, 마르크스에게도 '결합·불균등발전' 이론의 요소들이 있다. 이 이론은 선진 자본주의 국가와 후진 자본주의 국가의 관계를 중요하게 본다. 여기에서는 혁명이 동양에서 먼저 일어난 다음에 서양으로 전파된다는 주장을 살펴보겠다. 5. 3. 2에서는 기술이 서양에서 동양으로 전파된다는 주장을 살펴보겠다. 내 주장은 두 이론 모두 공산주의로의 이행을 설명하지는 못한다는 것이다. 공산주의적 생산관계를 수립하는 문제도 설명하지 못하고, 생산력의 발전이 자본주의에서보다 빨리 이루어진다는 것도 입증하지 못한다.

다른 곳에서 자세히 설명한 바 있지만,[146] 우선 공산주의로의 이행을 공식으로 나타내보자. 이것을 시계열로 나타낼 수 있다고 가정하자. 첫째, 자본주의하의 생산력 수준을 시간의 함수로 본다. 이 함수 $f(t)$는 자본주의가 과거에 구현한 생산력 수준과 미래의 예상 생산력 수준을 보여준다. 공산주의 혁명이 자본주의가 생산력의 발전에 하위최적이기 때문에 발생한다면, 자본주의 체제가 계속되었을 경우 생산력의 발전이 어떻게 되었을지 말할 수 있어야 한다. 다음으로 공산주의 혁명이 시간 s에 발생한다고 가정하고, $f_s(t)$는 시간 t에 획득되는 생산력 수준을 나타낸다. 이렇게 하여 시간대별로 획득되는 생산력 수준을 비교해보면 생산력

---

146) *Explaining Technical Change*, Appendix 2.

과 생산관계의 상응과 모순 여부를 정확히 알 수 있다.

연속성 전제와 일관성 전제 외에 이 모형은 두 가지를 전제한다. 초기 단계에는 자본주의가 반드시 필요하다는 것과 궁극적으로는 공산주의가 우월하다는 것이다. 전자를 공식으로 나타내면 다음과 같다. 시간 s와 정수 A가 있을 때, 모든 t에 대하여 $f_s(t) < $ A이다. 마르크스의 원문에 이렇게 말할 수 있는 근거가 있다. 《독일 이데올로기》에서 그는 때 이른 혁명에 대해 이렇게 경고한다. "이러한 생산력의 발전은 … 절대적으로 필요한 실천적 전제이다. 왜냐하면 생산력의 발전 없이는 **결핍**이 일반화되고, 이로 인해 생필품을 얻으려는 투쟁이 다시 시작될 것이며, 모든 해묵은 더러운 일들이 필연적으로 다시 나타날 것이기 때문이다."[147] (때 이른 공산주의의 성격에 대한 논의는 7.3.2를 보라.) 《요강》에서도 물질적 전제조건을 무시한 채 무계급 사회를 창출하려는 시도는 "돈키호테 같은 짓"이라고 말한다.[148] 《잉여가치 학설사》에서는 이렇게 말한다. 즉 노동자들이 자율적 **주체**로서 생산수단을 사용한다면, 이것은 "자본주의적 생산이 이미 노동생산력을 이 혁명의 발생이 충분히 가능한 수준으로까지 발전시켰다는 것을 전제로 한다."[149] 공산주의의 궁극적 우월성에 대해서는 5.1.3에 풍부한 근거가 나와 있다. 이를 공식으로 나타내면, 시간 s가 있을 때, 모든 $t > s$에 대하여 $f_s(t) > f(t)$이다.

자본주의적 생산관계가 하위최적이 되었을 때, 그리고 그 때문에 혁명이 발생한다는 말은 곧 마지막에 언급한 조건을 충족시키는 가장 빠른 시간 s에 혁명이 발생한다는 말이 된다. 이 시점을 T_1이라 하자. T_1의 시점이 이행시기로 가장 이상적이라고 단정하기는 어렵다. 이 시점의 하위최적성이 노동자들의 행동을 야기할 수 있는가 하는 문제와는 별개로. 만

---

147) *The German Ideology*, p. 49.

148) *Grundrisse*, p. 159.

149) *Theories of Surplus-Value*, vol. 2, p. 580.

일 이 시점을 옹호한다면, 공산주의가 자본주의보다 우월한 이유가 오로지 생산력의 증가에 있다는 말이 된다. 그러나 이것은 마르크스의 견해에 반한다. 그가 공산주의를 선택한 주된 이유는 그것이 개인의 자유롭고 완전한 발전을 가져온다고 믿었기 때문이다(2.2.7). 그렇다면 공산주의가 자본주의보다 우월해지는 시점은 기술적으로 우월해지는 시점보다 더 빨리 올 수도 있다. 그렇다면 T_1보다 더 이른 시점에 혁명이 일어나도록 하는 것이 합리적이다. 생산력의 발전이 궁극적으로는 자본주의가 계속되었을 때보다 더 나아진다는 것이 확실하다면 말이다. 이를 공식으로 나타내면 시간 $s < T_1$이고 $s' > s$일 때, 모든 $t > s'$에 대하여, $f_s(t) > f(t)$인 시점이 있는지를 살펴보아야 한다. 비록 $f_s(s) < f(s)$이라 하더라도, 그런 시점 s가 있다면, 그중 가장 빠른 시점을 T_2라고 하자. 그렇다면 T_2와 T_1 사이의 모든 s에 대하여 $f_s(T_1) < f_{T_1}(T_1)$이다. 이 시점을 빨리 잡을수록 T_1에 이르기까지 공산주의가 자본주의보다 우월해지는 시기는 늦어진다. 그러므로 여기에서는 트레이드오프가 필요하다. 공산주의의 물질적 조건을 자본주의 — 공산주의보다 더 빠른 길인 — 에 의해 발전시킬 것인가, 아니면 좀 늦더라도 공산주의 스스로 공산주의적 미래를 위한 조건을 창출할 것인가?

공산주의가 개인의 자아실현을 증진시킨다면, 비록 기술변혁의 수준은 최대가 아니라 하더라도 후자가 더 나은 선택지가 될 것이다. 그러나 자본주의가 계속되었을 경우의 생산력 수준을 따라잡는 데 너무 오랜 시간이 걸린다면, 혁명이 T_2에 일어나는 것은 바람직하지 않을 수도 있다. (자아실현의 총량을 극대화한다는 관점에서 시점을 계산해보면) 일부 세대가 자본주의적 소외의 고난을 견뎌내는 것이 다수 세대가 상대적으로 가난한 공산주의하에서 사는 것보다 나을 수도 있다.

적정 이행시점의 제3의 기준에 대해서도 간단히 언급하고자 한다. 자본주의의 불가피성을 말해주는 공식을 보면, 공산주의가 무제한의 기술적 진보를 이룩할 수 있는 시점이 되면 그 불가피성이 사라진다는 것을 알 수 있다. 이러한 시점 중 가장 빠른 시점을 T_3라 하자. 공산주의 혁명이 T_3와 T_2 사이의 시점에서 발생한다면, 공산주의는 자본주의를 능가하지 못한다. 자본주의에 의해 달성된 기술적 발전수준을 궁극적으로는 공산주의가 따라간다 하더라도 결코 앞서지는 못한다. 이것이 바로 피해야 할, 때 이른 공산주의의 한 형태일 것이다. 이렇게 되면 공산주의는 끝없는 '궁핍'에 시달린다. 물론 공산주의가 궁극적으로 자본주의보다 우월하다는 마르크스의 견해를 충족시키지도 못한다. 〈그림 3〉은 여러 가지 이행시점의 관계를 나타낸 것이다.

  말할 필요도 없이, 이러한 분석을 정치적 행동의 근거로 삼을 수는 없다. 산업자본주의가 발달하지 않은 나라에서 어떤 공산주의 전략이 적합한지에 대해 멘셰비키와 볼셰비키가 논쟁을 벌인 이면에 이러한 종류의

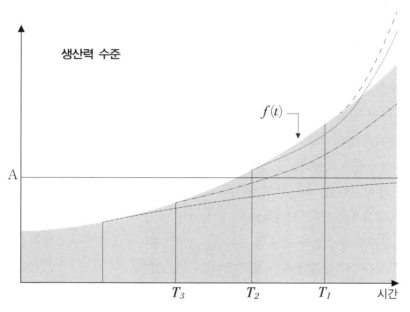

〈그림 3〉 생산력 수준과 공산주의로의 이행시점

고려가 있었을지도 모른다. 하지만 각 대안에 대한 구체적인 진술을 찾기는 어렵다. 이 논의는 주로 복지이론적 측면에서 중요하다. 개개인의 최대한의 평등한 자아실현을 증진시키는 공산주의의 목표와 관련하여 각 시점을 어떻게 평가할 것인가? 세대 간 정의(正義)를 어떻게 보느냐에 따라 대답이 달라질 것이다. 어떤 대답은 궁극적 우위를 창출한다는 지상과제와 충돌할 가능성도 있다. 즉 후세대를 위한 현세대의 희생을 거부한다면, 공산주의로의 이행은 더 빠른 시점, 즉 개인의 자아실현의 기회가 향상될 수 있는 T_4의 시점에서 이루어져야 한다. 연역적으로 볼 때, $T_4 < T_3$의 가능성을 배제해야 할 이유가 없다. 이 시점의 공산주의는 언제까지나 적당한 수준의 행복상태가 될 것이다.

이제 하위최적의 정치적 의미를 생각해보자. 5.1.3에서 반론을 제기한 바 있지만, 공산주의가 궁극적으로는 우월하다는 마르크스의 가정을 일단 받아들이기로 하자. (여기에서 현실의 공산주의 국가들이 자본주의를 능가하지 못했다는 사실은 우리의 논의와 직접 관계가 없다. 이것은 그들 나라에서 혁명이 너무 일찍, 즉 T_1보다 더 일찍, 그리고 어쩌면 T_2보다 더 일찍 일어났다고 해석할 수 있기 때문이다.) 하지만 아무리 객관적으로 타당한 이론이라 하더라도 이것이 혁명적 힘이 되려면 주관적으로 수용되어야 한다. 내 생각에는 노동자들이 마르크스의 가정을 받아들여 행동에 나설 가능성은 거의 없다. 자본주의의 성과를 평가하는 기준선이 미래에 대한 추정치이기 때문에, 이 이론은 추상적인 성격을 띠게 되고, 따라서 이를 행동의 기초로 삼을 수는 없다. 시간이 갈수록 자본주의의 성과는 오히려 떨어져서 이로 인해 체제변혁이 일어날 수 있다는 주장도 가능하지만, 마르크스에 따르면, 오히려 그 반대다. 또한 A국의 자본주의 체제와 B국의 공산주의 체제를 비교하여, B국의 우월성이 입증되면 A국에서 공산주의로의 이행이 촉진될 것이라는 주장도 가능하다. 하지만 이러한 주장은 B국이 어떻게 공산주의적 생산관계로 이행하게 되었는지는 전혀 설명하지 못한다. 내부의 위기나 외국의 사례로 인해 정권이 교체될 수는 있다. 하지만 더 나은 길을 추상적으로 제시하는 것만으로는 그렇게 되지 않는다.[150] 불확실성과 이행의 비용 때문에 노동자들이 쉽게 뛰어들지 않는다.

그렇지만 외국의 사례가 주는 자극을 한번 살펴보자. 처음 공산주의 혁명이 일어났던 나라를 제외한 나머지 모든 나라의 공산주의 혁명은 공산주의의 우월성에 의해 설명할 수 있다는 주장이 있다. 하지만 이것은 경우가 다른 것이고, 우리의 논의와는 관계가 없다. 역사상 세계무대에 처음으로 등장한 공산주의는 어쩌면 우연에 의한 것일 수도 있지만, 다른 나라들은 그럴 만한 이유가 있어야 따라할 것이다.[151] 분명한 조건 하나는 최초의 나라에서 혁명이 너무 일찍 일어나서는 안 된다는 것이다. 공산주의가 더 효율적이기 **때문에** 선구적인 국가에서 일어난다는 주장만으로는 안 된다. 공산주의가 자본주의보다 (즉각적으로 혹은 궁극적으로) 생산력을 더 급속히 발전시킬 수 있을 **때**, 바로 그때에 도입되어야 한다는 점이 중요하다. 그렇지 않으면 후발 국가들이 따라하도록 만들 수 없다. "그러나 사회는 그렇게 합리적인 것이 아니라서, 경제적·문화적 조건이 사회주의에 딱 맞는 그 순간에 정확히 프롤레타리아 독재가 수립되는 것은 아니다."[152] 내가 주장하려는 것이 바로 그것이다. 사회는 비합리적이기 때문에 그 두 가지 요인이 체계적으로 일치하지는 않는다는 것

---

150) 세예르스테드(Francis Sejersted)에게 들은 일화를 하나 소개하겠다. 1961년 노르웨이 보수당은 **야당** 시절에, 영국보수당이 **여당** 시절에 내걸어 성공한 구호를 따라 내걸었다가 보기 좋게 실패했다. 그러나 **여당**이었던 덴마크 사회민주당은 같은 구호로 성공하였다. 그것은 "좋은 시절을 더 좋게"라는 구호였다.
151) 이것은 코헨이 제시한 생산관계에 대한 기능적 설명과 양립 가능한 논의가 될 것이다(Cohen, *Karl Marx's Theory of History*). 하지만 그가 그 설명을 뒷받침하기 위해 제시한 메커니즘에는 맞지 않는다. (각주 144) 참조.)
152) Trotsky, *History of the Russian Revolution*, p. 334.

이다.

공산주의는 그 체제가 생산력을 발전시키는 데 최적일 때 (혹은 최적이 되었을 때) 바람직하다. 이것을 공산주의의 객관적 조건이라고 부르기로 하자. 공산주의는 자본주의의 발전으로 인하여 사람들이 그것을 폐기하고자 하는 동기유인이 생겼을 때 가능하다. 이것을 공산주의의 주관적 조건이라고 부르기로 하자. 마르크스는 이 두 조건이 동시에 존재한다는 것을 보장하는 이론을 제시해야 한다. 나는 지금까지 객관적 조건의 인식이 주관적 조건을 제공할 수 있다는 주장, 즉 공산주의가 생산력의 발전에 더 유리하게 되면 '그때, 그리고 그 때문에' 공산주의가 초래된다는 주장에 반론을 제기해왔다. 153) 이 주장을 좀 완화하면, 주관적 조건과 객관적 조건은 인과적으로 서로 연결되어 있다는 주장이 될 것이다. 즉 두 조건이 모두 생산력이 일정한 수준까지 발전하면 조성된다는 것이다. 《독일 이데올로기》에서 마르크스는 공산주의로의 때 이른 이행을 경고하기에 앞서 이렇게 말한다.

> (철학자들이 알아듣기 쉽게 말하자면) 이 '소외'는 두 가지 **실천적** 전제가 충족되어야 폐기될 수 있다. 사람들이 더 이상 '견딜 수가 없어서' 혁명에 나서게 되려면, 인류 대다수가 '무산자'가 되어야 하고, 나아가 그들이 현존하는 부와 문화의 세계와 충돌하는 상황이 발생해야 한다. 이 두 가지 전제는 모두 생산력의 엄청난 증가와 고도로 발전된 생산력을 필요로 한다. 154)

같은 저작에서 마르크스는 "완전한 혁명의 물질적 요소"가 "한편으로는 현존하는 생산력이고, 다른 한편으로는 혁명적 대중의 형성"이라고 말한

---

153) '그때, 그리고 그 때문에' 이론은 여러 가지 방식으로 표현될 수 있다. 유사한 문제에 대한 토론은 제2장의 각주 96) 참조.

154) *The German Ideology*, p. 48.

다. 155) 이러한 언급들을 종합해보면, 다음과 같이 정리할 수 있다. 혁명이 가능하려면 혁명적 대중이 있어야 한다. 이 대중은 일부 사람들에게 부가 집중되고 나머지 사람들은 빈궁에 빠지게 되었을 때 형성된다. 여기에서 사람들을 행동에 나서게 만드는 빈궁은 절대적인 것이 아니라 상대적인 것으로 짐작된다. 빈궁은 부와 마찬가지로 고도로 발전된 생산력을 전제로 한다. 이 생산력은 또한 공산주의의 객관적 조건을 창출한다.

이 내용은 5.1.3에서 사용한 용어들로도 표현될 수 있다. 자본주의적 생산관계는 생산력의 발전에 하위최적이 되는 바로 그 순간에 인간적 사용에 있어서도 하위최적이 된다. 발전 하위최적은 공산주의의 생존력을 보장하고, 사용 하위최적은 공산주의 혁명의 동기를 제공한다. 이 견해는 선구자와 후발주자의 관계에도 적용될 수 있다. 처음에 공산주의는 노동자들이 사용 족쇄에 저항하여 일어나지만, 후발 국가들은 공산주의가 성공하는 것을 보고 자기 나라에 발전 족쇄가 있다는 것을 알게 되고, 따라서 혁명에 나서게 된다. 게다가 선구적인 나라에서도 그 이행은 우연히 일어난 것이 아니다. 사용 족쇄는 발전 족쇄와 인과적으로 연결되어 있기 때문이다.

이렇게 정리하면, 마르크스의 서로 모순되는 진술들이 꽤 잘 통합되는 것처럼 보인다. 그러나 약점이 있다. 생산력의 발전은 빈부의 격차를 심화시킬 것이고, 이것이 노동자 혁명의 동기가 될 것이라는 가정 말이다. 이러한 가정은 역사적으로 입증되지 않았을 뿐만 아니라, 내재적으로 결함을 안고 있다. 빈부격차가 심화되더라도 실질임금이 증가한다면, 노동자들이 혁명 동기를 가질 가능성은 희박하다(6.2.2를 보라). 다른 한편, 격차가 심화되면서 노동자들은 여전히 빈곤하다면 이윤율의 하락은 발생할 수 없다(3.3.2). 게다가 생산력의 발전이 보편적 충족을 가능하

---

155) *Ibid.*, p.54.

게 한 상황에서도 보편적 빈궁을 방치할 정도로 자본주의가 그렇게 사악하지는 않다. 지성적 자본가, 온정적 지주, 혹은 '사회'를 대변하는 정치인들이 공장법(4. 1. 4)의 필요성을 느낀 것을 보면, 사회적 부의 일부를 ― 공정하다고 생각되는, 혹은 최소한 적당한 몫을 ― 노동자들에게 나누어줄 필요성도 느낄 것이다.

공산주의 혁명의 성공은 두 가지 의미를 지닐 수 있다. 첫째, 공산주의적 생산관계를 성공적으로 수립하는 것이다. 둘째, 혁명가들의 목표를 성공적으로 실현하는 것이다. [156) 그것은 기술변화율에 있어서 자본주의를 능가하는 것이다. 두 번째 의미에서의 성공을 보장하기 위해서는 혁명이 T_1의 시점 이후에 발생해야 한다. 이때 공산주의는 자본주의보다 즉각적으로 우위에 놓이게 된다. 기준을 궁극적 우위로 잡으면, T_2의 시점 이후에 발생해야 한다. 이와 유사하게 자본주의의 발전과정에서 공산주의 혁명의 주관적 조건이 존재하는 가장 빠른 시점 T_5를 생각해볼 수 있다. 특히 "프롤레타리아 혁명의 제 1 전제조건, 즉 산업 프롤레타리아가 전국적 규모로 존재"해야 한다. [157) 앞 문단의 논의를 따르자면, 주관적 조건이 존재하는 가장 늦은 시점 T_6도 생각해볼 수 있다. 자본주의가 발전하여 보편적 복지의 수준에까지 이르게 되면, 혁명 동기는 더 이상 유지될 수 없다. 이제 여러 가지 가능성과 문제점들을 생각해보자.

첫째, T_5에서 T_6 사이의 기간은 매우 짧을 수도 있고, 순식간에 사라져 버릴 수도 있다. 전국적 규모의 프롤레타리아의 등장은 그들의 삶의 조건이 빈궁해지면서 일어나는 현상이다. 따라서 처음 등장한 노동 계급은 수가 적어 혁명을 할 수 없고, 시간이 지나고 나면 풍요를 누리게 되어 혁명을 할 이유가 없어진다. 다음으로 혁명이 때 이르게 발생한 경우를

---

156) Dunn, "The success and failure of modern revolutions" 참조.
157) *Herr Vogt*, p. 91 ; *The Class Struggles in France*, p. 56.

생각해보자. $T_5 < T_1$이면, 혁명이 일어나도 즉각적 우위의 기준에 미달하고, $T_5 < T_2$이면, 궁극적 우위의 기준에도 미달한다. 그럴 수도 있다는 말이지, 꼭 그렇다는 것은 아니다. 프롤레타리아의 지도자는 객관적 조건이 창출될 때까지 혁명을 미루어야 한다. 그러나 $T_6 < T_2$일 경우, 그 어떤 혁명도 때 이른 것이다. 자본주의보다 우월한 공산주의 체제를 건설할 수 없기 때문이다. $T_2 < T_6 < T_1$인 경우에도 때 이르다고 말할 수 있지만, 앞의 경우에 비하면 그 정도는 약하다.

마르크스도 이러한 문제들을 잘 알고 있었으리라고 생각한다. 트로츠키가 말한 결합·불균등발전론을 예견하면서, 그는 이러한 문제들을 여러 자본주의 국가들 사이의 혁명 노동의 분업으로 해결하려 했다. 주어진 시점에서 보면, 자본주의의 발전수준이 나라마다 차이가 있으므로, 어떤 나라에는 혁명의 객관적 조건이 갖추어져 있고, 또 어떤 나라에는 주관적 조건이 갖추어져 있다. 마르크스는 《독일 이데올로기》에서 이렇게 말한다.

> 이렇듯 역사상 모든 충돌은, 우리의 견해에 따르자면, 생산력과 교통형태의 모순에서 그 원인을 찾을 수 있다. 덧붙이자면 한 나라에서 충돌에 다다르기 위해 이 모순이 그 나라에서 반드시 극단에까지 치달아야 하는 것은 아니다. 국제적 교통의 확장에 따라 출현한 산업적으로 발전한 국가들의 경쟁은 산업이 미발달한 국가들 내의 유사한 모순을 산출하기에 충분하다(예컨대, 독일의 잠재적 프롤레타리아 계급은 영국 산업의 경쟁을 통해 뚜렷하게 나타났다). 158)

다소 모호한 구석은 있지만, 이 구절이 보여주는 확신은 분명하다. 영국에서 생산력이 발전한 결과 이제 자본이 더 이상 추가적인 발전에 최적이

---

158) *The German Ideology*, pp. 74~75.

아니게 되었다. 독일은 아직 여기에까지 이르지는 못했지만, 독일의 후진적인 상황은 어쩌면 영국에서보다 혁명이 일어나기 쉽게 만들고 있다는 것이다. 몇 해 후에 이 주장은 일반 이론으로 발전한다.

> 공황기가 영국에서보다 대륙에서 더 늦게 나타나듯이, 호황기도 그러하다. 이러한 현상의 최초 과정은 항상 영국에서 일어난다. 영국은 부르주아 세계의 조물주인 것이다. … 공황으로 인해 대륙에서 먼저 혁명이 발생한다 하여도 그 기초는 항상 영국에 있다. 격렬한 폭동은 당연히 부르주아 조직체의 중심부보다 주변부에서 먼저 일어난다. 왜냐하면 중심부보다 주변부에서 조정의 가능성이 더 크기 때문이다. 159)

이것만으로 문제가 해결된 것은 아니다. 선진 국가에서의 생산력 발전이 후진 국가의 고난을 야기했다는 것을 받아들인다고 해도, 이 고난이 '견딜 수 없는' 것이 된다는 보장은 없다. 생산력 발전이 '견딜 수 없는' 지경에 이르러야 공산주의가 추가적인 발전에 더 적합한 것이 된다. 게다가 그러한 사건들이 두 나라에서 동시에 일어나면 어떻게 되느냐고 반문할 수도 있다. 특정 국가에서 공산주의의 생존력은 그 나라에서 공산주의 혁명이 일어날 것을 요구한다. 지금까지 우리는 1850년대 영국은 공산주의 **혁명**이 성공하기에는 너무 발전했고, 프랑스와 독일은 **공산주의** 혁명이 성공하기에는 아직 후진적이라는 결론을 배제하지 않았다. 만일 그렇다면, 난관이 발생한다.

첫 번째 반론에 대해서는 이렇게 대답할 수 있을 것 같다. 한 나라에서 생산력의 발전이 공산주의가 생존 가능한 수준에까지 이르면, 이것은 다른 나라에서 혁명을 수행할 수 있는 조건이 된다는 것이다. 확실히 혁명은 최초의 국가에서 자본주의적 관계의 하위최적성 때문에 발생하는 것

---

159) *The Class Struggles in France*, p. 134.

은 아니다. 또한 마르크스는 두 진영의 사건들을 **법칙적으로** 연결하는 어떠한 주장도 하지 않았다.

두 번째 반론은 두 가지 방식으로 답할 수 있다. 1850년에 마르크스는 이렇게 주장했다. 혁명은 후진 국가에서 발생하여 선진 국가로 전파되고, 여기에서 튼튼한 결실을 맺을 것이다. 마지막에 인용한 구절 바로 다음에, 마르크스는 이렇게 말한다. "대륙의 혁명이 영국에 반향을 불러일으키는 정도는 이 혁명이 부르주아 계급의 생활조건에 얼마나 영향을 미치는가, 혹은 부르주아 정치체제에 얼마나 타격을 가하는가를 가리키는 척도이기도 하다." 같은 저작에서 그는 이렇게 예언한다. "프랑스 사회 내의 계급전쟁은 각국이 서로 대립하는 세계전쟁으로 전환된다. 이 세계전쟁을 통하여 프롤레타리아가 세계시장을 지배하는 국가 위에, 즉 영국 위에 올라서는 때에, 바로 그때부터 결실이 나타나기 시작한다."[160] 마르크스가 염두에 두고 있던 것은 프랑스 혁명과 그로 인해 발생한 반혁명 전쟁이었다. 이것은 그가 1848년 마지막 날에 써서 1849년 첫날에 〈신라인 신문〉에 실은 논설에 분명하게 나타난다.

> 그러므로 유럽의 해방은 피억압 민족들의 독립투쟁에 의해 도래하건, 봉건적 절대주의의 전복에 의해 도래하건, 프랑스 노동 계급의 성공적인 봉기에 달려 있다. 그러나 프랑스에서의 모든 사회변동은 영국의 부르주아 계급에 의해, 영국의 산업적 · 상업적 세계지배에 의해 좌절된다. 프랑스에서의 혹은 유럽 대륙 전체에서의 부분적 사회변혁이 지속되기를 바라는 것은 종교적 소망에 불과하다. **세계전쟁**만이 낡은 영국을 전복시킬 수 있고, 오직 이것만이 조직된 영국 노동자의 정당인 차티스트에게 거대한 억압자에 대한 성공적인 봉기의 조건을 제공할 수 있다. 차티스트가 영국정부를 지휘할 때에만 사회혁명은 공상이 아니라 현실이 된다. 그러나 영국이 연루된 모든 유

---

160) *Ibid.*, p. 117.

럽의 전쟁은 세계전쟁이다. 캐나다, 이탈리아, 동인도, 프러시아, 아프리카, 다뉴브 어디에서 전쟁이 벌어지건. 유럽 전쟁은 프랑스에서의 성공적인 노동자 혁명의 최초 결실이 될 것이다. 영국은 반혁명 군대를 지휘할 것이다. 나폴레옹 시기에 그러했던 것처럼. 그러나 전쟁 그 자체를 통하여 영국은 혁명 운동의 선두에 내몰릴 것이며, 18세기 혁명에서 진 빚을 톡톡히 갚게 될 것이다.

이 환상을 어떻게 받아들여야 할지 모르겠다. 편견인 것은 분명한데, 희망적 사고일까 아니면 충고일까(7.2.2)? 나는 후자라고 믿고 싶다. 그러나 혁명이 유럽에서 시작되어 영국으로 전파된다는 일반적인 시나리오는 그의 진지한 제안이었다. 여기에서 선진과 후진의 대비는 선구자와 후발주자의 대비와 같은 것이 아니라는 점에 유의하라. 전자는 생산력의 발전수준에 관한 것이고, 후자는 (생존 가능한) 공산주의로의 이행시기에 관한 것이다.

말년에 이르러 마르크스는 이 반론에 대한 또 하나의 답을 제시했다. 혁명이 서쪽으로, 즉 유럽 대륙에서 영국으로 전파된다는 믿음을 버리고, 후진 국가에서의 혁명이 생존 가능한 공산주의에 도달할 수 있을 것이라고 주장했다. 기술이 동쪽으로, 즉 서유럽에서 동유럽으로 전파된다는 전제하에. 이 주장은 5.3.2에서 다시 살펴보겠다.

두 번째 반론에 대한 첫 번째 답을 어떻게 평가해야 할까? 이와 관련하여 10월 혁명의 결과를 살펴볼 필요가 있다. 서구 열강들은 대규모 반혁명 전쟁에 가담함으로써 그들의 역사적 사명을 완수하지 않았다. 그들은 수동적인 자세를 취하기는커녕 반공 세력을 대대적으로 지원했는데, 이것은 마르크스의 기대와는 다른 것이었다. 그들이 그렇게 행동한 이유를 여기에서 살필 필요는 없다. 하지만 마르크스가 그 점을 고려하지 못한 이유는 지적할 수 있겠다. 마르크스가 혹은 사회주의 운동이 반혁명 운동을 예견할 수 있었다면, 나중에 반혁명 운동에 가담하게 될 나라들 또한 그것을 예견할 수 있었을 것이다. 마르크스는 자신의 통찰력은 과대평가하고 적의 통찰력은 과소평가함으로써 합리적 행동의 중요한 원칙을 어겼다. 최소한 정치적 분별력을 발휘하지 못했다. 7.2.1에서 마르크스가 '상호 합리성'의 원칙을 어긴 다른 사례를 살펴보겠다. 161)

$T_5 < T_2 < T_6$의 경우에 대한 논평으로 끝을 맺겠다. 앞에서 나는 이것이 불가역적인, 때 이른 공산주의를 가져올 개연성도 있지만, 반드시 그렇게 되는 것은 아니라고 말한 바 있다. 해당 국가가 후진국일 경우, 그런 일이 발생할 수도 있는 이유에 대해 말하겠다. 그런 나라들에서는 노동 계급의 조직이 자본주의 발전에 앞서 이루어지는 경향이 있다. 사회주의 사상은 자본의 축적보다 더 급속히 전파된다. 그 이유는 트로츠키가 매우 잘 설명했다.

> 영국에서는 프롤레타리아 계급이 과거의 부담을 안은 채 긴 세월에 걸쳐 점진적으로 등장하였지만, 러시아에서는 환경과 유대와 관계의 급격한 변화 속에서 과거와 완전히 단절된 채 갑자기 등장하였다. 이러한 사실이 전제군주의 폭압과 결합되면서, 러시아 노동자들은 혁명적 사상에 쉽게 호응하였다. 162)

좀더 구체적으로 말하면, 그는 프롤레타리아 계급의 정치적 중요성은 프롤레타리아가 국민 중에서 차지하는 비중에 달려 있지만, '프롤레타리아 계급이 가동시킬 수 있는 생산력의 양', 즉 자본의 집중도와 기업의 규모도 그에 못지않게 중요하다고 주장하였다. 러시아는 산업화에 있어서 후

---

161) 이 원칙에 대해서는 Harsanyi, *Rational Behavior and Bargaining Equilibrium in Games and Social Situations*, ch. 6 참조.

162) Trotsky, *History of the Russian Revolution*, p. 33.

발주자로서 엄청난 수의 노동자를 필요로 하는 대규모 생산의 선진적인 방법을 자유롭게 사용할 수 있었다. 그러한 집중 자체가 계급의식을 유발하였고, 이 계급의식은 과거에 개혁이 없었다는 점과 서구에서 발달한 사회주의 사상에 의해 더욱 촉진되었다. 163)

그런 조건하에서는 노동자들이 조급함을 보이게 마련이다. 이러한 곤경을 간파한 지도자들은 둘 중 하나를 선택한다. 하나는 혁명을 T_2의 시점까지(혹은 T_2와 T_1 사이의 적절한 시점까지) 지연시키는 것이다. 또 하나는 T_2(혹은 수용 가능한 시기)를 T_5에 근접시키기 위해 경제적 발전을 가속화하는 것이다. 마르크스주의자들이 통상 정적주의적164) 대안보다는 후자를 선택하는 것은 쉽게 이해가 간다. 1848년의 마르크스도 그랬다. 적어도 그의 정책 중 하나였다(7.2). 10월 혁명 이전의 멘셰비키들도 그랬고, 상하이 학살에 이르기까지 중국 공산주의자들도 그랬다. 이 모든 시도들은 똑같은 이유로 실패했다. 첫째, 노동자들이 봉건 · 절대 · 식민 정권에 대한 투쟁에 성공하고 나면, 이들의 투쟁은 이전의 동맹이었던 부르주아 계급을 향하게 되는데, 이 (때 이른) 투쟁을 막기가 어려워진다. 둘째, 부르주아 계급은 이러한 위험을 잘 알고 있기 때문에 그들의 미래의 적과 동맹을 맺으면서도 용의주도하게 경계한다. 마르크스주의자들이 만족할 만한 시나리오는 노동자들이 부르주아 계급을 도와 권력을 장악하게 하고, 부르주아 계급과의 싸움에서는 실패하는 것이다. 이 패배가 자본주의적 발전을 위한 시간을 벌어주고, 미래의 투쟁을 위한 노동자들의 계급의식을 강화시킨다. 165) 미묘한 균형이 필요하다. 노

---

163) 또한 Knei-Paz, *The Social and Political Thought of Leon Trotsky*, p. 117, *passim* 참조.

164) 〔옮긴이주〕 상황을 바꾸려 하지 않고 묵묵히 그대로 받아들이는 자세를 말한다.

165) 사회적 관계를 '첨예한 계급적대의 지점까지' 다다르게 하는 실패의 기능에 관

동자들은 굳건해야 하지만, 너무 강해서는 안 된다. 부르주아 계급은 노동자들의 도움이 필요할 정도로 약해야 하지만, 그들에게 저항할 수 없을 정도로 약해서는 안 된다. 그러나 현실은 그렇지 않았다.

5.2.4. 생산양식에 관한 이론 요약

마르크스의 생산양식에 관한 이론은 개념의 정글이다. 그러므로 5. 1과 5. 2에서 살펴본 주요 명제들을 여기에서 정리해보기로 하자.

(1) 어떤 방식으로 해석하든, 생산양식 이론은 생산관계를 생산력의 관점에서 설명할 수 있다고 말한다. 이것이 바로 생산력의 **우선성**이다.

(2) 우선성 명제는 생산력의 발전수준, **변화율**, 혹은 둘 다를 포함한다. 둘 다를 포함하는 이론에서는 생산력의 수준이 어떤 생산관계가 생산력의 추가적인 발전에 최적인가를 결정한다고 말한다. 그리고 최적의 관계가 실현되는 경향이 있다고 말한다. 이러한 주장은 마르크스의 일반적·이론적 진술에 가장 잘 부합하는 해석으로 보인다.

(3) 생산관계가 생산력에 대해 하위최적일 때, 그것은 생산력에 족쇄가 된다. 그러나 이에 대해서는 마르크스의 지지를 받을 수 있는 다른 해석도 있다. 이 해석에 따르면, 생산력이 발전을 멈추었을 때 생산관계가 족쇄가 된다. 그러나 이러한 **절대적 정체** 주장은 하위최적 주장과 비교해볼 때 족쇄에 대한 해석으로는 설득력이 약하다.

하여는 *The Class Struggles in France*, p. 47 참조.

(4) 족쇄를 이해하는 또 다른 방법이 있다. 그것은 곧 생산력의 하위최적 사용이다. 이 주장은 역사적 과정의 **극대화대상**을 새롭게 제시한다. 즉 역사를 생산력 변화율의 극대화 과정으로 보지 않고, 순생산물의 극대화 능력에 따라 소유권 구조가 부침한다고 주장한다. 이 주장은 (2)에서 언급한 해석에 비하면 원전 증거가 약하다.

(5) 생산력의 **발전**이라는 개념은 매우 모호하다. 규모 경제의 수익이 그러한 발전에 포함되는지 분명하지 않다. 또한 생산력의 발전이 동일한 환경적·인구학적 조건에서 잉여가 증가할 경우를 말하는 것인지, 아니면 현실의 변화된 조건에서 잉여가 증가할 경우를 말하는 것인지 분명하지 않다.

(6) (2)에서 말한 일반 이론의 수준에서 마르크스는 최적의 생산관계가 실현되는 구체적인 **메커니즘**은 제시하지 않았다. 특히 그는 이 과정과 계급투쟁이 어떻게 연결되는지도 밝히지 않았다. 어쩌면 목적론적 역사관으로 인해 이 문제를 소홀히 했을 수도 있다.

(7) 마르크스가 제시한 **전자본주의적 사회의 동학**은, 일반 이론을 어떻게 해석하든, 일반 이론과 맞지 않는다. 마르크스는 생산력의 발전보다는 인구증가가 이전의 생산양식의 붕괴 원인이었다고 주장했다.

(8) **봉건주의에서 자본주의로의 이행**은 (2)에 언급된 일반 이론과 맞지 않는다. 그러므로 일반 이론은 두 가지 방식으로 수정되어야 한다. 첫째, 생산력의 수준으로 자본주의의 등장을 설명할 수 있지만, 이때 극대화대상은 생산력의 발전 혹은 사용이 아니라 잉여의 추출이다. 다음으로, 자본주의에 의해 가능해진 규모 경제의 수익은 생산력의 사용을 증

진하는 것으로 볼 수 있다. 또한 설득력이 약하긴 하지만, 생산력을 증진
시킨 것으로 볼 수도 있다.

⑼ **자본주의에서 사회주의로의 이행**은 역사적 분석의 대상이 아니라
정치적 투쟁의 대상이었다. ⑵에 언급된 일반 이론에 비추어보면, 그러
한 이행가능성은 극히 희박하다. 사용 족쇄와 발전 족쇄가 동시에 발생
하는 경우에만 약간의 가능성이 있다. 이렇게 수정된 이론을 선진 및 후
진 자본주의 국가를 구별하여 적용할 경우 가능성은 가장 커진다. 그러
나 이렇게 수정된 이론조차도 설득력은 없다.

⑽ 사회주의에서 공산주의로의 이행, 혹은 공산주의 초기단계에서
더 높은 단계로의 이행은 여기에서는 논의하지 않았다. 이 문제는 7.3.2
이하에서 다룰 것이다. 이러한 이행의 동학에 대한 설명은 마르크스가
아니라 우리의 몫이다. 이 두 단계의 차이에 대한 개념적 논의도 물론 우
리의 몫이다.

5.3. 마르크스의 시대 구분

각 생산양식의 내적 동학에 관한 이론에 이어 마르크스의 세계사 이론
을 살펴보자. 이 이론은 각 생산양식이 역사의 무대에 등장하는 순서와
방법을 설명한다. 이 이론은 ① 모든 나라가 동일한 경로를 따른다는 점
과, ② 진보가 일관되게 순차적으로 일어난다는 점에서 '단선적'인 것으
로 간주되곤 한다. 5.3.1에서 이 견해를 논의하기 위한 개념적인 틀을
소개한다. 5.3.2에서는 이 관점에서 생산양식들의 연쇄를 고찰한다.
5.3.3에서는 마르크스가 생산적 활동의 목적 ─ 사용을 위한 생산, 교환

을 위한 생산, 잉여를 위한 생산 — 에 따라 시대를 구분하기도 했다는 점을 밝힌다.

5.3.1. 역사의 발전과 진보

경제발전 이론은 진보가 필연적으로 혹은 통상적으로 거치는 일련의 단계 또는 상태를 포함한다. 이러한 종류의 이론에 대해 우리는 두 가지 질문을 던질 수 있다. 첫째, 발전은 곧 진보인가, 즉 후에 나타나는 상태는 이전 상태에 비해 완성도가 높은가? 둘째, 발전단계 이론이 각 민족국가에 똑같이 적용되는가?

첫째 질문에 대한 대답들을 기하학적 비유를 통해 살펴보자. 연속적인 단계들은 직선이나 원, 혹은 나선을 그릴 것이다. 여기에서 나선은 직선과 곡선의 혼합인데, 원점을 향해 점점 더 높은 수준으로 올라간다. 원형이 겹치면서 상향추세를 보이는 것일 수도 있고, '일보 후퇴, 이보 전진'의 수열 형태일 수도 있다(2. 4. 1). 흔히 비코가 역사의 나선형 발전 개념을 제시한 것으로 알려져 있지만, 그에 앞서 라이프니츠가 매우 정확하게 제시한 바 있다. [166]

연속된 단계들은 진보의 기준으로 어떤 것을 선택하느냐에 따라 선형이나 원형, 혹은 나선형이 될 수 있다는 점에 유의하라. 경제성장은 1인당 생산을 기준으로 보면 선형 진보이다. 그러나 1인당 소비를 기준으로 보면 나선형 진보 — 일보 후퇴, 이보 전진 — 이다. 발전이 장기적으로는 진보적이지만 단기적으로는 정체를 보일 때, 선진국과 후진국을 구별하는 데 애로가 생긴다. 발전단계에서의 위치에 따라 구분할 수도 있고,

---

166) *Leibniz et la Formation de l'Esprit Capitaliste*의 참고문헌들, 특히 pp. 216, 229~230 참조.

진보 정도의 높낮이에 따라 구분할 수도 있다. 어떤 나라가 이보 전진을 위한 일보 후퇴의 과정에 있을 때, 이 나라는 선진국일 수도 있고, 후진국일 수도 있다. 근대화 과정에 있는 나라들에서 이 문제는 상당한 지적 혼란을 유발할 수 있다. 선진국과 비교하여 열등감과 우월감이 교차한다. 167)

둘째 질문 역시 세 가지 대답이 가능하다. ① 모든 나라는 같은 단계를 같은 순서로 밟는다. 다만 그 시기가 다를 뿐이다. 이것이 **외길 발전모형**이다. ② 어느 한 나라가 단계 n에 있다면, 단계 n−1을 거친 나라가 반드시 있다. 이것을 **권역 발전모형**이라고 부를 수 있겠다. 여기에서는 국가군이 한 단위로 발전의 담지자가 된다. ③ 어느 한 나라가 단계 n에 최초로 도달한다면, 반드시 다른 나라가 단계 n+1에 최초로 도달한다. 겔너가 말한 것처럼, 이것을 **계주 발전모형**이라고 부를 수 있겠다. 168) 이들 중 ①과 ③은 양 극단에 위치한다. ②는 그 둘과 양립 가능하지만, 그 형태는 각각 다르다.

이 세 가지를 교차시키는 것은 별로 의미가 없지만, 몇 가지 결합 형태에 대해 언급할 필요가 있다. '단선적 발전'은 중단 없는 진보를 보여주는 외길 발전 형태로 이해할 수 있다. 계주 모형과 '일보 후퇴, 이보 전진' 형태의 발전이 결합되면, 이것은 역사에 있어서의 **희생**의 개념에 해당한다. 즉 한 나라가 퇴보의 부담을 안으면, 다른 나라는 한 단계 앞으로 나아갈 수 있다. 마지막으로 외길 발전모형과 일시적 정체가 있는 진보 개념 사이에는 긴장이 있다. 이와 관련된 또 하나의 문제가 있다. 한 나라가 연옥을 거치고 나면, 나머지 나라들도 그 단계를 거치는가, 아니면 후발주자의 혜택을 누릴 수 있는가?

---

167) Feuerwerker, "China's modern economic history in communist Chinese historiography"는 이 문제를 실감나게 묘사한다.

168) Gellner, "A Russian Marxist philosophy of history".

5.3.2. 생산양식들의 연쇄

"대체로 보아 사회구성체의 진보 단계들로서는 아시아적 · 고대적 · 봉건적 및 근대 부르주아적 생산양식을 들 수 있다." 1859년의 "서문"에 나오는 이 진술은 발전이론으로 읽을 수도 있고, 진보 정도를 기준으로 생산양식들의 순위를 평가한 것으로 읽을 수도 있다. "서문"을 전체적으로 보면 마르크스는 둘 다 염두에 두고 있었다는 것이 거의 확실하지만, 다른 텍스트를 보면 의심의 여지가 있다. 진보와 발전을 순서대로 살펴보겠는데, 착취에 기초한 생산양식들을 서로 연결하는 것은 물론, 이들에 앞서 있었던 전(前) 계급 사회와 후에 올 탈계급 사회와도 연결해보겠다.

통설에 따르면, 마르크스는 생산력의 중단 없는 진보가 역사의 근본적인 사실이라고 믿었다. 169) 이 견해를 뒷받침할 수 있는 근거들은 많다. 특히 《독일 이데올로기》를 보면 그렇다. 170) 국지적인 혹은 일시적인 정체171)가 있다고 해도 사정은 달라지지 않는다. 그것은 발전단계의 한 부분이 아니라 우연적인 일로 치부되기 때문이다. 다른 한편, 마르크스는 고대로부터 근대 초기에 이르기까지 기술적 진보가 없었다고 주장했다 (5.2.1). 또한 전계급 사회에서 계급 사회로의 이행과 관련된 기술적 진보에 대해서도 언급한 바가 없다. 그러나 그의 일반 이론(5.1.3)은 중단 없는 진보를 말하고 있고, 최소한 착취와 계급에 기반한 생산양식들에 한정하여 그가 각 생산양식에 대해 설명한 것을 보면, 근대 초기에 이르기까지 생산성은 꾸준히 향상했고, 그런 다음 '도약'하여 기술적 진보가 가속화되었다고 주장한다.

역사적 발전의 진보적 성격을 주장할 수 있는 또 하나의 기준은 직접

---

169) 특히 Cohen, *Karl Marx's Theory of History*, ch. VI 참조.

170) *The German Ideology*, p. 82.

171) *Ibid.*, pp. 34, 67.

생산자로부터 추출할 수 있는 잉여의 규모이다. 앞서 말한 바 있지만, 노동생산성의 증가가 반드시 잉여의 증대를 가져오는 것은 아니다. 잉여는 노동시간의 강제적인 연장을 통해, 혹은 노동강도의 강화를 통해, 혹은 임금 삭감을 통해 얻어질 수도 있다. 그러므로 생산성에 변화가 없어도 잉여의 규모는 중단 없이 증대될 수 있다. 이 견해에 따르면, 역사는 직접 생산자로부터 잉여를 추출하기 위한 더욱 강력한 제도들의 연속이 된다. 이론적 일관성의 측면에서 보면, 이 견해가 생산력의 중단 없는 진보를 주장하는 견해보다는 더 그럴듯하다. 계급투쟁과 직접 연결시킬 수 있기 때문이다. 계급들의 투쟁은 잉여의 추출을 둘러싸고 벌어지는 것이지, 기술변화율 때문이 아니다(6.1.3). 그러나 마르크스는 이러한 견해를 명시적으로 표명한 적은 없다. 봉건제에서 자본주의로의 이행을 설명하는 과정에 암시되어 있을 뿐, 일반 이론에도 등장하지 않는다.

마르크스는 역사를 단순한 선형 진보의 형태로 보지는 않았다. 역사는 2.4에서 논의한 나선형을 보였다. 계급 사회는 일반적으로 퇴보단계를 나타내는데, 자본주의는 특히 그러하고, 인류는 이를 거쳐 공산주의를 향해 나아간다. 여기에서 진보의 기준은 생산성이나 잉여의 규모가 아니라 사회적 통합의 정도이다. 전계급 사회의 원시적 통일성은 탈계급 사회의 더 높은 통일성 획득을 위해 붕괴되어야만 한다. 개개인은 전면적으로 일할 수 있는 원초적 능력을 상실하고 전문화된 다음에야 다시 전면적 능력을 회복하고 확장하게 된다. 그러므로 마르크스의 역사 이론은 이렇게 요약될 수 있다. 생산력의 중단 없는 진보, 인간적 발전과 사회적 통합의 중단 있는 진보.

발전의 문제는 다소 복잡하다. 마르크스의 저작에 과연 발전도식이 있는지에 대해 의문의 여지가 있다. 그러므로 멜로티는 아시아적 생산양식이 결코 고대 노예제에 선행한 것이 아니었다고 주장한다. [172] 오히려 아시아 공동부락과 고대 공동부락은 독립적으로 등장한 전계급 사회의 형태었다는 것이다. 이 견해는 끝까지 밀고 갈 수 없다는 것이 내 생각이다. 《자본론 I》에서 마르크스는 고대의 공동부락은 사유지에 기초한 것이었는데, 이것은 공유지에 기초한 동양의 공동부락에서 성장한 것이라고 주장했다. [173] 하지만 나도 마르크스가 어디에서도 아시아적 생산양식이 고대 노예제의 선행 양식이라고 주장한 일이 없다는 사실에는 동의한다. 오히려 동양의 공동부락으로부터 아시아적 생산양식과 (고대적 공동부락을 거친) 고대 노예제가 나온 것으로 보인다. 이렇게 본다면, 역사적 발전의 순서는 다음과 같다. 동양 공동부락, 고대 공동부락, 노예제, 농노제, 자본주의. 동양 공동부락에서 아시아적 생산양식으로의 샛길 발전은 막다른 골목으로 보인다.

마르크스가 외길 발전모형을 믿었을까? 초기의 텍스트(《리스트 평주》)를 보면, 그게 아니라는 것을 명명백백하게 알 수 있다. 그는 "산업은 거대한 일터이다. 그곳에서 인간은 자신의 힘과 자연의 힘을 처음으로 소유한다"고 말한 다음, 외길 발전이론에 대해 이렇게 경고한다.

> 모든 나라가 이 발전 경로를 거친다고 주장하는 것은 모든 나라가 프랑스의 정치적 발전, 혹은 독일의 철학적 발전을 거치게 되어 있다고 주장하는 것만큼이나 터무니없다. 각국이 국가로서 한 일은 인간의 사회를 위해 한 일이다. 각국이 한 일은 다른 나라들에게 혜택을 준다는 사실 때문에 가치 있는 것이다. 이것이 바로 역사의 주요한 측면 중 하나(주요한 규정 중 하나)이다. 따라서 인류는 산업은 영국이, 정치는 프랑스가, 철학은 독일이 이룩한 것을 따라 발전한다. 각국이 이룩한 것은 곧 세계를 위한 것이며, 그 업적의 세계사적 의의는, 또한 각국의 세계사적 의의는 그렇게 막을 내린다. [174]

---

172) Melotti, *Marx and the Third Word*, p. 26, *passim*.

173) *Capital I*, p. 334.

174) "Commentary on List", p. 281.

같은 저작에서, 그리고 다른 곳에서 마르크스가 영국의 산업 상태를 통렬하게 고발한 것을 염두에 두고 읽어보라. 영국이 인류를 위해 자신을 희생했다고 말하는 것처럼 보일 것이다. 다른 나라들은 산업발전의 초기 단계를 거칠 필요도 없고, 영국에서 그러한 발전의 조건이었던 자본주의적 생산관계를 거칠 필요도 없다. 이것이 바로 계주 발전모형이다.

반면에 《자본론 I》 서문에는 외길 발전모형을 지지하는 것으로 볼 수 있는 구절이 있다.

이 저서에서 나의 연구과제는 자본주의적 생산양식 및 그 양식에 상응하는 생산관계와 교환관계이다. 현재까지 그것들이 전형적으로 나타나는 곳은 영국이다. 이것이 바로 나의 이론적 전개의 중요한 예증으로서 영국이 등장하는 이유이다. 그러나 독일의 독자들이 영국의 농업노동자와 공업노동자들의 상태에 대해 어깨를 으쓱하거나, 독일에서는 사태가 그렇게 나쁘지 않다고 낙관적으로 안심한다면, 나는 그들에게 이렇게 말할 수밖에 없다. "바로 당신 자신의 이야기요!" 그것은 자본주의의 자연법칙에서 발생하는 사회적 적대관계의 발전 정도의 높고 낮음에 관한 문제가 아니다. 그것은 이러한 법칙 그 자체, 즉 철의 필연성으로 불가피한 결과를 낳는 법칙에 관한 문제이다. 선진 산업국은 후진국에게 그 자신의 미래상을 보여줄 뿐이다. … 한 국가는 다른 국가로부터 배울 수 있고 또 배워야 한다. 한 사회가 그 운동의 자연법칙을 발견하였다 하더라도 ― 그리고 그것이, 즉 근대 사회의 경제적 운동법칙을 적나라하게 밝혀내는 것이 이 저작의 궁극적 목표이다 ― 그 사회는, 정상적인 발전의 연속적인 국면에 나타나는 장애물들을 뛰어넘을 수도 없고, 법령으로 제거할 수도 없다. 다만 그 산고(産苦)를 단축하고 완화할 수는 있다. 175)

이 구절은 일종의 과학주의를 외길 발전모형과 결합한다. 후발주자가 자

---

175) *Capital I*, pp. 8~10.

본주의적 연옥에 머무는 기간이 약간 단축될 수도 있다는 단서가 추가되었을 뿐이다. 그런데 이 단서 자체가 그 과정의 '철의 필연성'에 의문을 품게 한다. 땅으로 떨어지는 사과가 다른 사과를 보고 배워서 더 빨리 떨어지거나 더 늦게 떨어질 수는 없다. 지금 우리의 논의와 더 가까운 예를 들면, 청년이 자신에 앞서 청년기를 거쳐간 수많은 세대의 실수로부터 배움을 얻는 일은 불가능하다. 그들의 실수로부터 배움을 얻으려고 노력은 할 수 있다. 하지만 청년기를 건너뛰는 일은 '철의 필연성'으로 실패하게 되어 있다. 청년기는 청년기를 뛰어넘으려는 일련의 시도인데, 이것은 실패의 연속이다. 바로 이 실패의 경험을 거치면서 마침내 그 단계를 넘어서게 된다. 남의 것을 배워서 정말로 그 이행 기간을 단축할 수 있다면, 그 기간을 건너뛰는 수준까지 그 필연성을 약화시킬 수는 없는지 반문할 사람도 있을 것이다.

이러한 반론에 대해 마르크스를 변호하자면, 다음과 같은 논리를 제시할 수 있다. 학습능력은 상당한 수준의 발전단계를 전제로 한다. 이 수준까지는 스스로 도달해야 한다. 예를 들여 정복에 의한 전유의 경우를 보자. 이것이 성공하려면 정복한 나라가 정복당한 나라의 상황에 적응하거나 순응해야 한다.

지금까지의 역사를 오로지 약탈의 문제로 보는 견해보다 흔한 것은 없다. 야만족이 로마제국을 약탈한다. 그리고 이 약탈이란 사실을 가지고 고대세계로부터 중세체제로의 이행을 설명한다. 그러나 야만족의 약탈에서 중요한 것은, 정복당한 국가들이 근대민족들처럼 산업적인 생산력을 발전시켰는가, 혹은 그 생산력의 대부분이 단지 생산력들의 집적과 공동체에 기초하고 있는가의 여부이다. 약탈은 또한 약탈 대상에 의해 결정된다. 은행가의 재산은 지폐로 이루어져 있어서, 약탈자가 약탈당한 나라의 생산 및 교통 조건에 복속하지 않으면 결코 약탈될 수 없다. 근대 산업국가의 총산업자본도 마찬가지이다. 그리고 마지막으로, 어디서나 약탈은 곧 종말에 도달하게 되는

데, 더 이상 약탈할 것이 없으면 생산을 시작해야 한다. 이렇게 곧바로 닥치게 되는 생산의 필요성 때문에, 정복자가 정착하여 채택한 공동체의 형태는 이전부터 거기에 존재했던 생산력의 발전단계에 상응해야 한다. 원래부터 맞지 않았을 경우에는 그 형태를 생산력에 맞추어 변경시켜야 한다. 이것은 또한 민족 대이동 이후의 시기 어디에서나 찾아낼 수 있었던 사실, 즉 노예가 주인이 되고, 정복자가 피정복자로부터 곧 언어와 문화와 풍습을 물려받는다는 사실을 설명해준다. 176)

학습과 차용은 이 점에 있어서 절도와 공통점이 있다. 즉 원 소유자의 발전수준에 한참 미치지 못할 경우 획득한 것을 이용할 수가 없다. 그럴 경우 빌린 지식(혹은 정복한 생산수단)으로 격차를 좁힐 수는 없다. 선진국이 이미 거쳐간 단계에 상응하는 지식과 기술이 오히려 더 유용하고, 그것이 후진국이 도달한 단계에 더 잘 맞는다. 그런데 낡은 지식은 이용하기 좋은 형태로 존재하는 경우가 드물고, 차용자의 자존심상 가장 근대적인 기술을 고집하기 마련이다.

　마르크스는 실제로 이러한 문제에 부딪혔다. 러시아 저자들이 그의 책을 읽고서 러시아는 자본주의 단계를 거친 후에야 사회주의로 갈 수 있다고 결론을 내렸던 것이다. 1877년에 마르크스는 이러한 견해의 기사를 실은 러시아 잡지177)의 편집자에게 한 통의 편지를 준비했다. 마르크스는 먼저 체르니셰프스키가 "주목할 만한 논문에서 러시아가, 자유주의 경제학자들이 주장한 것처럼, 농민공동체가 파괴된 다음에 자본주의 정권으로 이행해야 하는지, 자본주의 정권의 고통은 겪지 않으면서 과실만 누릴 수 있는지의 문제를 제기했다"고 언급한 다음, 이렇게 대답한다. "러시아가 1861년 이후 걸어온 길을 계속 간다면, 역사가 한 민족에게 제

---

176) *The German Ideology*, pp. 82~85. 또한 *Grundrisse*, pp. 97~98 참조.
177) 〔옮긴이주〕이 러시아 잡지 이름은 《조국 정보》(*Otecestvenniye Zapisky*)이다.

공한 천재일우의 기회를 놓치고, 자본주의 정권의 운명적인 등장을 보게 될 것이다." 그는 자신의 저서 어디에서도 러시아가 자본주의로 가야 한다는 근거를 제시한 일이 없다고 강조하면서, 《자본론 I》의 본원적 축적에 관한 장을 보라고 권고한 다음 이렇게 덧붙인다.

> 나를 비판한 사람들은 이러한 역사의 전개과정을 보면 러시아가 어떤 길로 가야 할지 알 수 있을 것이다. 만일 러시아가 서유럽 국가들처럼 자본주의 국가가 되고자 한다면, (그리고 최근 수년 동안 러시아는 이 길로 가는 데 많은 애로를 겪어왔다) 우선 다수 농민이 프롤레타리아로 전환되지 않고서는 성공할 수 없다. 그런 후에 자본주의 정권이 들어서고 나면 다른 나라들처럼 무자비한 법칙을 경험하게 될 것이다. 178)

이것은 본원적 축적에 관한 장과 양립할 수도 있고, 그렇지 않을 수도 있지만, 《자본론 I》의 서문과는 확실히 어긋난다. 어느 경우든, 여기에서 마르크스는 문제의 본질을 직접 다루지 않고, 러시아가 자본주의적 단계를 건너뛸 수 있다는 견해의 논거를 제시한다. 몇 년 후 마르크스는 이 문제에 대해 바로 답했다. 베라 자수리치가 러시아가 사회주의로 가는 길에 대한 의견을 묻자 이에 답한 것이다. 자수리치의 관심은 극히 현실적인 것이었다. 러시아 사회주의자들이 농촌공동체의 해방과 발전에 노력을 집중해야 하나, 아니면 도시 노동자들을 상대로 선전을 강화해야 하나?179)

마르크스의 짤막한 대답은 모호한 구석이 있긴 하지만, 그가 작성한 초안들은 꽤 자세한 내용을 담고 있다. 그는 러시아가 세계로부터 고립되어 있다면, 자본주의적 발전의 모든 단계를 겪을 것이며, 따라서 농촌

---

178) Marx to Mikhailovsky November 1877.
179) "Briefwechsel mit vera Sasulich".

공동체는 불가피하게 사라질 것이라고 말했다. 또한 러시아에는 농촌공동체를 제거하려는 강력한 힘이 있는데, 바로 국가와 자본가 계급의 동맹이 그것이고, 국가는 농민의 희생 아래 자본가 계급을 비호하고 있다고 말했다. 하지만 자본주의의 존재는 농촌공동체에게 희망을 주기도 한다. 서유럽에서 발전된 (특히 농업분야에서의) 선진적인 방법들을 물려받을 수 있기 때문이다. "자본주의적 생산이 인류에게 제공한 과실들을 자본주의 정권을 거치지 않고도 얻을 수 있다." 마르크스는 이러한 견해에 대한 여러 가지 반론들을 예상하면서 답변을 마련한다. 과거의 모든 공동부락이 보편적으로 제거되었다는 점을 지적할 사람들에 대하여는, 러시아의 공동부락은 사적 소유의 요소를 가지고 있기 때문에 유연성이 크다고 말한다. 농촌공동체들이 상호 간에 고립되어 있다는 사실에 대해서는, 농민회의 같은 행정적 조치로 극복될 수 있다고 주장한다. 농촌공동체가 바로 사회주의로 이행하기에는 자본이 부족하다고 염려하는 반론에 대해서는, 러시아 사회는 지금까지 농촌공동체의 희생 아래 살아왔으므로, 러시아 사회가 농촌공동체에 그것을 '갚아야' 한다고 말한다. [180]

그다지 설득력 있는 주장들은 아니다. 이 주장대로라면, 《자본론》의 서문은 본질적으로 수정되어야 한다. 물질적 발전수준이 너무 낮다면 도덕적 주장도, 정치적 개혁도 성공적인 차용을 위한 조건을 창출할 수 없다. "발전과정에서 [인간은] 우선 새로운 사회 그 자체를 위한 **물질적 조건을 생산해야** 한다. 정신적 노력과 의지로는 이 운명에서 벗어날 수 없다."[181]

이 반론을 인정한다면, 5.2.3의 논증은 더욱 힘을 얻는다. 거기에서 나는 공산주의의 주관적 및 객관적 조건이 한 나라에서 결합되는 일은 가

---

180) *Ibid.*

181) *Deutsche-Brüsseler-Zeitung* 1847. 11. 11.

능성이 희박하다고 주장하였다. 또한 혁명이 주관적 조건이 성숙한 나라들로부터 객관적 조건이 좋은 나라들로 전파될 수 있다는 주장을 살펴보고, 이를 배격하였다. 선후를 바꾼 주장도 있을 수 있다. 즉 객관적 조건 그 자체가 차용에 의해 확산될 수 있으므로, 혁명적 계급의식과 선진적인 기술이 반드시 한 나라에 같이 있어야 하는 것은 아니라는 것이다. 그러나 이 제안 역시 난관에 봉착한다. 성공적인 차용은 상당히 발전된 객관적 조건을 요구하고, 이것은 대체로 혁명에 도움이 되지 않는다. 기술 분야에서 후진성의 이점을 누리려면, 너무 후진적이어서는 안 된다. 너무 후진적이면 혁명을 키워 나갈 수 없다. 특히 5.2.3의 말미에서 말한 상대적 후진성에 의해 혁명이 일어날 경우, 이 점이 중요하다. 사회주의 사상을 차용하고 흡수하는 것이 선진 기술을 차용하여 활용하는 것보다는 훨씬 쉽다.

앞에서 《자본론》 서문의 '본질적 수정' 운운했는데, 이 말의 뜻은 생존 가능한 공산주의의 조건들은, 만일 있어야 한다면, 반드시 내생적으로 생겨야 한다는 뜻이다. 이러한 조건들이 반드시 발전되어야 한다는 뜻은 아니었다. 물론 마르크스라면 이러한 일반적인 목적론적 전제로부터 그러한 주장을 연역했을 것이다. 공산주의는 일어나게 되어 있고, 따라서 공산주의의 등장을 위한 필수적인 조건들도 발생할 것이라고 말이다. 이러한 의미에서 마르크스의 발전도식은 미래로부터 현재로 작동한다. 그 반대가 아니라. 그는 공산주의가 때 이르게 발생할 가능성은, 그리고 아시아적 생산양식처럼 역사의 막다른 길이 될 가능성은 생각해보지 않았다.

5.3.3. 대안적 시대 구분

생산양식들의 순차는 1859년의 "서문"에서, 그리고 다른 곳에서도 중요한 위치를 차지한다. 그것은 가장 널리 알려진 마르크스의 역사 시대 구분이다. 하지만 그의 저작 전체를 바탕으로 다른 방식으로 개념화할 수도 있다. 나는 이 문제를 1.5.1에서 마르크스의 경제적 범주들의 '변증법적 연역'을 논의하면서 잠시 언급한 바 있다. 이러한 연역은 이해하기 어렵고, 오해하기 쉬운 것이므로 받아들일 수 없다는 점을 밝히고, 그것이 변증법에 의해서가 아니라 정상적인 인과적 과정에 의해 생겨난 역사적 순차로 보는 것이 오히려 합리적이라고 말했다. 여기에서 이 문제를 좀더 자세히 살펴보겠다.

내가 살펴볼 순차는 세 개의 주요단계, 즉 사용을 위한 생산, 교환을 위한 생산, 잉여가치를 위한 생산이다. 첫째에서 둘째 단계로 가는 길은 해외 무역에 의해 매개되고, 둘째 단계와 셋째 단계 사이에는 내부 교역이 있다. 그러므로 이 과정은 다섯 개의 연속적 단계들로 구성되어 있다고 할 수 있다. 그 내용은 다음과 같다.

첫째 단계에서 생산은 오로지 생산자의 생계를 위해 이루어진다. 생산과 소비는 공동으로 조직될 수도 있고, 개인적으로 이루어질 수도 있지만, 목적은 언제나 생산자들의 당장의 욕구를 충족하기 위한 것이다. 사유재산은 있을 수도 있지만 교역이나 투자, 잉여의 추출은 없다.

둘째 단계의 특징은 이러한 공동체들 사이의 교역의 등장이다. 《요강》에서 마르크스는 교역의 기원을 두 가지로 설명한다. "먼저 상업 민족들의 개입이 있다. 또는 자연적으로 생산물이 다른 부족들이 접촉하게 되고, 잉여 산물을 교환한다."[182] 마르크스는 여기에서 "전자가 더 전형

---

182) *Grundrisse*, p. 256.

적인 형태"라고 말하지만, 그것이 역사적으로 우선한다는 뜻으로 볼 수는 없다. 상업 민족에 대한 설명이 빠져 있기 때문이다. 오히려 후자가 역사적으로 선행하는 형태로 보아야 한다. 실제로 마르크스는 그의 저서 여러 곳에서 교역의 기원을 그렇게 설명한다. [183] 생산물의 차이에 대한 언급은 《자본론 I》의 다음과 같은 주장과 일치한다. "단순히 토지의 비옥함이 아니라 토질의 차이, 천연산물의 다양성, 계절의 변화, 이런 것이 사회적 분업의 자연적 기초를 이룬다."[184] 완전히 동질적인 환경에서도 생산의 분화는 일어날 수 있지만, 이것은 분화된 생산의 가능성이 있을 때 일어나기 쉽다.

원시공동체들이 어떻게 서로 접촉하게 되었을까? 마르크스는 이것이 국경지역에서 서로 다른 공동체의 성원들이 우연히 조우한 결과로 발생한다고 말한다. [185] 그러한 조우는 아마도 인구성장의 결과이겠지만, 내가 아는 한, 이에 대한 언급은 없다. 그런 일이 우연히 발생할 수도 있다. 공동체의 성원 중 일부가 공동체 밖에서 길을 잃거나 해서. 덧붙여 말하자면, 마르크스는 다른 곳에서 공동체들의 확장이 전쟁을 유발하기도 한다고 말한 다음에 이렇게 덧붙인다.

> 인간이 토지의 유기적 부속물로서 토지와 함께 정복되면, 그는 생산조건의 하나로서 같이 정복된 것이고, 그리하여 노예제와 농노제가 등장한다. 이들은 모든 공동체의 최초의 형태들을 변형시키고 수정하며, 스스로 그 공동체의 토대가 된다. [186]

---

183) *Grundrisse*, pp. 159, 204, 873; *Critique of Political Economy*, pp. 35~36; *Zur Kritik (1861~1863)*, p. 249; *Capital I*, pp. 87~88; *Capital III*, p. 177.
184) *Capital I*, pp. 513~514.
185) 이러한 주장은 각주 183)에 열거한 저작들에서 찾아볼 수 있다.
186) *Grundrisse*, p. 491.

그러므로 원시공동체들의 접촉은 일련의 생산양식들의 출발점이자, 또한 지금 말하는 이 둘째 단계의 직전 단계이기도 하다. 이 둘의 관계에 대해서는 나중에 다시 설명하겠다.

셋째 단계는 우연히 이루어진 교역이 조직화되었을 때 나타난다. 이것은 교환물품들이 **상품**이 된다는 것을 의미한다.

> 물물교환에서 … 생산물은 그 **자체로** 교환가치이다. 그것은 교환가치의 첫 번째 현상 형태이다. 그러나 생산물이 아직 교환가치로 정립된 것은 아니다. 첫째로 이 성격이 전체 생산에 파급되지 않고 단지 잉여에만 해당되며, 따라서 그것 자체가 (교환 자체와 마찬가지로) **잉여적**이다. 충족, 향유(새로운 대상과의 관계) 범위의 우연적인 확대. 따라서 교환은 몇몇 지점에서 (처음에는 자생적인 공동체의 경계에서, 이방인과 접촉이 일어난 곳에서) 이루어지며, 좁은 범위에 한정되어 있고, 생산에 이렇다 할 영향을 미치지 않는 부차적인 것이다. 등장하는 것만큼이나 사라지는 것도 우연적이다. … 그러나 그것이 계속되면, 즉 공동체 내에 갱신을 위한 수단을 포함하는 연속적인 행위가 되면 조금씩, 외부의 자극에 의해, 혹은 우연히 상호 교환을 위한 상호 생산이 이루어진다. 교환의 척도는 생산비가 될 것인데, 이것은 궁극적으로 노동시간으로 환산된다. [187]

이제 상품생산, 혹은 교환가치의 생산이 생산의 일부가 된다. 생산의 주 목적이 변한 것이다. 즉 생산은 직접적인 충족이 아니라 교환을 향한다. 그러나 이렇게 수행된 교환의 궁극적인 목적이 욕구의 충족이라는 사실에는 변함이 없다.

넷째 단계에서 상품생산은 일반화된다. 공동체 간의 교환이 공동체 자체에 "반작용을 일으켜"[188] 공동체 내의 교환이 일어난다. 이 과정을 촉진

---

187) *Ibid.*, p. 204.

188) 이 표현은 *Critique of Political Economy*, p. 36; *Zur Kritik (1861~1863)*,

하는 촉매제가 바로 상인자본이다. 외부와의 교환으로 인해 발전하였지만, 그리고 이러한 교환을 안정시키는 수단으로 화폐가 등장했지만,[189] 상인자본은 공동체 내부의 생산에 "더 깊이 더 깊이 파고든다".[190] 《요강》은 이 과정을 자세히 기술한다.

> 처음에 그 영향은 육체적이다. 욕구의 영역이 확장된다. 새로운 욕구들의 충족이 목적이 되고, 따라서 생산은 조직화되고 생산물은 증가한다. 국내의 생산조직 자체가 이미 유통과 교환가치에 의해 수정되어 있다. 그러나 아직 유통이 표면 전체를 잠식하지도 않았고, 깊이 파고들지도 않았다. 이것이 이른바 대외 무역의 **문명화 작용**이다. 교환 가치를 향한 운동이 생산 전체에 어느 정도 파급될 것인가는 부분적으로는 이러한 외부적 영향의 강도에 달려 있고, 부분적으로는 분업 등 국내 생산 요소들의 발전 정도에 달려 있다. 예를 들어 16세기와 17세기 초 영국에서 네덜란드 상품의 수입은 양모의 잉여생산을 가져오는 데 본질적인, 결정적인 역할을 하였다. 영국이 수입의 대가로 양모를 지불했기 때문이다. 이제 더 많은 양모를 생산하기 위해서 농지가 목양지(牧羊地)로 바뀌고, 소규모 차지농 제도는 무너지고, 토지정리가 이루어지는 등의 변화가 일어났다. 이리하여 농업은 사용가치를 위한 노동의 성격을 잃었고, 농업의 내부 구조는 농업 잉여의 교환으로 심대한 영향을 받게 되었다.[191]

곧 보게 되겠지만, 마르크스는 이 과정이 두 번 일어났다고 생각했다. 고대에 한 번, 그리고 중세에 또 한 번. 이 말이 다 맞는지는 모르겠다. "내부 교역에 대한 대외 교역의 우선성"[192]을 역설하는 대표적인 학자 폴라

---

p. 249; *Capital I*, p. 87; *Capital III*, p. 330 참조.

189) 상품생산과 화폐의 관계에 관하여는 《자본론 I》 제1장과 《요강》의 "화폐에 관한 장" 참조.

190) *Capital III*, p. 330.

191) *Grundrisse*, p. 256.

니는 대외 교역이 내부 교역을 낳은 것이 아니라고 주장했다. 그의 견해에 따르면, 고대에는 전국적인 시장이 발달하지 않았고, 오로지 국지적인 시장과 국제무역만 있었다.[193] 중세에는 도시가 국지적 교역과 국제무역의 중심지였지만, 전국적 시장의 형성을 가로막다가 나중에 국가에 의해 그들의 저항이 진압되었다는 것이다.[194] 폴라니 말고도 이러한 주장을 한 사람들은 있었다.[195] 마르크스는 내수시장의 존재를 과장하였고, 또한 내수시장의 등장 메커니즘에 대해서도 오해하였다. 그리고 혁명적 스페인에 관한 논설에서도 "해외 무역의 문명화 영향"을 강조하는 대신(또한 7.1.5를 보라) "절대왕정이 스스로 문명의 중심으로, 사회적 통일의 창시자로 자부하고 있다"고 말한다.[196] 절대왕정이 전국적인 시장을 창출한 것은 아니지만 안정시켰다고 본다면, 이 두 견해는 부분적으로 조화를 이룰 수 있다.

다섯째 단계는 잉여가치를 위한 생산의 등장이다. 이 단계로의 이행은 변증법적 발전과 역사적 발전이 서로 다르다. 변증법적 관점에서는 넷째 단계의 중요한 특징은 교환가치를 위한 생산이 곧 **화폐**를 위한 생산이라는 점이다. 1.5.1에서 논의한 바에 따르면, 화폐는 본질적으로 자기확장의 욕구를 가지고 있다. "가치로서의 가치는 증식을 통해 자신을 유지한다."[197] 역사적 관점에서는 넷째 단계는 5.1.2에서 말한 이유들로 인해

---

192) 이 표현은 Polanyi, *The Livelihood of Man*, p. 78에서 가져왔다. 그는 이것이 베버가 창안하고, 썸월드가 발전시킨 것이라고 말하고 있다. 마르크스의 공은 완전히 무시하고 있다.

193) Polanyi, *The Livelihood of Man*, ch. 13.

194) Polanyi, *The Great Transformation*, ch. 5.

195) 고대에 대해서는 Garnsey, Hopkins and Whittaker(eds.), *Trade in the Ancient Economy* 참조. 중상주의국가의 전국적인 시장 형성에 대해서는 Heckscher, *Mercantilism* 참조.

196) *New York Daily Tribune* 1854. 9. 9.

197) *Grundrisse*, p. 270.

불안정하다. 단순 상품생산 체계는 아슬아슬한 균형 속에서만 존재할 수 있고, 우연한 사건이나 불운이 생기면 즉시 무너진다. 마르크스는 《자본론 III》의 고리대자본에 관한 장에서 그 결과를 이렇게 기술한다.

> 고리대로 인한 부유한 토지소유자들의 파멸과 소생산자들의 빈곤화는 거대한 화폐자본의 형성과 집적을 초래한다. 근대 유럽에서는 이로 인해 낡은 생산양식이 철폐되었지만, 이 과정이 어느 정도까지 낡은 생산양식을 철폐하는가, 그리고 이 과정이 낡은 생산양식 대신 자본주의적 생산양식을 가져오는가 하는 문제는 전적으로 역사적 발전단계와 이에 수반되는 상황에 달려 있다. 198)

고대와 관련하여 마르크스는 이 과정을 두 가지 방식으로 설명했다. 첫째, "로마 귀족의 고리대가 로마 평민, 즉 소농을 완전히 파멸시키자마자 이 착취형태는 종말을 고하였고, 순수 노예경제가 소농경제를 대체하였다"고 말한다. 199) 몇 쪽 지나고 나서는 이렇게 말한다.

> 채무를 진 노예소유주나 봉건영주는 자기 자신이 더 많이 빼앗기기 때문에 노동자로부터 더 많이 빼앗는다. 혹은 노예소유주나 봉건영주의 자리를 고리대금업자에게 빼앗기고 만다. 마치 고대 로마에서 기사(騎士)가 그렇게 된 것처럼. 옛날의 착취자 — 그 착취가 주로 정치적 권력의 수단이었기 때문에 대체로 가부장적이었다 — 대신 혹독하고 돈만 아는 벼락부자가 나타난다. 200)

첫째 구절은 소농의 파멸이 노예경제를 **창출**했다고 말하고, 그 다음 인용

---

198) *Capital III*, p. 594.
199) *Ibid.*, p. 595.
200) *Ibid.*, pp. 596~597.

문에서는 소농의 파멸로 인해 노예경제가 가부장적 체제에서 화폐지향적 체제로 **전화**되었다고 말한다. 이 중 후자로 보는 것이 교환가치를 위한 생산이 잉여가치를 위한 생산으로 전화된다는 견해와 더 잘 맞는다. 이러한 관점은 《자본론 III》의 상인자본에 관한 역사적 설명에서도 확인된다. 여기에서 마르크스는 넷째 단계와 다섯째 단계를 하나로 합친다.

> 상업과 상인자본의 발달은 어디에서나 교환가치를 지향한 생산을 발달시키고, 그 덩치를 키우고, 다양화하고, 세계적 성격을 띠고, 화폐를 세계화폐로 발전시킨다. 그러므로 상업은 어디에서나 기존의 생산조직들 — 형태는 다양하지만 주로 사용가치의 생산을 지향하는 — 의 해체를 촉진한다. 상업이 어느 정도까지 낡은 생산양식을 해체시키는가는 낡은 생산양식의 견고성과 내부 구성에 달려 있다. 그리고 이 해체과정이 어디를 향하는가, 즉 낡은 생산양식 대신에 어떤 새로운 생산양식이 나타나는가는 상업이 아니라 낡은 생산양식 자체의 성격에 달려 있다. 고대세계에서는 상업의 영향과 상인자본의 발달은 항상 노예경제를 낳았으며, 출발점 여하에 따라서는 직접적 생계수단의 생산을 지향하던 가부장적 노예제도가 잉여가치의 생산을 지향하는 노예제도로 전환되는 수도 있었다. 그런데 근대세계에서는 그 결과가 자본주의적 생산양식으로 나타난다. [201]

고대에 화폐 혹은 잉여가치의 생산을 지향하는 노예제도가 있었다고 주장하는 마르크스의 텍스트 두 개를 보았다. 5. 2. 1에서 말한 바와 같이, 이것은 노예제에 대한 그의 일반적인 설명과는 다르다. 하지만 이 단계를 생산양식들의 연쇄 속에 넣으려다 보니 그렇게 된 것 같다. 그의 주장을 재구성하면 다음과 같이 될 것이다. '변증법적' 근거에서 그는 교환을 위한 생산은 반드시 잉여가치를 위한 생산으로 간다고 믿었다. 이러한

---

201) *Ibid.*, pp. 331~332.

믿음은 자본주의를 연구하는 과정에서 생겼을 것이며, 곧 일반명제가 되었다. 노예제에서는 잉여생산이 자본으로 전화되기 어렵다는 역사적 관찰을 제대로 했음에도 불구하고, 그 일반명제를 예증하기 위해 잉여가치를 지향하는 노예제의 존재를 전제하기에 이르렀을 것이다.

5단계 연쇄는 인류 역사에서 두 번 일어난다. 첫 번째 연쇄는 동양의 공동부락에서 시작하여(이렇게 추정할 수밖에 없다) 고대 그리스·로마에서 둘째, 셋째, 넷째 단계를 거쳐 상업적 노예제의 다섯째 단계에 이른다. 이 연쇄는 비상업적 혹은 가부장적 노예제가 이전에 (정복과 정복당한 사람들의 노예화를 통해) 있었다는 것을 전제한다. 마르크스가 인구성장도 전쟁에 버금가는 무역의 기원이라고 믿었다고 가정한다면, 다음과 같은 시나리오가 가능하다. 최초의 공동체들이 확장되면서 상호 접촉하게 되었는데, 이때 전쟁이 벌어지면 진 부족은 노예가 되었다. 어떤 경우에는 이들 사이에 무역이 이루어졌다. 다른 부족을 성공적으로 노예화한 공동체에서, 그리고 제3자와 교역을 하게 된 공동체에서 외부와의 교역이 내부의 생산에 반작용을 일으켜, 노예경제가 궁극적으로 교역과 화폐 획득을 지향하게 되었다. 정복은 값싼 노예들의 잉여노동의 추출에 **기초를 둔** 경제를 성립시켰다. 교역은 그 체제를 잉여노동의 추출을 **지향하는** 노예제로 전화시켰다.

두 번째 연쇄는 전혀 다른 방식으로 실현된다. 거듭되는 말이지만, 이 과정의 기원에 대해서도 마르크스가 언급한 것이 거의 없기 때문에 추정할 수밖에 없다. 이 연쇄의 시작은 장원에 예속된 고립된 농민공동체들의 생계용 생산으로 추정된다. 장거리 교역이 일어나는데, 이 경우 상업민족들이 촉매제의 역할을 한다. 이 교역이 첫 번째 연쇄에서처럼 내부 생산에 반작용을 한다. 그 결과 시장용 생산을 하는 독립적인 직인과 농민 계급이 형성된다. 그러나 이러한 단순 상품생산은 오래가지 못한다. 봉건제에서 자본주의로 넘어가는 과도기일 뿐이다. 단순 상품생산은 곧 불평등의 누적을 가져오고, 시간이 지남에 따라 생산자가 생산수단으로부터 분리된다. 자본주의가 등장할 수 있는 조건들이 모두 갖추어진다.

이 지점에서 마르크스가 1877년에 쓴 편지 초안을 보자.

> 나는 《자본론 I》의 여러 곳에서 고대 로마의 평민들에게 닥친 운명에 대해 언급하였다. 그들은 원래 자유농으로서 각자 자신의 땅을 자신을 위해 경작하고 있었다. 로마의 역사 속에서 그들은 땅을 빼앗겼다. 그들을 생산수단과 생계수단으로부터 분리시킨 바로 그 운동이 대토지 소유와 대자본 형성을 가능하게 하였다. 그리하여 어느 날 아침 한쪽에는 노동력 이외에는 가진 것이 없는 자유민이 나타났고, 다른 한쪽에는 이 노동을 착취하기 위해 모든 획득한 부를 소유물로 장악한 자들이 나타났다. 무슨 일이 벌어졌는가? 로마의 평민들은 임금노동자가 아니라, 예전 미국 남부의 '가난한 백인들'보다도 더 비참한, 아무것도 하지 않는 폭도가 되었다. 여기에서 발전한 생산양식은 자본주의가 아니라 노예제에 기초한 생산양식이었다. [202]

마지막 문구를 보면, 평민들이 땅을 빼앗기기 전에는 노예제가 존재하지 않았다는 뜻 같기도 하고, 노예제가 그 사건 이후에 더욱 발전했다고 말하는 것 같기도 하다. 나는 뒤의 해석이 여기에서 인용한 다른 텍스트들과 더 잘 어울린다고 생각한다. 자본주의가 발달하지 않은 이유는 다음과 같은 단순한 사실에서 찾을 수 있다. 즉 노예제가 이미 엄청난 잉여노동의 원천으로 존재하고 있었고, 따라서 새로 창출된 부는 전적으로 새로운 잉여노동의 추출 형태를 창안하기보다는, 기존의 생산양식을 확장하는 데 사용되었던 것이다. 그러나 2000년 후에는 잉여가치에 대한 욕망이 기댈 수 있는 그런 제도가 없었다. (최소한 서유럽에서는 그러했다. 내가 아는 한, 마르크스는 동유럽에서의 '제2의 농노제' — 시장용 생산에 기초

---

202) Marx to Mikhailovsky November 1877.

를 둔―에 대해 말한 일이 없다.)

그래도 여전히 문제는 있다. 노예제의 몰락과 뒤이은 농노제의 등장을 어떻게 설명할 것인가 하는 것이다. 놀랍게도 마르크스는 이 세계사적 사건을 무시한다. 내가 알기로는 이러한 이행에 대한 설명이 딱 한 곳에 있다.

> 고대가 **도시**와 협소한 영토에서 출발했다면, 중세는 **농촌**에서 출발했다. 출발점이 이렇게 달랐던 이유는 인구가 희박했기 때문이다. 이때 사람들은 넓은 지역에 흩어져 있었으며, 정복자들이 이주해왔음에도 불구하고 인구는 크게 증가하지 않았다. 그러므로 봉건제의 발전은, 그리스나 로마와는 대조적으로, 더 넓은 영토에서 시작되었다. 로마에 의해 정복되었던 그 넓은 영토들에는 로마의 정복과 더불어 농업이 확산되어 있었다. 붕괴하는 로마제국의 마지막 몇 세기, 그리고 야만족에 의한 로마 정복은 생산력을 상당 부분 파괴했다. 농업은 침체되었고, 산업은 판매 부족으로 쇠퇴하였으며, 교역은 소멸하거나 치명적으로 붕괴되어, 농촌에서나 도시에서나 인구가 감소했다. 이러한 상황에서 만들어진 정복지의 조직방식은 게르만 병제의 영향을 받으면서 봉건적 소유의 발달을 가져왔다. 203)

이 인용문을 보면, 로마제국이 게르만의 정복에 앞서 몰락한 것 같은 인상을 받는다. 그로 인해 몰락이 가속화되었다고 하더라도 말이다. 그런데 이 몰락이 내생적으로 벌어진 일이라면, 그 경위가 설명되어야 하는데, 이에 대한 단서는 찾아볼 수 없다.

요컨대, 마르크스는 생산양식의 선형 발전이론을 제시했지만, 이에 덧붙여 생산활동의 목적에 따른 순환론적 시대 구분도 제시했다고 할 수 있다. 직접적 생계를 위한 생산은 교환을 위한 생산으로 전환되고, 이것

---

203) *The German Ideology*, pp. 33~34.

은 다시 잉여가치를 위한 생산으로 전환된다. 이 연쇄가 한 차례 다한 후에 노예제가 끝나고, 농노제가 두 번째 연쇄를 시작한다. 대체로 말해서 첫 번째 연쇄는 아시아적 생산양식과 고대적 생산양식에 해당하고, 두 번째 연쇄는 봉건제와 자본주의에 해당한다. 마르크스가 노예제와 자본주의를 자주 비교하고,[204] 아시아적 생산양식과 봉건적 생산양식을 가끔씩 비교하는 이유도 여기에서 찾을 수 있다.[205]

이 과정의 동적 요소는 대외 교역과 내부 교역이다. 계급투쟁도 아니요, 생산력의 발전도 아니다. 이러한 네오스미스주의[206] 혹은 힉스주의[207] 역사 이론은 마르크스와는 맞지 않는다. 그리고 그것은 그의 이론의 일부일 뿐이다. 하지만, 앞에서도 말한 것처럼, 이 이론은 생산력의 향상가능성에 따라 소유권 구조가 등락한다는 널리 알려진 이론에 못지않게 중요하다. 이 두 가지 견해를 일관성 있는 이론으로 통합하는 것은 우리의 몫이다. 앞에서 본 것처럼, 일부 내용은 쉽게 연결된다. 그러나 두 가지 시대 구분이 하나의 이론으로 완전하게 통합되지는 않는다. 각각의 내적 동학이 다르다. 마르크스는 개방적인 사고방식을 가지고 있었고, 어떠한 독단도 피하려고 한 진정한 역사가였다고 평가할 사람도 있을 것이다. 또한 이러한 양립 불가능해 보이는 견해를 제시한 것이 지적 훈련의 결여를 보여준다고 개탄할 사람도 있을 것이다. 양쪽 다 일리 있는 주장이다.

---

204) 예를 들어 정치경제에 대한 그리스인들의 통찰력에 관한 마르크스의 언급 ("Aus der 'kritischen Geschichte'", p. 213)과, 로마법과 자본주의의 관계에 대한 언급(*Grundrisse*, pp. 245~246; Letter to Lassalle of 1861. 7. 22) 참조.

205) 예를 들어 《자본론 III》의 제 47장 노동지대에 관한 부분 참조.

206) Brenner, "The origins of capitalist development: a critique of neo-Smithian Marxism" 참조.

207) Hicks, *A Theory of Economy History*, ch. III, *passim* 참조.

제6장

계급

제5장에서는 역사가 생산력 발전의 역사라는 견해를 살펴보았다. 여기에서는 마르크스의 또 하나의 핵심적 사상, 즉 "지금까지 존재한 모든 사회의 역사는 계급투쟁의 역사"[1] 라는 주장에 대해 살펴보겠다. 이 두 견해는, 앞에서도 말한 것처럼, 하나의 마르크스주의로 잘 통합되지 않는다.[2] 계급투쟁을 생산력의 성장과 연결시킬 수 있는 메커니즘을 찾을 수 없기 때문이다. 마르크스의 역사이론은 이상하게도 실체가 없고, 집합행위에 관한 이론은 이상하게도 근시안적이다. 이렇게 된 이유는 여기에서도 역시 역사에 대한 목적론적 관점 때문이라고 할 수밖에 없다. 목적론적 관점은 최종결과로부터 거꾸로 선결조건들을 찾아내는데, 이렇게 되면 행위자가 없어도 되고, 그들의 의도도 고려할 필요가 없다.

6.1에서 마르크스의 '계급'의 의미에 대해 살펴본다. 계급 개념을 재구

---

1) *The Communist Manifesto*, p. 482.

2) 이 두 이론의 상대적 중요성에 관한 상반된 견해는 Cohen, "Reply to Elster" 와 Roemer, "Methodological individualism and deductive Marxism" 참조.

성하면서 내가 염두에 둔 것은 마르크스가 그 용어를 사용한 목적이 무엇인가 하는 것이다. 마르크스는 집합행위의 발생과 형태를 설명하기 위해 그 용어를 사용했다. 계급은 재산의 소유 유무, 착취, 시장 행동, 권력 등의 관점에서 정의가 시도되는데, 이것들을 하나하나 살펴보겠다. 결론은 이들 중 어떤 것도 만족스럽지 못하다는 것이다. 좀더 복잡한 정의가 필요한데, 그것은 계급성원을 '기본재산에 의해 필연화된 행위'의 관점에서 정의하는 것이다. 계급을 이렇게 정의할 경우, 계급들 사이에 형성되는 관계, 특히 착취와 권력관계에 대해 살펴보겠다.

6. 2에서는 계급의식의 개념과 계급의식의 형성조건을 일반적인 배경조건 및 특정한 동기 메커니즘과 관련하여 살펴본다. 나는 여전히 집합행위를 개인적 목표(합리적이든 비합리적이든)의 관점에서 설명해야 한다고 생각하지만, 이 시도는 현재로서는 성급한 일일 것이다. 어쨌든 마르크스는 계급의식을 제대로 설명할 수 있는 미시적 기초는 제시하지 않았다. 그는 집합행위가 목적론적으로 설명될 수 있다고 생각한 것으로 보인다.

6. 3에서는 계급투쟁의 문제, 즉 잠재적 갈등에서 표면화된 갈등을 거쳐 연합형성에 이르는 과정을 살펴본다. 계급동맹에 대한 마르크스의 연구는 사회갈등 이론에 매우 중요한 기여를 하였다. 이 점에서 그는 짐멜(Simmel)과 캐플로(Caplow)의 선구자이다. 연합형성의 정치적 측면은 제7장에서 살펴보겠다.

6. 1. 계급 정의하기

마르크스는 계급에 대해 정의를 내린 일이 없다.[3] 하지만 5. 1. 1에서 시도한 것과 유사한 삼각측량으로 재구성해볼 수 있다. 즉 그의 저작에서 그 용어가 어떤 뜻으로 사용되는지, 어떤 뜻으로 이해해야 하는지 알아보는 것이다. 6. 1. 1에서 마르크스가 어떤 사회집단을 계급으로 지칭하고 있는지 살펴본 다음, 그 각각에 대해 외연적으로 적합하고 이론적으로 만족스러운 지칭이 무엇인지 제안한다. 6. 1. 2에서 계급과 **지위**의 개념을 재산 혹은 질서의 관점에서 비교한다. 6. 1. 3에서는 이러한 개념에 입각할 때 계급 사이의 관계에서 가장 중요한 것이 무엇인지 논의한다. 또한 마르크스의 계급 이론과 사회계층 이론을 비교한다. 6. 1. 4에서 계급의 특징으로 정의된 이동성에 관해 논의한다. 여기에서의 논의는 주로 개념적이긴 하지만, 이론적인 성격도 띠고 있다. 여러 해석이 가능한 경우, 마르크스의 계급투쟁 이론과 가장 잘 맞는 해석이 무엇인지 알아본다.

6.1.1. 분석적 재구성

마르크스는 전자본주의 사회의 주요 계급으로 "자유인과 노예, 귀족과 평민, 영주와 농노, 길드장인과 직인"을 들었다.[4] 자본주의에서는 "임금노동자, 자본가, 지주가 3대 사회계급을 구성한다".[5] 가장 선진적인

---

3) 마르크스의 계급 이론을 연구하는 데 필요한 주요 텍스트를 잘 정리해놓은 책으로는 Dahrendorf, *Class and Class Conflict in Industrial Society* (ch. I) 가 있다. 더 자세한 분석은 Draper, *Karl Marx's Theory of Revolution*, vol. II가 매우 유용하다.

4) *The Communist Manifesto*, p. 482.

5) *Capital III*, p. 886.

자본주의 국가인 영국에서는 그들만 사회계급이다. 가끔 금융자본가가 예외적으로 거론된다. 프랑스에서는 그들 외에 농민과 소부르주아를 중요한 계급으로 언급한다. 6)

이에 대해 약간의 해설이 필요하다. 첫째, 아시아적 생산양식의 계급 구조에 대해서는 아무런 언급이 없다. 둘째, 나머지 생산양식들의 경우 3개 이상의 계급이 언급되고 있다. 즉 유산자 대 무산자와 같은 이분법적 구도가 아니다. 7) 다음으로 자유인이라는 범주는 부정합적 요소이다. 생산요소와의 관계가 특정되지 않았기 때문이다. 자유인은 자신의 노동력을 소유하고 있다. 생산수단과 타인의 노동력은 소유할 수도 있고, 그렇지 않을 수도 있다. 마지막으로 귀족과 평민은 계급이라기보다는 지위집단이라고 해야 할 것이다. 이 문제는 6. 1. 3에서 다시 살펴보겠다. 마르크스의 계급 개념을 그의 실제 용법과 이론적 목적과 완전히 일치하도록 구성하는 일은 불가능해 보인다.

여러 텍스트를 인용하면서 다음과 같은 원칙에 따라 해석한다. 마르크스가 X, Y, Z를 같은 수준으로 언급한 경우, 다른 저작에서 이미 X를 계급으로 간주했다면, Y, Z도 계급으로 간주한다. 이 원칙이 자명하게 옳은 것은 아니며, 이렇게 해석할 수 없는 경우들도 발견된다. 8) 하지만,

---

6) 이들 중 금융자본가의 계급적 지위에 대해서는 논란이 크다. 《프랑스의 계급 투쟁》(pp. 48ff)에서 마르크스는 그들을 "지배 계급"이라고 말한다. 6. 3. 3 이하 참조.

7) 이분법적 관점은 Ossowski, *Class Structure in the Social Consciousness*, ch. II 참조.

8) 예를 들면, 《요강》(p. 87)에서 마르크스는 이렇게 주장한다. "공물로 생활하는 정복자, 조세로 생활하는 공무원, 지대로 생활하는 지주, 시주로 생활하는 승려, 십일조로 생활하는 목사, 이들 모두 사회적 생산의 일정 몫을 받는데, 이것은 노예의 몫을 결정하는 법칙과는 다른 법칙에 의해 결정된다." 이 구절을 놓고 마르크스가 탁발승을 사회계급으로 보았다고 주장하는 것은 무모하다.

조금만 주의하면 이 원칙은 유용한 지침이 될 수 있다. 예를 들면 《자본론 III》에서 마르크스는 "노예소유주, 봉건영주, 국가(예컨대 동양의 전제군주)"[9]를 언급한 다음, 다시 "노예소유주, 봉건영주, 공물을 징수하는 국가"[10]가 각각 "노예제, 봉건제, 조공관계"[11] 하에서의 잉여의 소유자라고 말한다. 여기에서 공물을 징수하는 국가, 혹은 최소한 그 기구의 구성원이 하나의 계급을 구성한다고 추론하는 것은 온당해 보인다. 다른 구절에서도 같은 방식으로 언급된다.[12] 좀 복잡한 진술은 다음과 같다.

> 그 관계의 모든 내용은, 그의 노동 조건이 노동 자체로부터 소외된 어떤 것으로 나타나듯이, 그 어떠한 정치적, 종교적, 혹은 기타 다듬질도 없이 적나라한 경제적 형태로 드러난다. 그것은 곧 순수한 화폐 관계이다. 자본가와 노동자. 객체화된 노동과 살아 있는 노동력. 주인과 노예, 승려와 속인, 봉건영주와 가신, 장인과 직인 등이 아니다. 모든 사회구성체에서 지배 계급(들)은 노동의 객관적 조건을 소유하고 있다. 그들이 하는 일이 있다면, 노동자로서가 아니라 소유자로서의 일이다. 그리고 봉사계급은 그 자체가 혹은 그들의 노동력이 재산소유자들의 수중에 있고(노예제), 자신의 노동력 외에는 아무것도 통제할 수 없다. (인도나 이집트에서처럼 토지를 소유한 것처럼 보이는 곳에서도 진정한 소유자는 왕이나 특권계급이다.) 이 모든 구성체가 자본주의와 달라 보이는 것은 주인과 종복, 자유인과 노예, 반신(半神)과 평범한 인간의 관계로 위장되어 있고, 양쪽의 의식 속에 그러한 관계가 존재하기 때문이다. 자본주의에서만 이 모든 정치적 · 종교적 · 기타 관념적 위장이 사라진다.[13]

---

9) *Capital III*, p. 331.

10) *Ibid.*, p. 326.

11) *Ibid.*

12) 특히 *Grundrisse*, pp. 87, 433; *Capital I*, pp. 334, 598 참조. 이와 관련된 유용한 논의로는 Melotti, *Marx and the Third World*, ch. 8 및 Draper, *Karl Marx's Theory of Revolution*, vol. I, ch. 22 참조.

이 텍스트를 보면 (가톨릭이나 다른 종교의) 승려들도 지배 계급, 즉 계급을 구성하는 것으로 보인다. 1. 4. 6에서 인용한 《자본론 III》의 구절에서는 가톨릭교회가 중세시대에는 계급이었다고 말하는 것 같기도 하다.[14] 바로 위의 인용문에서처럼, 그는 속인에 대한 교회의 억압을 언급하고, 자신들의 '지배'를 공고히 하는 수단으로서 '전국의 최우수 두뇌'에게 문호를 개방했다는 사실을 지적한다. 그 구절은 그러한 문호개방이 지배 계급에게 유용하다는 평가로 끝을 맺는다. 또한 마르크스가 에트루리아족의 "신정"(神政),[15] 혹은 "귀족승려"[16]에 대해 언급한 것도 이러한 견해를 뒷받침한다.

마르크스의 텍스트에서 계급처럼 보이는 집단은 여러 생산양식을 모두 합해 약 15개에 달한다. 아시아적 생산양식에서 관료와 신정관(神政官), 노예제에서 노예·귀족·평민, 봉건제에서 영주·농노·길드장인·직인, 자본주의에서 산업자본가·금융자본가·지주·농민·소부르주아·임금노동자. 문제는 이들에 대해 각 개념에 대한 이론적 제약 안에서 일관된 내포적 정의를 내리는 일이다. 특히 계급은 집합적 행위자가 될 수 있도록 정의되어야 한다. 또한 그들이 집합적 행위자로서 가지고 있는 이익은 그들의 경제적 상황으로부터 나와야 한다. 이것이 큰 범위의 제약이다. 이 기준에 따르면, 우선 배제할 집단이 생긴다. 소득집단은 계급이 아니다. 또한 인종, 종교, 언어를 기준으로 분류된 집단도 계급이 아니다.

계급을 정의하는 네 가지 방식을 살펴본 다음에 논의를 진행하겠다. 그 네 가지 방식은 재산, 착취, 시장행위, 권력을 각각 분류의 기준으로

---

13) *Zur Kritik (1861~1863)*, p. 116.

14) *Capital III*, p. 600~601.

15) *Capital I*, p. 334.

16) *Grundrisse*, p. 443.

삼고 있다. 이들 중 그 어떤 기준도 만족할 만한 결과를 보여주지 못한다. 하지만 이에 대한 논의는, 꽤 복잡하기는 하지만 더 나은 정의를 내리는 데 도움이 된다. 논의가 복잡해지는 이유는 시장경제와 비시장경제의 차이를 고려해야 하기 때문이다. 또한 생산수단의 사적 소유와 단체적 소유의 차이도 고려해야 한다.

계급은 생산요소들, 즉 노동력과 생산수단에 대한 소유 또는 비소유의 관계가 동일한 사람들의 집단이다. [17] 많은 사람들이 이것이 바로 마르크스의 견해라고 생각한다. 그러나 이 제안은 여러 가지 어려움에 직면한다. 소유와 비소유 그 자체는 계급성원의 지표로 삼기에는 너무 거칠다. 예를 들면, 그렇게 정의할 경우 지주와 자본가가 구별되지 않고, 소자본가와 약간의 생산수단을 가진 임금노동자(선대제도의 경우)가 구별되지 않는다. 그리고 마르크스는 소유재산의 **종류**나 **양**에 따라 계급을 분류해서는 안 된다고 말한다. 종류에 따라 구분할 경우, "포도원 소유자, 농지 소유자, 광산 소유자, 양식장 소유자"를 각각의 사회계급으로 구분하는 불합리한 일이 벌어지고, [18] 양에 따라 분류할 경우, 계급의 "무한 세분화"가 일어난다. [19] 완전한 소유, 부분적 소유, 무소유로 나누는 삼분법(5. 1. 2)은 일견 괜찮아 보이지만 여기에도 문제는 있다. 생산수단의 10분의 9를 가진 사람과 10분의 1을 가진 사람을 동일한 계급으로 보는 것이 옳겠는가? 전자는 오히려 완전 소유에 가깝고, 후자는 무소유에 가깝다. 경험상 재산은 모래시계 분포처럼 불연속적으로 분포되어 있다고 생각할 수도 있다. 하지만 많은 현대사회에서 재산의 분포는 다이아몬드형

---

17) 다렌도르프가 제안한 재구성에서도 이것이 핵심적인 기준인 것으로 보인다. Dahrendorf, *Class and Class Conflict*, pp. 11ff. 많은 저자들이 이것을 가장 중요한 기준으로 삼고, 다른 기준들과의 관계는 고려하지 않는다.

18) *Capital III*, p. 886.

19) *Ibid.*

이나 피라미드형을 보이기 때문에 적용에 한계가 있다. 게다가 재산의 분포가 경험상 양극화되어 있다 하더라도, 양 극단을 잇는 가운데 있는 사람들을 구분하는 기준은 있어야 한다. 예를 들어, 사회적 이동성을 연구하기 위해서는 어느 정도의 재산을 획득하면 노동자에서 자본가가 되는지 말할 수 있어야 한다.

마지막으로 그 제안은 교회 재산 혹은 국유지와 같은 단체 소유의 경우 문제가 발생한다. 단체 재산의 관리자들은 하나의 계급을 형성하지만, 소유권에 의해서 그렇게 되는 것은 아니다. 그 재산은 특정 개인이나 개개인이 아니라 단체에 속하기 때문이다.[20] 나중에 살펴보겠지만, 그들이 하나의 계급을 형성하는 것은 생산요소들의 사용에 대한 결정권, 즉 합법적인 명령을 할 수 있는 권한 때문이다. 그들의 지배권은 특정한 계급적 지위를 획득한 결과로서 발생하는 것이다. 그 이전의 어떤 사실로도 그들의 계급성원으로서의 지위를 설명할 수 없다.

두 번째 방법은 계급을 착취의 관점에서 정의하는 것이다.[21] 이것은 일정한 기준에 의해 정의된 서로 다른 계급의 성원들 간에 착취관계가 발생한다고 말하는 것과는 다르다. 마르크스에 따르면, 계급적 지위와 착취 지위 사이에는 폭넓은 상관관계가 있다. 하지만 이러한 이론적 제약은 정의상 연관을 전제하는 것은 아니다. 이것이 정의가 될 수 없다는 것은 쉽게 알 수 있다. 너무 거칠거나 너무 미세하여, 마르크스가 말한 계급들을 도출할 수 없다.

---

20) 이에 관해서는 Coleman, *Power and the Structure of Society*, ch. 1 참조. 보기와는 달리, 이것은 방법론적 개체론(1.1)의 신조와 충돌하지는 않는다. 단체 소유는 개인들을 변수로 삼으면 특정 개인(논리학 용어로는 '개체 상수')에 대한 언급 없이도 설명할 수 있다.

21) Ste Croix, *The Class Struggle in the Ancient Greek World*, pp. 43ff; Wright, *Class Structure and Income Determination*, pp. 14ff은 이 기준을 따르고 있다.

모든 착취자를 한 계급에 넣고, 모든 피착취자를 또 한 계급에 넣는 것
은 너무 거칠다. 이렇게 하면 서로 다른 착취 계급, 즉 지주와 자본가가
구별되지 않고, 서로 다른 피착취 계급, 즉 동시대에 존재했던 노예와 가
난한 자유인이 구별되지 않는다. 22) 게다가 착취 지위는 집합행위의 동기
가 될 수 없다. 그 어느 누구도 착취자와 피착취자의 구분선을 정확히 알
수 없기 때문이다. 노동가치를 계산하여 이 선을 결정하면 된다고 생각
할 수도 있다. 그러나 이질적 노동의 존재가 그것을 완전히 불가능하게
만든다는 주장(3. 2. 2)을 받아들이지 않더라도, 그것은 엄청나게 복잡한
일이다.

다른 한편, 계급을 착취의 **정도**에 따라 구분하는 것은 너무 미세하
다. 23) 이것은 소득집단으로 계급을 정의하는 것과 비슷해진다. 착취의
정도는 소득(혹은 재산)과 마찬가지로 연속 변수이기 때문에 '무한 세분
화'에 빠져들게 된다. 이 문제는 6. 1. 3에서 다시 살펴보겠다.

세 번째 방법은 시장행위의 관점에서 계급을 정의하는 것이다. 24) 이
방법에 따르면, 노동시장이 있는 경제에는 3개의 주요 계급이 있다. 노
동력을 사는 자, 노동력을 파는 자, 사지도 팔지도 않는 소부르주아가 그
것이다. 앞의 두 계급은 노동력의 구매와 판매 외에 행위주체가 일정 시
간 자영을 하는지에 따라 세분할 수도 있다. 25) 신용시장이 있는 경제에

---

22) 옛 남부의 '가난한 백인'에 대한 마르크스의 언급은 *Die Press* 1861. 10. 25
　　참조.

23) 크루아(Ste Croix, *The Class Struggle in the Ancient Greek World*, p. 116)
　　는 "타인 노동에 대한 착취가 일어나는 규모"에 따라 계급을 분류할 수 있다
　　고 주장한다. 또한 *ibid.*, p. 471 참조.

24) 6. 1. 2에서 보인 바와 같이, 이것은 베버(Max Weber)의 입장이다. 이것은
　　또한 로머(Roemer, *A General Theory*)가 취한 입장이기도 하다. 로머는 베
　　버와는 달리 비시장경제에도 계급이 있다는 데 동의하지만, 이를 개념화하지
　　는 않는다.

25) Roemer, *ibid.*, chs. 2, 4 참조.

서는 돈을 빌려주는지 빌리는지에 따라 계급을 나눌 수 있다. 이 방법의
난점은 비시장경제를 연구할 때는 도움이 되지 않는다는 것이다. 하지만
나는 이 방법을 확장하고 재구성하면 비시장경제에도 적용될 수 있다는
점을 밝힐 것이다.

이 방법은 행위주체의 실제 행위만 보고, 그들의 기본재산에 차이가
생긴 원인은 무시하기 때문에 재구성이 필요하다. 계급은 그들이 실제로
무엇을 하느냐가 아니라 (어떤 의미에서) 무엇을 **해야 하느냐**에 따라 정의
되어야 한다. 크세노폰의 신사농부는 농장에서 일하고 있는데, "그것이
즐겁기도 하고, 신체적으로 정신적으로 도움이 되기 때문이지, 경제적
필요 때문이 아니다".26) 이 사람을 자기 땅에서 일을 **해야 하는** 사람과
같은 계급에 넣을 수는 없다. 록펠러 같은 사람이 월급쟁이로 취직했다
고 해서 노동자가 되는 것은 아니다. 자기 재산을 다 포기하지 않는 한.
자영을 선택할 수 있음에도 불구하고 스스로 프롤레타리아가 된 학생도
노동 계급에 넣을 수 없다. 이러한 사례들은 계급 개념을 사회갈등 이론
에서 사용할 수 있어야 한다는 이론적 제약 때문에 생긴 것이다. 일을 해
야만 하는, 혹은 자신의 노동력을 팔아야만 하는 행위자들이 그럴 필요
가 없는 노동자나 노동력 판매자들과 처지가 같다고 생각할 가능성은 별
로 없다.

우리는 4.1.2에서 왜 어떤 사람은 노동력을 팔 수밖에 없는지, 어떤
사람은 그들을 고용할 수 있는지를 살펴본 바 있다. (여기에서 '밖에 없다'
는 말은 그 길이 그들에게 최적이라는 뜻이다.) 원인은 기본재산 구조에 있
다. 균형가격에서 별로 가치가 없는 기본재산을 가진 행위자는 최적화를
위해 노동력을 팔 수밖에 없다. 반드시 다 그런 것은 아니지만 그들은 최
적화를 향해 가게 된다(4.2.3). 이것은 계급을 정의하는 첫 번째 방법과

---

26) Ste Croix, *The Class Struggle in the Ancient Greek World*, p. 121.

세 번째 방법이 통합될 수 있다는 것을 의미한다. 소유 기본재산은 연속 분포를 이룬다 하더라도, 소유자들이 시장에서 최적화를 향해 움직이게 되면, 자연스럽게 몇 개의 계급으로 모아진다. 그렇다면 **기본재산에 의해 필연화된 행위**가 계급을 정의하는 기준이 될 수 있다.

다른 방법들도 마찬가지이지만 이 정의도 외연적 적합성이 있는지 살펴보아야 한다. 지주와 자본가의 구분은 여기에서도 까다로운 문제이다. 지주는 현재의 시점에서 보면 변칙적인 사람들이다. 그들은 일하지도 않고, 타인의 노동을 고용하지도 않으면서 수입을 얻는다. 아무것도 생산하지 않으면서 지대를 받아 생활한다. 로머의 《일반 이론》이 제시한 모형에서는 이런 개념이 나올 수가 없다. 그 모형에서는 노동이 유일하게 폄하되지 않는 자산이며, 누구라도 자본을 먹고 살 수는 없다. 토지와 노동이 둘 다 비생산적인, 폄하되지 않는 자산이라면, [27) 지주의 행위는 그럴 수도 있고, 그게 최적일 수도 있다. 즉 자신의 목적에 맞게 선택한 행위라고 할 수 있다. [28) 그러므로 지금의 이 정의를 적절히 확장하면 지주와 자본가를 구분하는 기준을 제시할 수도 있고, 당연히 자영농과 자영공인도 구분할 수 있다. [29) 그러나 이러한 해결책에 대한 반론도 있을 수 있다. 지주의 목표를 다른 계급들과는 다르게 설정하고 있다는 점이다. [30) 마르크스주의를 탄탄하게 구성하려면 서로 다른 계급은 유사한 목

---

27) 그런 모형의 일례는 Roemer, "Why labor classes?" 참조.

28) 예를 들어 그 목표가 소비 제약의 범위 내에서 노동시간을 최소화하고, 소비는 노동이 포함되지 않는 범위 내에서 최대화하는 것이라면, 지주의 행위는 최적일 수 있다.

29) 노동과 토지가 둘 다 희소자원이라고 주장하면 노동가치설의 바탕이 무너진다. 둘 또는 그 이상의 희소 요소가 있을 때 균형가격은 최종수요에 대해 독립적이지 않다(3.2.2). 그러므로 마르크스의 가치 이론과 계급 이론은 서로 상충한다. 지주와 자본가가 구별되는 유일한 기준이 노동의 특권적 지위를 파괴하는 결과를 낳기 때문이다.

30) 이것은 왈러슈타인(Michael Wallerstein)이 지적한 것이다.

표를 가지고 있으면서 기본재산이 달라야 한다. 노동과 소비에 대한 태도가 다른 것은 그들의 계급적 지위에서 연유된 것이지, 그것 때문에 그런 계급이 된 것은 아니다. 방법론을 논의할 때는 **임시방편**에 빠지지 않도록 주의해야 한다. 행위자의 목표를 마음대로 정하기로 하면 그 어떤 행위라도 그게 최적이라고 주장할 수 있다. 이에 대한 반론을 물리칠 수 있다 하더라도 이론은 심화되기 어렵고, 계속해서 반론에 부딪히게 된다.

그러므로 시장경제에서는 **기본재산 구조에서 비롯되는 활동**이 계급의 **특징**이다. 이것은 노동 혹은 비노동, 노동력의 구매와 판매, 자본의 대부와 차용, 토지의 임대와 임차 등이다. 첫 번째 것을 제외하면 나머지 개념 쌍들은 경제행위자 간의 **관계**를 포함한다. 게다가 노동 혹은 비노동의 속성은 그 자체만으로 계급의 특징이 되지는 않는다. 이것은 '노동 및 자신의 노동력의 판매', 혹은 '비노동 및 토지 임대'와 같은 형태가 된다. 그러므로 계급의 특징은 반드시 관계적이다. 다만 '육체노동자'와 '사무직 샐러리맨'을 계급의 기준으로 삼을 경우에는 해당되지 않는다.

이러한 계급의 정의 기준은 생산요소들의 사적 소유에 기초한 비시장경제에도 일반적으로 적용될 수 있다. 그러한 경제에서는 생산 행위자가 자신의 노동력에 대한 통제권이 전혀 없거나 부분적으로만 있다는 사실에 유의하라. 이러한 통제의 결여는 소유재산 구조에서 비롯된 것이며, 이로 인해 통제권을 가진 자가 생산자로 하여금 자신들을 위해 일하도록 강제할 수 있게 된다. 물론 소유구조와 그에 따른 행위자의 강제된 활동 사이의 관계는 두 경우가 근본적으로 다르다. 시장경제에서는 행위자의 계급이 기본재산 구조에 의해 즉각적으로 결정되지는 않는다. 행위자가 시장에서의 거래에 참여한다는 것을 전제로 결정된다. 게다가 이러한 결정은 다중균형(4.1.2)의 가능성 때문에 외길도 아니다. 다른 한편, 비시장경제에서는 누가 누구에게 무엇을 강제하느냐 하는 것은 거래에 앞서 존재하는 제도에 의해 결정된다. 또한 강제의 의미가 시장경제와는 다르다. 비시장경제의 경제 외적 강제는 '경제적 관계의 느슨한 강압'과는 다르다. 이러한 차이에도 불구하고 앞에서 고딕체로 쓴 공식은 두 경우에 모두 적용될 수 있다. 이 공식은 행위자의 행위와 그가 가진 것을 연결시키고, 자신이 가진 것을 최대한 활용하기 위해 무엇을 해야 하는지의 관점에서 계급을 정의한다. 31) 행위도 기본재산도 그 자체만으로는 외연적으로 그리고 이론적으로 적합한 개념을 제공하지 못한다.

그 공식을 좀더 일반화해보겠다. 그런데 먼저 마지막 방법, 즉 권력관계를 계급 정의의 주요한 기준, 혹은 **유일한** 기준으로 보는 방법부터 살펴보자. 32) 이 주장을 네 가지 경우, 즉 시장경제와 비시장경제 각각에 있어서 생산수단의 사적 소유와 단체적 소유의 경우로 나누어 살펴보겠다.

(1) 생산수단의 사적 소유에 기초한 시장경제에서 권력은 계급의 구성요인이 아니다. 서로 다른 계급성원들 사이에 전(前) 정치적, 혹은 개인적 권력관계가 있을 수도 있지만 반드시 그런 것은 아니다. 노동자는 자신의 노동력을 팔아야 할 필요성 때문에 노동과정에서 지배를 받는다 (4.1.5). 하지만 이것이 그를 노동자로 만드는 것은 아니다. 이것은 오히려 그가 노동자이기 때문에, 노동력을 팔아야 하는 필요성 때문에 발생하는 사실이다. 반면에 자신의 소유물을 은행에 저당 잡힌 소농은 인적 종속관계에 놓이지 않는다. 33) 마지막으로 여러 계급들 사이에 정치적 권력관계가 있을 수도 있지만 반드시 그런 것은 아니다. 자본주의 사회의 국가가 어느 정도로 자본주의 국가인가 하는 것은 경험적인 문제이며

---

31) 이러한 개념 작업은 주로 로머에 힘입은 것이지만, 코헨도 독자적으로 제시한 바 있다. Cohen, *Karl Marx's Theory of History*, pp. 70ff ("Redefining the proletarian").

32) 다렌도르프는 이것을 주요기준으로 삼아 계급을 분류한다. 나는 마르크스가 권력을 기준으로 계급을 분류했다고 주장할 사람은 없을 것이라고 생각한다.

33) 이에 대한 의문은 Roemer, *A General Theory*, p. 95, note 1 참조.

(7. 1), 계급을 정의하는 데 고려할 요소는 아니다.

(2) 개인적 소유에 기초한 비시장경제의 경우, 권력관계는 계급적 지위의 구성요소이다. 여기에서는 일부 개인들이 타인의 노동력에 대한 완전한 혹은 부분적 소유권을 가지고 있고, 이러한 기본재산 구조로부터 계급이 생겨난다. 그러나 타인의 노동력을 소유하기 위해서는 **개념적으로** 그 사람에 대한 권력을 가지고 있어야 한다. (반면에 시장경제에서 생산수단에 대한 소유권은 권력관계의 등장과 **인과적** 연관이 있을 뿐이다.) 따라서 권력에 따른 정의가 나타난다. 사람에 대한 소유는 권력이다.

이러한 인적 권력관계는 법적 · 정치적 지배에 의거한 것일 수도 있지만 반드시 그럴 필요는 없다. 로마의 노예제에 관한 법은 노예를 노예로 만들기 위해 마련된 것이 아니라 자유민과의 상업적 거래에서 그의 지위를 규율하기 위한 것이었다. 34) (이 점에 있어서 미국 남부의 경우와는 다르다.) 35) 마찬가지로 중세에 있어서 권력과 의존관계는 법적 제재가 항상 필요했던 것은 아니다. 그러므로 블로흐는 이렇게 말했다. "사회생활에서 미천한 인간의 자유의지보다 더 파악하기 어려운 것이 또 있을까?"36) 이어서 이렇게 말했다. "이 거친 사회에서 중앙의 권위는 대중들에게 영향을 미치지 못했다. 사회적 상황을 지배한 것은 폭력이었다. 관습적으로 권력은 남용되었고, 이러한 남용은 선례로 변했고, 선례는 권리가 되었다. "37)

---

34) Finley, *The Ancient Economy*, p. 63 및 Buckland, *The Roman Law of Slavery*에 대한 언급.

35) Genovese, *Roll, Jordan, Roll*, pp. 25ff.

36) Bloch, "The rise of dependent cultivation and seignorial institutions", p. 239.

37) *Ibid.*, p. 240.

(3) 다음으로 비시장경제에서 단체적 소유의 경우, 계급이 어떻게 되는지 보자. 마르크스가 말한 신정관과 관료가 여기에 해당한다. 이들이 같은 기능을 하고 있다고 해서 지위고하를 막론하고 하나의 계급으로 보기는 어렵다. 교황청의 수위와 교황을 같은 계급에 넣는 것은 누가 보더라도 수긍하기 어려울 것이다. 관료제 내의 경계선은 착취 지위, 혹은 권력 지위를 기준으로 그을 수 있을 것이다. 첫 번째 기준은 순수 착취자와 순수 피착취자, 두 번째 기준은 타인의 노동을 통제하는 자와 그렇지 않은 자가 될 것이다.[38] 이것은 삼분법으로 확장될 수도 있다. 즉 지휘계통에서 명령하는 자(상급 관리자), 복종하는 자(사무원), 중간에 있는 자(하급 관리자)로 나누는 것이다.[39]

일반적으로 상급 관리자는 착취자일 것이고, 사무원은 피착취자, 하급관리자는 '순착취'를 가르는 선으로 양분될 것이라고 예상할지도 모른다. 그러나 착취의 관점에서 계급을 분류하는 방법에 대해 앞에서 제기한 반론은 여기에도 적용된다. 좀더 분명하게 말하자면, 첫째, 계급 개념이 사회적 투쟁과 집합적 행위를 설명하기 위해 필요한 것이라면, 착취의 관점에서 정의해서는 안 된다. 왜냐하면 어느 누구도 착취자와 피착취자의 구분선을 정확히 알 수 없으며, 그 선이 양쪽의 행동의 차이를 나타내는 선이라는 것을 인식할 수 있는 방법이 없기 때문이다. 반면에 누가 노동을 고용하고 누가 노동을 파는지, 누가 명령을 내리고 누가 명령을 받는지는 쉽게 알 수 있다.[40] 둘째, 착취 지위에 따라 계급을 분류

---

38) 이것은 다렌도르프가 《계급과 계급갈등》에서 제안한 것이다. 마르크스의 계급 개념에 대한 대안으로 나온 것인데 많은 마르크스주의자들이 이 개념을 사용하였다. 예를 들면, Wright and Perrone, "Marxist class categories and income inequality" 참조.

39) Robinson and Kelly, "Class as conceived by Marx and Dahrendorf" 참조.

40) 그러나 실제적인 행위가 아니라 최적화의 관점에서 계급을 정의할 경우, 직접적인 관찰은 어려워진다. 행위자가 무엇을 하는지는 관찰할 수 있지만, 최

할 경우, 일부 행위자들의 모호한 동맹행위를 예측할 수 없다.[41] 하급 관리자는 상급 관리자와도 공통점이 있고, 사무원과도 공통점이 있다. 즉 명령을 내리기도 하고, 받기도 한다. 마찬가지로 소부르주아는 자본가 및 노동자와 공통점이 있다. 즉 노동력을 팔지도 않고, 사지도 않는다. 그러므로 하급 관리자와 소부르주아는 모호한 연합행위를 보일 것으로 예상할 수 있다. 잉여를 노동자로부터 자본가에게 전달하는 십장(什長)이 그러하듯이. 계급을 착취의 관점에서 정의하면, 이러한 통찰을 얻을 수 없다.

(4) 단체 재산의 관리에 있어서 지휘서열에 따른 계급 분류는 현대의 법인에도 적용될 수 있다. 콜만(James Coleman)에 따르면, 마르크스는 법인을 권리를 가진 법적 인격으로 보지 못했기 때문에 "자본주의의 분석에 심각한 결함을 초래했다".[42] 마르크스의 자본주의 분석에 여러 가지 결함이 있기는 하지만, 이러한 평가는 지나친 것이다. 하지만 마르크스가 자본가의 재산이 점점 법인으로 되어간다는 점을 고려하지 못했기 때문에, 계급의 기준으로서 재산을 과대평가하고, 권력을 과소평가한 것

적화를 위해 어떻게 해야 하는지는 관찰할 수 없다. 그러나 대부분의 경우, 그것이 최적의 해결책이기에 특정한 방식으로 행동하는 사람들은 다른 사람들의 행위의 이유가 최적화인지 아닌지를 인식할 수 있다. 따라서 나는 최적화의 관점에서 계급을 정의하더라도 이로부터 계급의식을 도출할 수 있다고 생각한다.

41) 라이트(Wright, *Class Structure and Income Determination*)는 이러한 모호성을 나타내기 위해 '모순적 계급 위치'에 대해 설명한다. 6.2와 6.3 이하에서는 그러한 모호한 위치에 있는 행위자들의 계급의식과 연합 행위라는 중요하고 어려운 문제는 무시한다. 모호하지 않은 계급의 경우, 자신의 이익에 대한 주관적 인식이 계급투쟁의 원인이지만, 이들의 경우에는 그것이 계급투쟁의 원인이 아니라, 결과라고 추측할 수도 있지 않을까?

42) Coleman, *Power and the Structure of Society*, p. 37.

은 사실이다. 법인은 최종 소유자가 개별 주주이기 때문에, 교회와 국유 재산과는 다르다고 주장할 수도 있다. 그러나 이 차이는 중요하지 않다.[43] 어느 경우든 그것은 관리자의 계급적 지위를 정하는 문제와는 관계가 없다. 바티칸 은행의 관리자와 사설 은행의 관리자는 동일한 사회 계급에 속해야 한다. 그렇지 않으면, 계급 개념은 사회적 의미가 없다.

마르크스가 계급의 기준으로서 재산을 과대평가하고, 권력을 과소평가했다고 했는데, 그렇다고 해서 그가 일정한 계급 개념을 따르지 않았다는 말은 아니다. 내적 일관성과 이론적 직관에 있어서 그러했다는 뜻이다. 마르크스는 관료의 계급적 성격을 최소한 국가에 대해서는 파악하였고, 교회에 대해서도 그 점을 파악한 것으로 보인다. 계급 개념으로 우리가 궁극적으로 하고자 하는 일을 생각해보면, 그 안에서 계급을 구분하는 선을 찾아내야 한다. 그렇지 않으면 대단찮은 일을 하는 사람들을 관료 사회 또는 신정 사회에서의 지배 계급으로 분류하게 된다. 나는 여러 가지 이론적 근거에서 이 선은 착취의 관점이 아니라 권력관계에 따라 결정되어야 한다는 점을 논증하였다. 그리고 이 기준은 내적 일관성을 유지하면서 현대의 법인에도 적용될 수 있다는 점을 논증하였다. 자본주의 기업의 관리자를 독립적인 계급으로 추가할 경우, 마르크스의 계급목록은 일관성을 가지고 확장되는 것이다.

이러한 추론을 받아들인다 하더라도 마르크스의 계급 개념이 전적으로 만족스러운 것은 아니다. 지배와 복종의 관점에서 계급을 정의하는 것은 행위만 보고 구조에 대한 고찰은 불충분한 잘못을 범하는 것이다. 자본가와 노동자의 경우에는 그들이 가진 것에 의거하여 그들이 무엇을 해야 하느냐에 따라 계급을 나누었지만, 상급 관리자와 하급 관리자는 오로지 그들이 실제로 무엇을 하느냐에 따라 나누었다는 것이다. 록펠러

---

43) 각주 20) 참조.

가 하위 관리직에 취직했다고 해서 그의 계급적 지위가 달라지지는 않는다. 노동력의 고용과 판매를 소유재산에 결부시킨 것처럼, 지배와 복종에 대해서도 그 구조적 기초를 찾아낼 필요가 있다. 이 기초는 "문화자본",[44] "타고난 기술",[45] "교육 기회"[46] 같은 것이 될 것이다. (우연이라는 요소도 중요하다. 예를 들면, 하급 관리자에서 상급 관리자로의 상승은 단지 개인의 능력에 달린 것만은 아니다. 고위직의 개수와도 관련이 있는데, 이것은 그 기업이 시장에서 얼마나 성공하느냐에 달려 있다.)[47] 수많은 연구들을 통해, 성취와 직업은 능력, 아버지의 직업, 아버지의 교육 정도와 상관관계가 있다는 것은 밝혀졌다. 하지만 이 변수들이 어떻게 상호작용하여 여러 계급으로 사람들을 나누어놓는지 그 정확한 메커니즘에 대해서는 연구된 바가 거의 없다. 로머의 모형은 유형적 기본재산을 근거로 경제행위자들이 자동적으로 서로 다른 계급으로 분화되는 과정을 설명한다. 그러한 지식이 없다 하더라도 필요한 것이 무엇인지 분명하게 말할 수는 있고, 행위자가 자신의 인적·사회문화적 재산을 최적화하려면 어떻게 해야 하는지에 따라 계급을 정의할 수도 있다.

결론적으로 기본재산과 행위의 관점에서 계급을 정의할 것을 제안한다. 기본재산에는 유형의 재산은 물론 무형의 기술과 포착하기 어려운 문화적 특성들도 포함된다. 행위는 노동 혹은 비노동, 노동력의 판매 혹은 구매, 자본의 대여 혹은 차용, 토지의 임대 혹은 임차, 집단 재산의 관리에 있어서는 명령의 발령 혹은 수령으로 구분한다. 이것은 가능한 모든 형태를 다 찾아낸 것이다. **계급은 그들이 소유한 것으로 인하여 동일한 활동에 종사하게 된 사람들의 집단이다. 그들이 자신의 기본재산을 최대한**

---

44) 이 개념은 Bourdieu, *La Distinction* 참조.
45) Roemer, *A General Theory*, pp. 212ff 참조.
46) 예를 들면 Boudon, *Education, Opportunity and Social Inequality*.
47) 이것은 라이트(Erik Wright)에게 배운 것이다.

활용하기를 원한다는 전제하에서. 나는 이 정의가 외연적으로나 이론적으로나 매우 만족스럽지만, 방법론적 측면에서는 약간의 결함이 있다. 하나의 약점은 목적함수가 가변적이라는 점이고, 또 하나는 무형의 기본재산이 포함되었다는 점이다. 또한 이 개념이 사회적 갈등을 설명하는 데 마르크스가 기대한 만큼 도움이 되지 않을 수도 있다. 이 문제는 6.3으로 미룬다.

6.1.2 계급과 지위

현대 사회학에서는 계급보다는 지위집단이라는 개념을 더 많이 사용한다. 이 개념을 창안한 베버는 지위를 다음과 같이 정의한다. "순전히 경제적으로 결정된 '계급상황'과는 달리, 인간 생활의 전형적인 구성요소를 **지위상황**으로 지칭하고자 한다. 이것은 **명예**에 대한 특정한, 긍정적 혹은 부정적, 사회적 평가에 의해 결정된다."48) "계급은 생산에 대한 관계와 재화의 획득에 따라 계층화된다. 반면에 지위집단은 재화의 **소비원칙**에 따라 계층화된다. 이 소비원칙은 특정한 생활스타일로 나타난다."49) 지위집단은 "실제로 그러하건 전통적으로 그러하건 그들이 함께 속한다고 생각하는" 집단이며, "당사자의 주관적인 감정에 기초한" 닫힌 공동체이다. 50) 따라서 동전의 양면처럼 국외자를 배제한다. 51) 이를 기초로 그는 계급에 기초한 사회와 주로 지위에 기초한 사회를 구별한다. 52) 마르크스

---

48) Weber, *Economy and Society*, vol. 2, p. 932.
49) *Ibid.*, p. 937.
50) *Ibid.*, p. 40.
51) *Ibid.*, pp. 341ff. 배제의 관점에서 계급을 정의하려는 시도는 Bourdieu, "Condition de *classes* et position de classe" 및 Parkin, *Marxism and Class Theory*가 있다. 이것이 이른바 신베버주의적 계급 이론인데, 베버의 계급 이론과는 아무 관계가 없다.

와는 달리, 계급을 시장에서의 위치에 따라 정의하는 것이기 때문에[53]
그러한 대조는 자연스럽다.

마르크스도 지위의 유혹을 느꼈다는 것을 나중에 보게 될 것이다. 그
는 두 가지 방법으로 그렇게 했다. 때로는 지위집단을 계급에 포함시켰
고, 또 때로는 지위 사회와 계급 사회를 구별했다. 텍스트를 인용하고 논
의하기 전에 먼저 그 유혹이 정확히 무엇인지 알아둘 필요가 있다. 이를
위해 고전고대에서의 사회적 갈등을 살펴보자. 다행스럽게도 우리는 걸
출한 베버주의적 역사가 핀리(Moses Finley)의 저작과, 그에 필적하는
마르크스주의적 역사가 크루아(G. E. M. de Ste Croix)의 저작을 비교해
볼 수 있는 위치에 있다. 핀리는 고대세계에서 계급의 중심성을 부정하
는 반면, 크루아는 열렬히 옹호한다.

핀리는《고대 경제》(*The Ancient Economy*)에서 이렇게 말한다.

> 역사가 혹은 사회학자들 사이에 '계급'의 정의에 대해, 혹은 계급을 분류하
> 는 기준에 대해 이렇다 할 합의가 없다. 일견 분명해 보이는 마르크스주의적
> 계급 개념조차도 어려움을 겪는다. 사람들은 생산수단에 대한 관계에 따라
> 계급이 구분되는데, 첫째, 생산수단을 가진 자와 갖지 못한 자로 나뉘고, 둘
> 째, 생산수단을 가진 자 중에서 자영하는 자와 타인의 노동으로 살아가는 자
> 로 나뉜다. 이러한 분류가 오늘날의 사회에 적용될 수 있는지와 관계없이,
> 고대역사가 입장에서는 이 개념을 사용하기 어렵다. 그 개념을 기계적으로
> 따르면, 노예와 자유로운 임금노동자가 동일 계급에 속하고, 부유한 원로원
> 의원과 소규모 도기제조소 소유자로서 일하지 않고 살아가는 사람이 동일
> 계급에 속하게 된다. 이런 분류방법으로는 고대사회를 제대로 분석할 수 없
> 다.[54]

---

52) Weber, *Economy and Society*, vol. 1, p. 306.
53) *Ibid.*, p. 928. 다른 곳(*ibid.*, p. 305)에서는 농민과 영주 간의 (비시장) 투
쟁을 **계급**갈등이라고 지칭하고 있어서 약간의 부정합이 발견된다.

마지막 문장에는 동의한다. 그러나 핀리는 마르크스주의 계급 개념을 제대로 이해하지 못하고 있다. 노동력의 소유 여부가 계급의 주요 결정인자이기 때문에, 노예와 자유로운 임금노동자가 같은 계급에 속하지는 않는다. 나머지 하나의 예는 흥미로운 반론인데, 잠시 후에 이 문제를 살펴보겠다. 그러나 첫째, 핀리는 계급을 지위집단과 대비할 뿐만 아니라 서열(혹은 신분)과 대비한다. "서열 혹은 신분은 한 인구집단 내에서 법적으로 정의된 집단이다. 이들은 하나 혹은 그 이상의 활동영역 — 정부, 군사, 법조, 경제, 종교, 혼인 — 에서 공식화된 특권 혹은 장애를 가지며, 다른 서열에 있는 집단과 위계적 관계에 있다."[55] 핀리는 지위집단에 대해서는 이처럼 명쾌한 정의를 내리고 있지는 않지만, 그의 설명을 들어보면 베버와 비슷한 개념을 가지고 있다는 것을 알 수 있다. 확실히 서열은 지위집단이 되는 경향이 있다. 그러나 그 역은 성립하지 않는다.

서열 혹은 지위가 계급보다 더 중요하다는 말은 무슨 뜻일까? 목적상 중요하다? 이 목적이 설명이라면, 우리가 관심을 가지는 피설명항을 더 잘 설명할 수 있다는 뜻이어야 한다. 서열 혹은 지위가 계급에 도전하려면 피설명항, 즉 집합행위를 설명할 수 있어야 한다. 개인수준의 행위를 이러한 변수들로 설명하는 것은 마르크스주의 계급 이론에 대한 도전이 될 수 없다. 예를 들어 부르디외에 따르면 문화적 행동은 베버의 지위집단의 관점에서 설명될 수 있는데, 신흥 부자의 행위는 옛날 부자와는 체계적인 차이를 보인다는 것이다.[56] 핀리는 페트로니우스의 《사티리콘》(*Satyricon*)에 나오는 벼락부자 트리말키오에 대해 비슷한 언급을 한다.[57] 나는 이 그럴듯한 주장이 어째서 마르크스의 계급 이론에 대한 반

54) Finley, *The Ancient Economy*, p. 49.

55) *Ibid.*, p. 45.

56) Bourdieu, *La Distinction*.

57) Finley, *The Ancient Economy*, pp. 50~51.

박이 되는지 이해할 수 없다. 핀리의 원로원 의원과 도기제조소 소유자가 그런 점에서만 다르다면, 그 대비는 그가 하려는 설명과 아무 관계가 없다.

사회적 갈등이 계급이 아니라 서열에 의해 조직화된 예는 로마에서 귀족과 평민 간의 갈등이다. 이 예는 고대세계에서는 계급이 중요하지 않다는 것을 보여주기 위해 자주 인용되어왔고,[58] 적절한 예시라고 인정할 수 있다. 브런트가 말한 것처럼, "서열 간의 갈등은 부자 평민이 있었다는 사실을 빼면 이해할 수 없는 것이었다".[59] 따라서 그 어떤 의미에서건 경제적으로 정의된 계급 사이에 벌어진 투쟁이었다고는 말할 수 없다. 나는 그 투쟁이 '실제로는' 계급에 관한 것이었다는 크루아의 논증이 성공적이었다고 생각하지는 않는다.[60] 부자 평민이 가난한 평민의 계급적 불만을 자극하였고, 이로 인해 그들이 귀족에 대해 동맹을 맺게 되었다고 해서, 계급적 불만이 그 투쟁의 본질이었다고 말할 수는 없다. 계급의 관련성과 계급의 중요성을 혼동해서는 안 된다. 비계급동맹이 계급연대를 능가할 수 없을 때 계급의 중요성을 주장할 수 있다.

앞에서 말한 것처럼, 마르크스는 자유인, 귀족, 평민을 계급으로 언급했다. 그러나 이들은 내가 재구성하려는 의미에서 보면 계급이 아니라 법적 서열이다. 나의 재구성이 마르크스의 그러한 명명과 어긋나는 것일까? 나는 그렇지 않다고 생각한다. 정치적·법적 상부구조는 계급의 관점에서 설명되는 것이고, 따라서 그것이 계급을 구성할 수는 없다. 마르크스주의의 이 기본적인 원리는 이와 다르게 설명하는 몇몇 텍스트[61]보다 우선시해야 한다. 마르크스는 로마공화국에서의 사회적 갈등이 주로

---

58) 특히 Papaïoannou, *De Marx et du Marxism*, pp. 193ff 참조.

59) Brunt, *Social Conflicts in the Roman Republic*, p. 47.

60) Ste Croix, *The Class Struggle in the Ancient Greek World*, p. 336.

61) 《공산당선언》첫 구절 외에 《독일 이데올로기》(p. 33)를 들 수 있을 것이다.

귀족과 평민 사이의 갈등이었고, 계급이 이 투쟁과 무관하지 않다는 것을 알고 있었다. 따라서 계급의 중요성에 대한 그의 언급은 그 갈등이 계급투쟁이었다는 것을 주장하기 위한 첫걸음이었던 것이다.

다른 저작에서 마르크스는 베버가 지위 사회와 계급 사회로 구분한 것과 유사한 방식으로 그 문제의 해결을 시도한다. 이러한 시도는 《헤겔 법철학 비판》(Critique of Hegel's Philosophy of Law)에 어렴풋이 나타나 있다.

> 시민사회의 신분들도 이와 마찬가지로 그 과정에서 변형되었다. 시민사회가 정치사회로부터 분리됨으로써 변화를 일으킨 것이다. 중세적 의미에서의 신분은, 시민사회와 정치사회가 직접적으로 동일한 관료제 내에서만 계속되었다. 이에 대해 시민사회는 **시민적 신분**으로 대립해 있다. 신분적 차이는 여기서는 더 이상 독립적 단체의 **욕구**와 **노동**의 차이가 아니다. 여기에 남아 있는 유일한 보편적 차이는 **도시**와 **농촌**이라는 피상적이고 형식적인 구별일 뿐이다. 그러나 사회 자체 내에서 그 차이는 움직이는, 고정되지 않은 영역에서 발전해간다. 그 발전의 원칙은 **자유선택**이다. **돈**과 **교육**이 가장 중요한 기준이다. … 시민사회의 신분은 그 원리가 욕구, 즉 자연적 요소도 아니요, 정치도 아니다. 시민사회의 대중은 급속히 분리된다. 분리된 대중의 형성은 우연히 이루어진 것이며, 이들은 조직에 해당하지 **않는다**.[62]

고정성과 이동성의 대비(6. 1. 4를 보라)는 신분과 계급의 대비를 말한 것이 아니다. 오히려 신분사회는 소득과 교육에 기초하여 계층화된 사회와는 반대되는 것이다.[63] 나중에 마르크스는 근대사회에 대한 이러한 견해, 즉 계급을 지위집단으로 대체하는 견해를 거부하였다(6. 1. 3). 동시에 그는 계급과 계급갈등이 역사의 중심에 있다는 견해를 개진하였는데,

---

62) *Contribution to the Critique of Hegel's Philosophy of Law*, p. 80.

63) 현대사회의 유동성을 강조한 것에 비추어, "돈"은 부보다는 소득을 말하는 것으로 읽는 것이 합당할 것이다.

근대사회도 여기에 포함된다. 특히 《독일 이데올로기》는 전자본주의 사회의 계급들에 대해 자세히 설명한다. 64) 하지만 그 저작은 이상한 이론적 세분화를 시도하여 지위 사회와 계급 사회를 구분한다. 근대에서 개인의 사적 생활과 직업적 생활의 차이에 대해 마르크스는 이렇게 쓴다.

> 신분제에서는 (부족제에서는 더욱더) 이것이 은폐되어 있다. 예를 들어 귀족은 항상 귀족이고 평민은 언제나 평민이다. 이 성질은 그의 다른 관계들과는 상관없이 그의 개별성으로부터 분리될 수 없는 것이다. 사적 개인과 계급적 개인의 차이, 개인의 생활조건의 우연적인 성격은 그 계급의 출현과 함께 나타나는데, 이 자체가 부르주아 계급의 산물이다. 65)

같은 저작에 "신분이 아직 계급으로 충분히 발전하지 않은" 국가들에 대한 언급이 있다. 66) 1851년부터 집필한 화폐에 관한 《고찰》은 다소 모호하긴 하지만 역시 이 주제를 다루고 있는데, 다음과 같이 대비한다.

> 신분체제에서 개인의 소비와 물질적 교환은 그가 속한 특정 분업에 달려 있다. 계급체제에서 그것은 오로지 그가 획득할 수 있는 보편적 교환매체에 달려 있다. 전자의 경우 그는 사회적으로 제한된 사람으로서 그의 사회적 지위에 의해 제한된 교환활동만 할 수 있다. 후자의 경우에는 보편적 교환매체의 소유자로서, 사회가 이 매체를 통해 거래하는 모든 것을 획득할 수 있다. 67)

이어서 돈이 있어야 선택의 자유도 있다는 점을 강조하는데, 이 연관은 후기의 경제적 저작에서도 강조된다(4. 2). 그러나 신분과 계급의 대립은

---

64) *The German Ideology*, pp. 33ff, 64ff, 176.

65) *Ibid.*, p. 78.

66) *Ibid.*, p. 90. 또한 *Neue Rheinische Zeitung*, 1849. 1. 21 참조.

67) "Reflections", pp. 590~591.

더 이상 보이지 않는다.

이 텍스트를 어떻게 읽어야 할지 모르겠다. 어떤 용어를 사용할까 망설인 것 같기도 하고, 전자본주의 사회에서 경제적으로 정의된 계급의 중심성에 대해 의심한 것 같기도 하다. '귀족'과 '평민'의 대립, 행위의 주요 결정인자로서의 '사회적 지위'를 강조한 대목을 보면 후자 같다. 어느 쪽이든 두 가지 사실은 확인된다. 첫째, 전자본주의 사회에서의 사회적 갈등은 마르크스주의 계급 이론에 심각한 문제를 제기한다. 둘째, 마르크스가 이들 사회에서의 계급에 대해 언급한 내용들은 일관성이 없다. 이 때문에 앞의 문제가 제기된다고 볼 수 있다.

6.1.3. 계급 간의 관계

계급들 사이에 존재하는 관계를 드러내기 위해, 마르크스주의 계급 이론과 사회계층 이론을 비교해보자. 사회계층 이론은 블라우와 던컨이 《미국의 직업구조》에서 제시한 것이다. 이들은 개개인의 등급을 매기기 위해 "직업적·사회경제적 지위 지수"를 사용한다. [68] 이 지수는 소득과 교육에 기초하여 만든 것이지만, 직업의 위신등급에 대한 평가척도로 활용될 수도 있다고 저자들은 주장한다. 그 기준에 의해 정의된 집단은 지위집단으로 지칭되기도 하지만, 베버가 말한 지위집단과는 다르다. 특히, 동일한 위신을 가지는 것으로 (다른 사람들에 의해!) 평가된 개인들은 그들 사이에서 '명예'를 얻고 있다는 주관적 감정도 가지게 된다는 항목이 없다.

계급 이론과 사회계층 이론의 주요한 차이는 그 이론의 목적이 다르다는 점이다. 사회계층 이론은 개인수준에서 속성과 행위를 지위변수로 설

---

68) Blau and Duncan, *The American Occupational Structure*, pp. 118ff.

명하려 한다. 반면에 계급 이론은 개인이 속해 있는 계급적 위치에서 집합행위를 설명하려 한다. 69) 설명항이 다르기 때문에 설명변수가 다른 것도 놀랄 일이 아니고, 두 개의 접근방법이 양립할 수 없는 것도 아니다. 후일의 마르크스주의자들은 이 계급 이론으로 마르크스가 관심을 기울였던 문제 외에 다른 현상들까지 설명하려 하였고, 이로 인해 그 두 이론은 서로 보완적인 것이 아니라 경쟁하는 이론이 된 것 같다. 70) 또한 제8장 이하에 나와 있듯이, 마르크스가 일부 개인수준의 현상을 계급의 관점에서 설명하려고 시도한 것도 사실이다. 하지만 이것은 모든 개인수준의 현상을 계급의 관점에서 설명하려는 시도와는 다른 것이다. 예를 들면, 범죄, 병적인 행위, 문화적 행위 등을 이런 방식으로 설명할 수 있다고 주장하는 내용은 마르크스에게서 찾아볼 수 없다.

하지만 마르크스가 계층적 접근에 대해서 적대적이었다는 것은 의심의 여지가 없다. 특히 다음과 같은 구절에서 그것을 확인할 수 있다.

"촌뜨기들"은 계급 간의 차이를 지갑의 크기 차이로, 계급갈등을 "밥그릇 싸움"으로 보고 있다. 지갑의 크기는 순전히 양적인 것이다. 이것을 강조하면 같은 계급에 속한 어느 두 사람도 서로 적대하도록 마음 내키는 대로 선동할 수 있다. 71)

---

69) 거듭되는 말이지만, 이것은 방법론적 개체론과 어긋나는 것이 아니다. 편의상 표현을 그렇게 한 것이다. 6.2.3에서 집합행위는 가담자 개개인의 성향이라는 관점에서 이해될 수 있다는 점을 밝힐 것이다. 그러므로 본문에서의 대비는 엄격하게 말하자면 개인수준에 있어서 설명항의 차이를 말한다.

70) 두 이론이 각자 연구 대상이 되는 현상의 전체 변산을 설명할 수 있다고 주장한다면 서로 경쟁자가 된다. 계급과 지위가 둘 다 설명변수이고, 각각이 설명항의 부분결정요인이라고 본다면 서로 보완적이다. 이러한 예는 Kalleberg and Griffin, "Class, occupation and inequality in job rewards" 및 Wright and Perrone, "Marxist class categories and income inequality"에서 찾아볼 수 있다.

이 구절은 소득집단의 개념은, 좀더 일반화하면 양적 기준은 사회적 갈등의 분석, 혹은 최소한 그러한 갈등의 항구적인 형태 이해에 적합하지 않다고 주장한 것으로 이해해야 할 것이다. 이러한 비판의 타당성 여부를 논의하기 위해 계층 간의 관계와 계급 간의 관계를 비교해보겠다. 사회계층은 소득집단을 예로 들겠는데, 소득 대신에 교육, 위신 등을 넣어도 된다.

소득집단 간의 주된 관계는 그들을 정의하는 차원, 즉 '최소한 얼마 이상의 소득'에 따른 양적 비교이다. 이것은 비교의 관계일 뿐, 상호작용의 관계는 아니다(2. 3. 1). 이 관계는 집단의 순위를 말하는 것인데, 이것은 **완전성**과 **전이성**을 가지고 있다. 72) 이제 계급 간의 관계에도 유사한 속성이 있는지 살펴보자. 내가 지금까지 주로 논의한 계급 간의 관계는 권력관계와 착취관계이다. 착취 개념은 두 가지로 나누어서 고찰했다. 착취는 흔히 상호작용의 관계로서 잉여가치의 추출에 기초한 것으로 간주되어왔다. 그러나 로머의 저작에서 이 관계는 비교의 관계로서 행위자들의 순수 착취 지위에 기초를 두고 있다. 이 관계들을 차례로 살펴보겠는데, 마지막 것부터 시작해보자.

A가 착취자이고 B는 아니거나, 혹은 B가 피착취자이고 A가 아닌 경우, A와 B는 착취 비교관계에 있다고 할 수 있다. (여기에는 착취중립적 행위자가 있다.) 이 관계는 완전하지 않다. 두 착취자의 관계도, 두 피착취자의 관계도 알 수 없기 때문이다. 그러나 전이성은 있다. 이 관계의 완전한 확장을 생각해보자. '소비(혹은 소비능력)에 구현된 노동시간'에 대한 '노동한 시간'의 양적 비율은 0부터(비노동 착취자) 1을 거쳐(착취중립적 행위자) 양수가 점점 커지는 양상을 보일 것이다. 이 확장된 관계에

---

71) *Deutsche-Brüsseler-Zeitung* 1847. 11. 18

72) 관계를 R로 나타낼 경우, 완전성은 모든 a와 b에 대하여 aRb이거나 bRa라는 것을 의미한다. 전이성은 aRb이고 bRc이면 aRc라는 것을 의미한다.

따르면, 노동자와 자본가를 비교할 수도 있고, 지주와 자본가를 비교할 수도 있고, 혹은 서로 다른 직군의 노동자들 상호 간에도 비교가 가능하다. 즉 착취의 정도에 따라 계층도식을 만들 수 있을 것이다. 이것은 소득에 따른 계층과 일치하지 않을 것이다. 일부 집단은, 특히 자영집단은 다른 사람들보다 더 많이 일하는 경향이 있는데, 그렇게 일하는 만큼 소득이 비례하여 늘어나지는 않는다. 그러므로 그들은 소득 척도에 비해 착취 척도에서 더 낮은 위치에 놓이게 된다.

이러한 양적 관계로는 사회적 갈등 혹은 집합행위를 설명할 수 없다. 마르크스가 계층화 도식을 반대했던 것도 그 때문이다. 불연속·영속적 집합행위자들은 연속적 계층도식에서는 나올 수 없다. 이 문제는 뒤에 가서 다시 살펴보겠다. 여기에서 말하고 싶은 것은, 이 점에 있어서 최초의 (불완전한) 착취 비교관계가 반드시 더 적합한 것은 아니라는 점이다. 비교 대 상호작용의 문제가 불연속 대 연속의 문제보다 더 중요하다. 갈등은 상호작용에서 비롯되는 것이지, 비교에서 생기는 것이 아니다. 공동의 적과 상호작용할 때 연대가 생기는 것이지, 자신을 자기보다 처지가 더 나은 사람들과 비교할 때 생기는 것이 아니다.

그러므로 0의 착취선 아래에 있는 행위자들이 부당하게 대우받고 있다는 감정을 공유하고, 함께 0선 위에 있는 사람들과 대립할 가능성은 없다. 게다가 앞에서도 말한 것처럼 0선을 어떻게 그을 것인가 하는 어려움이 있다. 문제는 또 있다. 다른 문제들은 차치하더라도, 분노의 대상을 결정하는 데 있어서 상대적 지위가 절대적 지위보다 더 중요할 수 있다. 심하게 착취당하는 행위자가 0선 바로 아래 있는 사람들에게 느끼는 적대감은, 0선 바로 아래 있는 사람들이 0선 바로 위에 있는 사람들에게 느끼는 적대감보다 더 클 것이다. 이러한 비교가 항구적인 집합행위자를 식별하는 기준이 되어야 한다는 말이 아니라, 같은 피착취자의 입장에 있으면서도 다른 행위자에 대해 느끼는 분노로 인해 집합행위자의 형성이 방해를 받을 수도 있다는 말이다. 그것은 같은 편에 있는 행위자를 식별할 수 있는 다른 기준, 예컨대 6.1.1에서 정의된 계급적 위치와 같은 기준이 없을 때에만 적용할 수 있다.

분노의 감정과 적대감은, 일반적으로 자신의 처지에 대해 인과적으로 책임이 있다고 생각되는 대상이 있어야 사회적 갈등을 낳는다. 그러므로 사회적 갈등은 **상호작용으로서의 착취**에서 비롯된다고 주장할 사람도 있을 것이다. 이것은 착취 지위의 관점에서 다음과 같이 정의될 것이다. ① A가 착취자이고, ② B가 피착취자이고, ③ B가 착취당하기 **때문에** A가 착취자인 경우에 A와 B는 착취 상호관계에 있다. 73) 이러한 주장은 적합하지 않다. 사회적 갈등의 분석에 있어서 중요한 것은 착취가 아니라 이와 밀접한 연관이 있는 잉여노동의 이전이라는 개념이다.

4.1.2에서 나는 로머의 논의를 따라 착취자와 피착취자가 반드시 직접 상호작용하지는 않는다는 점을 강조한 바 있다. 《자본론 III》에 나오는 직접 착취와 간접 착취의 구별에서 이 사실을 확인할 수 있다. "자본 이외에 토지소유도 잉여가치의 독립적인 원천이다. 이 토지소유는 평균이윤에 대한 장벽이며, 잉여가치의 일부를 스스로 일하지도 않고 노동을 직접 착취하지도 않는 계급에게 이전시킨다."74) 지주는 착취자이지만 그 어떤 피착취자와도 직접 상호작용하지는 않는다. 75) 공동착취자인 차지자본가와 상호작용할 뿐이다. 착취자와 피착취자는 거래의 연쇄 혹은 네트워크로 연결되어 있지만, 면 대 면 접촉이 없으면 사회적 갈등의 잠재력은 그만큼 감소한다. 19세기 영국에 대해 마르크스는 이렇게 분석했

---

73) 제 2장의 각주 166) 참조.

74) *Capital III*, p. 829.

75) 또한 *Deutsche-Brüsseler-Zeitung* 1847. 11. 11 참조. "**영국**의 농업 일용노동자는 … 지주와 아무런 관계가 없다. 차지농과 관계가 있을 뿐이다. 차지농은 농업을 공장형으로 경영하는 산업자본가이다. 이 산업자본가가 지주에게 지대를 지불하고, 지주와 직접 관계를 맺는다."

다. 노동자들은 경제적으로 자본가들에게 대항했지만 지주들에게는 정치적으로만 대항했는데, 이들이 자신들이 창출한 잉여가치에 의존하여 살아간다는 점에서 자본가들과 다를 바가 없었음에도 불구하고 이들을 국가의 관리자로 보았기 때문이라는 것이다(또한 6. 3. 3 및 7. 1을 보라).

도급(都給) 일의 형태에서 보이는 위계적 착취에서도 유사한 문제가 발생한다.

> 여기에서는 노동의 질과 강도가 임금형태 그 자체에 의해 통제되므로, 노동에 대한 감독이 대부분 불필요해진다. 따라서 성과급은 근대적 '가내노동'의 기초를 이루며 … 동시에 착취와 억압의 위계적 제도의 기초를 이루고 있다. 이 제도에는 두 가지 기본형태가 있다. 성과급은 한편으로는 자본가와 임금노동자 사이에 기생자가 개입하는 일, 즉 '노동의 하청'을 용이하게 해준다. 중개인들의 이득은 전적으로 자본가가 지불하는 노동 가격과 이 가격 중에서 중개인들이 실제로 노동자에게 주는 금액과의 차액에서 발생한다. 영국에서는 이 제도를 그 특징에 맞게 '착취제도'(Sweating-system)라고 한다. 다른 한편, 자본가는 성과급으로 십장(什長) — 매뉴팩처에서는 반장, 광산에서는 채탄부, 공장에서는 기능공 — 과 도급계약을 체결할 수 있다. 십장은 그 가격으로 조수(助手)를 모집하고 임금을 지불하는 일을 맡는다. 자본에 의한 노동자의 착취가 여기에서는 노동자에 의한 노동자의 착취를 통해 실현되는 것이다. 76)

후자의 경우 십장은 착취자일 수도 있고 아닐 수도 있지만, 어느 경우든 계급투쟁과는 상관없다. 십장이 실제로 착취자가 아닌 경우에도 조수들은 십장이 자신들을 착취한다고 느낄 것이다. 반대로 십장 자신이 착취자인 경우에도 그는 자신이 자본가에게 착취당한다고 느낄 것이다. 두 경우모두 착취 감정은 근거 없는 것이지만, 계급투쟁에는 영향을 미친다.

---

76) *Capital I*, pp. 553~554.

그러므로 나는 계급투쟁을 이해하는 데 가장 중요한 개념은 **잉여가치**
의 직접적 이전 관계라고 생각한다. 이 관계는 노동자와 십장 사이에, 십
장과 자본가 사이에, 자본가와 지주 사이에 발생한다. 마르크스에 따르
면, 계급투쟁의 핵심은 잉여가치의 강제이전과 관련 있다. 예를 들면 이
런 일은 노동력의 고용과 판매, 혹은 토지의 임차와 매도에서 볼 수 있
다. 이러한 거래에서 행위자의 순수 착취 지위는 부차적인 일에 속한다.
이전은 두 착취자 사이에도, 두 피착취자 사이에도, 착취자와 피착취자
사이에도 일어날 수 있다. 마지막 경우가 핵심적인 것이긴 하지만, 나머
지 두 경우도 무시할 수는 없다. 특히 착취자들 간의 투쟁은, 아래에서
보는 바와 같이, 착취자와 피착취자 간의 계급투쟁의 형태에 큰 영향을
미친다.

잉여가치의 직접적 이전 관계는 완전한 것도 아니고 전이적인 것도 아
니다. 그러나 이것을 원형으로 확장하면[77] 전이적이다. 원형 확장은 잉
여가치의 이전을 **연쇄**로 파악한다. 지주로부터 노동자에 이르는 과정에
자본가와 십장이 있다. 여기에서는 초기자본주의의 자본가는 '중간 계급'
이다. 이에 반대하는 사람도 많지만.[78] 여기서 중간이라는 말은 소부르
주아에 적용되는 중간이라는 말과는 다른 뜻이고, 이것은 또한 하급 관
리자에게 적용되는 중간이라는 말과 다른 뜻이다. 소부르주아는 다른 계
급들을 적극적으로 매개하지는 않는 중간 계급이다.

잉여가치의 직접적 이전 관계의 원형 확장은 완전한 것이 아니다. 이
전 관계 자체도, 또한 착취 관계도 완전한 것이 아니다. 소부르주아와 소

---

77) 이 용어의 정의에 대하여는 Quine, *Methods of Logic*, pp. 228ff 참조. 그러
나 이 용어는 자기설명적 성격이 짙다.

78) Ossowski, *Class Structure in the Social Consciousness*, pp. 79ff에 따르면,
지주·자본가·노동자는 "매개 계급이 없는 3대 직무도식"이다. 마찬가지로
Cole, *Studies in Class Structure*, p. 91에 따르면, 고전 자본주의의 중간 계
급은 "그 어떤 것의 중간에도 있지 않았다".

농은, 채무관계가 없는 한, 이전 연쇄에 들어 있지 않다. 일부 사회에서는 그런 연쇄가 복수로 존재해왔다. 정상부에서는 교차했을 수도 있고 그렇지 않았을 수도 있지만, 하위수준에서는 확실히 교차하지 않았다. 노예와 임금노동자는 둘 다 아메리카 남부에서 착취당했는데, 때로는 착취자가 동일했다. 하지만 그들 사이에 어떠한 관계도 형성되지 않았다. 한 계급이 착취당하는 정도는, 부정적이든 긍정적이든, 다른 계급의 착취 정도에 영향을 미칠 수는 있지만, 그렇다고 해서 착취당하는 계급들 사이에 어떤 착취관계가 형성되는 것은 아니다. '분할정복'의 문제는 6.2.1에서 살펴보겠다.

4.1.2에서 강조한 것처럼, 잉여가치의 직접적 이전은 도덕적 관점에서는 중요한 개념이 아니다. 그렇게 보는 것은 근시안적이고, 미시적인 편견이다. 도덕적 관점에서는 이전의 **장기순효과**를 보아야 한다. [79] 그러므로 마르크스주의의 도덕적 측면과 설명적 측면은 이 지점에서 분명하게 갈라진다. [80] 자본주의가 비난받아 마땅한 이유가 곧 그것을 폐기하는 투쟁의 동기가 된다는 것을 논증하였더라면 마르크스주의는 만족스러운 이론이 되었을 것이다. 그러나 마르크스는 이 두 가지를 성공적으로 연결시키지 못하고 있다.

마지막으로 계급 간의 권력관계를 생각해보자. 이것은 정의상 명령의 발령과 수령의 관점에서 정의된 계급들 사이에, 혹은 타인 노동력의 소유의 관점에서 정의된 계급들 사이에 존재한다. 시장행위의 관점에서 정의된 계급들 간에는 권력관계가 있을 수도 있지만 반드시 그런 것은 아니다. 이 관계는 상호작용의 관계이지 비교의 관계가 아니다. 게다가 이 관

---

79) **권력**의 불평등한 분배를 불의의 원천으로 본다면, 이 말은 타당하지 않다. 하지만 노동에 대한, 혹은 투자과정에 대한 통제의 결여는 4.1에서 설명한 고전적 마르크스주의의 착취 개념의 중심에 있는 것은 아니다.
80) 이 점에 대하여는 졸고 "Roemer vs Roemer" 참조.

계는 면 대 면 상호작용 관계로서 사회적 갈등을 유발할 수 있다. 그러한 투쟁에서는 **소득**이 아니라 **자율성**이 문제가 된다.

　권력관계는 완전성도 없고, 전이성도 없다. 일부 계급은 다른 계급들에 대하여 어떠한 권력관계도 형성하지 않는다는 점에서 완전성이 없다. 예를 들면 마르크스가 말한 영국 지주나 프랑스 농민이 그러하다. 비전이성은 권력위계에서 사실상의, 혹은 법적 상급자가 회수 불가능한 형태로 권력을 위임한다는 사실에서 알 수 있다. 예를 들어 노예제에 관한 로마법에는 **비카리우스**(*vicarius*), 즉 노예의 노예가 있었다. 노예는 자신의 비카리우스를 해방할 권한이 없었지만 자신이 해방을 얻은 경우에는 자기 아내도 — 아내가 자신의 소유재산(*peculium*)이었을 경우 — 해방시킬 수 있었다. 81) 이처럼 주인은 노예의 노예를 완전히 자신의 노예처럼 다룰 수는 없었다. 마찬가지로 봉건영주도 "분쟁이 발생했을 때, 자신의 소작인에 대해서만 제소할 수 있었고, 자신의 소작인의 소작인에 대해서는 그렇게 할 수 없었다". 82) 유사한 제한은 대기업에도 존재한다. 예를 들면 고용과 해고의 인사권이 그럴 수 있다. 권력의 2단계 행사에 대한 그러한 제한이 가끔 무시되기도 하지만, 이것이 완전히 비효율적인 것은 아니다.

　그러므로 내가 이해한 마르크스에 따르면, **계급 간의 중심적인 관계는 아래로부터의 잉여의 이전과 위로부터의 권력의 행사이다.** 이 둘은 종종 함께 간다. 노예, 농노, 계약상 지시에 복종해야 하는 임금노동자의 경우가 그러하다. 그러나 권력의 행사 없이 잉여가 이전될 수도 있다. 지주에게 지대를 지불하는 자본가, 은행에 의해 착취되는 소생산자의 경우가 그러하다. 반대로 잉여의 이전이 없는 권력 행사도 있을 수 있다. 상

---

81) Barrow, *Slavery in the Roman Empire*, p. 188.
82) North and Thomas, *The Rise of the Western World*, p. 63.

급 관리자와 하급 관리자의 관계가 그러하다. 이러한 관계들은 매우 특수한 경우들로서, '더 적게 버는' 그런 관계와는 다르다. '더 적게 버는' 관계에서는 계층도에서 그 사람보다 많이 버는 사람들이 모두 하나의 집단을 형성하고 그의 상위에 놓이게 된다. 계급 관계의 불완전성과 비전이성은 이러한 특수성에서 비롯된다. '더 적게 버는' 혹은 '더 착취당하는' 관계들이 분노와 적대를 유발할 수는 있지만, 잉여 이전 및 명령 발령 관계와는 달리, 항구적인 사회적 갈등을 산출하는 힘은 없다. 특수한 초점이 없기 때문이다. 그렇다고 해서 사회계층이 갈등, 혹은 '밥그릇 싸움'을 산출할 수 없다고 마르크스가 말했다는 뜻은 아니다. 이러한 갈등은 계급투쟁과 같은 안정성은 없다는 것이다. 지금까지 마르크스가 사회계급을 가장 유의미한 사회집단으로 본 이유를 재구성해보았는데, 최소한 사회변동에 대한 연구에 있어서는 마르크스가 그렇게 본 이유가 될 수 있다고 생각한다.

6.1.4. 계급 이동성

그 어떤 시점에서든 계급은 위에서 논의한 범주에 의해 정의될 수 있고, 그 관계를 확정할 수 있다. 하지만 이 정의에, 5. 1. 2에서 제안한 바와 같이, 생산관계와 관련된 동적 요소를 추가할 필요가 있다. 한 계급으로부터 다른 계급으로의 이동가능성의 정도는 계급구조에서 매우 중요한 사실이다. 이것은 어느 한순간의 단면도로는 파악할 수 없다. 여기에서 문제는 그러한 이동성이 계급을 다른 방식으로 정의해야 나올 수 있는 것인지, 아니면 정의 그 자체에서 도출될 수 있는지 하는 것이다.

이 문제와 관련하여 두 가지 상반된 직관이 있다. 하나는 계급은 카스트나 신분과는 달리 이동성이 매우 크다는 견해이다. 슘페터에 따르면, "계급은 호텔이나 버스처럼, 언제나 다른 사람들로 가득 차 있다".[83]

6. 1. 2에서 인용한 일부 텍스트에서 마르크스는 계급의 이동성과 신분의 고정성을 대비한다. 다른 한편, 계급체제는 완전히 유동적일 수는 없다는 견해가 있다. 그렇게 되면 계급현상의 본질 자체가 파괴된다는 것이다. 마르크스는 이렇게 말한다. "북미합중국에는 이미 계급이 존재하긴 하지만 아직 고정되지 않았고, 그 구성요소들이 계속 변하고 있다."[84] 즉 계급은 존재하지만, 아직 실체화되진 않았고, 순종(純種) 계급은 완전히 유동적인 것은 아니라는 것이다. 따라서 계급의 정의에 약간의 이동성 — 카스트나 신분보다는 크고, 무작위로 분류한 집단보다는 작은 — 을 포함시켜야 할 것 같은 생각이 들 것이다.

이러한 제안은 계급을 자본주의에 한정시키는 것이며, 이것은 마르크스의 주장과는 어긋난다. 6. 1. 2에서 말한 것처럼, 마르크스도 때로는 그렇게 생각했지만, 그의 주된 입장은 계급은 비시장 · 전자본주의 사회에서도 존재한다는 것이다. 이 제안의 이면에 있는 핵심적 진리는 중간 정도의 사회적 이동성이 있어야 계급이 집합행위자로 결집될 수 있고, 사회적 갈등에서도 일정한 역할을 수행할 수 있다는 것이다. 이 문제는 6. 2. 2에서 다시 살펴보겠다. 여기에서는 다만 이동성이 거의 없으면 운명의 개선은 생각하기 어렵고, 이동성이 매우 높으면 개인의 향상을 계급의 향상으로 보기 어려워진다는 점만 지적하고자 한다. 계급 이론의 중요한 과제는 언제 계급이 집합행위자가 되는가를 설명하는 것이기 때문에, 그러한 사건의 조건들이 계급에 대한 정의의 일부가 되어서는 안된다는 것이 내 생각이다.

하지만 사회적 이동성의 정도가 정의상 **계급구조**의 일부가 될 수는 있다. 톰슨과 코헨의 계급에 대한 정의의 불일치를 살펴보면 이 점을 알 수

---

83) Schumpeter, *Imperialism and Social Classes*, p. 165.
84) *The Eighteenth Brumaire*, p. 111. 또한 Tocqueville, *Democracy in America*, p. 557 참조. "부자는 있지만 아직 부자계급은 없다"(변동이 심해서).

있다. 톰슨에 따르면, "역사를 어느 한 시점에서 멈춘다면, 계급은 없고 수많은 경험을 가진 수많은 개인들이 있을 뿐이다". [85] 그에 따르면, "계급 그 자체는 사물이 아니라 사건이다". [86] 코헨은 이러한 과정적 정의에 반대하면서 생산관계의 관점에 입각한 구조적 정의를 주장한다. 계급은 과정이 아니다. "문화적·정치적 형성 과정"을 겪을 뿐이다. [87] 어떤 과정이 진행되기 위해서는 그 바탕에 그 과정의 담지자인 구조가 있어야 한다는 점에서 나는 코헨의 주장이 옳다고 본다. 이 구조가 변화를 예측할 수 있게 해주는 실체이다. 하지만 나는 그 구조 내에서는 과정들 — 구조의 형성에 기여하고 다른 구조와의 차이를 보여주는 — 이 있을 수 있다고 생각한다. 모든 시점에서 개인들의 계급 위치가 동일하지만, 이동률은 현저히 다른 두 경제를 생각해보자. 이 중 하나가 변화를 겪어 다른 경제와 유사해졌을 때, 극단적인 예로 계급 사회가 카스트 사회가 되었을 때, 구조적 변화가 없었다고 말할 수 있겠는가? 코헨은 "경제 내에 운동이 있다 하더라도, 동일한 네트워크 속에서 동일한 빈도로 동일한 관계가 존재하는 한, 경제구조에는 차이가 없다"[88]고 했는데, 이 주장을 계속 밀고 가면 그렇게 된다.

이것은 단순히 말꼬투리를 잡는 것이 아니다. 코헨의 구조주의적 접근은 사회변동에 대한 '속사(速寫) 더미'를 낳을 뿐, 장기적인 '생활사 모음'을 얻을 수는 없기 때문에 부적합하다. 코헨에 따르면, 사회변동을 연구하기에 앞서 개인들을 모으게 되지만, 나는 모으기에 앞서 변동을 고려하는 것이 더 적절하다고 생각한다. 개인들을 모으는 일부터 하면 그들의 궤적을 놓치게 되고, 주어진 계급적 위치에 동일인이 있는지 없는지

---

85) Thompson, *The Marking of the English Working Class*, p. 11.

86) *Ibid.*, p. 939.

87) Cohen, *Karl Marx's Theory of History*, p. 77.

88) *Ibid.*, p. 85.

를 알 수 없게 된다. 룩셈부르크가 베른슈타인에 대해 비판한 것처럼, 계급의 신진대사를 변수로 고려하지 않으면 길을 잃게 된다.[89] 그러므로 내 제안은 계급에 대해 시간의존적 정의를 내리자는 것이다. 하지만 계급구조는 이렇게 정의된 계급의 합 이상이다. 계급구조는 계급과 그들 간의 변동률을 포함한다. 헌즈(Gudmund Hernes)〔노르웨이 노동당의 정치가 — 옮긴이〕의 어법을 빌려 말하자면,[90] 산출구조와 과정구조를 구별할 수 있다. 당연히 서로 다른 과정구조가 동일한 산출구조를 낳을 수도 있다.

계급 간에 이동성이 존재하는 이유는 무엇인가? 6.1.1에서 제안한 정의에 따르면, 이동성의 원천은 두 가지가 있다. 첫째, 개인의 기본재산이 변할 수 있다는 것이다. 둘째, 주어진 기본재산을 최적화하는 행위가 변할 수 있다는 것이다. 후자는 다른 사람들의 기본재산의 변화로 인해 발생할 수도 있고, 기술의 변화, 혹은 수요의 변화로 인해 발생할 수도 있다. 이러한 변화들은 상대가격의 변화를 가져온다. 유리해지는 행위자도 있고 불리해지는 행위자도 있다. 기본재산의 변화에 따른 약간의 이동성은 모든 사회에 있다. 행운으로,[91] 혹은 근면하여[92] 재산이 늘어날 수도 있다. 그 반대의 이유로 궁핍해지는 사람들도 있다. 주어진 자산의 최적화 행위의 변화로 인한 이동성은 기술변동이 특징적인 근대사회에 한정된다.

---

89) 자세한 내용은 졸저 *Logic and Society*, p. 143 참조.
90) Hernes, "Structural change in social processes".
91) 행운에는 정치적 행운도 있다. Bardhan, "Class formation in India" 참조.
92) 낮은 비율의 시간선호는 자산으로 간주하지 않는다. 그것은 인격의 일부이지 소유의 일부는 아니다. 철학적으로는 반론을 제시할 수도 있겠지만, 현재 우리의 논의에서는 그렇게 보아야 한다. 낮은 비율의 시간선호가 행위자의 계급적 지위를 향상시키는 경우, 이것은 유형의 자산을 통해 이루어지는 것이지 직접 그렇게 만드는 것은 아니다.

6. 2. 계급의식

계급은 사회적 범주로서 이 범주에 의해 사회가 서로 다른 집단으로 분리될 수도 있고, 그렇지 않을 수도 있다. 마르크스의 계급 **이론**에 따르면, 한 계급에 속한 행위자들은 공통된 속성을 가지며, 공통된 방식으로 행동하는 경향이 있다. 특히 특정한 조건하에서는 이들이 집합행위자로 결집하는 경향이 있고, 계급의식을 가지게 된다는 점에서 계급은 **실재**한다고 주장한다. 6. 2. 1에서 계급의식의 의미, 계급이익 및 계급조직과의 관계를 논의한다. 6. 2. 2에서 계급의식의 발전에 관한 '블랙박스 이론'을 제시한다. 이것은 계급의식을 촉진하는 조건과 방해하는 조건에 관한 설명인데, 개인적 동기의 문제와는 상관없다. 6. 2. 3에서는 집합행위를 설명하는 데 있어서 개인적 동기, 즉 이기심, 연대, 합리성의 역할을 살펴보겠다. 이 부분은 가설적인 것으로서 다른 부분들과는 달리 원전 인용이 적다. 하지만 이 문제의 중요성에 비추어볼 때 꽤 긴 논의가 필요할 것으로 보인다.

6.2.1. 계급의식의 의미

지금까지 나는 계급을 주연명사(周延名辭)[93]로 논의해왔다. 여기에는 계급성원들 간의 상호작용은 포함되지 않는다. 베버에 따르면, "계급 상황을 가져오는 사회적 행동은 기본적으로 동일계급에 속한 성원들 간의 행동이 아니라, 다른 계급의 성원들 간의 행동이다".[94] 계급 내 상호작용은 계급에 대한 정의의 일부가 아니지만, 그러한 상호작용은 전투,

---

93) 〔옮긴이주〕논리학에서 그것이 지시하는 부류의 모든 성원에 대해 똑같이 적용되는 용어를 말한다.

94) Weber, *Economy and Society*, vol. 2, p. 929.

경쟁, 상호지지 등 여러 가지 형태에서 일어날 수 있다. 계급 이론의 주요과제는 언제 이러한 일들이 발생하는가를 설명하는 것이다. 그러나 이 문제를 살펴보기 전에 계급의식의 개념부터 명료히 할 필요가 있다. 기본이 되는 텍스트는 《무월 18일》이다.

> 분할지 농민은 거대한 대중을 형성한다. 그 성원들은 유사한 조건 속에서 살고 있지만 상호 간의 교류는 별로 없다. 그들의 생산양식은 상호교류를 가져오는 것이 아니라 그들을 고립시킨다. 그 고립은 프랑스의 열악한 교통수단과 농민의 궁핍 때문에 더욱 강화되고 있다. 그들의 생산 터전인 분할지는 경작에 있어서 어떠한 분업도 허용치 않으며, 과학의 적용, 따라서 발전의 다양성, 재능의 다양성, 풍부한 사회적 관계를 허용하지 않는다. 각 농가는 거의 자급자족하고 있다. 소비의 주요 부분을 자신이 직접 생산하고, 따라서 사회와의 교통보다는 자연과의 교환을 통해 생활수단을 얻는다. 분할지, 농민과 그의 가족, 그들과 나란히 다른 분할지, 다른 농민과 그 가족이 있다. 수십 개의 가족이 모여 촌락을 형성하며, 수십 개의 촌락의 모여 현을 형성한다. 이처럼 프랑스의 거대한 대중은 같은 종류가 양이 많아져 형성된 것이다. 감자들을 모아 자루에 넣으면 한 자루의 감자가 되듯이. 수백만 가구가 동일한 경제적 조건 속에서 살면서 다른 계급들과는 다른 자신의 생산양식, 이익, 문화를 가지고 다른 계급과 적대관계로 놓이게 되면, 그들은 하나의 계급을 형성한다. 이들 분할지 농민 사이에 단순한 지방적 연계만이 있는 한, 그리고 그들 간의 이익의 동질성이 공동체나 전국적 결합, 정치적 조직을 산출하지 못하는 한, 그들은 계급을 형성하지 못한다. [95)]

여기에 계급의식이란 말은 나오지 않지만, 계급의식에 대한 정의와 설명이 있다. 즉 계급의식은 '공동체', '결합', '조직'의 관점에서 정의된다. 마르크스가 가끔씩 사용하는 헤겔의 용어를 빌리자면, 이 요소들이 '즉자

---

95) *The Eighteenth Brumaire*, p. 187.

적' 계급과 '대자적' 계급을 구분하는 기준이 된다. 96)

대자적 계급에 대한 설명을 하기 전에 그 중간 단계인 '대타적(對他的) 계급'부터 생각해보자. 한 계급은 대자적 존재가 되기 전에 먼저 타자에 대하여 계급으로서 존재하고 의미를 가지게 된다. 사회인류학에서 유사한 경우를 찾아볼 수 있다. "한 부족에 속한 사람은 다른 부족 사람들을 미분화된 집단으로 인식하고, 이들에 대해 미분화된 행동유형을 보인다. 그러나 자기 자신에 대해서는 부족 내의 한 분파의 성원으로 인식한다."97) 부족의식도 없고, 대자적 부족도 없지만, 부족은 즉자적 부족 이상의 사회적 실재를 가지고 있다. 왜냐하면 다른 부족의 성원들에 의해 부족으로 인식되기 때문이다. 마찬가지로 마르크스도 영국 노동 계급이 "이미 자본에 대해 계급이 되었으나 아직 대자적 상태"는 아닌 국면을 지나갔다고 말했다. 98) 독일 부르주아 계급에 대해서는 "정치적으로 계급으로 구성되기 전에 이미 프롤레타리아 계급과 갈등에 들어갔다"고 말한다. 99) 힐튼은 이러한 현상을 "부정적 계급의식"이라고 부른다. 이것은 하나의 계급으로 인식된 다른 집단에 대해 공통으로 대립함으로써 결속력을 갖게 된 사람들의 집단에서 발견된다. 100) 2. 2. 2에서 이러한 사변

---

96) 마르크스가 이 용어를 사용하여 계급의식이 없는 계급과 계급의식이 있는 계급을 구별했다는 주장이 있다. 하지만 내가 아는 한 그가 "즉자적"이란 말을 사용한 일은 없다.

97) Evans-Pritchard, *The Nuer*, p. 120. 지위와 관련된 언어 사용에 있어서 "전형적인 행위자는 사회적 계층에 있어서 먼 위치에 있는 사람들보다는 가까운 위치에 있는 사람들에게 미세한 차이를 보인다"(Fararo, *Mathematical Sociology*, p. 347). 계급에 대한 주관적 이미지가 누어의 경우처럼 이분법적인 것인지, 마지막 텍스트에 나타난 것처럼 단계적으로 이루어지는 것인지는 경험적인 문제다.

98) *The Poverty of Philosophy*, p. 211.

99) *Deutsche-Brüsseler-Zeitung* 1847. 11. 18.

100) Hilton, *Bond Men Made Free*, p. 130.

적 개념, 즉 자기의식은 다른 사람들에 대한 인식이 생긴 후에 그 결과로 생겨날 수 있다는 것을 언급한 바 있다. 나에 대한 인식은 당신이 나를 인식하고 있다는 것을 내가 인식함으로써 생겨날 수 있다. 계급의식도 그러한지는 경험적 연구를 통해 알 수 있다. 즉자적 계급의 성원들은, **자신들이** 한 계급의 성원으로 여기는 사람들이 자신들을 한 계급의 성원으로 여기고 있다는 것을 인식할 때, 자신들을 한 계급의 성원으로 인식하게 된다. 101) 6. 3. 1에서 대자적 계급 개념을 '잠재적 계급갈등' 개념과 연결한다.

여기에서 언급할 또 하나의 중간 범주가 있다. 계급의식은, 반드시 그렇지는 않지만, 종종 **연대**의 형태를 취한다. 한 계급의 성원들이 함께 행동하면 고립적으로 행동할 때보다 더 많은 것을 얻을 수 있다. 그러므로 예컨대 임금협상을 개인적으로 하지 않고 단체적으로 하는 것은 계급의식의 징후이다. 하지만 이 두 가지, 즉 단체행동과 개별협상이 다는 아니다. 한 계급이 자신의 이익을 위해 다른 계급의 **일부**와 연합을 형성하는 경우도 있다. 샤플리와 슈빅은 그러한 '분할정복' 모형을 제시했다. 102) 생산수단을 소유한 사람이 다수의 조직화되지 않은 노동자들과 대립한다. 그 자본가와 노동자들이 개별적으로 협상했을 때 착취율이 100%라고 하자. 그 자본가가 일부 노동자와 연합을 하게 되면, 착취율이 200%가 될 수도 있다. 103) 이 개념이 행동분석에 적합한지는 알 수 없지만, 이 모형을 통해 다음과 같은 사실은 알 수 있다. 즉 개별협상은 단체협상만 못하고, '연합협상'은 개별협상만 못하다는 것이다. 노동자들이 단체협

---

101) Bardhan, "Class formation in India"는 억압이 단결을 가져오는 힘이 있는데, 이것이 미래의 억압자에 대한 항구적인 딜레마가 된다는 것을 보여준다. 또한 졸고 "Négation active et Négation passive" 참조.

102) Shapley and Shubik, "Ownership and the production function".

103) 이 개념('샤플리 가치')은 각 행위자는 자신이 가담할 수 있는 모든 가능한 연합에 대한 평균적 기여에 따라 보상을 받는다는 생각에 기초를 두고 있다.

상을 할 처지가 못 된다 하더라도, 연합협상에 들어가길 거부한다면 그들이 초보적인 수준의 계급의식을 가지고 있다고 할 수 있을 것이다.

나는 (긍정적) 계급의식을 **계급이익을 실현하는 데 있어서 무임승차 문제를 극복하는 능력**으로 정의한다. 6. 2. 2에서 자세히 설명하겠지만, 집합행위의 어려움은 결손을 감수해야 한다는 데 있다. 집합행위에 가담하지 않으면, 비용 없이 혜택만 누릴 수 있으므로 더 큰 보상을 받을 수 있다. 여기에서 계급성원으로서 개인의 이익과 계급 전체의 이익이 서로 충돌한다. 예컨대 마르크스는 이렇게 말한다. "프롤레타리아 계급이 하나의 계급으로, 따라서 정당으로 조직되는 것은 노동자 자신들 간의 경쟁에 의해 끊임없이 방해를 받는다."104) 마찬가지로 자본가도 개개인은 자본가 계급에 이익이 되는 조처에 대항하는 "가짜 형제"105) 혹은 "반목하는 형제들"106) 이다. 이 문제는 4. 1. 4에서 노동일의 연장과 관련하여 살펴본 바 있다. 일반적으로 조직화에는 개인적 비용이 드는 반면, 혜택은 공공재로서 조직 성원들만 이익을 보는 것이 아니다. 107)

무임승차 문제는 두 가지 방식으로 이해할 수 있다. 108) 첫째, 개별 행위자는 자신의 계급에 대해 무임승차를 하고 싶은 유혹을 받는다. 둘째, 전체로서의 계급은, 조직화되었다고 가정했을 때, 장기적 이익과 관련하여 무임승차를 하고 싶은 유혹을 받는다. 109) 마르크스는 《10시간 노

---

104) *The Communist Manifesto*, p. 493. 노동자들 간의 경쟁에 관한 마르크스의 논의는 "Wages", pp. 424ff에 자세히 나와 있다.

105) *Capital III*, p. 198.

106) *Ibid.*, p. 253.

107) 이 주제에 대해서는 Olson, *The Logic of Collective Action* 및 Hardin, *Collective Action* 참조.

108) 자세한 설명은 졸저 *Logic and Society*, pp. 127ff 참조.

109) 두 번째 문제는 다음과 같은 것이다. 잠재적 이익집단들이 무임승차 문제를 해결하고 조직화에 성공할 경우, 집단 간에 무임승차 문제가 발생할 수 있다. 각 집단은 독점, 협상비용 등과 관련된 부담의 경감을 통하여, 자기 몫의 사

동법》에 대해 논평하면서, 자본가 B의 희생 아래 이익을 얻는 자본가 A와 B 세대의 희생 아래 이익을 얻는 A 세대의 자본가를 구별하였다. [110] 이처럼 노동 계급은 무임승차자의 배반행위도 극복해야 하고, 미래의 새로운 가능성을 해치면서까지 당장의 정치적 가능성을 끝까지 이용하려는 **행동주의**도 극복해야 한다. 즉 성숙한 노동 계급은 **기다릴 줄** 알아야 한다. [111] 마르크스는 자신의 정적들에게 이렇게 말했다.

> 우리는 노동자들에게 이렇게 말한다. "여러분들은 15년, 20년, 50년의 시민전쟁과 인민의 투쟁을 각오해야 한다. 상황을 바꾸기 위해, 또한 여러분 자신을 정치적 지배에 적합하도록 바꾸기 위해." 하지만 당신들은 반대로 말하고 있다. "당장 권력을 쟁취하자. 그렇게 하지 않으려면 가서 잠이나 자자."[112]

이 진술의 역설적인 의미는 6. 2. 3에서 살펴보겠다. 여기에서 이 구절을 인용한 것은 마르크스가 노동운동에 있어서 극좌파 혹은 조급성을 경계했다는 것을 보여주기 위해서이다. 같은 취지의 다른 구절들은 제 7장 이하에 나와 있다.

나는 계급이익의 관점에서 계급의식을 정의했다. 이제 계급이익의 개념을 명확히 해보자. 우선 우리는 마르크스가 계급이익을 그 성원들의 현재의 선호와 목표의 관점에서 보았는지, 아니면 그 성원들이 가지게

회적 산물을 확대하려 한다. 이로써 전체의 몫이 줄어든다 해도 그렇게 행동하고 싶은 유혹을 받는다 (자세한 설명은 Olson, *The Rise and Decline of Nations* 참조). 마르크스는 이러한 사태는 예견하지 못했다.

110) *Zur Kritik (1861~1863)*, p. 162.

111) 이 주제에 대해서는 특히 Meisner, *Li Ta-chao and the Origins of Chinese Communism*, p. 169 참조.

112) *Revelations Concerning the Communist Trial in Cologne*, p. 403.

될 목표, 즉 자신들이 왜 그런 처지에 놓이게 되었는지 그 원인을 인식했을 때, 그에 대한 해결책으로 설정했을 목표의 관점에서 보았는지부터 알아봐야 한다. 마르크스가 노동의 해방은 "어느 한 프롤레타리아가, 혹은 전체 프롤레타리아가 지금 이 순간에 목표로 삼고 있는 것에 관한 문제가 아니다"[113]고 한 것을 보면, 그는 후자를 염두에 두고 있었던 것으로 보인다. 이 관점에 따르면, 계급의식의 발전은 두 단계를 거친다. 그 계급의 '진정한 이익'이 등장한 후에 조직이 나타난다. 마르크스는 이 두 과정이 하나로 융합된다고 생각했다. 실질적인 이익의 증진을 위한 조직의 구성은 대항의 성격을 분명히 함으로써 이익 자체의 변화를 초래할 것이다. 그러므로 노동자들은 자본가에 대한 경제적 투쟁에 참여함으로써 필요한 정치적 투쟁이 무엇인지 이해하게 된다. 이 문제는 6.2.3에서 더 자세히 논의하겠다.

둘째, 계급이익을 평가할 시점을 조심스럽게 정해야 한다. 어떤 행동이 그 계급에게 이익이 되는지의 여부는 그 행동이 초래할 결과에 달려 있다. 이 결과를 그 계급의 성원들이 (현재 가지고 있는, 혹은 가지게 될 것이 분명한) 선호에 비추어 평가해야 한다. 여기에는 시간선호도 포함된다. 그런데 이 평가는 결과의 연쇄를 정확히 어느 시점에서 끊을 것인가에 따라 달라진다. 중기적 관점에서 그 계급에 이익이 되는 것도 장기적인 관점에서 보면 아닐 수도 있다. 예를 들어 카르텔 행위는 기업가들에게 일시적으로는 이익이 되지만, 궁극적으로는 자해행위가 된다.[114] 이러한 구별은 국가가 자본가 계급의 이익을 어느 정도까지 대변하는가 하는 문제와 관련하여 매우 중요하다(7.1.3). 마찬가지로 노동자 계급의 이익을 그 행동이 가져올 최종상태의 관점에서 정의하는 것은[115] 과도기

---

113) *The Holy Family*, p. 37.

114) 졸저 *Logic and Society*, p. 129.

115) 이 개념은 졸저 *Explaining Technical Change*, pp. 43ff 참조.

동안 노동자들이 치러야 할 대가를 무시하는 것이므로, 이러한 계산법은 정당화되기 어렵다. 아직 태어나지도 않은 후세대에게 사회주의에서 살 수 있도록 해주는 일이 현재 살아 있는 노동자들의 이익이라고 말하기는 어려울 것이다. 세대 간 이타주의를 상정하는 것은 사이비 해결책이다. 이타적 선호가 현실적으로 존재하지 않기 때문이다.

6.2.2. 집합행위의 조건

여기에서는 집합행위의 등장을 촉진하는 조건과 방해하는 조건에 대해 살펴보겠다. 어떤 조건하에서 어떤 메커니즘에 의해 개인이 집합행위에 참가하게 되는지 살펴보겠는데, 여기에서는 주로 '블랙박스' 상관관계에 주목하고자 한다. 논의대상은 주로 자본주의하에서의 집합행위이다. 자본주의 이전의 생산양식들에 있어서 그것이 어떤 형태로 나타나는지에 대해서는 마르크스가 말한 것이 거의 없다. 먼저 집합행위를 위한 여러 가지 인식조건들에 대해 살펴본 다음, 참가를 결정하는 동기유인들을 살펴보겠다. 동기구조를 여러 개의 구성요소로 분해하고, 그 효율성을 결정하는 광범위한 조건들에 대해 논의하겠다.

집합행위가 성립하려면 계급성원들이 자신들의 처지에 대한 인과적 맥락을 이해하고, 어떤 계급에게 대항해야 하는지를 인식해야 한다. 베버에 따르면, 계급행동은 "특히 계급 상황의 원인과 결과 사이의 연관관계의 투명성과 관련이 있다". 116) 특히 징후와 원인을 혼동해서는 안 된다. 《임금, 가격, 이윤》에서 마르크스는 노동조합의 효능과 관련하여 이러한 혼동을 경고하고 있다.

---

116) Weber, *Economy and Society*, vol. 2, p. 929, Foster, *Class Struggle and the Industrial Revolution*, ch. 4에 이 문제와 관련하여 도움이 되는 내용이 있다.

노동자 계급은 이러한 일상적 투쟁의 궁극적 효능을 과대평가해서는 안 된다. 지금의 투쟁은 결과와 싸우는 것이지 그 결과의 원인과 싸우는 것이 아니라는 점, 〔임금의〕하향 운동을 억제하는 것이지 그 방향을 바꾸는 것은 아니라는 점, 완화제를 쓰는 것이지 질병을 치료하는 것은 아니라는 점을 잊어서는 안 된다. 그러므로 거침없는 자본의 침략이나 시장의 변화로부터 끊임없이 생겨나는 이 피할 수 없는 유격전에 전적으로 매달려서는 안 된다. 현 체제는 노동자에게 온갖 곤궁을 강요하지만, 동시에 사회의 경제적 재구성에 필요한 **물질적 조건**과 **사회적 형태**를 만들어내고 있다는 것을 알아야 한다. 117)

즉 임금투쟁만으로는 불충분하다는 것을 이해하고, 근본적 변혁의 가능성을 내다보라고 권고한다. 이러한 권고가 필요한 이유는 중심적인 계급관계(6.1.3)는 면 대 면 혹은 계급 대 계급의 상호작용에 의존하지만, 보다 근본적인 계급갈등에는 직접적인 상호작용이 없는 계급도 포함되어 있다는 사실 때문이다. 예를 들면, 노동자와 기업가는 관리자 계급에 의해 분리되어 있을 수 있다. 이 경우 직접적인 충돌은 없기 때문에 궁극적인 인과적 책임은 잘 인식되지 않고, 투쟁의 동기가 되기도 어렵다. 또 하나의 인식적 장애는 계급 전선이 어디에서 그어지는지 정확히 알지 못한다는 것이다. 예컨대 토크빌에 따르면, "영국의 중간 계급이, 귀족제에 대해 적의를 품기는커녕 오히려 형제애를 느끼는 이유는 문호가 개방되어 있어서가 아니라 장벽이 불분명하기 때문이며, 들어가기가 쉬워서가 아니라 언제 거기에 들어갔는지 알 수 없기 때문이다". 118) 이런 경우 분노는 모이는 것이 아니라 흩어지기 쉽고, 따라서 행동으로 표출되기 어렵다. 불투명한 사회적 인과성을 찾아내기 위해서는 노동자들에게 학

---

117) *Wages, Price and Profits*, p. 152.
118) Tocqueville, *The Old Régime and the French Revolution*, pp. 88~89.

습과 교육과 리더십이 필요하고, 따라서 지식인도 노동 계급 운동에 필요하다. 119)

리더십은 집합행위의 실현을 위해 필요한 정보를 확보하는 역할도 한다. 필요한 정보에 대한 자세한 논의는 6.2.3에 있다. 여기에서는 모든 파업과 혁명은 초기단계에서 참가자들의 회의적인 태도와 의심을 극복해야 한다는 점만 지적해두고자 한다. 각 개인은 남들이 자기 몫을 다한다면, 자신도 자기 몫을 다할 의사가 있을 것이다. 각자가 자신의 몫을 다하리라는 것을 설득하기 위해서도 리더십이 필요하다. 이러한 설득의 필요성은 그 행위에 가담했을 때 각자가 입을 손실이 어느 정도인가에 따라 다를 것이다. 이제 이 동기 강도의 문제를 살펴보자.

집합행위에 가담하는 동기는 그 행위로 인하여 발생할 개인의 손익 구조와 밀접한 관계가 있다. 그것은 또한 행위자들의 절대적인 복지수준과도 관계가 있다. 이것이 그들의 신념과 동기 및 조직화 능력에 영향을 미치기 때문이다. 상대적 복지수준은 두 가지 방식으로 영향을 미칠 수 있다. 첫째, 복지수준이 시간이 갈수록 더 나빠진다면 반란에 이끌리게 된다. 다른 사람에 비해 복지수준이 낮은 것도 반란을 촉진하는 요인이 될 수 있다.

현재 논의의 목적상 집단행위와 관련된 손익은 예견되는 효용의 관점에서 측정되어야 한다. 따라서 그것은 성패가능성에 대한 개인적 판단과 위험기피도에 달려 있다. 당분간 그 효용은 해당 개인의 **물질적** 손익으로 가정한다. 이타적 동기도 여기에 포함될 수 있는지의 문제는 6.2.3으로 미룬다. 이렇게 가정하면, 집합행위의 효용은 세 가지 변수로 계산된다. 첫째는 **협동의 이익**인데, 이것은 모두가 집합행위에 가담했을 때 개인이

---

119) 지식인에 대한 마르크스의 견해에 대해서는 Draper, *Karl Marx's Theory of Revolution*, vol. II, ch. 18 참조.

얻을 이익과 아무도 가담하지 않았을 때 개인이 얻을 이익 간의 차이를 말한다. 둘째는 **무임승차자 이익**인데, 이것은 그를 제외한 나머지 모두가 집합행위에 가담했을 때 그가 얻을 이익과 모두가 가담했을 때 그가 얻을 이익 간의 차이를 말한다. 마지막으로 **단독행위의 손실**인데, 이것은 집합행위에 아무도 가담하지 않았을 때 그가 얻을 이익과 자기 혼자 또는 소수만 가담했을 때 그가 얻을 이익 — 헛수고에 든 비용이나 처벌 같은 것 — 간의 차이를 말한다.

다른 조건이 동일하다면, 집합행위의 가능성은 첫째 변수에서 증가하고, 둘째 및 셋째 변수에서 감소한다. 하지만 많은 경우 이 세 변수가 서로 독립적으로 변하지는 않는다. 협동의 이익이 크다면 단독행위의 손실 또한 크다고 예상할 수 있다. 그 행위에 대한 처벌도 클 것이기 때문이다. 협동의 이익이 클 경우, 무임승차의 이익은 클 수도 있고 아닐 수도 있다. 이것은 무엇보다도 집합행위 가담자가 기생자(寄生者)에게 가할 수 있는 보복의 효과성에 달려 있다. 협동의 이익은 큰 반면 무임승차의 이익과 단독행위의 손실은 둘 다 작은 경우도 있다. 6.2.3에 예시가 있다. 그러나 이런 일은 흔치 않다. 일반적으로 집합행위는 **개인적으로 불안정**하거나(무임승차의 이익이 커서), **개인적으로 접근 불가능**하다(단독행위의 손실이 커서). 혹은 둘 다이다. 그럼에도 불구하고 집합행위는 발생하기 때문에 이 장애들이 어떻게 극복되는지 이해할 필요가 있다. 이 문제는 6.2.3에서 논의한다.

다음으로 집합행위의 유발요인으로서 빈곤과 고난을 살펴보자. 노동조합이 결성되는 것은 형편이 좋을 때인가, 아니면 나쁠 때인가? 농민반란의 빈도는 수확량에 반비례하는가? 예상대로 증거가 불분명하다.[120]

---

120) 농민반란의 경우, 고난과 집합행위 간의 불분명한 관계에 대한 흥미로운 증거가 있다. 미시간 대학의 제임스 통(James Tong)의 연구인데, 미발간 저작이다. 또한 Popkin, *The Rational Peasant*, ch. 6 참조. 조합의 결성에 관해

기술변혁의 경우에도 마찬가지다. "필요는 발명의 어머니"(3.3.2)라는 말처럼, 기술변혁이 호시절보다는 고난의 시기에 더 자주 발생한다고 생각하기 쉽다. 그러나 이것은 동전의 한 면일 뿐이다. 변혁에는 동기가 필요하지만, 동시에 수단도 필요하다. 특히 최소한의 자유시간이 있어야 하는데, 이것은 극한의 고난 속에서는 가능하지 않다.[121] 그러므로 그 관계는 내적 최댓값에 이를 때까지 단조적인 것은 아니다. 변혁률은 중간 정도의 고난의 시기 — 변혁의 동기가 형성되기는 어렵지만, 변혁의 능력이 완전히 소진되지는 않은 때 — 에 최대가 될 것으로 예상된다. "필요는 집합행위의 어머니"라는 말에도 동일한 평가를 할 수 있다. 집합행위에는 비용이 든다. 조직화에 시간과 노력이 필요하기 때문이다. 극단적인 궁핍 속에서는 단기적인 생존에 급급하여 집합행위를 조직할 여력이 없어진다.[122]

고난이 동기구조에 미치는 영향을 간단히 지적하자면, 주된 효과는 단독행위의 손실을 감소시킨다는 것이다. "사슬 이외에는 잃을 것이 아무것도 없는" 사람들에게는 그런 문제 자체가 없다. 집합행위에 가담하면 곤경에 빠질 수도 있다. 하지만 가담하지 않아도 곤궁하긴 마찬가지

"동원은 종종 방어적으로, 사용자와의 싸움에서 실패하면서 시작되었다"는 관찰(Tilly, *From Mobilization to Revolution*, p. 74)도 있지만, "파업은 호시절에, 즉 노동자들이 함께 행동할 수 있는 여력이 있을 때 더욱 빈번하게 일어난다는 믿을 만한 자료들이 있다"(*ibid.*, p. 76).

121) 도움이 될 만한 생물학적 유추는 Fagen, *Animal Play Behaviour*, p. 195 참조. 졸저 *Explaining Technical Change*, pp. 131ff 참조.

122) 이에 대한 반론은 다음과 같다. 착취 계급의 잉여착취 능력이 피착취자의 생계수준 이상의 생산량과 피착취자의 저항을 변수로 하는 다중함수라면, 비단조적 관계가 얻어진다. 번영의 시기에 첫 번째 변수는 긍정적으로 변하고, 두 번째 변수는 부정적으로 변한다. 노동이 토지에 비해 풍부할 때에는 지주는 큰 저항을 받지 않고 농민들을 착취할 수 있지만, 그들로부터 짜낼 수 있는 양은 많지 않다.

다. 123) 그러나 통치자들은 반란에 가담하다 적발된 자에게는 죽음보다 더 비참한 최후가 기다린다는 것을 보여주려고 한다. 124) 이 경우 단독행위의 손실은 막대하다. 절대적 고난수준은 성공가능성에 대한 비현실적 믿음을 불러일으켜 집합행위의 가능성에 영향을 미칠 수 있다. 125) 정상적인 조건하에서는 어느 정도 통제가 되는 희망적 사고가 극한 상황에서는 두드러지게 나타난다.

상대적 복지수준도 여러 가지 방식으로 영향을 미칠 수 있다. 첫째, 다른 사람들과 비교하여 복지수준이 현저히 낮으면 분노를 느끼게 된다. 토크빌에 따르면, 중간 정도의 격차가 있을 때 이런 일이 벌어진다. 126) 여기에서도 집합행위의 가능성은 이 변수의 중간값에서 가장 커진다. 자신들과 다른 사람들의 복지수준의 추세도 장래에 대한 기대를 불러일으키고, 그 기대가 충족되지 않으면 분노하게 된다. 127) 이 요소가 집합행위에 미치는 영향 역시 성공가능성에 대한 예측을 통해 작동한다. 기존의 소득분포에 의문이 제기되었을 때, 처음 반응은 변화의 속도에 대해 비현실적인 기대를 갖게 된다는 것이다. 이러한 기대가 좌절되었을 때 그 다음 반응은 집합행위의 성공가능성에 대해 비현실적인 기대를 갖게

---

123) 아무것도 하지 않았을 때 결과는 (개인의 경우) 죽음이거나, (기업의 경우) 파산이다. 파산 위기에 처했을 때 단독행위의 손실은 고려대상이 될 수 없다는 것은 Bowman, "The logic of capitalist collective action"에 잘 설명되어 있다.

124) 각주 120)에서 언급한 미발간 저서에서 퉁은 중국 농민반란의 예를 들어 이러한 사실을 보여준다.

125) Thompson, "The moral economy of the English crowd in the eighteenth century"의 연구결과는 이러한 관점에서 해석되어야 할 것이다.

126) Tocqueville, *Democracy in America*, p. 538.

127) 이러한 효과가 일어나는 몇 가지 방식에 대해서는 Boudeon, *Effects Pervers et Ordre Social*, ch. VI 및 Hirschman, "The changing tolerance for inequality" 참조.

된다는 것이다.

다음으로 동기의 원격 결정요인, 즉 행위자들의 상호작용구조와 관련된 요인들을 살펴보자. 다섯 가지를 들 수 있다. 집단의 크기, 집단 구성원 간의 거리, 집단 구성원의 변절률, 집단의 동질성 정도, 집합행위의 보상방법. 이 외에 집합행위의 조건으로서 '자기존중'에 대해 간단히 살펴보겠다.

집합행위에 관한 기존의 연구에 따르면, 집단이 클수록 그 가능성은 낮아진다는 것이 표준적인 견해이다. [128] 무임승차자의 이익은 집단의 크기에 비례한다. 그의 불참으로 인해 각 행위자에게 돌아가는 손실이 감소하기 때문이다(하지만 아래의 집행행위의 보상방법에 대한 논의를 참조하라). 그러나 반대방향으로 움직이는 경향도 있다. [129] 압력이 일정할 때, 처벌의 위험과 관련된 단독행위의 손실은 집단의 규모에 반비례한다. 경찰이나 군대가 더 엷게 전개할 수밖에 없을 것이고, 따라서 개개인의 위험은 더 작아진다. 여기에서도 집합행위의 가능성은 중간 규모의 집단에서 최대가 된다는 것을 알 수 있다.

고립은 집합행위의 장애물이다. 반면에 근접성은 좋은 조건이다. 여기에서 고립은 공간적인 거리가 아니라 좀더 일반적인 '교통 거리'를 말한다. 이것은 지리적 조건뿐만 아니라 교통수단과도 관계가 있다. "인구가 비교적 희박하면서도 교통수단이 발달한 나라는 교통수단이 발달하지 않았으면서도 인구가 더 많은 나라보다 인구밀도가 높다." [130] 앞에서 인용한 《무월 18일》의 구절에서 마르크스는 이러한 의미에서의 고립은 계급의식과 집합행위에 장애물이라고 밝혔다. 《독일 이데올로기》에도 같은

---

128) Olson, *The Logic of Collective Action*, p. 28; Hardin, *Collective Action*, ch. 3 (그러나 이에 대한 의문은 p. 49를 보라).

129) 이 생각은 니라니(S. Kareh Nirani) 씨에게 얻은 것이다.

130) *Capital I*, pp. 352~353.

주장이 있다.

> 경쟁은 개인들을 고립시킨다. 부르주아뿐만 아니라 노동자들도 고립시킨다. 그들을 함께 모아놓는다는 사실에도 불구하고. 그러므로 이들이 단결하는 데는 긴 시간이 걸린다. 조합이 국지성을 벗어나려면 필요한 수단, 즉 대규모 산업도시와 값싸고 빠른 교통이 대공업에 의해 먼저 생산되어야 한다. 개인들은 이러한 고립을 날마다 재생산하면서 살고 있으므로, 이들에 맞서 있는 조직화된 힘을 대적하기 위해서는 오랜 투쟁이 필요하다. 그 반대를 요구하는 것은 이 한정된 역사 시기에 경쟁은 존재하지 않는다거나, 개개인은 자신들이 통제할 수 없는 고립상황은 염두에 두지 말아야 한다고 주장하는 것이나 마찬가지다. [131)]

농민의 고립과는 달리, 공장에 모여 있는 노동자들의 물리적 근접성은 연대를 증진시키고 상호 간의 경쟁을 극복하는 데 도움이 된다. 그들은 "자본주의적 생산과정 그 자체가 제공하는 메커니즘에 의해 훈련되고, 단결되고, 조직된다". [132)] 또한 "농촌 노동자는 비교적 넓은 토지 위에 분산되어 있어서 저항력이 약화되는 반면, 집중은 도시 노동자의 저항력을 강화한다". [133)] 그리고 일반적으로 "노동자들의 저항능력은 그들이 분산되어 있으면 감소한다". [134)] 그는 결정적인 요인인 집중이 주택 혹은 주거에서의 집중이 아니라 공장에서의 집중이라고 꼭 집어서 말하지는 않았지만, 노동조합의 중요성에 관해 그가 언급한 내용들을 종합해보면 그렇게 추론할 수 있다. [135)]

---

131) *The German Ideology*, p. 75; *The Community Manifesto*, p. 493.

132) *Capital I*, p. 763; 스스로 무덤을 파는 부르주아에 대해서는 *The Communist Manifesto*, p. 496 참조.

133) *Capital I*, p. 506.

134) *Capital I*, p. 462.

그러나 향상된 교통수단이 계급의식에 미치는 영향이 분명하지는 않다. 계급성원들을 한데 모아놓으면 연대가 이루어지기 쉽다. 그러나 지리적 이동이 가능하면 연대가 어려워진다. 마르크스는 《임금》 원고에서 이렇게 말한다. "교통수단의 향상은 서로 다른 지역에 있는 노동자들의 경쟁을 촉진하고 국지적인 경쟁을 전국적인 경쟁으로 바꾸어놓는다."[136) 따라서 교통수단 발달의 순효과는 불확실하다. 그러나 여기에서도 중간정도의 발달수준이 최대의 연대를 가져오리라고 예상할 수 있다.

이것은 모든 형태의 이동성에 해당한다. 이동성이 거의 없으면 사회적 장벽이 절대적으로 보이고, 이 장벽에 도전할 엄두가 나지 않는다.[137) 반면에 이동성이 아주 높으면 집단의 유동성이 커져서 지속적인 집합행위가 일어나기 어렵다.[138) 마르크스가 이것이 집합행위에 어느 정도로 장애가 된다고 생각했는지는 알 수 없지만, 계급 내 전업보다는 계급 간 이동성이 더 중요하다고 생각한 것은 분명하다. 6.1.4에서 인용한 《무월 18일》의 구절에서 아메리카의 계급구조의 유동성에 대해 언급하였는데, 이것이 계급성원들의 조직화된 행동에 장애가 된다는 생각 때문이었을 것이다. 《공산당 선언》에서 그는 근대 소부르주아 특유의 성격에 대해 계급으로 "끊임없이 거듭나는" 반면, "이 계급의 성원들은 계속해서 프롤레타리아로 던져지고 있다"고 말한다.[139) 그러나 집합행위의 능력

---

135) 주거 형태와 관련하여 노동 계급의 연대를 설명한 책으로는 Hanagan, *The Logic of Solidarity*가 있다. 또한 Thernstrom, "Working class social mobility in industrial America"에 따르면, 공장보다는 **도시** 안과 밖으로의 이동성이 노동 계급의식 형성에 주된 장애가 된다.

136) "Wages", p. 423.

137) Veyne, *Le Pain et le Cirque*, pp. 314ff; Tocqueville, *Democracy in America*, p. 549.

138) 이런 이유로 토크빌은 아메리카에서는 계급이 중요한 요인이 아니라고 생각했다(각주 84) 참조).

139) *The Communist Manifesto*, p. 509.

에 대해서는 아무런 언급이 없다. 그러나 1856년에 쓴 논설에서는 이렇게 말한다.

> 자본의 집중은 가속화되고 있다. 그 자연적인 귀결로 소부르주아 계급은 몰락하고 있다. 산업계의 왕들이 등장하여 아성을 구축하고 있다. 이들의 힘은 책임과 반비례한다. 책임은 자신들이 가진 지분에 그치는 반면, 힘은 사회의 전 자본을 좌지우지하고 있다. 반면에 주주 대중은 해체와 갱신의 과정을 겪고 있다. 140)

마지막으로, 여러 번 인용한 바 있는 《자본론 III》의 구절에서는 자본가 계급으로의 상향이동성이 자본가 계급의 통치를 안정시킨다고 말한다. 이것은 노동자 계급이 지도자를 상실하게 되는 하나의 이유이기도 하다. 다른 한편, 마르크스는 계급 내 이동성의 부정적 결과에 대해서는 언급한 것이 거의 없다. 내가 알기로 유일한 예외는 방금 인용한 《임금》의 구절이다. 그는 그러한 이동성이 노동자들에게 미치는 긍정적인 영향에 대해서는 "완전히 발달한 개인, 다양한 노동에 적합한 개인"을 창출하는 경향이 있다고 말했다. 141) 그는 이동성이 노동자들에게 좋은 것이기는 하지만, 계급으로서의 노동자의 저항력을 약화시킬 수 있다는 생각은 하지 않았다.

계급성원들의 문화적 이질성도 집합행위에 장애가 될 수 있다. 1.3.1에서 인용한 아일랜드에 관한 구절에서 마르크스는 영국 노동자와 아일랜드 노동자 간의 대립이 '분할정복' 전략의 일환으로 영국 자본가들에 의해 고의적으로 조장되고 인위적으로 유지되었다고 말했는데, 액면 그대로 받아들이기는 어렵다. 착취자들이 기존에 존재하던 차이를 예컨대 혼

---

140) *New York Daily Tribune* 1856. 7. 11.
141) *Capital I*, p. 488.

합 노동력으로 편성함으로써 이용했다(6.3.1)고 보는 것이 더 그럴듯하다. 문화적 차이는 극복할 수 있다. 그러나 충성의 대상이 서로 다른 사람들이 이를 넘어서서 계급연대를 구축하는 데는 오랜 시간이 걸린다. 그리고 출입의 이동성이 크다면 그럴 시간이 생기지 않는다. 문화적 배경과는 다른 종류의 집단성원의 이질성이 동기에 미치는 영향에 대해서는 6.2.3에서 살펴본다.

"집합행위의 보상방법"이란 투입(전원 가담)과 산출(집합행위 가담자에게 돌아가는 혜택) 간의 함수관계를 말한다.[142] 가능성은 크게 세 가지가 있다. ① 계단 함수를 보이는 경우인데, 여기에서는 참가의 한계생산성이 '거의 어디에서나' 0에 가깝다. 결정적인 문턱에 이를 때까지는 기여가 없다가 그 문턱을 넘어서면 잉여가 된다. 개인의 행위는 그 문턱에 도달했을 때 비로소 도움이 된다. 이 모형으로 설명할 수 있는 집합행위들이 많이 있지만,[143] 현재 우리의 논의에는 해당하지 않는다.[144] 많은 사람이 참가할수록 성공가능성은 높아진다. ② 오목 함수를 보이는 경우인데, 여기에서는 초기의 기여는 작지만 후기의 기여는 점차 커진다. 이 함수는 전형적으로 조직적 행위에 있어서 불연속성을 보인다. 혁명가들의

---

142) 이 부분은 다음 논문을 주로 참고하였다. Marwell, Oliver and Teixeria, "Group heterogeneity, interdependence and the production of collective goods".

143) Hardin, *Collective Action*, pp. 55ff.

144) Buchanan, *Marx and Justice*, p. 89는 문턱 기술(*threshold technology*)이 집합행위에 가장 적합한 모형이라고 주장하는데, 근거는 없다. 게다가 그는 이러한 가정으로부터, 심지어 이타적인 동기를 가지고 있다고 하더라도, 집합행위가 이런 기술에서는 일어날 수 없다는 부당한 결론을 내린다. 문턱 기술에서는 어느 한 사람의 행위가 결과에 미치는 영향은 매우 작지만, 드문 일이기는 해도 결정적인 지점을 넘어서게 되면 그의 영향은 매우 크다. 그러므로 참가 시 기대 효용은 참가의 동기가 되기에 충분하다. Parfit, *Reasons and Persons*, ch. 3 참조.

능력은 숫자가 많아져서 기관총을 구비할 수준에 이르면 급격히 증가한다. ③ 볼록 함수를 보이는 경우인데, 여기에서는 초기의 기여가 후기의 기여보다 더 크다. 기아 때문에 파업을 일으키면 처음에는 엄청난 반향을 불러일으키지만, 두 번째로 파업한 사람은 언론의 주목을 받지 못한다. 보상방법과 동기는 복잡하게 상호작용하여 집합행위의 가망성을 형성한다. 예컨대, 오목 보상방법에서는 무임승차 이익이나 단독행위의 손실에 구애되지 않는, 고도로 동기화된 소수가 필요하다.

마지막으로, 지금까지 살펴본 것들과는 완전히 다른 문제가 하나 있다. 피억압 혹은 피착취 집단이 어떤 상황에서 자신들을 능동적 존재로 인식하게 되는가 하는 것이다. 능동적 존재로 인식한다는 것은 자신들에게 주어진 것을 수동적으로 받아들이는 것이 아니라 스스로 환경을 개선할 힘이 있다고 생각하는 것을 말한다. 다른 말로 하면, 자기존중이 형성되는 조건은 무엇인가 하는 것이다. 마르크스는 그것이 계급투쟁의 결과라고 주장했지만, 최소한의 자기존중은 계급투쟁이 시작되기 위해서라도 필요하다(6. 2. 3). 4. 2. 1에서 본 것처럼, 그는 노동 계급의 자기존중이 발생하는 곳은 **시장**이라고 주장했다. 자본주의 경제에서 노동시장과 소비재시장은 노동자에게 **선택**을 강요하고, 이 선택행위에는 책임이 뒤따른다. 그러므로 자본주의는 노동자들에게 집합행위의 이유를 제공함과 **동시에**, 집합행위를 수행할 수 있는 역량을 제공한다. 후자의 측면에서 자본주의는 이전의 경제체제들과 확연히 다르다.

마르크스는 원인의 연쇄가 시장에서 경제적 투쟁을 거쳐 정치적 투쟁으로 이어지는 것으로 보았다. 이것을 톰슨이 《영국 노동 계급의 형성》(The Making of the English Working Class)에서 설명한 것과 비교해보자. 톰슨은 "자유나무 심기"에서 노동 계급의 자기존중이 혁명적·나폴레옹 연간의 정치적 투쟁에서 발견된다고 주장한다. 그 후에 산업자본주의가 일어났고, "기준과 경험" — 그의 책의 장 제목이다 — 에 끔찍한 결과가 초래되었다는 것이다. 이러한 남용에 대한 노동자들의 집단적 반발에 기름을 부은 것이 정치적 급진주의였다. "1840년대 이전에는 정치적 불만과 산업조직은 별개의 것이었다."[145] 톰슨의 저작에서는 시장이 병도 주고 약도 준다는 암시를 찾아볼 수 없다. 즉 시장경제의 특징인 선택의 자유가 노동 계급의 자기존중을 불러일으키고, 이로써 시장의 힘에 대항할 수 있는 힘이 생긴다는 암시는 없다. 그러나 그의 주장이 그런 견해와 양립 불가능한 것은 아니다. 시장의 등장이 산업자본주의보다 시기적으로 앞서기 때문이다. 즉 시장의 실패를 대규모로 겪기에 앞서 시장의 해방 효과가 나타났을 수도 있다. 그렇게 보면, 톰슨의 정치에 대한 강조는 경제적 투쟁의 우선성을 강조한 마르크스의 주장과는 차이가 있다.

6.2.3. 집합행위의 합리성

지금까지 나는, 다른 사정이 같다면, 집합행위와 기껏해야 상관관계가 있는 변수들을 살펴보았을 뿐, 어떤 이론을 제시하지는 않았다. ("기껏해야"라고 말한 이유는 독립변수가 종속변수에 영향을 미치는 순효과가 불분명했기 때문이다.) 이제 이러한 상관관계들을 개인적 행위이론과 연결시키려는 시도들을 살펴보자. 논의를 단순화하기 위해 6.2.2에서 살펴보았던 변수들 대부분은 무시한다. 마르크스의 견해도 잠시 접어둔다. 노동조합의 원리에 관한 마르크스의 견해는 마지막에 가서 소개할 것이다.

1.1과 1.2에서 논의한 내용을 간단히 요약해보자. 첫째 원칙은 집합행위의 미시적 기초를 찾아야 한다는 것이다.[146] 집합행위를 그 집단이

---

145) Thompson, *The Making of the English Working Class*, p. 546.

146) 최근의 연구성과는 M. Hechter(ed.), *Microfoundation of Macrosociology*; Popkin, *The Rational Peasant*; Stroebe and Frey, "Self-interest and collective action" 참조.

얻는 이익의 관점에서만 설명하면 여러 가지 문제가 발생한다. 특히 집합행위가 행위자들에게 큰 이익을 가져오는 데도 불구하고 종종 실패하는 이유를 설명하지 못한다. 개인수준의 설명은 다음과 같은 발견적 원칙을 따라야 한다. 우선 개인의 행위는 합리적이고 이기적이라고 가정해야 한다. 이런 가정이 적합하지 않은 경우에도 최소한 합리성은 가정해야 한다. 이 가정조차 적합하지 않다면 개인이 집합행위에 가담하는 것은 비합리적이라고 보아야 한다. 마지막으로 섣부른 환원주의를 경계해야 한다. 집합행위를 개인수준에서 설명하는 것은 매우 복잡하기 때문에 현재로서는 가능하지 않을 수도 있다. 이 경우 가장 좋은 연구전략은 앞에서 말한 포괄적인 상관관계를 잘 다듬는 것이다.

그 어떤 집단이든 조직화를 시도할 때는 기본적으로 죄수의 딜레마에 부딪히게 된다. [147] 단순한 형태로 보면, 이것은 한 개인과 '나머지 모든 사람'과의 전략 게임이다. 두 행위자에게 각각 두 개의 전략이 있다. 즉 참가 혹은 불참이다. 행위자들이 선택한 모든 쌍에 대해 행위자 각각에게 돌아가는 몫(예상되는 물질적 보상)이 있다. 〈표 3〉의 행렬에서 첫 번째 숫자는 '나'의 보상이고, 두 번째 숫자는 '나머지 모든 사람'에 속한 각 개인이 받는 보상이다.

〈표 3〉 보상행렬

		나머지 모든 사람	
		참가	불참
나	참가	b, b	e, f
	불참	c, d	a, a

---

147) 2명 죄수의 딜레마는 Rapoport and Chammah, *Prisoner's Dilemma* 참조. n명의 경우는 Taylor, *Anarchy and Cooperation* 참조.

여기에서 b−a는 6.2.2에서 정의한 것처럼, 협력의 이익이다. c−b는 무임승차자의 이익이고, a−e는 단독행위의 손실이다. 나머지 모든 사람이 어떻게 하든, 나로서는 참가하지 않는 것이 이익이다. 나머지 모두가 집합행위에 참가하면 나는 무임승차자의 이익을 얻고, 나머지 모두가 불참하면 나는 단독행위의 손실을 피할 수 있다. 이 추론을 각 행위자에게 적용하여 '나'의 자리에 모든 사람을 하나씩 넣으면 모든 사람이 불참을 선택할 것이고, 따라서 집합행위는 일어날 수 없다.

논리적으로 매우 강력한 주장이다. ① 게임이 한 번만 일어나고, ② 행위자들의 동기가 오로지 행렬상의 보상이고, ③ 그들이 합리적으로 행동한다면, 집합행위는 반드시 실패한다. 접근법을 바꾸어 집합행위의 가능성을 생각해보자. 즉 상호작용이 여러 번 반복될 경우, 행위자들의 동기가 물질적 보상구조와는 다른 보상인 경우, 그 행위가 완전히 합리적이지는 않을 경우를 생각해보자. 이러한 조건하에서는 집합행위가 가능하다. 이 세 경우는 각각 앞에서 말한 합리성·이기심, 합리성 단일, 비합리성에 해당한다.

먼저 반복된 상호작용을 생각해보자. 어떤 산업분야의 자본가들 혹은 어떤 기업의 노동자들은 장기간에 걸쳐 상호작용한다. 이들이 어떤 순간에 선택한 행위는 나중에 다른 사람들이 선택할 행위에 영향을 미친다. 묵시적 혹은 명시적 위협이 될 수도 있고, 기대를 품게 할 수도 있다. 따라서 '앞의 게임에서 당신의 적이 선택한 것과 동일한 전략을 항상 선택한다'는 메타전략이 나올 수도 있다. 즉 불참에는 불참으로 보복하고, 협력에는 협력으로 화답하는 것이다. 모든 당사자가 이 메타전략을 채택한다면, 이탈자에 대하여 안정적인 상황이 조성될 것이다. 즉 무임승차의 이익에 이끌려 집합행위에서 이탈하는 사람들이 없어질 것이다. [148]

---

148) 자세한 내용은 Taylor, *Anarchy and Cooperation* 참조.

꽤 그럴듯한 생각이다. 이러한 생각은 게임 이론이 본격적으로 등장하기 전에 이미 데카르트가 말한 바 있다. 149) 남들을 도와주면 나중에 그들이 보답한다는 것은 상식적인 관찰이다. 그러나 게임 이론은 상식적 관찰에 입각한 이론의 한계를 지적한다. 첫째, 집합행위에 참가할 때 현재의 이익과 미래의 이익 중 어디에 비중을 둘 것인가의 문제가 있다. 이것은 협동의 이익, 무임승차의 이익, 단독행위의 손실을 규정하는 매개변수에 대해 시간대별로 할인율을 어떻게 정할 것인가의 문제이다. 150) 다음으로 상호작용의 수가 한정되어 있고 행위자들이 사전에 알려져 있다면, 집합행위의 개인적 합리성은 무너진다. 마지막 게임에서 협력하는 것은 합리적이 아니다. 이 협력행위가 가져올 미래의 보상이 전혀 없기 때문이다. 그러므로 모든 사람이 마지막 게임에는 불참하리라는 것을 모든 사람이 알고 있다. 그렇다면 마지막 게임 바로 앞의 게임에서도 같은 일이 벌어진다. 왜냐하면 이 게임의 결과가 마지막 게임에 어떠한 영향도 미치지 않을 것이기 때문이다. 이런 방식으로 논의는 상호작용이 일어나는 첫 게임으로 돌아온다. 그러므로 집합행위는 상호작용의 수가 정해져 있지만 알려지지 않았을 때, 혹은 우연변수일 때 합리적일 수 있다. 마지막으로 상대가 한 행위와 같은 행위로 상대에게 대응한다는 메타전략은 유력한 전략이 될 수 없다. 즉 상대가 선택할 수 있는 모든 메타전략에 대한 최선의 대응은 아니다. 그가 나와 동일한 메타전략을 선택했을 때에만 유효하다. 따라서 이 전략은 상대가 나와 동일하게 행동하리라고 믿을 만한 근거가 있을 때에만 사용할 수 있는 전략이다. 이를 위해서는 아주 엄격한 정보조건이 필요하다. 즉 상대가 합리적이고 충분한 정보를 가지고 있다고 믿을 만한 근거가 반드시 있어야 한다. 그의 합리성이나

---

149) 데카르트가 엘리자베스 여왕에게 보낸 편지 참조. 이 편지는 졸저 *Ulysses and the Sirens*, ch. II. 4에 인용 및 논의되어 있다.

150) Taylor, *Anarchy and Cooperation*, ch. 3.

정보에 대해 조금이라도 의심이 있다면, 불참이 합리적 선택이다. 151)

이러한 사실들은 왜 때때로 집합행위가 일어나지 않는지를 설명해준다. 행위자들이 자기이익에 사로잡혀 보복의 위협도 소용이 없는 경우도 있을 것이다. 상호작용의 결산일이 알려져 있는 경우도 있을 것이다. 혹은 행위자들이 서로에 대해 불충분한 정보를 가지고 있을 수도 있다. 이러한 일들이 자주 발생하고, 그중 어느 하나만 발생해도 집합행위는 일어나지 않는다. 이것이 바로 협력이 실패하는 주된 이유이다. 달리 말하면, 집합행위가 일어나기 위해서는 여러 가지 조건들이 충족되어야 한다. 따라서 집합행위가 일어나는 것이 오히려 신기할 정도다. 받아들일 수 있는 매개변수의 값의 범위는 매우 제한적이다. 하지만, 이러한 결론은 집합행위가 이기적으로 합리적인 행위에서 나온다는 가정을 근거로 도출된 것이다. 이제 이러한 가정에 근거하지 않은 설명들을 살펴보자.

행위자들이 서로 완전히 고립된 상태에서 선택을 하는 것은 아니다. 한 행위자의 선택은 다른 사람들에 의해 관찰되고, 이러한 사실을 그도 알고 있다. 그 역시 다른 사람들이 어떤 선택을 하고 어떤 보상을 받는지 관찰할 수 있는 위치에 있다. 이러한 외부효과가 동기와 선택에 여러 가지 방식으로 영향을 미칠 수 있다. 첫째, 행위자는 불참에 대해 죄책감과 수치심을 느낄 수가 있다. 장차 그에게 가해질 비공식적인 사회적 제재가 예견되기 때문이다. 이것은 (다른 사람들이 협동을 선택한 경우) 불참전략의 선택에 대하여 일종의 효용벌금이 부과되는 것이나 마찬가지다. 따라서 무임승차의 이익은 축소되거나 소멸된다. 그러나 단독행위의 손실에는 아무런 영향도 미치지 않는다. 둘째, 행위자는 다른 사람들에게 돌아가는 이익으로부터 약간의 긍정적인 효용을 이끌어낼 수 있다. 집합행

---

151) 물론 이것은 아주 단순화하여 말한 것이다. 더 적절한 공식은 집합행동에 참가할 것으로 예상되는 사람의 수와 예측의 정확도를 고려하는 것이다.

위에 가담함으로써 집단 전체의 효용수준이 어느 정도 상승한다면, 이것은 부분적으로 혹은 전체적으로 그가 입은 손실, 즉 무임승차자의 이익과 상쇄할 수 있다. (나중에 논의하겠지만, 여기에서는 외부효과가 단독행위의 손실에는 영향을 미치지 않는다고 가정한다.) 셋째, 행위자들이 평등의 가치를 소중히 여길 수도 있다. 그렇다면 보상행렬의 각 난에서 수치에 차이가 생기는 일은 부정적 효용이 된다. 이것 역시 무임승차 이익을 감소시킨다. 그러나 단독행위의 손실은 감소되지 않는다. 오히려 단독행위의 손실은 평등에 대한 선호로 인해 증가할 것이다.

이러한 외부효과가 무임승차자의 이익을 완전히 소멸시킨다고 가정하면, 협동이 그 게임의 해결책으로 보일 것이다. 그러나 이것이 유력한 전략은 아니다. 단독행위의 손실은 그대로라고 가정했으므로, 집합행위로 발걸음을 옮기는 것이 합리적인 것은 아니다. 전과 마찬가지로 엄격한 정보조건이 충족되어야 한다. 이 문제는 사실상 **협력에 대한 조건적 선호**의 문제이다. 각 행위자는 다른 사람들도 동일하게 행동하리라고 예상되는 경우에 협력을 선호한다는 말이다. 그런 예상을 할 수 없을 때에는 그렇게 하지 않는다.

그런 경우에 집합행위가 실패하는 이유로는 두 가지를 들 수 있을 것이다. 하나는 정보조건이 충족되지 못했을 때이다. 또 하나는 행위자가 외부효과의 영향을 제대로 받지 않았을 때이다. 여기에서 6. 2. 2에서 언급한 조건들의 중요성이 분명하게 나타난다. 행위자가 너무 많지도 않고, 서로 충분히 가깝고, 배경도 비슷하고, 충분한 기간 동안 상호작용한다면 서로를 잘 알게 되고, 서로 배려하는 마음이 생긴다. 이로써 정보조건과 동기조건이 둘 다 충족된다. 그런데 이렇게 추론하는 것은 논란의 여지가 있다. 첫째, 모든 계급에 다 그럴 것이라고 기대할 수 없다. 예를 들면, 타인의 이윤에 대한 배려가 자본가들의 동기가 되진 않을 것이다. 일반적으로 말해서 착취 계급은 피착취 계급에 비해 그런 감정을 덜 느낄 것으로 추정된다. 사회적 제재에 대한 두려움도 과소평가할 수는 없지만,152) 집합행동을 낳기보다는 진정시키는 역할을 하기 쉽다.153) 둘째, 동일한 개인들 사이의 상호작용의 지연은 무관심을 적대로, 연대가 아니라 질투로 변하게 만들어 긍정적 효과보다는 부정적 효과를 낳을 가능성이 있다.154) 아마도 마르크스는 생산과정에 있어서의 노동자들 간의 협력이 계급행위에 있어서도 협력을 하기 쉽게 만든다고 생각한 것 같다.

자본가들은 반복된 게임에서도 이기적 합리성에 따라 행동하는 반면, 노동자들은 효용함수에 있어서 외부효과의 영향을 받을 것이라고 말했는데, 이것은 나의 추측이다. 반복된 죄수의 딜레마의 논리가 두 경우에 모두 적용된다고 보는 것이 더 간편하지 않을까? 노동자도 자본가와 다를 바 없이 이기적으로 합리적인 이유에서 집합행위에 가담한다고 볼 수도 있다. 노동 계급의 문화에 대한 방대한 연구결과는 이러한 주장을 지지하지 않는다. 그러나 개인적 동기의 문제가 가진 난해하고 미묘한 성격을 고려할 때, 그러한 주장을 무시하기도 어렵다. 암묵적 교환과 조건적 연대라는 관념은 밀접한 관련이 있어서 동일한 정치적 수사를 낳는다. 이 가설을 검증하려면, 예컨대 도로건설이나 이와 비슷한 사업현장에서 노동자들의 상호작용의 결산일이 알려져 있을 때, 이것이 노동자들의 연대에 부정적인 영향을 미치는지 살펴보면 될 것이다. 그러나 이러한 산업분야에 종사하는 노동자들은 안정적이고 영속적인 공동체를 형성하지는 않는다. 따라서 집행행위의 실패는 높은 이직률 때문일 수도 있다. 어느 경우든 건설현장을 이리저리 이동하는 노동자들은 노동 계급 중에서도 가장 급진적인 사람들에 속한다. 이들이 행동주의적 성격을 띠고 있다면, 이러한 급진주의는 고도로 발달한 계급의식의 표지라고 볼 수도

---

152) 예를 들면, Veyne, *Le Pain et le Cirque*, pp. 230ff 참조.

153) van Parijs, *Evolutionary Explanation in the Social Sciences*, pp. 132ff.

154) March and Lave, *Introduction to Models in the Social Sciences*, p. 15.

있다. 155) 그러므로 결과가 여하하든, 이 사례는 둘 중 어느 쪽 가정과도 일치한다. 개념이 엄밀하지는 않고 이론도 확실하지 않아서 명확한 반대를 하기는 어렵다. 그러한 시도는 섣부른 환원주의가 될 가능성이 있다.

두 모형 모두 집합행위에 가담하는 것은 다른 사람들이 가담한다는 것을 전제로 이루어진다. 그렇다면 협력은 결코 유력한 전략이 될 수 없다. 즉 다른 사람이 어떻게 행동하든 협력이 최선의 선택이라고 생각할 수는 없다는 것이다. 하지만 그런 주장을 할 수 있는 논리는 있다. 첫째, 사람들이 윤리적으로 행동한다고 가정한다. 즉 다른 사람이 어떤 행동을 하느냐와 관계없이 정언명법에 따라 행동한다고 가정한다. 둘째, 사람들이 참가로부터 직접적인 효용을 얻는다고 가정한다. 이렇게 가정하면 "과정 중 이익"156)에 의해 협력이 유력한 전략이 될 수도 있다. 이 두 가지 가정은 방식은 다르지만 결과주의에서 벗어나 있다. 첫 번째 주장은 모든 사람이 일정한 방식으로 행동했을 때 생기는 결과의 관점에서 문제를 보고 있다. 일반적으로 결과주의는 **자신의** 행동이 초래할 결과에 비추어 행동해야 한다는 주장을 말한다. 두 번째 주장은 결과를 전혀 고려하지 않는다.

나는 첫 번째 주장에 대해서는 두 가지 생각을 가지고 있다. 개인의 영웅적 행위 또는 희생은 소용이 없는 수준을 넘어서 **해로운** 결과를 가져올 수도 있다는 것을 노동 계급의 역사가 보여준다. 즉 그런 행동이 당국이나 사용자들이 노동자들에 대한 탄압을 강화하는 빌미가 될 수도 있다는 것이다. 157) 무조건적 이타주의도 흔치 않은 일이다. 그것은 개인에게 초인적인 요구를 하는 것이다. 인간에게 있는 도덕적 결함을 인정해야 한

---

155) 졸저 *Logic and Society*, pp. 144~145 참조.

156) Buchanan, *Marx and Justice*, pp. 92ff; 또한 Hirschman, *Shifting Involvements* 참조.

157) 이 문제에 대한 훌륭한 설명은 Margalit, "Ideals and the second-best" 참조.

다. 다른 한편, 핵심적인 무조건적 협력자가 있으면, 다른 사람들도 협력에 참가하기가 한결 쉬워진다. 집합행위의 보상방법이 오목 곡선이라면 말이다. 눈덩이 효과를 생각해볼 수도 있다. 앞장서는 사람이 5%만 있으면 기꺼이 가담할 의사가 있는 사람이 10%라면, 결국 5%의 무조건적 협력자가 15%의 가담자를 만들어내고, 앞장서는 사람이 15%만 있으면 기꺼이 가담할 의사가 있는 사람이 30%라면, 결국 45%의 가담자를 얻게 된다. 158) 일부 행위자에게 단독행위의 손실이 0이라면, 이들의 행동은 다음 참가자의 손실을 0에 가깝게 끌어내리고, 계속해서 다음 참가자의 손실도 0에 가까워진다. 나는 이것 역시 노동 계급의 역사에서 볼 수 있는 중요한 사건들과 일치한다고 생각한다. 일방적 행동에 대한 도덕적 비난은 그러한 눈덩이 효과가 작동하지 않는 경우에만 타당할 것이다. 하지만 눈덩이 효과를 기대하는 것도 결과주의적 추론의 한 형태이다. 159) 행위자 자신은 그런 것까지 생각하면서 참가하는 것은 아닐 수도 있지만, 정당화는 이런 형태로 이루어진다. 중요한 것은 집합행위에서 무조건적 협력자는 다른 사람들이 따라올 것인가를 계산하지 않고 행동한다는 점이다. 이러한 비결과주의적 태도는 사후에 다른 사람들이 따라오게 되면 결과적으로 정당화된다. 문제는 **사전**의 경우 단독행위에 대한 도덕적 비난이 언제, 어떤 조건 아래서 타당한가 하는 것이다.

협력이 유력한 전략이 될 수 있다는 두 번째 근거도 의심스럽다. 참가를 통해 얻는 혜택은 본질적으로 부산물이다. 160) **오로지** 이 혜택을 얻기 위해 집합행위에 참가하거나 주도하는 사람들은 그것을 얻지 못한다. 이

---

158) 이러한 혼합선호의 경우는 Marwell, Oliver and Teixeira, "Group hetero-geneity, interdependence and the production of collective goods"; Schelling, *Micromotives and Macrobehaviour* 참조.

159) 이 생각은 실버(Charles Silver)와의 토론 중에 얻은 것이다.

160) 이에 관해서는 졸저 *Sour Grapes*, ch. II. 9 참조.

들은 집합행위의 목적 자체도 제대로 알지 못할 것이다. 파업을 조직하는 일은 고된 노력을 지속적으로 요구한다. 이것은 그 행위의 이익만 생각하고 집합행위에 참가하는 사람들의 자기중심적 태도와는 본질적으로 다르다. 그런 사람들의 참여가 조직된 행동의 영향력을 증대시키는 효과는 있지만, 전체 혹은 대다수가 그런 사람들로 이루어진 집단은 힘을 유지하지 못한다.

이제 집합행위에 가담하는 것을 본질적으로 비합리적인 것으로 보는 견해를 살펴보자. (원칙적으로 그 행동의 기초가 되는 신념이 비합리적인 경우와, 주어진 신념에 대해 행동이 비합리적인 경우는 다르다. 그러나 현실에서는 어느 경우인지 거의 구별하기 어렵다.) 이 견해를 뒷받침하는 설명은 두 가지가 있다. 첫 번째 설명은 죄수의 딜레마에서 최종적으로 내려진 결론과는 사뭇 다르다. 행위자들은 결산일이 알려져 있을 때에도 장기간 협력한다. 마지막으로 갈수록 이탈하는 현상이 보이긴 하지만.161) 실제로는 그런 행동이 합리적이라는 주장도 있지만,162) 이런 주장에는 동의할 수 없다. 오히려 의지의 박약과 관련 있다고 보는 것이 나을 것이다. 먼 미래의 이익은 가까운 미래 혹은 현재의 이익과 같은 비중으로 계산되지 않는다. 따라서 시간 할인율이 높으면 협력이 어려울 것이고, 그렇지 않고 둘을 같은 비중으로 취급하면 협력은 쉬울 것이다.

두 번째 설명은 트베르스키와 콰트론이 수행한 독창적인 실험에서 나온 것이다.163) 여러 가지 가정적 상황에서 투표를 어떻게 할 것인가를 질문한 결과 응답자들은 다음과 같은 가정에 따라 응답했다. 자신을 어떤

---

161) Rapoport and Chammah, *Prisoner's Dilemma* (p. 29)는 이렇게 쓰고 있다. "확실히 평범한 행위자들은 〔비협력전략이〕 유일하게 합리적인 전략이라는 것을 잘 알지 못한다. 이러한 지적 부족이 오히려 그들의 실패를 막아준다."
162) Hardin, *Collective Action*, pp. 146ff.
163) Quattrone and Tversky, "Self-deception and the voters' illusion".

집단의 대표자 또는 모범이라고 생각하는 사람은 "내가 어떤 행동을 하면 다른 사람들도 나처럼 행동할 것"이라고 주장하는 경향이 있다. 게다가 이러한 진단적 추론을 그럴듯하게 만드는 인과적 사고가 있다. 자기가 이렇게 투표하면 남들도 따라할 것이라고 마술적으로 믿기 때문에 그렇게 투표한다. 꼬리가 개를 흔들 수 있다고 믿고 있다. 이것은 지금 논의하는 집합행위의 형태에도 그대로 적용될 수 있다. 이러한 경향은 뉴컴(Newcomb)의 문제로 알려진 수수께끼와 관련이 있고,[164] 캘빈주의의 추론방식과도 관련이 있다.[165] 이것은 확실히 사회적으로는 도움이 될 수 있다. 이것은 말하자면 정언명법의 심리학적 완성이다. 이런 형태의 비합리성이 개인으로 하여금 집합행위에 가담하도록 만드는 경우도 있을 것이다. 하지만 이런 경우들을 어떻게 범주화해야 할지는 모르겠다.

개인수준의 행위를 설명하는 어느 하나의 모형으로 모든 집합행위를 설명할 수는 없다. 설명적 다원주의를 피할 이유가 없다. 다른 한편, 상황논리에 빠지지 않도록 주의해야 한다. 가장 좋은 전략은 거시적 상관관계에 대한 탐구 70%, 미시적 기초를 제공하는 모형 30%를 혼합하는 것이다. 사회과학에서 사람들이 협력하는 이유를 설명하는 것보다 더 중요한 문제는 없다.

마르크스로 돌아가기 전에 집합행위에서 **리더십**의 역할에 대해 몇 마디 하고자 한다. 개인들의 동기와 관계없이 집합행위를 이끌기 위해서는 항상 리더가 필요하다. 집합행위에 가담하는 사람들의 상호신뢰가 관건이라면, 리더는 바로 그러한 신뢰를 보장하는 기능을 해야 한다. 어느 한

---

164) Nozick, "Newcomb's problem and two principles of choice" 참조.
165) 다음 글은 나중에 침례교도가 쓴 것이지만 캘빈주의의 사고방식을 잘 보여준다. "구원받기 위해 그리스도에게 오는 모든 사람은 … 용기를 내서 오라. … 자신이 선택받지 못했을지도 모른다는 두려움은 가질 필요가 없다. 선택받지 못한 자는 오지 않도록 되어 있기 때문이다(Thompson, *The Making of the English Working Class*, p. 38에서 인용).

사람이 100명을 알고 있고 그들로부터 신뢰를 받고 있다면, 그는 200개의 정보조건을 창출할 수 있다. 즉 그들 각각에게 집합행위에 참가할 것인지를 묻고, 그 결과를 그들 각각에게 알려주는 것이다. 반면에 100명 간의 양방향 소통에서는 약 5천 건의 소통행위가 필요하다.[166] 리더로부터 얻는 정보는 실로 중요한 가치가 있다.

리더십이 중요한 또 하나의 이유는 〈표 3〉의 보상행렬의 특별한 경우를 생각해보면 쉽게 알 수 있다. 각 난의 보상이 죄수의 딜레마 구조가 아니고 $b = c$, $e = a$, $b > a$라고 하자. 집합행위에 찬성하거나 반대해야 할 개인적 이익은 없고, 집단적 이익은 있다.[167] 개개인은 다른 사람이 어떤 행동을 하건 상관이 없기 때문에 마음 내키는 대로 행동하거나, 관습적으로 행동할 수도 있다. 그러나 진취적인 리더는 이 '무관심 지대'를 활용하여[168] 집합행위를 이끌어내고 집합적 이익을 얻을 수 있다. 예를 들어 노동절약적 발명이 임금 하락을 가져오는 경우(3.3.2)를 생각해보자. 이것은 가정적인 경우이긴 하지만 있을 수 있는 일이다. 기업이 비용이 거의 들지 않는 노동절약적 혁신만 모색하고 있다면, 지적 리더십과 설득이 한몫을 할 수 있다.

흔히 논의되는 리더십의 역할은 성원들에게 선택적 동기유인을 제공하거나, 혹은 반대자들에게 불이익을 주는 것이다.[169] 이것은 협력에 대해서는 효용상금을 주고, 이탈하면 효용벌금을 주는 것이나 마찬가지다. 위에서 논의한 비공식 제재와 마찬가지로 이것은 집합행위의 산출보다는 유지에 중요하다. 다음으로 설명해야 할 것은 개인적 동기가 무엇인가

---

166) 〔옮긴이주〕 100개에서 2개를 순서에 상관없이 뽑는 경우의 수. 정확히 말하면 $_5C_2 = 4,950$이다.

167) 이 게임에 대해서는 졸저 *Ulysses and the Sirens*, pp. 120~121 참조.

168) Stinchcombe, *Constructing Social Theories*, p. 157.

169) Olson, *The Logic of Collective Action*, pp. 66ff.

하는 것과 그 동기들이 어떻게 행위유형을 산출하는가 하는 것이다. 이 행위유형들이 조직으로 구체화되면 최초의 동기가 없어지더라도 그 행위를 강요할 수 있게 된다. 집합행위에 관한 근본적인 문제는 **그것이 어떻게 가능한가** 하는 것인데, 그 행위가 이미 일어난 상황을 가정하고 대답을 찾을 수는 없다. 그러므로 행위의 조직화, 정보의 전파 및 무관심과 관련된 리더십의 역할은 강제 및 선택적 동기유인보다 더 근본적인 개념이다.

마르크스는 집합행위의 미시적 기초에 관해서는 깊이 생각하지 않았다. 노동조합에 관한 논의에서 그는 즉각적인 경제적인 효과는 경시하고, 대신 파업이 정치적 계급의식 형성에 미치는 영향을 강조한다. 《공산당 선언》에서 그는 이렇게 말한다. "〔노동자의〕 전투의 진정한 과실은 당장의 결과에 있는 것이 아니라 노동자들의 조합을 더욱 확대하는 데 있다."170) 《임금》 원고에서 그는 노동조합이 노동자들에게 이익이 되는 것이 아니라 오히려 해로울 것이라는 반론에 대해 이렇게 말한다.

이 모든 부르주아 경제학자들의 반론은, 이미 말한 것처럼, 옳다. 다만 그들의 관점에서 옳다. 눈에 보이는 것, 즉 임금은 그대로라는 사실만이 진실로 중요하다면, 그리고 노동과 자본의 관계가 영원하다면, 이러한 단체행동은 필연적으로 좌초하고 말 것이다. 그러나 이것은 노동 계급을 단결시키고, 계급갈등이 있는 낡은 사회의 전복을 준비하는 수단이다. 이러한 관점에서 보면 노동자들은 영리한 부르주아 학자들을 비웃을 권리가 있다. 영리한 부르주아 학자들은 노동자들이 내란을 일으켜봐야 결국 실패할 것이며 사상자와 물질적 피해가 있을 것이라고 알려주지만, 적을 무찌르고자 하는 사람은 그 적과 전쟁의 비용에 관해 논의하지 않는다. 171)

---

170) *The Communist Manifesto*, p. 493.
171) "Wages", p. 435.

여기에서 마르크스는 노동 계급이 단결할 필요성이 있고, 이미 단결되어 있다고 주장한다. 경제적 이익을 위한 투쟁은 노동자들을 단결시키고, 미래의 계급투쟁을 준비하는 일이다. 다른 한편, 노동자들은 그 투쟁이 요구하는 물질적 희생을 기꺼이 감내할 준비가 되어 있다. 하지만 노동자들에게 정치적 계급의식을 발전시키기 위해 경제적 투쟁에 참여하라고 요구하는 것은 투쟁이 발전했을 때 생기는 성숙한 계급의식 자체를 전제로 한다. 여기에서 마르크스는 **부산물의 오류**를 범하고 있다. 위에서 간단히 말한 것처럼, 어떤 행위의 결과로 나타나게 될 바람직한 상태를 그 행위의 동기목표로 삼은 것이다. 노동자들이 경제적 투쟁에 참여한다면 사용자와 충돌하면서 계급의식이 발전하고, 어느 시점에 이르면 경제적 투쟁으로 넘어갈 수 있다. 그러나 경제적 투쟁의 지양이 경제적 투쟁에 가담하는 이유가 될 수는 없다.

이 문제는 중요하기 때문에 원전의 근거를 좀더 살펴보자. 2. 4. 2에서 인용한 〈뉴욕 데일리 트리뷴〉의 구절처럼 "주인과 일꾼들 간의 갈등"은 "노동 계급의 정신을 고양시키는 불가결한 수단"이다. 그 다음의 진술은 연대순으로 볼 때 1865년의 편지에 나온다. 여기에서 마르크스는 이렇게 말한다.

〔독일에서〕 단체행동은, 그리고 이로부터 자라나는 노동조합과 함께 매우 중요하다. 노동 계급의 부르주아 계급에 대한 투쟁을 조직하는 수단이기 때문이다. 이 중요성은 투표권이 있는 공화국에서 살고 있는 미국의 노동자들조차 단체행동 없이는 살아갈 수 없다는 사실을 보면 분명하게 알 수 있다. 나아가 프로이센과 러시아에서는 단결권이 불법이다. 그것이 공무원법과 지방의 귀족 통치를 산산조각 내기 때문이다. 간단히 말해서 그것은 '백성'이 완전히 성숙한 시민이 되는 수단이다. [172]

---

172) Marx to Schweitzer 1865. 2. 13. Marx to Engels 1865. 2. 18에 인용되었음.

이것은 자기존중이 계급투쟁으로부터 발전하고, 정치적 행동의 필요조건들을 창출한다는 주장이다. 이 주장은 그 자체만 놓고 보면 반박할 수 없다. 다만 노동자가 투쟁의 **대상**이 되는 당장의 경제적 목표를 놓치지 않는다는 조건이 있어야 한다. 이 투쟁에서는 **사전에** 승리의 전망이 반드시 있어야 한다. **사후에** 그 투쟁이 실패로 드러난다 하더라도.[173]

같은 해에 쓴 《임금, 가격, 이윤》에서 마르크스는 이렇게 말한다. "자본과의 일상적인 충돌에서 비겁하게 양보하면, 점점 무능해져서 더 큰 운동을 일으킬 수 없다."[174] 이 저작에서 마르크스는, 비록 수세적이기는 하지만, 노동조합이 일부 경제적 결과를 얻을 수도 있다는 것을 인정한다. 그러므로 경제적 투쟁은 그 자체로서도 중요하지만, 확실히 정치적 해방이라는 목표에 종속되어 있다. 이러한 종속은 마르크스가 1866년에 인터내셔널을 위해 작성한 문건에도 나와 있다.

> 노동조합은 원래 〔노동자들 간의 경쟁을〕 제거하거나 혹은 최소한 억제하기 위한 노동자들의 자발적인 시도에서 생겨났다. 즉 노동자들을 노예를 간신히 면한 상태로 몰아넣을 수도 있는 계약조건을 막기 위한 것이었다. 노동조합의 당면목표는 그러므로 일상생활의 필요에, 자본의 끊임없는 침해를 막아 편의를 확보하는 것에, 한마디로 말해 임금과 노동시간의 문제에 한정되어 있었다. 이러한 노동조합의 활동은 합법적인 것이며, 필요한 것이다. 현재의 생산체제가 지속되는 한, 노동조합은 없을 수 없다. 다른 한편, 부지불식간에 노동조합은 노동 계급의 **조직의 중심**을 형성했다. 중세의 도시와 코

---

173) 톰슨의 다음과 같은 반론을 떠올릴 사람도 있을 것이다. 트라팔가 광장의 정치집회가 성과가 있겠느냐는 질문을 받았을 때 톰슨은 이렇게 대답했다. "그것이 중요한 게 아니잖아요? 그것은 민주주의가 살아 있다는 것을 보여주는 것입니다. 인민은 정치인들이 말하는 대로 믿지는 않습니다. 그와 같은 집회는 우리에게 자존감을 주지요. 차티스트 운동은 차티스트들에게 정말로 좋았습니다. 아직 인민헌장을 얻어내지는 못했지만요."(*Sunday Times* 1980. 11. 2).

174) *Wages, Price and Profit*, pp. 151~152.

뮌이 중간 계급에게 그러했던 것처럼. 자본과 노동 간의 게릴라전을 위해 노동조합이 요구된다면, 그 중요성은 더욱 커진다. 이때 노동조합은 **임금노동과 자본지배 체제를 극복하기 위한 조직기구**가 되는 것이다. [175]

마지막으로 1871년의 편지에서는 이렇게 주장한다. "노동 계급이 조직이 충분히 발전하지 못해 집단적인 힘, 즉 지배 계급의 정치권력에 대하여 결정적인 운동을 전개하지 못하는 곳에서는 이 권력에 대한 저항운동을 계속 선동하고, 지배 계급의 정책에 적대적인 태도를 보임으로써 그를 위한 훈련을 해야 한다."[176] 그런데 훈련을 누가 시키는지에 대해서는 아무런 언급이 없다. 이에 앞서 그는 엥겔스에게 인터내셔널의 중요성에 대해 이렇게 썼다. "다음 혁명은 생각보다 빨리 일어날 것 같은데, 우리 (당신과 나)가 이 강력한 엔진을 **우리 손안에** 넣게 될 것입니다."[177] 이 구절을 놓고 보면, 노동자들이 활동적이고 자율적인 주체가 되는 것이 아니다.

지금까지 살펴본 텍스트를 통해 다음과 같은 결론을 내릴 수 있을 것 같다. ① 마르크스에 따르면, 경제적 이익을 위한 투쟁은 노동자들을 변화시켜 경제적 투쟁을 넘어 정치 투쟁을 하게 만든다. 이것은 "환경의 변화와 인간의 활동 혹은 자기변화의 우연의 일치"[178]이다. ② 마르크스는 특히 초기 저작에서는 경제적 투쟁의 성과를 인정한다. 이것은 경제적 투쟁이 정치적 계급의식의 형성을 위해 유용하다는, 혹은 불가결하다는 주장과 일치한다. 다만 이 주장은 인과관계에 대한 **사후** 진술이어야 한다. ③ 만일 그 주장이 수단과 목적에 대한 **사전** 진술이라면, 이것은 부

---

175) "Instructions for delegates to the Geneva Congress", pp. 196~197.
176) Marx to Bolte 1871. 11. 23.
177) Marx to Engels 1867. 9. 11.
178) "Theses on Feuerbach", p. 4. 또한 *The German Ideology*, pp. 53, 214 참조.

산물의 오류를 범한 것이다. ④ 그러나 수단과 목적에 대한 진술로 이해할 수 있는 한 가지 방법이 있다. 즉 그것을 조종을 위한 비법으로 보는 것이다. 멀리 내다보는 지도자는 실패가 뻔히 보이는 전투에 노동자들을 끌어들일 수도 있다. 실패의 경험이 의식상의 소득을 가져오기 때문에.179) 혹은 투쟁이 성패를 떠나 정치적 성숙의 조건이기 때문에. 하지만 이것은 자신이 한 말과 어긋난다. 그에 따르면, 노동 계급 밖에 있는 그 누구도 노동 계급이 해야 할 일을 말해줄 수 없다. "교육자 자신이 교육받아야"180) 하고, "노동 계급의 해방은 노동 계급 자신에 의해 성취되어야"181) 하기 때문이다. ⑤ 노동조합에 대한 마르크스의 진술에는 목적론적 색채가 강하다. 즉 노동조합의 활동이 정치혁명의 증진이라는 궁극적인 역할에 의해 설명되고 있다. 그가 미시적 기초를 무시한 것도 이 때문이다. ⑥ 마지막으로 노동조합이 경제적 투쟁에서 제한된 성과를 얻을 수 있다는 견해는 합리적이라고 여길 사람도 있을 것이다. 성과로 인해 노동자들은 계속해서 투쟁하고, 한계로 인해 그것을 넘어설 필요성을 느끼게 된다는 식으로. 하지만 이러한 견해는 부산물의 오류, 목적론적 오류, 조종의 유혹이 뒤섞인 질 낮은 주장으로서 마르크스주의의 계급의식 이론을 모호하게 만든다.

---

179) 마르크스는 *The Class Struggles in France* (p. 47)에서 정치적 투쟁에 대해 이러한 주장을 한다. 혁명의 실패는 노동 계급을 환상으로부터 해방시키기 위해 필요하다.

180) "Theses on Feuerbach", p. 4.

181) "Provisional rules of the International", p. 14.

6. 3. 계급투쟁

계급의식은 계급투쟁과 연결될 수밖에 없다. 여기에서는 사회적 갈등의 발생과정, 즉 집합행위자로서의 계급 간의 대립과 연합에 대해 살펴보겠다. 6. 3. 1에서는 6. 2. 1에서 정의한 '부정적 계급의식'과 '잠재적 계급투쟁'의 관계를 살펴본다. '잠재적 계급투쟁'은 그 자체로서는 투쟁이 아니지만, 계급투쟁을 방지하기 위한 행위를 말한다. 6. 3. 2에서는 사회적 갈등을 집합적 행위자 간의 비협력 게임으로서 살펴보고, 6. 3. 3에서는 연합이 가능한 협력틀을 소개한다. 6. 3. 4에서는 사회적 갈등에 있어서 계급의 중심성을 논의한다.

경험적 사례로는 주로 1850년 무렵의 영국과 프랑스를 살펴볼 것이다. 마르크스는 1848년에서 1851년까지 프랑스에서의 사회적·정치적 투쟁에 대해 여러 편의 논설을 썼는데, 이 글들은 분석이 치밀하고 화려한 문장으로 유명하다. 영국 정치에 관한 논설들은 사건을 하나하나 분석하고 있지는 않지만, 이론적인 관점에서는 똑같이 중요한 글들이다. 이 두 종류의 글을 종합하여 고찰하면, 마르크스가 자본주의하에서의 계급투쟁의 특징을 어떻게 보았는지 알 수 있을 것이다. 여기에서는 독일에 관한 저작들은 논의 대상에서 제외했다. 왜냐하면 그 저작들은 사회적 배경은 무시한 채 주로 정치적 사건을 집중적으로 논의하기 때문이다. 이 저작들은 제 7장에서 자세히 살펴볼 것이다.

6.3.1. 잠재적 계급투쟁

루크스는 "권력의 세 차원"을 말한 바 있는데,[182] 사회적 갈등도 그와 같이 세 차원으로 나누어볼 수 있다. 첫째, 양쪽이 투쟁으로 인식하는 명

---

182) Lukes, *Power: A Radical View.*

백한 투쟁이 있다. 이것은 6.3.2와 6.3.3에서 살펴본다. 반대편 끝에는 계급이익의 차이가 객관적으로 존재하지만, 어떤 계급도 다른 계급을 억압하는 적극적 행동은 하지 않는 상태가 있다. 이 상태에서 계급이익이 충족되는 일이 생긴다 하더라도, 이것은 비의도적 메커니즘의 결과이다.[183) 이 상태는 계급**갈등**이라고 할 수는 있겠지만, 계급**투쟁**이라고 하기는 어려울 것이다. 이 양 극단 사이에 잠재적 계급투쟁이 있다. 이것은 한 계급이 완전한 계급의식을 가지고 있으면서, 집합행위자로서 다른 계급들이 계급의식을 갖지 못하도록 막는 조처를 취하는 중간적 상황을 말한다. 특히 한 계급이 자신의 이익에 반하는 집합행위를 막기 위해 6.2.2에서 논의한 계급의식의 조건들을 조종할 수도 있다. 이러한 행위들을 논의할 때는 적대계급이 계급의식을 획득하지 못하도록 하기 위한 조처들과 의도하지는 않았지만 그런 결과를 낳은(혹은 최소한 그것으로는 설명할 수 없는) 조처들을 잘 구별해야 한다.[184) 예를 들어 부르주아 계급은 문호를 개방하여 노동 계급의 투쟁을 이끌 수도 있는 리더들을 끌어들임으로써 노동 계급을 약화시킬 수도 있다. 그러나 이러한 사회적 이동성의 효과 그 자체는 잠재적 계급투쟁의 형태가 될 수 없다. 그 행위가 그것을 의도했다는 증거가 있어야 그렇게 말할 수 있다.

이러한 구별은 특히 계급의식의 인식조건 및 동기조건과 관련하여 중

---

183) 이것이 벤느의 《빵과 서커스》의 중심주제이다. 그러한 객관적인 계급갈등은 계급투쟁의 불씨가 된다. 피지배자가 자발적으로 복종하지 않을 경우, 지배자가 폭력을 사용할 의지와 능력을 가지고 있다는 점에서 그렇게 볼 수 있다. 하지만 이것이 계급투쟁은 아니다.

184) 괄호 안의 단서는 다음과 같은 경우를 말한다. 즉 한 계급이 자신의 행위가 다른 계급의 집합행위 능력을 감소시킬 것이라고 기대할 수는 있으나, 그 효과가 충분하지도 않고 필요하지도 않은 경우이다. 예를 들면, 주어진 단결 수준에서 이윤 획득에 유리할 것이라는 계산 아래 고용주는 노동의 이동성을 촉진하는 국가정책을 지지할 수도 있다. 그러나 동시에 단결 수준의 약화라는 부대효과를 기대할 수도 있다.

요하다. 피억압 계급에게는 여러 가지 자생적인 메커니즘들이 있어서, 집합행위가 자신들의 문제를 해결하는 방책이 될 수 있다는 생각을 하지 못한다.[185] 이러한 현상을 계급지배의 관점에서 이해하려는 시도도 있지만, 사회이론과 역사적 증거는 이를 부정한다. 마르크스가 말한 것처럼, 영국에서 노동 계급의 적이 둘 — 지주와 공장주 — 로 나뉘어 있었기 때문에 노동자들의 계급의식이 약화되었다고 볼 수도 있다. 그러나 자본가들이 노동자들로 하여금 적의 본질에 대해 환상을 품도록 하기 위해 의도적으로 지주들을 살려두었다고 주장하기는 어렵다.

적대계급에 의한 조종보다는 좀더 멀리 있는 배경조건에 주목해야 한다. 내가 아는 한 마르크스는 고립, 전직, 집단의 크기, 집단의 동질성 등을 사회적 통제수단으로 논의한 적이 없지만, 이러한 개념들은 그의 일반적인 접근과 완전히 일치한다. 또한 이것은 매우 중요하고 널리 퍼진 지배양식이기도 하다. 예를 들면, 많은 정부들이 철도의 건설을 정치적으로 매우 예민한 문제로 생각했다.[186] 중국에서는 관리들이 토착세력과 결탁하지 못하도록 순환시켰다.[187] 집합행위를 막기 위해 노동인력을 이질적인 요소들로 구성하는 것은 예로부터 흔한 일이다.[188] 물론이러한 일은 생산효율에는 악영향을 미친다. 철도는 정치적으로는 위험할 수도 있었지만, 경제적으로는 매우 유용했다. 관리들을 순환시키면 업무를 익힐 시간적 여유가 없어진다. 많은 노동자들을 한곳에 모아놓으면 불만의 온상이 될 수 있지만, 규모의 경제를 위해서는 필요한 일이다. 그러므로 계급의식과 효율성은 트레이드오프 관계에 있다(3. 3. 2).

---

185) 자세한 내용은 졸저 *Sour Grapes* 제3장과 제4장 참조.

186) Gerschenkron, "Agrarian policies and industrialization: Russia 1861~1917", p. 710.

187) Skinner, "Cities and the hierarchy of local systems", p. 341.

188) Ste Croix, *The Class Struggle in the Ancient Greek World*, pp. 65, 93, 146; Finley, *Economy and Society in Ancient Greece*, pp. 109, 171.

6.3.2. 계급대립

여기에서는 둘 이상의 계급 간의 비협력적 대면의 결과를 살펴보겠다. 두 계급의 경우를 먼저 살펴본 후, 세 계급의 경우를 간단히 언급하겠다.

두 계급의 경우, 두 가지 형태의 계급투쟁이 있다. 하나는 두 착취 계급이 전리품의 분배를 놓고 싸우는 것이고, 또 하나는 착취 계급과 피착취 계급이 분배 몫을 놓고 싸우는 것이다. 전자는 순수 갈등게임, 즉 일정합 게임으로 보인다. 분배할 총량이 투쟁에 앞서 정해져 있기 때문이다. 정해져 있다는 말은 총량이 증가될 수 없다는 뜻이다. 그러나 총량이 줄어들 수는 있다. 투쟁 그 자체가 자원을 필요로 하고, 이 자원은 자신의 몫에서 지출할 수밖에 없기 때문이다. 계급들은 순소득에 관심이 있기 때문에, 이익다툼이 있는 대부분의 사회적 상황이 그러하듯이 그 게임은 실제로는 변동합 게임이다. 그러나 그러한 투쟁과, 노동자와 자본가의 갈등은 중요한 차이가 있다. 후자의 경우 총산출 자체가 그 투쟁의 영향을 받는다. 예를 들어 노동자들의 파업 비용을 생각해보자. 조직을 건설하고 노조간부들에게 수당을 지급하는 비용만 드는 것이 아니다. 파업이 일어나면 경제활동이 마비되고, 따라서 몫을 요구할 생산물의 크기 자체가 줄어든다. 이 경우 투쟁은 생산에 있어서나 분배에 있어서나 변동합 게임이다. 반면에 착취 계급 간의 투쟁은 분배 측면에서만 변동합 게임이다.

마르크스는 일반적으로 지주와 자본가의 투쟁을 순수 갈등게임으로 논의한다. 《잉여가치 학설사》에 분명한 진술이 나와 있다.

> 자본가는 노동자에 대한 직접적인 착취자이다. **잉여가치의 직접적인 전유자**일 뿐만 아니라, 직접적인 창출자이기도 하다. 그러나 이것은 (산업자본가의 경우) 생산과정을 통하여, 생산과정 속에서 발생하는 일이기 때문에 그

는 이 생산의 담당자요, 지도자이다. 반면에 지주의 경우는 성격이 다르다. 그는 잉여노동을 지도하는 일에도 잉여가치를 창출하는 일에도 기여한 바가 전혀 없지만, 소유토지를 통해(절대지대), 그리고 토지 종류의 자연적 차이를 통해(차액지대) 잉여노동 혹은 잉여가치의 일부를 자신의 몫으로 요구한다. 그러므로 갈등이 발생하면 자본가는 지주를 자본주의적 생산의 혹, 무용지물, 기생충, 자본가의 몸에 붙어사는 이[蝨]로 여긴다. 189)

다른 곳에서 마르크스는 이러한 차이의 의미를 이렇게 설명한다.

> 리카도적 의미에서 소유토지를 폐기하는 것, 즉 그것을 국가 소유로 전환하여 지대를 지주가 아니라 국가가 갖는 것이 자본의 이상이며, 자본이 가슴깊이 품고 있는 열망이다. 자본은 소유토지를 폐기할 수 없다. 그러나 지대가 국가에 귀속되게 하면 하나의 **계급**으로서의 자본가는 국가경비 중 자신들이 감당해야 할 몫을 줄일 수 있고, 따라서 직접 획득할 수는 없는 것을 간접적으로 얻을 수 있다. 190)

지주는 자본가에게서 강탈한다. 자본가가 노동자에게서 강탈하듯이. 하지만 지주는 자본가와는 달리 '돌려받을 몫을 창출하는 데 기여한' 바는 없다(4.3.2). 지주는 어떠한 생산적 기능도 하지 않는다. 일을 하는 것도 아니요, 경영을 하는 것도 아니다. 그러므로 여기에서는 순수한 경제적 이익 갈등에 더하여 생산적 계급과 비생산적 계급 간의 이데올로기적 대립도 발생한다.

이러한 대립은 산업자본가와 금융자본가 사이에서도 일어난다. 이들이 정말로 다른 계급에 속하는지 의문을 제기할 사람도 있을 것이다. 마

---

189) *Theories of Surplus-Value*, vol. 2, p. 328; *Capital III*, p. 638.
190) *Theories of Surplus-Value*, vol. 3, p. 472; *New York Daily Tribune* 1853. 7. 11.

르크스는 이들 둘 다 '부르주아 계급'이라고 말한 바 있다. 191) 그러나 이 것은 진짜 대립은 아니다. 《무월 18일》에서 지주를 부르주아 계급으로 본 이유는, 그들이 "영국의 군주정과 교회와 낡은 헌정질서의 아름다움" 에 대해 더 이상 열정을 갖고 있지 않기 때문이었다. 192) 그들의 관심은 오로지 **지대**에 있었고, 이 때문에 그들이 하나의 계급이 된 것이다. 여기 에서 지주의 중간 계급화는 그들이 자본가가 되었다는 것이 아니라, 그 들의 의식이 그렇게 되었다는 것이다. 또한 마르크스는 금융자본가와 산 업자본가도 별도의 계급을 형성한다고 밝히고 있다. 193) 이 구별이 필요 한 이론적 근거는 6. 1에서 말한 바 있다. 이 두 집단의 경제적 행위는 서 로 다르다. 하나는 자본의 대출이고, 또 하나는 노동의 고용이다. 194)

　　마르크스는 지주의 경우와 마찬가지로 산업자본가와 금융자본가 사이 의 투쟁도 순수 갈등게임으로 보았는데, 정당화의 정도는 약하다. 그는 이윤이 이 두 계급 사이에 분배되기 **전에** 창출된다고 반복해서 말한 다. 195) 즉 특화된 금융시장에서 얻는 이익과 투기로 인한 손실을 무시한 것이다. 다른 한편, 마르크스에 따르면, 리카도주의자들은 소유토지의 폐기를 원하지만, 금융자본이 그런 방식으로 폐기될 수는 없다. "화폐 (상품)가 자본으로 기능하는 한, 화폐는 자본으로 판매될 수 있다."196)

　　지주와 마찬가지로, '기능하는' 자본가에게 돈을 빌려주는 금융자본가

---

191) 예컨대 *Class Struggles in France*, p. 48.

192) *The Eighteenth Brumaire*, p. 128; *New York Daily Tribune* 1852. 8. 21.

193) *Theories of Surplus-Value*, vol. 2, p. 123; *Capital III*, p. 376.

194) 6. 1. 1의 계급에 관한 정의에 따라, 산업자본가가 되는 사람과 금융자본가가 되는 사람을 결정짓는 것이 무엇이냐고 질문할 수도 있다. 8. 2. 3에서 인용한 《자본론 III》(pp. 337~338)에 따르면, 개별 자산소유자의 관점에서는 이 두 직업은 동등하다. 즉 다중최적에서 선택하는 상황이라고 할 수 있다.

195) *Capital III*, pp. 378, 381.

196) *Theories of Surplus-Value*, vol. 3, p. 472.

도 "노동자를 착취하지 않으며 노동과 대립하지도 않는다". 197) 자신의
수입으로 구매할 수 있는 물품 속에 구현된 노동시간보다 적게 노동한다
는 의미에서 착취자인 것은 말할 필요도 없지만. 잉여의 배분을 놓고 산
업자본가와 충돌할 뿐만 아니라, 지주와도 이데올로기적으로 대립한다.

> 〔기능하는 자본가 측에서 보면〕 이자는 자본소유의 과실일 뿐이다. 즉 자본
> 의 재생산과정이 없는 자본, '일하지' 않고 기능하지 않는 자본의 과실이다.
> 반면에 기업가 소득은 전적으로 그가 자본을 가지고 수행하는 기능의 과실
> 이다. 즉 자본의 운동과 기능의 과실로서 나타난다. 화폐자본가는 생산과정
> 에서 활동하지도 않고 참가하지도 않으므로 이것은 이제 자기 자신의 활동
> 으로 보이게 된다. 198)

> 기능하는 자본의 역은 결코 이자부자본의 역과 같은 한직(閑職)은 아니다.
> 자본주의적 생산에서는 자본가가 생산과정과 유통과정을 지휘한다. 생산적
> 노동의 착취는 자본가가 스스로 하든 자기의 이름으로 타인에게 시키든 노
> 력을 필요로 한다. 그러므로 그에게 기업가 소득은 이자와는 달리 자본소유
> 와는 관계없는 것으로, 비소유자로서의, 즉 **노동자**로서의 기능의 결과로 나
> 타난다. 199)

금융자본가와 지주는 이처럼 타인의 노동, 즉 산업자본가의 노동과 산업
자본가가 착취하는 노동자의 노동으로 살아간다. 물론 산업자본가도 타
인의 노동으로 살아가지만, 그러기 위해서는 스스로 약간은 일을 해야
한다. 산업자본가는 경영자가 아니라는 점에 유의하라. 그는 은행에 혹
은 대부업자에게 어느 정도 담보가 있는 일하는 소유자이다.

---

197) *Capital III*, p. 379; *Theories of Surplus-Value*, vol. 3, p. 477.
198) *Capital III*, p. 374.
199) *Ibid.*, p. 380.

마르크스는 노동자들로부터 짜낸 잉여로 살아가는 여러 계급들 간의 현실적인 대립에 관해서는 말한 것이 거의 없다. 예외가 있다면, 곡물법의 도입과 폐지에 관한 것이다. 《자본론 III》에서 마르크스는 곡물법의 기원에 관해 이렇게 말한다.

> 지주들은 어디에서나 입법에 큰 영향을 미치기 때문에, 그리고 영국에서는 압도적인 영향을 미치기 때문에 그들은 차지농 계급 전체를 속여서 착취할 수 있다. 예컨대 1815년의 곡물법은 반자코뱅 전쟁 중에 크게 증대한 지대의 존속을 불로지주들에게 보장하기 위해 국민에게 부과한 빵세(稅)인데, 몇몇 예외적인 풍년을 제외하면, 농산물의 가격을 높게 유지하는 결과를 가져왔다. 곡물 수입이 자유로웠다면 농산물 가격은 그처럼 높게 유지될 수 없었을 것이다. [200]

그러나 곡물법은 자본주의적 차지농은 물론, 모든 자본가에게 악영향을 미쳤다. 노동임금의 상승을 가져왔기 때문이다. 그리하여 공장주들은 반곡물법동맹을 결성하였고 마침내 1846년 곡물법은 폐지되기에 이르렀다. 1852년부터 쓴 논설에서 마르크스는 이것이 그동안 일어났던 권력의 실질적인 변동을 승인한 것에 불과하다고 보았다.

> 1846년 곡물법의 폐지는 이미 성립된 사실을 확인한 것일 뿐이다. 영국 시민사회에서 오랜 기간에 걸쳐 발생했던 변동, 즉 땅 가진 사람이 돈 가진 사람에게 굴복하고, 소유가 상업에 굴복하고, 농업이 제조업에 굴복하고, 농촌이 도시에 굴복한 것을 보여줄 뿐이다. … 토리당의 권력의 실질적인 토대는 지대였다. 지대는 식량가격에 의해 조절된다. 당시 식량가격은 곡물법에 의해 인위적으로 높게 유지되었다. 곡물법의 폐지는 식량가격의 하락을 가져왔고, 이에 따라 지대가 하락하였으며, 지대의 하락과 함께 토리당이 기

---

200) *Ibid.*, p. 626.

대고 있던 정치권력의 기반도 붕괴되었다. 201)

나중에 이러한 견해는 근본적으로 수정되었다. 《잉여가치 학설사》에서 마르크스는 "빌헬름 투키디데스"로셔가 곡물법 논쟁을 "돈 가진 사람과 땅 가진 사람" 간의 대립으로 보았다고 비웃고, 이들은 오히려 산업자본가에 대항하여 단결되었다고 주장한다. 202) 나아가 《자본론 I》에서는 곡물법 폐지로 지주들이 잃은 것이 없다고 주장한다. 오히려 배수로 등 농업에 있어서의 엄청난 향상을 가져왔다는 것이다. "이 목적을 위해 토지 귀족은 물론 의회를 통해서 국고로부터 매우 낮은 이자로 자금을 빌렸는데, 그것을 농부들은 훨씬 더 높은 이자로 보상해야 했다. "203) 여기에서 마르크스는 지주의 정치권력이 그들의 번영의 원인이었다고 주장한다. 이것은 그들의 권력을 번영의 반영으로 본 이전의 텍스트와는 다른 것이다. 그렇다면 그들의 권력은 어디에서 온 것인가? 7. 1 이하에 대답이 나와 있다.

착취자와 피착취자 간의, 협력적 요소와 갈등적 요소가 함께 있는, 계급투쟁의 전형은 산업자본가와 노동자 간의 계급투쟁이다. 이제 다음과 같은 논증이 쉽게 나올 수 있다. 협력적 요소가 있는 것은 사실이지만, 그 투쟁의 전제가 자본주의의 존속을 인정하는 것이어야 한다. 그러나 존폐를 둘러싼 투쟁은 순수 갈등게임이 된다는 것이다. 그러나 위에서 말한 이유들로 이러한 견해는 옹호하기 어렵다. 자본주의의 폐기로 인해 노동자들이 치러야 할 대가는 두 계급이 어떤 전략을 선택하느냐에 따라 작아질 수도 커질 수도 있다. 어느 경우든 이것은 마르크스의 경험적 분석을 이해하는 데 필요한 고려사항은 아니다. 마르크스가 노동자들에게

201) *New York Daily Tribune* 1852. 8. 21.
202) *Theories of Surplus-Value*, vol. 2, pp. 122ff.
203) *Capital I*, p. 677.

노동일과 임금수준에 대한 투쟁으로부터 자본주의 체제에 대한 정치투쟁으로 전환하도록 독려하긴 했지만, 그리고 이러한 전환이 반드시 일어날 것이라고 믿었지만, 그가 실제로 관찰할 수 있었던 계급투쟁은 체제 내의 분배를 둘러싸고 전개되었다. 노동자와 자본가가 협력할 필요가 있다는 말을 하는 이유는 그들이 자신의 몫을 증대시키기 위해 사용하는 수단, 즉 파업이나 공장폐쇄가 생산을 붕괴시키고 나누어야 할 총량을 감소시키기 때문이다. 또한 노동자의 생존과 재생산은 자본가도 바라는 일이며, 노동자도 자본가가 높은 이윤을 얻어야 경제성장과 미래의 임금을 기대할 수 있다(4.1.2).

4.1.4에서 노동자와 자본가 간의 대립을 꽤 길게 논의한 바 있다. 여기에서는 '집합적 노동과 집합적 자본 간의 투쟁'은 착취율을 결정하는 여러 인자 중 하나라는 점만 상기하도록 하자. 개별적인 협상, 독점 혹은 수요독점, 다른 계급들과의 연대, 국가의 개입, 기술의 진보 등과 같은 인자들도 있다. 노동자와 자본가 간의 투쟁은 매우 복잡한 사회적·시간적 맥락 속에서 전개된다. 선택 가능한 전략과 대응전략도 다양하고, 예측 불가능한 책략의 여지도 있다. 구체적인 투쟁의 결과를 예측하기는 어렵지만, 마르크스는 계급투쟁의 장기적 추세는 예측할 수 있다고 믿었다. 세력균형의 변화에 상응할 것이기 때문이다. 그에 따르면, 자본가 계급은 이윤율의 하락과 점점 심해지는 공황에 의해 점차적으로 몰락의 길을 걷는 반면, 노동자들은 교육과 조직으로 꾸준히 성장한다. 자본가의 동맹형성 책략(6.3.3)은 최종적인 붕괴를 연기시킬 수는 있어도 막지는 못한다.

19세기 중반 유럽 정치에 대한 마르크스의 자세한 분석은 두 계급의 대립에 대한 연구가 아니다. 거의 모든 경우에 세 계급 이상이 포함되어 있다. 이 경우 비협력틀은 잘 맞지 않는다.[204] 그 이유는 다음과 같다. 세 명의 경쟁자 A, B, C가 있다고 하자. A와 B는 강자이고, C는 약자이다. 이들이 일련의 전술적 행동을 하고 그 결과 한 명의 승자만 남는다. 각자는 상대가 둘이고, 그 두 개의 투쟁에 자신의 자원을 배분한다. 이 경우 직관적으로 떠오르는 생각은 A와 B가 죽기 살기로 싸우다가 C가 승자가 되는 것이다. 엄밀하게 증명할 수 있는 경우도 있다. 205) 다른 한편, A와 B가 다투기 전에 C를 제거하기로 합의할 수 있다면, 최종 승자의 몫은 더 커질 것이다. 이 경우 비협력 투쟁은 "어부지리를 얻는 제 3자"를 낳는다. 206) 즉 황새와 조개의 싸움에 제 3자인 어부가 이익을 얻게 된다. 두 강자가 약자를 자기편으로 끌어들이려고 할 경우, 약자를 사이에 둔 비협력 투쟁이 발생한다. 이때 협력은 성사되지 않고, 강자들 간의 충돌에서 약자만 이익을 얻는 결과가 생길 수도 있다. 예를 들면, 마르크스는 영국 농업노동자의 운명에 관해 논의하면서, "두 도둑의 사이가 틀어지면 잃어버린 물건이 돌아오기 마련"이라는 영국 속담을 인용한다. 207)

이러한 '약함에서 생기는 강함' 혹은 '강함에서 생기는 약함'은 드물지 않게 나타난다. 하지만 이러한 경우에도 강자들 간에 동맹형성의 기류는 항상 있다. 최소한 약자를 무력화시킬 때까지는. 이러한 계급 간 협력의 압력은 6. 2에서 살펴본 계급 내 협력의 경향과 부분적으로 유사하다. 쌍방이 협력에서 이익을 얻지만 그것이 지배적인 전략은 아니다. 하지만 확실한 차이가 있다. 계급연합의 경우 행위자의 수가 계급의식의 경우에 비해 더 적고, 208) 따라서 협력의 장애를 극복하기가 더 쉽다. 특히 무임

---

204) "비협력"이라는 말은 연합의 부재를 의미할 뿐 공통이익의 부재를 의미하는 것은 아니다.

205) Shubik, *Game Theory and the Social Sciences*, pp. 22ff.

206) Simmel, *Soziologie*, pp. 82ff는 공장법에 대한 논쟁을 중요한 예로 든다.

207) *Capital I*, p. 675.

208) 최소한 '계급연합 게임'이 '계급의식 게임' 이후에 발생한다고 가정하면 그렇다는 것이다. 마르크스는 이 두 가지가 **나란히** 간다고 했지만, 계급투쟁이 계기를 얻는다고 보는 것이 합리적인 가정일 것이다.

승차 문제는 거의 생기지 않는다. 개인이 협력에 불참하긴 쉬워도 조직이 그렇게 하기는 어렵기 때문이다. 레닌주의 정당을 제외하면, 대부분의 조직은 최소한 일정 기간 동안 합의를 준수하는 관성을 가지고 있다. (그리고 역사적 경험에 비추어보면, 레닌주의 정당은 협력 상대를 찾기가 점점 더 어려워진다.) 물론 그러한 동맹은 안정적이지도 않고, 지속적이지도 않다. 하지만 그 동맹의 목적이 일시적인 것이라면 그럴 필요가 없다. 그런 동맹은 목표 달성 여부에 따라 체결되기도 하고 파기되기도 한다. 상황의 변화에 따라 다른 동맹이 더 매력적일 수도 있다. 처음 한 약속이 희미해지고 무임승차의 유혹을 받을 수도 있다. 그러므로 나는, 마르크스가 그러했던 것처럼, 동맹형성의 개념이 사회적 갈등을 이해하는 데 불가결하다고 생각한다. 나 역시 그와 마찬가지로 외생적 변화, 예컨대 계급의 경제적 상황에 있어서의 외생적 변화가 동맹의 **변경**을 설명하는 데 도움이 된다고 생각한다.

6.3.3. 계급연합

러시아의 농노해방과 그로 인한 지주와 차르정부 간의 갈등에 관해 1861년에 쓴 논설에서 마르크스는 계급 사회에서의 연합형성의 일반원칙을 다음과 같이 제시했다.

> 정부는 당근과 채찍을 사용했음에도 불구하고 귀족과 농민의 반발에 직면하여 분열했으며, 귀족은 정부와 노예의 반발에, 농민은 중앙귀족과 지역귀족들의 일치된 반발에 직면하여 분열했다. 이처럼 서로서로가 투쟁하는 상황에서, 이런 종류의 일이 흔히 그러하듯이, 피억압 계급의 희생 아래 기득권 세력들 간에 화합이 이루어졌다. 209)

---

209) *New York Daily Tribune* 1860. 10. 10.

1850년 무렵 프랑스와 영국의 정치에 대한 마르크스의 분석은 위와는 미묘한 차이가 있다. 결과적으로 착취 계급들이 피착취 계급에 대해 명시적·묵시적 동맹을 맺었는데, 여기에 이르기까지 한 착취 계급과 피착취 계급이 동맹을 맺어 다른 착취 계급에 대항한 긴 투쟁이 있었다. 영국의 경우를 살펴본 다음 프랑스의 경우를 살펴보겠다. 두 경우 모두 임금노동자, 산업자본가, 금융자본가, 지주가 등장한다. 프랑스에는 대규모 농민도 있었지만, 마르크스에 따르면, 계급의식이 미발달 상태에 있었기 때문에 어떠한 동맹에도 가담하지 않았다. 아래 논의에서는 계급투쟁의 정치적 파장에 대해서는 다루지 않았다. 이 문제는 7. 1과 7. 2. 1에서 본격적으로 살펴보겠다.

영국의 계급투쟁에 관한 마르크스의 저작에서 주행위자는 노동자, 산업자본가, 지주이다. 금융자본가는 부수적인 역할을 한다. 《잉여가치 학설사》에서 마르크스는 로셔에 대해 이렇게 평한다.

> 만일 빌헬름 투키디데스가 1815년의 곡물법의 역사와 그에 관한 투쟁을 알고 있었다면, 그는 코베트의 책에서 벌써 지주(땅 가진 사람)와 대부업자(돈 가진 사람)가 연합하여 산업자본가에 대항했다는 것을 알았을 것이다. … 게다가 투키디데스는 1815년부터 1847년까지의 역사에서 대부분의 돈 가진 사람과 일부 무역업자(예를 들면 리버풀의)까지도 곡물법을 중심으로 한 싸움에서 산업자본가에 반대하는 토지소유자의 **동맹** 속에 들어 있었다는 것을 알아야 할 것이다. [210]

프랑스에 관한 저작에서는 이러한 동맹을 일반적인 사실로 규정한다. "일반적으로 대토지 소유와 거대금융의 결합은 **정상적인 사실**이다. **영국**을 보라. 오스트리아도 그렇다."[211] 그러나 마르크스는 왜 이러한 동맹

---

210) *Theories of Surplus-Value*, vol. 2, p. 123.

이 형성되는지 그 이유에 대해서는 말하지 않는다. 토지소유자와 금융자본가는 생산에 기여한 바도 없이 먹고 산다는 점에서 공통점을 가지고 있다. 따라서 '산업계급들'이 이들을 한 묶음으로 인식했을 것이라고 추측할 수도 있다. 그러나 이러한 부정적 '연합 의식'이 어떻게 긍정적 의식으로 전환될 수 있는지 이해하기 어렵다. 따라서 영국의 계급투쟁을 논의하면서 금융자본가에 대해서는 설명할 자신이 없다.

4. 1. 4에서 영국 정치에 있어서 계급연합의 사례를 본 바 있다. 곡물법 폐지를 위한 노동자와 자본가의 연합, 10시간법의 통과를 위한 노동자와 토지소유자의 연합. 제3의 가능성은 1862년의 광산업에 대한 새 규정안이 보여준다.

> 이 산업이 다른 산업과 다른 점은 이 산업에서는 지주의 이해와 산업자본가의 이해가 일치한다는 점이다. 이 둘 사이의 이해 대립은 공장 입법의 유리한 조건을 형성했지만, 오늘날 이 대립의 결여는 광산입법에서의 지연과 술책을 설명하고도 남는다. [212]

그러나 이러한 것들은 계급투쟁의 전초전이다. 그들의 동기는 목전의 경제적 이익 혹은 복수심이다. [213] 다른 한편 그들 사이에 존재하는 해묵은 갈등은 연합형성의 일반적인 유형을 보여준다. 이 유형은 노동자와 자본가가 직면한 딜레마로부터 생겨난다. 노동 계급은 멀리 있는 적을 상대할 것인지 코앞의 적을 상대할 것인지 결정해야 하고, 자본가는 그들의 힘을 과거의 적에 집중할 것인지 미래의 적에 집중할 것인지를 결정해야

211) *The Class Struggles in France*, p. 115.

212) *Capital I*, p. 495.

213) 마르크스는 "Speech on the question of free trade", p. 457 및 *New York Daily Tribune* 1854. 8. 1에서 토지소유자의 동기를 원한과 복수심이라고 말하고 있다.

한다. 노동자가 자본가와 동맹하여 토지소유자에게 대항할 수도 있고, 자본가가 토지소유자와 한편이 되어 노동자와 싸울 수도 있다. 이것은 영국에 관한 대부분의 저작에 나타나 있는 유형이다. 7. 1에서 이러한 동맹지형의 정치적 의미를 살펴보겠다. 여기에서는 토지소유 계급이 매우 중요한 위치에 놓이게 된다.

《공산당 선언》에서 마르크스는 노동자들이 자본가와 싸우기 전에 지주와 싸우는 경향이 있다고 설명한다.

> 이 단계에서 노동자들은 전국에 흩어진 채 서로 경쟁하는 대중을 이루고 있다. 노동자들의 대중적 결속은 아직 그들 자신이 단결한 결과가 아니라 부르주아 계급이 단결한 결과에 지나지 않는다. 부르주아는 자신의 정치적 목적을 이루기 위해 프롤레타리아 계급 전체를 동원해야 했으며, 또 그때에는 그렇게 할 수 있었다. 따라서 이 단계에서 프롤레타리아는 자신의 적과 싸우는 것이 아니라 자신의 적의 적, 즉 절대군주제의 잔재인 지주, 비(非)산업 부르주아, 소부르주아들과 싸운다. 214)

여기에서 노동 계급은 집합행위자가 아니라 먼저 계급의식의 길로 나아간 다른 계급에 의해 조종당하는 꼭두각시일 뿐이다. 텍스트에는 어느 나라에 해당되는 말인지 나와 있지 않지만, 영국은 아닐 것이다. 왜냐하면 같은 시기에 쓴 글에서 영국 노동자들은 고도로 발달된 계급의식을 가지고 있다고 말하고 있기 때문이다.

> 영국 노동자들은 영국 자유무역업자들에게 그들이 봉이 아니라는 것을, 그들의 사기에 속아 넘어가지 않는다는 것을 보여주었다. 그럼에도 불구하고 노동자들이 지주에 대항하여 싸우는 것은 봉건제도의 잔재를 타파하기 위한 것이다. 이제부터 노동자들의 적은 오직 하나가 될 것이다. 215)

---

214) *The Communist Manifesto*, p. 492.

이처럼 적을 하나씩 상대한다는 것과 마르크스가 독일에 대해 주장한 유사한 정책의 이면에 있는 동기를 혼동해서는 안 된다. 마르크스는 독일에서는 자본가 계급과의 싸움을 연기해야 한다고 주장했는데, 그 이유는 노동자들이 수적 강세를 얻기 위해 일정 기간 자본주의적 통치가 필요하다고 생각했기 때문이다. 수가 늘어나야 계급의식도 생긴다. 216) 영국에서는 노동 계급이 충분히 형성되었고, 계급의식도 충분히 성숙하였다. 그러나 나중에 마르크스는 이 입장에서 다소 후퇴한다.

왜 노동 계급은 둘이 아니라 하나의 적을 상대해야 하는가? 두 적을 서로 싸우게 하는 것이 더 합리적이지 않을까? 노동자들이 **어부지리** 게임을 할 수는 없는 것일까? 6. 3. 2 말미에 왜 그렇게 하기 어려운지에 대해 간단히 설명하였다. 이와는 다른 설명이기는 하지만, 계급의식을 얻기 위해서는 하나의 적이 필요하다는 주장도 있다. 이러한 주장은 마르크스가 부르주아 계급의 곤경을 논의한 텍스트, 특히 1852년과 1854년에 쓴 두 개의 중요한 논설에서 찾아볼 수 있다.

1846년 곡물법이 폐지됨으로써 〔영국 부르주아는〕 토지귀족과의 싸움에서 큰 승리를 얻었다. 그들은 이 승리가 가져다준 물질적 이익에 안주하여 필요한 정치적·경제적 결론을 이끌어내는 일은 하지 않았고, 그리하여 휘그당이 다시 정부를 장악하게 되었다. 1846년부터 1852년에 이르기까지 그들은 큰 원칙과 실천적('작은'이라고 읽는다) 조치들이라는 우스꽝스러운 구호를 외쳤다. 왜 그랬을까? 모든 폭력적 운동에서 그들은 노동 계급에게 호소할 수밖에 없기 때문이다. 귀족이 사라지는 적이라면 **노동 계급**은 떠오르는 적이다. 그들은 실질적인 양보를 통해 사라지는 적과 타협한다. 떠오르는 적과는 타협하지 않는다. 하지만 미래는 이들의 것이다. 그들은 귀족과의 물

---

215) "Speech on the question of free trade", p. 457.
216) *Neue Rheinische Zeitung* 1849. 1. 22.

리적인 충돌을 피하려고 하지만, 역사적 필연성과 토리당은 그것을 허락하지 않는다. 그들은 자신들의 사명을 피할 수가 없다. 낡은 영국, 과거의 영국을 때려 부수는 사명을. 그리고 그들이 배타적인 정치적 지배권을 차지하는 바로 그 순간, 정치적 지배권과 경제적 우위가 그들의 손에서 결합되는 순간, 따라서 자본에 대한 투쟁이 반정부 투쟁과 더 이상 별개의 것이 아니게 되는 순간, 바로 그 순간부터 **영국의 사회혁명**이 시작될 것이다. 217)

산업의 물결은 귀족에 대립하는 중간 계급을 낳았는데, 지금은 중간 계급에 대립하는 노동 계급을 낳고 있다. 노동 계급은 이민으로 점점 늘어나고 있다. 중간 계급이 귀족에게 타격을 가한 것처럼 바로 그렇게 노동 계급으로부터 타격을 받을 것이다. 이로 인해 귀족에 대한 중간 계급의 저항이 이미 제약을 받고 있다는 것을 직감적으로 알 수 있다. 따라서 영국의 봉건주의가 중간 계급이 수행하는 거의 눈에 띄지 않는 해체과정을 통하여 사라지지는 않을 것이다. 그러한 승리의 영광은 노동 계급의 것이다. 때가 무르익어 노동 계급이 정치적 행동을 개시할 때가 오면, 무대에는 서로 대립하는 세 계급이 등장한다. 첫째, 땅 가진 사람, 둘째, 돈 가진 사람, 셋째, 노동을 가진 사람. 둘째가 첫째에게 승리하는 것처럼, 다음에는 정치적·사회적 충돌에서 둘째가 셋째 앞에 무릎을 꿇게 된다. 218)

두 텍스트 모두 자본가가 귀족에 대한 파괴를 주저할 것이라고 주장한다. 첫 번째 텍스트에서는 그럼에도 불구하고 그렇게 하지 않을 수 없다고 말하고, 두 번째 텍스트에서는 이 과업을 노동 계급이 맡게 될 것이라고 말한다. 자본가가 주저하는 이유는 첫 번째 텍스트에 분명하게 언급되어

---

217) *New York Daily Tribune* 1852. 8. 25.
218) *Ibid.*, 1854. 8. 1. 이 논설은 《전집》(*CW* 13, pp. 663ff)에 부록으로 붙어 있다. 일부 내용이 마르크스가 쓴 것이 아니라 〈뉴욕 데일리 트리뷴〉 편집자가 쓴 것으로 여겨지기 때문이다. 하지만 나는 위에 인용한 구절은 마르크스의 것이라고 생각한다.

있다. 노동 계급의 적이 두 개로, 즉 자본과 정부로 나뉘어 있는 한 어느 쪽과의 투쟁도 비효과적이다.

이러한 역전된 '분할정복' 주장은 자본주의에서의 계급투쟁에 대한 마르크스의 분석에서 매우 중요하다. 이것은 계급의식의 인식조건과도 관계가 있다. 적이 둘이면 노동자들이 누구를 무엇 때문에 비난해야 하는지 알기 어렵다. 1853년의 논설에서 "위험한 순간이 되면 노동 계급의 분노를 피하기 위해, 그들의 분노를 군사정권의 반대자에게, 토지귀족의 반대자에게 돌리는 공작이 감행된다"고 말한다. 219) 그러나 이것은 과거의 일일 뿐, "더 이상 산업체제의 모든 변칙들에 대해 귀족주의 옹호자들에게 책임을 물을 수가 없다". 여기에서는 토지소유자를 경제적 계급으로만 보고 '정부 권력'을 가진 계급으로 보지 않았지만, 220) 앞에서 인용한 구절로 미루어보건대, 경제적 적과 정치적 적이 각각 하나씩 존재할 경우 두 개의 경제적 적이 존재하는 것으로 잘못 인식할 가능성이 있다. 이보다 몇 년 전에 쓴 글에서는 이렇게 말했다. "사회적 불평등이 북미의 동부 주에서보다 더 심한 곳도 없다. 왜냐하면 정치적 불평등에 의해 위장되어 있지 않기 때문이다."221)

나중에 보게 되겠지만 마르크스는 프랑스에도 유사한 논리를 적용했다. 그러나 이러한 주장은 앞의 인용문에서 본 견해와는 양립할 수 없다. 영국 노동자들은 지주 대신 주적과 싸우기를 원했기 때문이다. 이것은 일정한 수준의 계급의식을 전제로 하는데, 뒤의 텍스트에 따르면, 적대계급이 둘이면 방해를 받는다. 1848년에서 1852년 사이에 마르크스가 마음을 바꾸었거나, 아니면 앞의 텍스트에서의 추론이 혼동을 일으켰다고 볼 수 있다. 즉 귀족의 제거 효과로부터 노동자들의 전복 동기를 추론

219) *Ibid.*, 1853. 11. 15.
220) *Ibid.*, 1852. 8. 21.
221) *Deutsche-Brüsseler-Zeitung* 1847. 11. 11.

한 것이다. 만일 후자라면, 이것은 6.2.3 말미에서 논의한 오류, 즉 노동 계급의 행동을 계급의식에 미치는 영향의 관점에서 설명하는 오류를 범한 것이다.

　마르크스의 프랑스에 대한 분석은 좀 복잡하다. 우선 그는 계급투쟁을 '부르주아 계급의 분파들', 즉 서로 다른 잉여착취 계급들의 지배시기에 따라 나눈다. 《프랑스의 계급투쟁》에서 다소 모호하긴 하지만 다음과 같이 구분된다. 왕정복고하에서는 대토지소유자들이 "독점적인 권력"을 가지고 있었고,[222] 7월 왕정하에서는 이 권력이 금융귀족에게 넘어갔으며,[223] 공화정하에서는 산업 부르주아와 토지소유자가 금융자본가와 나란히 권력을 가지게 되었다.[224] 모호한 점은 7월 왕정하에서 산업 부르주아의 역할이 무엇이었나 하는 것이다. 그 저작의 도입부에서 그들이 "공공연한 반대파의 일부"이며,[225] "생산에 의해서가 아니라 이미 만들어진 타인의 부를 갈취하여 재산을 모으려는"[226] 금융자본가들과는 다르다고 말한다. 그러나 나중에 마르크스는 7월 왕정하에서 '독점적 권력'이 귀족과 산업 부르주아에 의해 장악되었다고 주장한다.[227] 나아가 이것은 마르크스가 20년 후 《프랑스 내전》에서 취한 입장이기도 하다. 이 책에서 그는 "1830년 혁명은 정부를 지주로부터 자본가에게로, 노동자들에게 멀리 있는 적으로부터 가까이 있는 적에게로 넘기는 결과를 가져왔다"고 말한다.[228] 그러나 여기에서는 앞의 시기 구분을 따르기로 한다. 그래야 《프랑스의 계급투쟁》의 주된 논지를 잘 이해할 수 있다.

---

222) *The Class Struggles in France*, p. 95.
223) *Ibid.*, pp. 48ff.
224) *Ibid.*, p. 54.
225) *Ibid.*, p. 48.
226) *Ibid.*, p. 51.
227) *Ibid.*, p. 95.
228) *The Civil War in France*, p. 138.

마르크스가 말한 것처럼, 1848년 이전에 이 투쟁의 주역은 셋이다. 노동자, 금융자본가, 산업자본가. 전선의 형태는 단순하고 고전적이다. 산업 부르주아와 노동자가 '금융귀족'에 대항하여 동맹을 형성한다. 그런 다음 산업자본가가 노동자에 대항하여 금융자본가와 동맹을 맺는 반전이 일어난다. 229) 초기의 동맹은 '산업 계급' 혹은 '생산 계급'이 기생 계급에 대항하는 형태였다. "금융귀족을 부르주아 일반과 혼동했던 프롤레타리아의 관념 속에서도 … **부르주아의 지배**는 공화정의 시행과 함께 폐지되었던 것이다."230) 또한 "파리의 프롤레타리아 계급은 자신들의 이익을 사회 자체의 혁명적 이익으로 강제하지 않고 부르주아 계급의 이익과 나란히 관철시키려 했다".231) 마찬가지로 산업 부르주아도 초기에는 자신의 동맹이 조만간 적이 될 것이라는 점을 인식하지 못했다. 이러한 인식은 생기게 된 과정은 다음과 같다.

질서당의 한 분파만 금융 귀족의 타도에 직접적인 관심이 있었다. 그들은 **매뉴팩처업자들**이었다. 이들은 중소 산업가들이 아니고, 매뉴팩처업계를 지배하는 거물들로서, 루이 필립 치하에서 반왕당파의 광범한 토대를 형성하였다. 그들의 관심은 말할 것도 없이 생산비의 감소, 따라서 생산에 반영되는 세금의 감소, 따라서 그 이자가 세금에 포함되는 국채의 감소, 결국 금융 귀족의 타도에 있다. 영국에는(프랑스의 대공장주들도 영국과 비교하면 소부르주아다) 은행과 증권거래소의 귀족에 맞서 십자군을 이끄는 매뉴팩처업자들, 이를테면 콥덴이나 브라이트 같은 사람들이 있다. 프랑스에서는 왜 없

---

229) 유사한 형태가 1848년 이후 독일에서도 나타난다. 그러나 금융자본가 자리에 절대정권이 있었다. 또한 진보연합이 초기에 붕괴되었기 때문에 사실상 없었던 것이나 마찬가지였다는 차이가 있다. 7.2 참조.

230) *The Class Struggles in France*, p. 57. 또한 *Neue Rheinische Zeitung* 1848. 6. 29.

231) *The Class Struggles in France*, p. 57.

는가? 영국에서는 공업이 지배적이지만 프랑스에서는 농업이 지배적이다. 영국의 공업은 자유무역을 요구하지만, 프랑스는 보호무역, 다른 독점과 함께 국가독점을 요구한다. 프랑스 공업은 프랑스의 생산을 지배하지 못한다. 따라서 프랑스 공업가들은 프랑스 부르주아 계급을 지배하지 못한다. 다른 부르주아 계급의 분파들에 맞서 자신의 이익을 관철시키기 위해 그들은 영국에서처럼 운동을 이끌 수도 없으며, 그들의 계급적 이익을 전면에 내세울 수도 없다. 그들은 혁명의 꼬리를 따라다닐 수밖에 없고, 그들 계급의 집합적 이익에 저촉되는 이익에 봉사할 수밖에 없다. 2월 혁명 당시 그들은 자신의 위치를 잘못 파악하였다. 2월은 그들을 정신 차리게 하였다. 그리고 고용자, 산업자본가보다 노동자들에게 더 직접적으로 위협받는 사람이 누가 있겠는가? 그러므로 매뉴팩처업자들은 필연적으로 프랑스에서 가장 광신적인 질서당의 일원이 되었다. 금융자본에 의한 **이윤의 감소**, 그것은 프롤레타리아 계급에 **의한 이윤의 폐기**에 비하면 아무것도 아니지 않은가?[232]

이 구절은 그다지 명료하진 않지만, 시작 문장과 끝 문장은 산업 부르주아가 처음에는 금융 부르주아에 대한 투쟁을 시작했다가 곧 한 걸음 물러서게 된 이유를 잘 설명한다. 그들의 딜레마는 크게 보아 영국 산업 부르주아의 딜레마와 같았다. 영국 산업 부르주아도 정치적 생존을 위해 자신들의 경제적 이익의 일부를 희생해야 했다. 그러나 속사정에는 약간 차이가 있다. 영국 공장주들은 토지소유자들과 싸우는 척하면서 그들의 공동의 적인 노동자들의 주의에서 벗어나려 했다. 프랑스 공업가들은 한발 더 나아가 부르주아 계급의 다른 분파들과 적극적으로 협력하여 노동자들을 억압하려 했다. 영국에서 부르주아 계급 내의 계급협력의 절정은 반곡물법동맹의 해체였다. 프랑스에서는 1848년 6월 파리 노동자들에 대한 잔혹한 탄압이 절정이었다. 다시 말하면 영국에서는 지배 계급이 노동 계급의 계급의식 형성을 막기 위해 협력하였고, 프랑스에서는 계급

232) *Ibid.*, pp. 116~117.

의식을 가진 노동자들을 억압하기 위해 협력하였다. 최소한 마르크스는 그렇게 보았다. 이러한 견해의 타당성은 7. 1에서 논의한다.

보나파르트주의에 대한 마르크스의 분석을 보면, 영국의 계급에 대한 분석과 매우 유사하다. 《무월 18일》과 그가 영국정치에 관해 쓴 최초의 신문논설들은 사실상 같은 시기에 쓴 것이다. 따라서 동일한 분석틀을 사용한 것이 그리 놀라운 일은 아니다. 즉 부르주아가 권력으로부터 자발적으로 퇴각하거나(프랑스), 산업 부르주아가 권력의 행사를 자제하는 데(영국), 종속계급의 주의를 분산시키기 위해 그렇게 했다는 것이다. 우선 공화국에서 부르주아의 열린 지배가 7월 왕정에 비해 자신들의 이익에는 맞지 않았다는 마르크스의 주장을 보자.

> 본능적으로 그들은 공화정이 자신의 정치지배를 완전하게 만들어줄 것이라는 것을 알았다. 그러나 동시에 공화정이 그들의 사회기반을 잠식하리라는 것도 알았다. 왜냐하면 이제 그들은 종속계급들과 직접 대결해야 하기 때문이다. 그것도 아무런 중재 없이, 왕권이라는 은폐물도 없이. 또한 그들 사이에서 벌어진, 그리고 군주제에 맞서서 벌어진 투쟁을 통해 국민들의 주의를 딴 데로 돌릴 수도 없다. 이와 같은 약점을 의식하고 있었기에 그들은 자신의 계급지배의 순수조건으로부터 한 걸음 물러서게 되었고, 한층 불완전하고 덜 발전된, 그리고 바로 그로 인해 위험성이 덜한 지배형태를 갈망하게 되었다. 233)

> 부르주아 계급의 지배가 완벽하게 조직화되지 않았기에, 그리고 순수한 정치적 표현을 획득하지 않았기에, 다른 계급들의 적대감도 순수한 형태로 나타날 수 없었다. 그와 같은 적대감이 순수한 형태로 나타났다 하더라도 국가권력에 대한 모든 투쟁을 자본에 대한 투쟁으로 변형시키는 위험한 전환이 이루어질 수는 없었다. 234)

---

233) *The Eighteenth Brumaire*, p. 129. 또한 *The Civil War in France*, p. 36 참조.

그러므로 **계급전선을 흐리게** 할 필요가 있었는데, 마침 루이 나폴레옹이 나타나주었다. 루이 나폴레옹 정권이 자본에 준 이득은 공화국 이전의 정권이 자본에 준 이득과 정확히 같은 것이었다. 즉 부르주아 계급이 직접 통치의 위험을 피할 수 있게 된 것이다. 7월 왕정에 대한 이러한 설명은, 2년 전 《프랑스의 계급투쟁》에서의 설명과 전혀 다른 것이긴 하지만, 양립할 수 없는 것은 아니다. 첫 번째 저작은 금융귀족의 통치 아래서 여러 계급들의 득실을 따져 그들의 동기를 논한 것이다. 두 번째 저작은, 정권이 부르주아의 이익과 직접적으로 그리고 명백하게 일치하지는 않는 정책을 펼 경우에도 예기치 못한 이익이 생긴다는 것을 이론적으로 밝힌 것이다. 같은 이익이 제 2제국에서도 나타난다. 여기에서 마르크스는 그러한 이익이 그 정권의 수립과 (최소한) 생존을 설명할 수 있다고 믿었다. 이러한 사실은 《프랑스 내전》과 그 책 초고를 보면 알 수 있다. 이 책에서 마르크스는 1852년에 그가 관찰한 탄생 직전의 정권에 대해 회고한다. 먼저 마르크스가 보나파르트 국가의 겉모습과 그 계급적 본질을 구별한 내용부터 보자.

출생증명서를 위한 쿠데타, 이를 승인받기 위한 보통선거, 왕권을 위한 무력 등 모든 영역에서 제정은 농민들에게 의존하고 있음을 공언하였다. 이들은 자본과 노동 간의 투쟁에 직접 연루되지 않은 생산 대중이었다. 또한 제정은 의회주의를 분쇄함으로써 노동 계급의 구제를 공언하였지만, 그와 동시에 유산 계급에 대한 정부의 노골적인 굴종을 드러냈다. 제정은 노동 계급에 대한 유산 계급의 경제적 우위를 지지함으로써 유산 계급의 구제를 공언하였다. 그리고 마지막으로 제정은 모두에게 국가의 영광이라는 괴물을 부활시킴으로써 모든 계급의 통합을 공언하였다. 사실상 이것은 부르주아 계급이 이미 국가통치능력을 상실하였지만, 노동 계급이 아직 이를 획득하지

---

234) *The Eighteenth Brumaire*, p. 142.

못하였던 시점에서 가능한 유일한 정부형태였다. 235)

이러한 정부권력의 사회에 대한 최종적 승리는 사실상 그 사회의 모든 타락한 요소들의 집합이었다. 풋내기의 눈에는 입법부에 대한 행정부의 승리로, 사회보다 우월한 힘을 과시하면서 사회에 대한 전제를 가장한 계급지배의 형태를 타파한 것으로 보일 것이다. 그러나 사실상 그것은 가장 타락한 형태의 계급지배였으며, 자기 자신에게나 그것으로 족쇄를 채운 노동 계급에게나 굴욕적인 계급지배의 유일한 형태였다. 236)

사회 그 자체에 대한 정부의 독재는 얼핏 보면 모든 계급을 초월하고 모든 계급을 변변찮게 만드는 것처럼 보이겠지만, 사실상 그것은 최소한 유럽 대륙에서는 전유 계급이 생산 계급에 대한 지배를 계속할 수 있는 유일한 국가 형태가 되었다. 237)

첫 번째 공식(최종본)과 나머지 두 구절(초고)의 차이에 유의하라. 앞에서는 보나파르트 독재가 가능한 유일한 정부라고 말한 반면, 뒤에서는 그것이 가능한 유일한 **부르주아** 정부라고 말한다. 첫 번째 공식은 이해하기 어렵다. 왜냐하면 만약 노동자가 지배할 준비가 되지 않았다면, 부르주아 계급의 적나라한 계급지배도 노동 계급에게 위험이 될 수 없기 때문이다. 그러므로 《무월 18일》에서는 이를 부르주아 계급의 무능 탓이라고 주장한다.

이와 같이 부르주아 계급은 이전에 '자유주의적'이라고 찬양하던 것에 이제는 '사회주의적'이라는 낙인을 찍음으로써 그들의 이익이 무엇인지 고백하고

235) *The Civil War in France*, pp. 138~139.
236) *Ibid.*, p. 55.
237) *Ibid.*, p.100.

있다. 즉 부르주아 계급은 **직접 지배**의 위험에서부터 벗어나야 하고, 국내의 평온을 회복시키기 위해서는 무엇보다도 먼저 부르주아 의회가 소멸되어야 하고, 그들의 사회적 권력을 현재대로 보유하기 위해서는 그들의 정치권력이 붕괴되어야 하고, 부르주아 개개인이 다른 계급을 계속해서 착취하고 재산과 가족, 그리고 종교와 질서를 어떠한 방해도 받지 않은 채 향유할 수 있기 위해서는 부르주아 계급이 다른 계급과 마찬가지로 정치적으로 무능하다는 비난을 받아야 하고, 그들의 돈을 절약하기 위해서는 왕관을 상실해야 하고, 그들을 보호해주는 검이 다모클레스의 칼처럼 그들의 머리 위에 매달려 있어야 한다는 사실을. 238)

부르주아 계급이 "왕관을 상실한다"는 것은 공화국에서 획득했던 권력을 포기한다는 뜻이다. 이러한 포기 이론은 7. 1. 4에서 살펴보겠다. 여기에서는 마르크스가 루이 나폴레옹의 등장에 대해 어떻게 설명하는지를 살펴보자. 확실히 그는 그의 통치로부터 부르주아 계급이 얻게 되는 이익의 관점에서 설명하는데, 이것은 의도적 설명의 성격이 짙다. 하지만 그는 실제로 부르주아 계급이 연합하여 그런 일을 의도했는지, 나폴레옹의 집권을 환영했는지에 대해서는 아무런 증거도 제시하지 않는다. 영국의 경우와 마찬가지로, 여기에서도 마르크스는 기능적 설명을 하는 것으로 보아야 할 것이다. 이 문제는 제 7장에서 다시 설명하겠다. 나폴레옹의 쿠데타는 희한하게도 계급지배를 폐기하는 것처럼 보이면서도 계급지배에 딱 맞는 상황을 만들어냈다. 마르크스는 바로 이러한 상황을 설명에 이용한 것이다. 이런 종류의 설명을 할 때 늘 그러하듯이 그는 그 메커니즘에 대해서는 살펴보지 않았다.

　그러므로 그 쿠데타는 그로 인해 부르주아가 얻을 이익에 의해서가 아니라 부르주아가 자신들의 무능으로부터 벗어나야 할 필요성에 의해 설

---

238) *The Eighteenth Brumaire*, pp. 142~143.

명되어야 한다. 하지만 그들의 무능이 루이 나폴레옹이 이렇다 할 저항 없이 권좌에 오를 수 있는 조건이 되었다는 설명도 가능하다. 1871년이 라는 유리한 시점에 가서는 그 상황을 그렇게 설명한다.

> 만약 질서당이 노동 계급에 대한 전쟁에서 단결한다면, 질서당이라는 이름 값을 하게 된다면, 혁명세력의 붕괴에 의해 자신들의 지배가 확보되는 순간 다양한 분파들이 낡은 사회질서에서 누리던 이익을 되찾기 위한 음모가 난 무할 것이며, 왕위계승자를 둘러싼 투쟁이 벌어질 것이고, 개인적 야심들이 활개를 칠 것이다. 인민에 대한 공동의 전쟁, 공화국에 대한 공동의 모반, 지도층의 내부분열과 음모, 이 모든 것이 뒤얽혀 중간 계급 대중을 역겹게 하고 당황하게 할 것이며, 사업에 문제를 일으킬 것이며, 만성적인 동요 상 태에 빠져들 것이다. 이 정권 아래서 … 독재를 위한 모든 조건들이 창출되 었다. 그러나 이 독재는 평온이 없는 독재이며, 의회가 무질서에 빠지는 독 재이다. 이때 쿠데타를 위한 시간이 다가왔고, 그들의 무능이 운 좋은 독재 자를 기다리고 있었다. **익명**의 형태로 이루어지던 계급지배를 끝낼 독재자 를. [239)]

이 설명은 부르주아 계급의 형편이 쿠데타 이후에도 쿠데타 이전처럼 나 쁠 수도 있다는 것을 부정하지 않는다. 여기서 부르주아 계급의 무능은 극복의 대상이 아니라, 가능한 조건을 설명하는 개념이다. 1871년의 텍 스트에서도 부르주아 계급이 새 정권으로 이익을 얻었다고 주장하는 것 은 사실이다. 그러나 그 이익 때문에 새 정권이 출현했다고 말하고 있는 것은 아니다. 1871년의 시점에서도 마르크스는 보나파르트 정권이 계급 적 성격을 은폐하고 있다고 믿었지만, 1852년에서처럼 이것이 그러한 정 권을 등장하게 했다고 주장하지는 않았다. 7. 1에서 더 자세하게 논의하

---

239) *The Civil War in France*, p. 37.

겠다.

영국과 프랑스에서의 계급투쟁과 계급동맹에 대한 마르크스의 분석은 인상적인 성과에도 불구하고, 결함과 과장이 있다. 노동 계급에 대한 전망이 지나치게 낙관적이고, 여러 계급들의 이해관계에 대해 지나치게 단정적이다. 게다가 심각한 방법론적 결함이 있다. 이것은 그가 아무 생각 없이 기능주의에 의존했기 때문이다. 사회적 갈등의 현장은 혼란 그 자체이기 때문에 대부분의 행위자가 자신들이 무엇을 원하는지 알지도 못하고, 또한 원하는 것을 어떻게 얻을 수 있는지도 알지 못한다. 그러나 마르크스의 분석에는 그런 것이 없다. 그의 분석이 그의 역사철학에 의해 오염되긴 했지만, 그가 안출한 분석적 도구들은 엄청난 가치가 있다. 연합형성의 메커니즘에 대한 그의 연구는 짐멜과 캐플로에 의해 계승되었다. (마르크스는 기능주의 때문에 **분할지배**와 **어부지리**를 구별하지 못했지만.) 그는 계급 간의 투쟁을 주어진 시점에서 분석하는 데 그치지 않고, 미래 투쟁의 예견되는 효과가 현재의 전략선택에 어떤 영향을 미치는가를 설명하려 하였다. 또한 그는 계급동맹이 완전히 성숙한 집합행위자들 사이에만 일어나는 것은 아니라는 것을 알았기 때문에 동맹형성과 계급의식의 발전 간의 상호작용을 고려하였다. 이 과업에서 그가 부분적으로 실패한 이유는, 지적 훈련이 부족했던 탓도 있지만, 그것들을 동시에 다루었기 때문이다.

6.3.4. 계급투쟁과 사회적 갈등

지금까지 이 장에서 논의한 모든 내용을 마르크스에게 유리하게 인정하기로 하자. 즉 6.1에서 정의된 계급이 6.2에서 말한 조건하에서 계급의식을 갖게 되고, 6.3에서 지금까지 말한 형태로 계급투쟁을 전개한다고 하자. 하지만 계급투쟁이 사회적 갈등의 전부는 아니지 않은가? 비계급적 집합행위자도 있지 않는가? 이들의 투쟁도 계급투쟁 못지않게 폭력적으로 전개되고 역사에 결정적인 영향을 미친다. 스페인의 지역갈등, 아일랜드나 중동의 종교갈등, 미국이나 남미의 인종갈등, 벨기에의 언어적 갈등, 폴란드의 민족주의 등도 계급갈등만큼이나 강력하고 파장이 큰 사회적 갈등이다. 마르크스도 이러한 투쟁들이 계급투쟁이 아니라는 것을 인정할 것이다. 계급적대의 존재는 이러한 비계급적 갈등에 여러 가지 방식으로 영향을 미치는 것은 사실이다. 그러나 마르크스는 계급의 **중심성**에 지나치게 매몰되어 있었고, 그러한 주장은 점점 설득력을 잃어간다. 240)

이러한 강력한 반론에 대해 논의하기 위해 두 개의 사회학적 지도로 사회를 그려보자. 하나는 6. 1에서 정의한 계급지도이고, 또 하나는 사회적 갈등의 부분을 형성하는 집합행위자의 지도이다. 대체로 보아 마르크스는 이 두 개의 지도가 서로 수렴한다고 생각한 것 같다. 그의 견해는 두 개의 명제로 나타낼 수 있다. ① 객관적으로 정의된 계급은 계급의식을 획득하거나, 그렇지 못할 경우 사라진다. ② 비계급적 집합행위자는 시간이 흐를수록 주변화된다.

명제 ①에 대해서는 6. 2에서 어느 정도 논의했다. 확실히 마르크스는 근대사회를 형성한 '3대 계급'이 계급의식을 획득했거나, 혹은 급속하게 획득하고 있다고 믿었다. 대부분의 유럽 국가들에서 토지귀족은 주요한 집합행위자였고, 계급의식도 발달되어 있었다. 산업 부르주아는 집합행위자로서 발달이 늦었고, 노동 계급은 더 늦었다. 그러나 이 계급들은 상호 간 대립과 근대적 산업의 조건들로 인해 급속하게 계급의식을 획득하고 있었다. 농민과 소부르주아는 계급의식이 발달하기 어려운 조건에 놓여 있었지만 농업에 자본주의가 도입되고, 자본이 산업분야에 집중됨에

---

240) 이러한 반론은 파킨(Parkin, *Marxism and Class Theory*)이 제기한 것이다.

따라 소멸할 것이었다. 마르크스에 따르면, 영국에서는 이러한 일이 이미 일어났고, 영국은 "덜 발달한 나라들에게 그 미래의 모습을 보여준다"는 것이다.

오늘날의 기준으로 보면, 마르크스의 이러한 설명은 여러 가지가 틀렸다. 다른 계급이 무대에 등장했다. 법인재산 혹은 국유재산을 관리하는 자들이 등장한 것이다. 농민도 사라지지 않았고, 오히려 현대적인 통신 수단 덕분에 다른 계급에 버금가는 계급의식을 갖게 되었다. 그러나 크게 보면 근대사회의 모든 계급들이 계급의식을 가지고 있다는 점에서, 경제적으로는 물론 정치적으로도 조직화되어 있다는 점에서 그는 옳았다. 고대세계에서 노예는 명제 ①의 명확한 반증 사례이다. 노예상황을 벗어나기 위한 시도가 간간이 있었지만, 노예제도를 개선하지도 못했고, 폐지하지도 못했다. 그들이 추구한 자유에는 타인을 노예로 소유하는 권리가 포함되어 있었다.[241] 마르크스는 1869년에 이러한 사실을 알고 있었다. 그는 노예들이 부유한 자유인과 가난한 자유인 간의 계급투쟁의 "수동적 발판"이라고 말했다.[242] 나는 그가 《공산당 선언》에서 공언한 견해를 버리고 현실에 맞게 이론을 수정한 것이 그의 이론을 심각하게 훼손하는 것은 아니라고 생각한다. 쑥스러운 일이기는 하지만, 그 이상은 아니다. 노예소유주와 노예 사이에 잠재적 계급투쟁(6.3.1)이 있었다. 즉 노예소유주들이 노예들의 반란의 위험에 대비한 것이다.

문제는 명제 ②에 대한 반증사례가 있다는 것이다. 6.3.1에서 로마공화국에서 신분 간의 투쟁은 비계급적 성격의 사회적 갈등이라고 말한 바 있다. 앞에서 열거한 다양한 민족적, 지역적, 종교적, 언어적, 인종적 갈등은 20세기에 걸쳐 점점 더 심해졌다. 이러한 대립은 계급적 분립을

---

241) Finley, *Economy and Society in Ancient Greece*, p. 119.
242) Preface to 2nd edition of *The Eighteenth Brumaire*, p. 359.

넘어서고, 계급이익보다 더 큰 충성심과 적대감으로 충돌하고 있다.

이러한 반론에 대해 마르크스주의자들이 어떻게 응답하고 있는지, 혹은 응답할 것인지 생각해보자. 첫 번째 응답은 이러한 비계급적 분립 — 요컨대, '문화적 분립' — 은 결코 계급중립적인 것이 아니라는 것이다. 계급분포가 문화집단에 대해 임의적이 아닌 경우는 많이 있다. 프로테스탄트와 가톨릭, 프랑스인과 플랑드르인, 흑인과 백인 간의 전쟁의 이면에는 가진 자와 못 가진 자의 계급갈등이 있다. 이러한 상관관계가 완벽하게 성립하는 경우는 드물지만, 집합행위가 경제적으로 정의된 계급을 중심으로 형성되는 경향이 있다는 거시사회학적 견해는 충분히 성립할 수 있다. "인종 때문에 피착취 계급으로 전락한" 경우도 있지만, [243] 그렇다고 해서 그 투쟁이 계급투쟁이 아니라고 말할 수는 없다.

나는 이러한 응답의 전제도 추론도 받아들일 수 없다. 먼저 튼튼한 상관관계를 보이는 경우, 즉 미국에서 흑인과 피착취 간의 상관관계를 살펴보자. 이 경우에도 인종 때문에 착취 계급으로 전락한 사람들에게 착취보다는 인종이 더 중요하다. 예를 들면, 착취문제보다는 [백인과 흑인 학생을 융합하기 위한 — 옮긴이] 버스통학 문제가 그들을 더 많이 모이게 할 수 있다. 다음으로 계급경계를 넘어서는 문제, 즉 상관관계가 약하거나 없는 문제를 살펴보자. 중심부에 있는 노동자와 자본가가 그 예가 될 수 있다. 중심부의 자본가는 주변부의 자본가보다 더 부유한 것은 사실이지만, 부가 계급의 기준은 아니다. 그렇지 않다고 말한다면, 생각나는 대로 말하는 것이다. 희석되지 않는 마르크스의 계급 이론에 따르면, 부유한 자본가와 가난한 자본가 사이의 유대는 한 지역에 있는 노동자와 자본가의 유대보다 더 강하다.

문화적 분립은 '분할정복'의 한 형태라는 주장도 있을 수 있다. 그렇다

---

243) Cohen, review of Parkin's *Marxism and Class Theory*.

면 비계급적 차이는 계급이익의 관점에서 설명될 수 있다. 이런 설명이 가능하다면, 명제 ②에 비해 간접적이긴 하지만, 계급 중심성이 인정될 수 있다. 그러나 이러한 주장은, 앞에서 여러 번 말했지만, 기능주의적 설명일 뿐이다. 노동자들 사이의 문화적 분립으로 고용주가 이익을 얻는다고 해서 그러한 분립이 그 이익 때문에 생겨났다고 말할 수는 없다. [244] 게다가 그 설명의 타당성을 인정한다 하더라도, 장기적으로는 그러한 분립이 극복되고 계급의식이 등장하리라고 기대해야 한다. 그렇지 않으면 자본주의의 지배가 어떠한 저항도 받지 않기 때문이다. '비관적 마르크스주의'는 그러한 상황이 빨리 오지 않는 이유를 분할정복에서 찾을 수도 있지만, 전통적인 진보적 마르크스주의자는 명제 ②를 고수해야 한다.

한발 더 나아가 문화적 분립의 지속을 6.2.2에서 논의한 계급의식의 조건들이 부재한 탓으로 돌릴 수도 있다. 예를 들어 노동자들의 이직률이 높으면 노동자들 간의 문화적 편견과 적대감을 극복할 수 있는 시간적 여유가 없을 것이다. 이런 식의 논증은, 말이 안 되는 것은 아니지만, 반론에 대한 응답으로는 약하다. 문화적 분립이 계급적 분립보다 내재적으로 더 강한 것은 아니라는 주장도 있다. 일정한 조건하에서만 전자가 후자보다 우세한데, 그런 조건은 있을 수도 있고 없을 수도 있다는 것이다. 문화가 계급보다 중요하다는 주장도 있는데, 우선성이 계급에 있다는 마르크스주의적 견해를 거부하기 위해 그런 견해를 받아들일 필요는 없다.

마지막으로, 좀더 넓은 역사적 관점에서 계급투쟁만이 **획기적인 변혁**을 가져올 수 있다는 주장도 있을 수 있다. [245] 앞에서 말한 그 어떤 방식

---

244) 그럼에도 불구하고 이런 주장이 Bowles and Gintis, "The Marxian theory of value and heterogeneous labour" 및 Roemer, "Divide and conquer: micro-foundation of a Marxian theory of wage discrimination"의 바탕에 깔려 있다.

245) 라모어(Charles Larmore)가 이러한 주장을 하는데, 이것은 코헨(Cohen, "Restricted and inclusive historical materialism")의 주장과 밀접한 관련이

으로든 계급투쟁으로 환원될 수 없는 사회적 갈등이 역사적으로 존재해
왔다는 것을 인정하면서도, 그러한 갈등은 새로운 생산관계의 수립과는
아무 관계가 없다고 주장할 수도 있다. 역사적 유물론의 관점에서 보면,
문화적 갈등은 소란스러운 잡음일 뿐이다. 소리와 분노는 있지만 대수롭
지 않은 것이다. 지금 이 시대를 살고 있는 사람들에게는 중요할지 몰라
도 생산력의 발전과 무계급 사회의 궁극적인 도래와는 무관한 일이라는
것이다.

아마도 이것이 대부분의 마르크스주의자들이 취하는 입장일 것이다.
이들은 비경제적인 힘이 고전적 주장보다 더 큰 자율성을 가지고 있다는
것을 인정하면서도, 이러한 힘의 영향력을 경제적 발전과는 상관없는 일
로 본다. 이 응답에는 두 가지 약점이 있다. 첫째, 문화적 갈등이 생산관
계의 변화를 초래하는 투쟁이 될 수 없다는 주장은 증명된 것이 아니다.
둘째, 계급투쟁이 과연 생산력의 발전에 최적인 생산관계를 가져온다는
주장도 증명된 것이 아니다. 마르크스와 마르크스주의자들은 이렇다 할
논증과 증거 없이 이 두 가지 주장에 안주한다. 명제 ②에 대한 반증사례
들은 마르크스주의로는 설명할 길이 없고, 사회적 갈등에서 계급 중심성
은 더 이상 설 자리가 없다는 것이 나의 결론이다.

마지막으로, 이 문제에 대해 마르크스가 취한 입장을 살펴보기로 하
자. 이른바 '민족문제'는 처음부터 마르크스주의의 골칫거리였다. [246] 사
회주의자들은 폴란드나 아일랜드와 같이 이민족의 지배를 받는 민족들의
독립을 지지해야 하는가, 아니면 계급적 억압과 민족적 억압을 하나로
묶어서 국제적 프롤레타리아 운동을 전개해야 하는가? 이것이 문제였다.
이 문제는 앞에서(5. 2. 3, 5. 3. 2) 국제적 프롤레타리아 혁명의 여러 가지

────────────────

있다.

246) 이하의 논의는 주로 Cummins, *Marx, Engels and National Movements*에 의
　　존하였다.

시나리오를 논의하면서 다루지 않은 주제였다. 앞에서는 주로 혁명의 조건들이 한 나라에서 갖추어질 수 있는지, 혁명적 분업이 있어야 하는지에 대해 논의했을 뿐, 그 나라들이 독립적인 민족국가여야 하는지는 논의하지 않았다. 마르크스는 전자의 문제에서는 국제주의자였지만, 후자의 문제에서는 민족주의자였던 것처럼 보인다. 그는 혁명이 여러 독립국가들의 상호작용에 의해 발생할 것이라고 믿었다.

그러나 이러한 민족주의적 입장은 정통이 아니다. 계급투쟁이 시작되기 전에 민족주의적 감정이 먼저 해결되어야 한다는 주장은 그의 저작에서 찾아볼 수 없다. 억압국가의 노동자들이 피억압국가의 노동자들로부터 추출한 잉여로 살아가며, 따라서 혁명의 동기가 약하다고 말한 적도 없다. 민족주의에 대한 그의 생각은 아일랜드 문제에 대한 논의에서 찾아볼 수 있는데, 여기에서 그는 전혀 다른 주장을 한다. 일반적으로 독립은 **억압**국가에 있어서 혁명의 조건이라는 것이다.

> 〔영국에서 사회적 혁명을〕촉진하는 유일한 수단은 아일랜드의 독립이다. 그러므로 인터내셔널의 과업은 영국과 아일랜드 간의 갈등을 전면에 부각시키는 것이며, 공개적으로 아일랜드 편을 드는 것이다. 런던총무위원회의 특별한 과업은 **아일랜드의 민족해방**이 추상적인 정의의 문제, 인도주의적 감정의 문제가 아니라 그들 자신이 사회적 해방을 위한 첫 번째 조건이라는 것을 영국 노동 계급에게 알리는 것이다. 247)

영국의 노동자들이 자신들을 억압하는 자들과 싸우기 전에 아일랜드에 대한 억압으로부터 생기는 경제적 이익을 포기해야 한다는 말이 아니다. 그의 주장을 경제적 관점에서 보자면, 영국 노동자들은 아일랜드 사람들을 자신들의 생활수준을 하락시키는 경쟁자로 보아야 한다는 것이

---

247) Marx to Meyer and Vogt 1870. 4. 9.

다. 248) 그러나 그 문제는 물질적인 이익의 문제가 아니라 주로 심리적인 것이다. 아일랜드 노동자가 영국 노동자 옆에 있으면 영국 노동자의 분노는 진정한 적인 자본가 계급을 향하는 것이 아니라 아일랜드 노동자를 향하게 된다. 마르크스는 "다른 민족을 지배하는 민족은 스스로 자신의 사슬을 만든다"고 했는데, 249) 이것은 루소의 "주인은 결코 자유로울 수 없다"는 말을 흉내 낸 것이다. 250) 그 이면에 작용하는 심리적 메커니즘은 1.3.1에서 논의했다. 251) 이 외에 사소한 주장이 몇 가지 더 있는데, 별로 중요한 것은 아니다. 252)

1.3.1에서 본 것처럼, 마르크스는 내생적 선호형성에 관한 문제를 분할정복의 문제로 바꾸어놓곤 한다. 부르주아 계급은 "이러한 분할이 자신들의 권력을 유지하는 진정한 비밀임을 잘 알고 있고,"253) 따라서 그 상태를 인위적으로 유지하려 한다. 그는 아일랜드에서의 종교분쟁도 같

---

248) "Confidential Communication", p. 416.

249) *Ibid.*, p. 417.

250) Rousseau, *Letters de la Montagne*, pp. 841~842.

251) 정부가 독립적인 것처럼 보이면 노동자들의 관심이 자본이 아니라 정부에 향하게 된다는 주장(6.3.3)과 비교해보라. 마르크스가 귀족의 제거를 원했던 이유는 그래야 노동자들이 자본가들과 직접 대면하기 때문이었다. 같은 이유에서 영국 노동 계급의 투쟁에서 아일랜드 노동자들을 제거해야 한다고 주장한 것이다. 전자는 양면전선 전략에 대한 대응이었고, 후자는 분할정복에 대한 대응이었다.

252) "Confidential communication", p. 416에서 아일랜드가 "영국 지주제도의 성채"라고 말한다. 아일랜드에서 지주가 무너지면 영국에서도 무너진다. "게다가 아일랜드 혁명이 성공하면 영국정부는 대규모 군대를 보유할 구실을 잃게 된다. 현재 영국이 보유한 대규모 군대는 아일랜드에서 기초훈련을 마친 후에 유사시 영국 노동자들을 공격하게 된다."(p. 417) 마지막으로 미국에 아일랜드 노동자가 많으면 미국과 영국 간에 국가적 대립이 일어나고, 이것은 두 나라 모두의 사회적 혁명을 방해한다는 이해하기 힘든 주장도 있다(*ibid.*).

253) "Confidential communication", pp. 416~417; 또한 1.3.1에 인용되어 있는 Marx to Meyer and Vogt 1870. 4. 9 참조.

은 방식으로 본다. "아일랜드 교회가 죽으면, 얼스터 주의 프로테스탄트계 아일랜드 소작인도 다른 3개 주의 가톨릭계 소작인과 공동전선을 펼 수 있게 될 것입니다. 지금까지 지주제도는 이러한 종교적 갈등을 이용해왔습니다."254) 여기에서 그는 분할정복을 극복하고 나면 종교적 신앙이 다른 소작인들이 연대할 것이라고 낙관한다.

마르크스는 민족국가들 사이에 혁명전쟁이 일어났을 때, 이를 계기로 공산주의 혁명을 일으킨다 하더라도 민족주의적 감정이 계급이익에 장애가 되지는 않을 것이라고 생각했다. "노동자에게는 조국이 없다."255) 1855년의 한 신문 논설에서는 이렇게 말한다.

> 산업 노동인구는 두 나라에서 [크림]전쟁에 대해 거의 같은 입장을 가지고 있다. 영국과 프랑스의 프롤레타리아는 두 나라의 농민들에게서 공통적으로 볼 수 있는 민족적 편견으로부터는 많이 벗어났지만, 명예로운 민족정신이 충만해 있다. 그들은 이 전쟁과 직접적인 이해관계가 없다. 그러나 자기 나라 군대가 승리하여 민족적 자존심 — 프랑스는 무모하고 건방지다, 영국은 소심하고 어리석다 — 으로 우쭐해한다면, 전쟁행위는 그들에게 정부와 지배 계급에 대항하는 선동의 기회를 제공한다. 256)

'명예로운 민족정신'에 대한 언급은 묘한 느낌을 주고, 결론 부분도 농담처럼 들린다. 여하튼 마르크스가 민족주의적 감정을 대수롭지 않게 여겼다는 데는 의심의 여지가 없다.

그러나 노동자들과 그들의 투쟁이 민족적 충성심에 의해 형성되는 한 가지 길이 있다. 이것은 민족주의적 목표를 통해 작동하는 것이 아니라,

---

254) Marx to Kugelmann 1868. 4. 6.

255) *The Communist Manifesto*, p. 502.

256) *New York Daily Tribune* 1855. 4. 27.

특유의 민족성에 의해 작동한다. 이것은 영국 노동 계급의 경우에 특히 현저하게 나타난다. 마르크스에게는 분통터질 일이겠지만. 엥겔스에게 보낸 편지에서 그는 영국 노동자들의 '기독교적 노예근성'에 대해 언급한다. [257] 인터내셔널의 문서에서 그는 영국이 사회혁명의 물질적 조건들을 모두 갖추고 있다고 말하면서, "딱 하나 부족한 것은 **일반화의 정신과 혁명적 열정**"이라고 지적한다. [258] 이와 대조적으로 그는 "프랑스인 특유의 보편적 성격"[259]과 "켈트 노동자의 혁명적 열기"[260]를 칭찬했다. 마르크스는 러시아인들은 천박한 민족성을 가진 것으로 보았다는 것을 2. 1. 3에서 말한 바 있다. 특유의 민족성과 민족주의적 목표 사이에는 심리적 친화성이 있을 것이다. 그러나 비계급적 집합행위를 직접 낳는 것은 후자이다. (둘 다 프롤레타리아 국제주의의 이상에는 반한다.) 그러한 민족성이 마르크스주의에서 문제가 되면 될수록, 그것은 명제 ①에 대한 반증사례가 된다. 명제 ②와는 관계가 없겠지만. 영국 노동자들이 모든 조건이 갖추어져 있음에도 불구하고 계급의식을 획득하지 못한다면, 이것만으로 지금까지 말한 마르크스의 계급 이론은 틀린 것이 되고 만다.

일반적인 결론은 다음과 같다. 사람들은 노동자와 자본가의 국제적 공동체보다는 더 좁은 범위에서 충성심과 연대의식을 가진다고 믿을 만한 철학적·심리학적·사회학적 근거들이 있다. 6. 2. 2에서 논의한 계급의식의 정보조건은 안정된 작은 집단을 요구한다. 구성원 수가 많아지면 이타주의는 희박해진다. 아주 많은 사람들과의 무차별적 연대는 혁명 후 사회에서 요구되는 개인적 성실성 및 품성과는 맞지 않는다. [261] 노동자

---

257) Marx to Engels 1862. 11. 17.
258) "Confidential communication", p. 415.
259) *The German Ideology*, p. 412.
260) "Confidential communication", p. 415.
261) Williams, *Moral Luck*, 특히 제1장 참조.

들로 하여금 국제 프롤레타리아 계급의 성원으로 인식하도록 세뇌하는 일이 불가능하다면, 국제 사회주의의 대의도 사라지고 만다.

정치와 국가

여기에서는 정치제도와 정치과정에 대한 마르크스의 이론을 살펴보겠다. 주요 대상은 1850년 전후에 마르크스가 관찰한 자본주의 사회이다. 제6장의 논의를 확장하여 계급투쟁의 정치적 동학을 자세히 살펴보겠다. 또한 마르크스의 공산주의 혁명에 대한 예측과 혁명 후 사회에 대한 비전에 대해서도 앞장의 논의를 보충하면서 자세히 살펴보겠다.

7.1에서는 국가와 계급구조 간의 관계를 고찰한다. 마르크스는 자본주의 국가가 자신이 주장한 이론보다 더 큰 자율성을 가지고 있다고 볼 수밖에 없는 사건들에 직면했지만, 그 사실을 온전하게 인정하지는 않았다. 7.2에서는 그의 정치과정론과 특히 혁명론을 살펴본다. 우선 영국과 프랑스에서의 고전적 부르주아 혁명에 대한 이론을 검토한 다음, 1848년에서 1849년까지 독일을 휩쓴 혁명적 물결에 대한 그의 실천적·이론적 관심을 살펴보고, 마지막으로 공산주의 혁명이 임박했다고 생각한 이유에 대해 살펴보겠다. 7.3에서는 공산주의 혁명의 결과, 즉 공산주의 사회의 정치적·경제적 단계들에 대해 고찰한다. 국제정치에 대한 마르크

스의 견해는 논의하지 않았다. 오늘날에는 그다지 큰 주목을 받을 수 없기 때문이다. 1)

7. 1. 국가의 본질과 국가에 대한 설명

자본주의 국가, 좀더 중립적으로 표현하면, 자본주의 사회에서의 국가에 대한 이론은 마르크스의 사상 중에서 가장 영향력 있는 이론에 속한다. 대체로 그 영향은 좋은 것이 아니라 해로운 것이다. 그 이론은 음모론적 사고와 기능주의적 설명이 혼합된 나태하고 안일한 이론이다. 2) 여기에서 얻을 것이 있다면, 마르크스가 무심결에 정치가 경제의 제약을 받기는 하지만 경제로 환원할 수는 없다고 보았다는 점이다.

국가자율성이 가장 중심적인 개념이므로 7. 1. 1에서 국가의 개념을 설명하고, 7. 1. 2에서 자율성의 개념을 설명한다. 7. 1. 3에서 그 유명한 마르크스주의 국가론을 살펴본다. 이 국가론에 따르면 국가(혹은 국가의 집행부)는 "전체 부르주아 계급의 공동사무를 관리하는 위원회에 불과하다". 3) 7. 1. 4에서 나는 마르크스가 1848년 사건을 겪은 후 좀더 복잡한 이론을 수립했음을 밝힐 것이다. 이 이론에 따르면 부르주아는 정치권력을 양위 혹은 자제한다. 그것이 자신들의 이익을 실현하는 최선의 길이기 때문에 그렇게 한다는 것이다. 7. 1. 5에서는 좀더 나은 양위론에 대해 논의한다. 이 이론에 따르면 국가의 자율성은 서로 대립하는 계급들의 존재로 인하여 발생하는 근대의 영속적인 특징이다.

---

1) 이 주제에 대해서는 Papaïoannou, *De Marx et du Marxisme* 및 Molnar, *Marx, Engels et la Politique Internationale* 참조.

2) 자세한 내용은 졸고 "Marxism, functionalism and game thoery" 참조.

3) *The Communist Manifesto*, p. 486.

7.1.1. 개념의 모호성

국가는 **무엇을** 하느냐에 의해 정의될 수도 있고, **어떻게** 하느냐에 의해 정의될 수도 있다. 베버의 정의, 즉 폭력의 합법적 사용의 독점이라는 정의는 둘째 유형에 속한다. 마르크스는 기능의 관점에서 국가를 정의한다. 이점에서 그는 정치 이론의 전통, 혹은 전통 중 하나를 따른다. 일반적으로 국가는 공공재 공급자로 간주되어왔다. 공공재에는 법과 질서는 물론, 개인들에 의해서는 효과적으로 공급될 수 없는 경제재도 포함된다. 크게 보면, 국가는 죄수의 딜레마에 놓인 개인들의 협동적 해결책이다. 이러한 개인들의 사회 속에 국가가 있다.[4] 마르크스에 따르면, 국가의 과제는 이러한 딜레마의 관점에서 등장한다. 다만 행위자가 다를 뿐이다. 국가의 과제는 경제적 지배 계급이 직면한 죄수의 딜레마에 대한 협동적 해결책을 제공한다. 이 과제의 일부로서 피지배 계급으로 하여금 **그들의** 딜레마를 해결하지 못하도록 방지한다. 이러한 도구주의적 개념은 7.1.3에서 다시 살펴보겠다.

그렇다면 마르크스는 국가가 (정도의 차이는 있겠지만) **모든** 사회성원을 이롭게 하는 측면은 완전히 무시한 것인가? 《요강》에 공공사업(예컨대 철로 부설)을 사기업이 맡을 수 있는 조건에 관한 긴 논의가 있다.[5] 첫째, 그 사업을 수행하기에 충분한 자본의 집중이 있어야 한다. 둘째, 그 기업이 이윤을 얻을 수 있어야 한다. 셋째, 수익성의 조건으로 공공재에 대한 수요가 있어야 한다. 마르크스도 알고 있었지만, 수요는 공공재 그 자체에 의해 창출될 수도 있다. "도로 자체가 생산력을 증대시킬 수 있

---

4) 오늘날의 논의는 Olson, *The Logic of Collective Action*, ch. IV; Baumol, *Welfare Economics and the Theory of the State*; Taylor, *Anarchy and Cooperation*; Schotter, *The Economic Theory of Social Institutions* 참조.

5) *Grundrisse*, pp. 524ff.

다. 도로는 새로운 교통을 창출하고, 이것이 수익성을 낳기 때문이다."[6] 마르크스에 따르면, 완전히 발달한 자본주의적 생산양식에서 모든 공공재는 사적으로 공급된다.

> 도로, 운하 등과 같은 **모든 일반적 생산조건들을** — 그것이 유통을 용이하게 하는 것이든, 가능하게 하는 것이든, 또는 (아시아, 그리고 유럽 정부들도 건설한 적이 있는 관개시설처럼) 생산력을 증대시키는 것이든 — 공동체를 대표하는 정부가 아니라 자본이 맡기 위해서는, 자본에 기초한 생산이 고도로 발전되어 있어야 한다. 공공사업을 국가가 아니라 자본이 맡는다는 것은 공동체가 실질적으로는 자본의 형태로 구성되어 있다는 것을 보여준다.[7]

이러한 공공재의 민영화에는 장애가 있다는 것을 마르크스는 알지 못했던 것 같다. 공공재로부터 발생하는 이익을 내면화하는 것은 아마 불가능할 것이다. 통행료와 같은 장치로 이 장애를 극복한다 하더라도 민영화는 불필요한 중복투자를 가져올 수 있다.[8] 마르크스는 사기업이 공공사업으로부터 수익을 얻기 위해서는 "보호관세, 독점, 국가에 의한 강제"가 필요하다고 말하지만,[9] 이에 대한 근거는 제시하지 않는다. 또한 국가에 대한 언급도 주장하려는 내용과 잘 맞지 않는다.

　보건이나 교육 같은 것을 사기업에 맡기지는 않을 것이다. 문제는 이러한 일들이 사회성원 전체를 위한 것인지, 자본가 계급만을 위한 것인지의 여부이다. 4.1.4에서 논의한 것처럼, 이 문제에 대해 마르크스는 일관성이 없다. 공장입법에서 보건과 교육이 '사회'의 이익이라고 말한

---

6) *Ibid.*, p. 531.

7) *Ibid.*, pp. 530~531.

8) 예를 들어 특허제도는 기술혁신 활동의 엄청난 중복을 가져온다. 이 문제는 졸저 *Explaining Technical Change*의 제4장에 간략히 설명되어 있다.

9) *Grundrisse*, p. 531.

곳도 있고, 자본가의 이익이라고 말한 곳도 있다. 후자의 견해를 취하고, 여기에 일반적 생산조건들의 민영화를 추가하면, 이제 국가의 모든 과제는 자본을 위하여 수행되거나, 자본에 위임된다. 사회성원 전체를 위한 일은 아무것도 수행되지 않을 것이다. 7.1.3에 인용한 텍스트를 보면, 국가에 대해 마르크스가 그렇게 생각했다고 볼 수밖에 없다.

다른 한편 마르크스는 국가의 과제를 계급편향적인 것과 계급중립적인 것으로 구분한다. 예를 들어 《자본론 III》에서 그는 자본주의 공장에서 감독의 이중적 성격을 이렇게 논의한다.

> 직접적 생산과정이 독립적인 생산자들의 고립된 노동이 아니라 사회적 결합 형태를 취하는 곳에서는 감독과 관리가 필요하다. 이 노동은 이중적 성격을 가진다. 다수의 개인이 협력하는 노동에서는 오케스트라 지휘자와 같은 하나의 지휘 의지가 있어야 한다. 그래야 작업장 전체의 활동과 과정이 통일된다. 이것은 생산적 노동으로서, 모든 결합된 생산양식에서 반드시 있어야 하는 노동이다. 다른 한편, 상업부문을 제외하면, 이러한 감독 작업은 직접적 생산자로서의 노동자와 생산수단 소유자 사이의 대립에 바탕을 둔 모든 생산양식에서 필연적으로 발생한다. 그 대립이 크면 클수록 감독의 역할은 그만큼 더 커진다. 그러므로 감독은 노예제에서 최고 수준에 이른다. 자본주의적 생산에서도 감독은 필수불가결하다. 여기에서도 생산과정은 곧 자본가가 노동력을 소비하는 과정이기 때문이다. 이것은 마치 전제국가에서 정부가 수행하는 감독과 전면적 간섭이 두 가지 측면, 즉 모든 공동체의 본질로부터 발생하는 공동사업의 수행과, 정부와 인민 대중 사이의 대립으로부터 발생하는 특수한 기능의 수행을 포함하는 것과 같은 것이다. [10]

1871년에서 1875년 사이에 쓴 여러 텍스트에서 마르크스는 이러한 "모든 공동체의 본질로부터 발생하는 공동사업"에 대해 논의한다. 여기에서 그

---

10) *Capital III*, pp. 383~384.

는 공산주의에서도 '국가'는 존재한다고 말한다. 이 국가는 정부기능이 아니라 행정기능을 한다. 7. 3. 3에 관련 구절이 인용되어 있다. 요점은 공산주의에서도 협동과 공공재는 필요하다는 것이다. 주류 정치 이론에 서는 이러한 협동기관을 국가라고 불러왔는데, 이러한 명명에 반대할 이유가 없다. 문제는 이 기관의 결정을 집행하기 위해 폭력이 필요한가 하는 것이다. 이 문제에 대해 마르크스는 아무 말도 하지 않았지만, 그가 공산주의에 대해 언급한 내용들의 분위기로 볼 때, 폭력이 필요할 것이라고 생각하지는 않은 것 같다.

그러면 국가를 경제적 지배 계급의 공동사무를 집행하는 기관으로 정의해야 하는가? 아니면 사회의 공동사무를 실현하는 기관으로 보아야 하는가? 아니면 이와는 다른 제 3의 방법으로 정의해야 하는가? 그 어떤 제안도 자본주의와 공산주의에 다 적용할 수 있는 정의가 아니다. 공산주의의 경우, 첫 번째 것은 쓸모가 없다. 자본주의의 경우, 두 번째 것은 그릇된 주장이다. 예를 들어보자. 철로를 건설하는 공공사업은 사회성원 전체에게 혜택이 돌아가는 일이다. 그러나 자본가보다는 노동자에게 더 많은 혜택이 돌아간다. 자본가가 국가기구를 통제하고 있다면 그런 사업을 벌이지 않을 것이다. 계급 간의 세력균형이 자신들에게 불리해질 수도 있기 때문이다. 달리 말하면, 계급국가는 공동이익이 그 계급의 특수 이익과 일치하는 경우에만 추구할 것이다.

위의 제안들이 다 실패하는 이유는 중요한 본질적인 문제를 누락하고 있기 때문이다. 어떤 이익에 봉사하느냐와 관계없이 국가를 정의할 수 있어야 한다. 그런 다음에 그 국가가 특수이익에 봉사하는지, 일반이익을 추구하는지 물어야 한다. 또한 그 정의는 마르크스의 일반적인 견해와 일치해야 한다. 그래야 그의 정치 이론을 이해하는 데 도움이 된다. 그러므로 베버의 정의는 두 가지 점에서 도움이 되지 않는다. 첫째, 마르크스는 자본주의 국가가 합법성을 가지고 있다는 것을 부정할 것이다.

둘째, 공산주의 국가가 폭력에 의존한다는 것을 부정할 것이다. 만족스러운 정의는 구속력 있는 결정을 내릴 수 있는 능력의 관점에 서는 것이다. 그런 다음 그 결정에 대한 국민들의 순응이 폭력에 의한 것인지, 합법성에 대한 믿음에 의한 것인지, 연대 혹은 기타의 이유에 의한 것인지를 따지는 것이다. 혹은 단순하게 국가기구를 핵심적인 요소인 치안 질서와 외적 방위의 관점에서 정의하는 것이다. 이 책의 목적은 국가론을 제공하는 것이 아니기 때문에 내가 이 중 어느 하나의 국가론을 선택할 필요는 없다. 실제로 어느 것을 선택하든 결과는 같다. 또한 어떻게 정의하든 국가가 어떤 이익에 봉사하는지(만일 그런 일이 있다면)에 대한 질문이 배제되지는 않는다.

7.1.2. 국가의 자율성

국가는 계급이익에 대하여 자율적인가, 아니면 계급이익에 봉사하는가? 이것이 바로 마르크스주의 국가론의 중심에 있는 문제이다. 여기에서 다룰 문제는 국가의 인과적 자율성, 혹은 좀더 일반적으로 말해서 **국가의 설명적 자율성**이다. 이 쟁점이 의미가 있으려면, 국가와 경제구조가 서로 다른 실체여야 한다. 그 둘을 인과적으로 연결하든, 설명적으로 연결하든, 생산력과 생산관계 사이의 관계에 대한 논의(5.1.1)에서처럼 개념적 분리가 선행되어야 한다. 그러므로 우선 **국가의 개념적 자율성**부터 논의해보자.

국가의 개념적 자율성을 부정하는 주장은 둘로 나눌 수 있다. 첫째, 모든 사회에서 정치현상은 크게 보아 경제구조의 일부라는 것이다. 둘째, 개념적 자율성은 일부 사회에서만 가능하다는 것이다. 이 두 주장을 차례대로 살펴보자.

첫 번째 주장은 "토대가 상부구조로부터 분리될 수 있는가"[11] 하는 문제로 바꾸어놓을 수 있다. 분리될 수 없다는 주장을 간단히 요약하면, 소유제도는 국가가 뒷받침하는 것이므로 정치제도를 전제로 하고, 따라서 국가가 소유제도를 설명하는 독립변수가 될 수 없다는 것이다. 코헨은 최근 이 주장에 대한 반론을 제기했다. 그는 법적 소유권과 실효적인 통제를 구별해야 한다고 주장한다(5.1.1). 그에 따르면, 경제구조는 실효적 통제관계의 관점에서 정의될 수 있고, 이것이 법적 소유관계를 기능적으로 설명한다. 법적 소유형태들은 그것이 사실상의 실효적 통제관계를 안정시키기 때문에 존재한다. 코헨은 법적 개혁이 이런 식으로 이루어진 역사적 사례들을 제시한다.12) 모든 경우를 다 그렇게 설명할 수 있을까? 나는 그럴 수 없다고 생각한다. 많은 경우에 법적 관계에 앞서 독립적으로 존재하는 통제관계라는 것이 없다. 특허를 낼 수 있는 지식처럼, 법적 권리를 통해서만 통제권이 획득되는 경우도 있다(5.1.1). 법적 수단이 아닌 방법으로 사실상의 통제권이 획득되는 경우는 거의 없기 때문에, 따라서 법이 안정시켜야 할 대상도 존재하지 않는다. 이 경우에도 법이 통제권을 안정시킨다고 주장할 수는 있겠지만, 법으로 안정시켜야 할 어떤 것, 즉 실효적 통제가 존재한다고 말할 수는 없다.

그러면 어떻게 해야 할까? 정치현상을 경제구조의 관점에서 설명하는 역사적 유물론을 버려야 할까? 그렇지 않다. 피설명항이 정치체제의 구조와 실제로 내린 결정들을 모두 포함한다는 점에 유의하라. 후자에는 입법의 형태를 띠는 것도 있고 그렇지 않은 것도 있다. 제정된 법률 중에는 소유권의 형태를 띠는 것도 있고 그렇지 않은 것도 있다. 그렇다면 법적 소유권과 관계없는 모든 정치현상을 법적 소유권과 관계있는 정치현

---

11) 루크스(Lukes)가 이 제목으로 쓴 논문을 참조하라. 실제로 이 질문은 국가 자율성의 문제보다 더 일반적이다. 왜냐하면 이 질문에는 경제적 토대를 친족, 종교 등과 구별하는 문제가 포함되어 있기 때문이다.

12) Cohen, *Karl Marx's Theory of History*, pp. 226ff.

상의 관점에서 설명해야 일관성 있는 이론이 된다. 법적 소유구조의 변화를 경제적 지배 계급의 이익의 관점에서 설명하려는 시도는 성공할 수도 있고 실패할 수도 있다. 그러나 실패한다 하더라도 토대·상부구조 이론 자체를 버릴 필요는 없다.

국가의 개념적 자율성을 부정하는 두 번째 주장은 더 구체적이고, 더 치명적이다. 여기에서는 국가가 생산수단의 주된 소유자인 사회에서 경제적인 것과 정치적인 것을 어떻게 구별할 수 있는지의 문제가 제기된다. 예를 들면 아시아적 생산양식에서는 지대와 조세가 일치한다.[13] 문제는 역사적 유물론의 명제들이 틀렸다는 것이 아니라, 일관성 있게 제시할 수 없다는 것이다. 국가 자체가 경제구조라면, 어떻게 국가를 경제구조로 설명할 수 있겠는가?

이 문제를 풀기 위해 경제적 현상과 정치적 현상이 구별될 수 있는 세 가지 방법을 살펴보자. 첫째, 그 현상을 일으키는 **사람들**이 다른 경우이다. 대체로 고대 그리스가 여기에 해당할 것이다. 여기에서 생산은 노예가 담당했고, 상업은 시민이 아닌 자유인이 담당했다. 핀리는 "모든 아테네인들이 공공경비로 살아갈 수 있도록 하기 위해 국가가 취해야 할 조치들"에 대해 크세노폰이 한 말을 인용하면서, 그 제도는 "우리가 경제라고 부르는 것은 국외자들의 업무라고 생각하는 극단적인 사고방식"을 보여준다고 덧붙였다.[14]

둘째, 두 영역을 사람이 아닌 **역할**의 집합으로 볼 수도 있다. 어느 누구든 경제적 역할과 정치적 역할을 함께 할 수 있다. 마르크스에 따르면, 이것이 근대국가와 고대국가가 다른 점이다. "**민주적 대의국가**와 **시민사회** 간의 모순은 **공화국**과 **노예제** 간의 **고전적** 모순의 완성이다. 근대 세계

---

13) *Capital III*, p. 791.

14) Finley, "Aristotle and economic analysis", pp. 51~52.

에서 개개인은 노예사회의 성원인 동시에 공화국의 성원이다."15) 이 경우 한 영역에서의 행위로 다른 영역에서의 행위를 설명하려는 시도는 충분히 가능한 일이다. 예를 들면 정치적 지배관계는 경제적 착취관계로 설명할 수 있다. 동일한 사람들이 두 영역에 다 들어 있다 할지라도.

셋째, 영역 구분이 어려운 경우에도 어떤 행위가 서로 다른 **측면**, 즉 경제적 측면과 정치적 측면을 가지고 있는 경우가 있다. 마르크스가 말한 아시아적 생산양식, 혹은 현대의 공산주의 사회가 여기에 해당한다. 제국의 징세관이나 지역의 기획담당 서기의 행위는 생산 · 분배 · 소비에 영향을 미친다는 점에서는 경제적 행위이다. 그러나 법과 질서, 반란과 묵종에 영향을 미친다는 점에서는 정치적 행위이다. 이러한 영향의 관점에서 그 행위를 설명할 수도 있다. 그러면 그 영향들 상호 간에도 설명이 가능할까? 코헨은 독창적인 예를 들어 한 정책의 경제적 측면 혹은 영향이 그 정책의 정치적 측면을 설명할 수 있다는 것을 보여준다.16) 그러므로 이러한 발상 자체에는 문제가 없다. 문제는 역사적으로 공물을 바치던 사회들이 이 예가 제시한 것과 같은 사회였는지의 여부이다. 내 생각으로는 아니다. 이 사회는 토대가 정치적 상부구조와 구별되지 않는다. 따라서 이 사회에는 역사적 유물론을 적용할 수 없다. 그러나 우리의 관심사는 자본주의 국가이므로, 여기에 구애될 필요는 없다.

국가의 구조와 정책이 경제적 지배 계급에 의해 설명될 수 없을 때(혹은 그런 정도만큼), 국가는 설명적 자율성을 가지고 있다고 말할 수 있다. 다른 종류의 이익, 예를 들면 지배도당의 이익 혹은 사회 전체의 이익으

---

15) *The Holy Family*, p. 116. 또한 *Contribution to the Critique of Hegel's Philosophy of Law*, p. 32 참조.

16) Cohen, "Restricted and inclusive historical materialism", note 30. 지배 계급은 농민과, 농민을 감시해야 할 경찰에 동시적으로 지시를 내릴 수 있다. 똑같은 말이라 하더라도 언어감각상 농민들이 받아들이는 것과 경찰이 받아들이는 것은 다를 수 있기 때문이다.

로 설명될 수도 있다. 혹은 국가의 행동이 관료기구 내부의 정책결정과
정으로 설명될 수도 있다. 또한 특정한 이익을 염두에 두지 않은 채 이루
어지는 일상적인 결정이나 협상과정의 산물일 수도 있다. 17) 설명항이 무
엇이 되든, 계급이익의 부재 설명처럼 자율성은 부정적 형태로 정의된
다. 이러한 의미에서 마르크스는 국가의 자율성을 부정했지만, 문제가
그리 간단치는 않다. 그는 많은 경우에 국가의 자율성을 인정했지만, 그
런 다음에는 헷갈리게도 자율성 자체는 계급이익의 관점에서, 혹은 계급
구조의 관점에서 설명될 수 있다고 주장한다. 즉 국가 자율성은 경제적
지배 계급에게 유용하다는 사실에 의해서도 설명될 수 있고, 특정한 지
배 계급이 없다는 사실에 의해서도 설명될 수 있다.

이에 대해서는 7. 1. 4와 7. 1. 5에서 자세히 살펴보겠다. 정치권력을 가
지고 있다는 것이 무엇을 의미하는지에 대해서도 살펴보겠다. 나는 마르
크스가 권력에 대해 좁은, 전략 부재의 개념을 가지고 있었기 때문에 국
가가 진정한 의미에서 자율성을 가지고 있다는 것과 단순히 자본가 계급
의 봉토가 아니라는 사실을 인식하지 못했다고 생각한다. 집단이익이 정
책을 형성하는 방법은 두 가지가 있다. 하나는 그 정책의 극대화대상이
되는 것이고, 또 하나는 특정한 정책을 제약하는 것이다. 만일 여러 정책
대안 중 하나를 선택하는 일이 한 집단의 이익에 따라 이루어진다면, 모
든 권력이 그 집단의 손에 집중될 것이라는 생각이 들 것이다. 그러나 다
시 생각해보면, 권력은 특정 대안을 선택하는 능력도 있지만, 특정 대안
에 대해 제약을 가하는 능력도 있다는 것을 알게 된다. 다음에 제시할 시
나리오를 보면 권력을 행사하는 두 가지 방법 사이의 관계를 알 수 있을
것이다. 이 시나리오는 19세기 유럽정치에 적용될 수 있다. 이 시나리오
는 자본과 정부 사이의 전략게임이다. 노동 계급은 중요한 배경변수이

---

17) Allison, *The Essence of Decision* 참조.

다. 그러나 조금만 수정하면 20세기 정치에도 적용될 수 있다.

두 행위자 A('자본')와 B('정부')가 있고, 각각 일정한 수의 대안을 가지고 있다. B는 여러 대안 중 하나를 선택할 수 있는 공식적 권력을 가지고 있다. A는 특정 대안을 고려대상에서 제외하도록 만드는 힘을 가지고 있다. A가 판단하기로 특정 대안들은 나쁜 것이고 어떤 희생을 치루더라도 피해야 한다고 하자. 남은 대안 중에서 좋은 대안이 하나 있고, 나머지는 그저 그렇다고 하자. 나쁜 대안들이 고려대상에서 배제될 수 있다면, B가 어떤 선택을 하든 A로서는 별로 문제될 것이 없을 것이다. 심지어 그저 그런 대안들을 배제할 필요조차 없을지도 모른다. "예견된 반작용의 법칙"[18]에 따라 B는 그런 대안의 선택을 자제할 수도 있다. 그런 선택을 했다가는 A의 반격으로 권좌에서 쫓겨날 수도 있다고 생각하면 그렇게 할 것이다. A에게 나쁜 것은 B에게도 나쁜 것이다. 왜냐하면 B의 풍요가 A의 풍요에 달려 있기 때문이다. 그러므로 B는 그저 그런 대안은 선택하지 않을 것이다. 다른 한편 A는 B가 최고의 대안을 선택하지 않은 것을 오히려 환영할 수도 있다. A가 권력을 가지고 있다는 오해를 받기 싫거나 기다리는 것이 더 낫다고 생각하고 있을 경우 그렇게 될 수 있다. 혹은 달갑지 않다고 하더라도, 공식적인 결정권을 직접 행사하는 데 따르는 위험부담 — 권력을 보유하고 있을 때 생기는 위험부담과는 다른 — 을 생각하면, 차악으로 받아들일 수 있다. 어느 경우든 B는 어느 정도 자율적 결정권을 행사하는 것으로 보인다. 그 힘이 결국 A에게서 나왔다고 생각하면 자율성이 의심스럽기는 하지만 말이다. 그렇다면 B는 A의 봉토로서 자율성을 가지고 있다고 말할 수 있을 것이다.

그러나 같은 상황을 B의 관점에서 생각해보자. B는 자신의 권력이 A에 대해 대가를 지불하면서 보유 또는 행사된다는 것을 잘 알고 있다. B

---

18) Friedrich, *Man and his Government*, ch. 11.

가 A의 눈 밖에 나지 않도록 주의해야 한다는 점에서 B의 권력이 제한되어 있다는 것은 확실하다. 즉 황금알을 낳는 거위를 죽여서는 안 된다. 그러나 A의 권력도 제한되어 있다. 이 제한은 권력을 직접 맡지 않으려는 태도에서 생기는 것이다. 그러므로 두 행위자는 실질적으로 권력을 나누어 갖고 있다. 그 양이 같아야 할 필요는 없다. 이들 사이의 권력의 배분은 A가 권력을 직접 맡지 않으려는 태도의 강도와 B가 A의 비위를 맞추어야 할 필요성의 정도에 달려 있다.

그러면 A가 직접적인 권력을 원치 않는 동기가 무엇일까? 7. 1. 4에서 자세히 살펴보겠지만, 이유 중 하나는 제3의 행위자 C('노동 계급')가 있기 때문이다. C는 이미 A와 투쟁을 전개하고 있다. 누구라도 공식적 결정권을 가진 자를 투쟁대상으로 삼는다. A로서는 B가 공식적 권력을 가지고 있는 것이 더 낫다. 그러면 C의 관심과 에너지의 일부는 B를 향하게 되고, 그만큼 A의 부담은 줄어든다. 둘째, 직접 권력을 행사하면 단기적인 이익을 추구하리라는 것을 A가 알고 있기 때문에, 이를 방지하기 위해 한 걸음 물러서 있는 길을 선택할 수도 있다. 즉 A의 장기적인 이익의 관점에서 보면, B의 이익에 맞추어 결정이 내려지는 것이 더 나을 수도 있다. B가 A의 장기적인 이익을 증진시키는 방향으로 권력을 행사해 주는 것보다는 못하겠지만. 셋째, 정치적 결정과정에 몰두하면 시간을 뺏겨 이윤을 추구할 시간이 없기 때문에 그럴 수도 있다. 공식적 권력을 다른 사람에게 넘겼을 때 발생하는 이익의 손실이 있긴 하지만, 직접 권력을 맡아서 시간을 뺏기는 것보다는 나을 수도 있다. 권력을 싫어할 사람이 없다는 것을 생각할 때, 단기적 시계(*time horizon*)가 그들이 권력을 맡지 않으려는 이유에 대한 하나의 설명이 될 수 있다. 정치판은 비용이 많이 드는 투자와 같다. 돈은 지금 들지만 과실은 한참 후에 생긴다. 현재 자신의 이익이 충분히 확보되고 있을 경우, 지금 비용을 들이면 미래에 더 큰 이익을 볼 수 있다는 전망은 그다지 큰 매력이 될 수 없다. 따라서 B로서는 A가 직접 정치에 나서지 않도록 하기 위해 이 비용을 가능한 한 크게 만들고, 그들의 현재의 이익을 충분하게 보장해야 한다.

마르크스는 정부의 권력이 자본의 봉토로서 생기는 것이라고 생각했는데, 이것은 권력의 자원에 대해 협소한 견해를 가지고 있었기 때문이다. 이 견해에 따르면, 권력은 총구에서, 좀더 일반적으로 말하면 돈과 병력에서 나온다. 그러나 전략적 관계 속의 위치도 정치적 행위자의 권력기반이 될 수도 있다. 예를 들면, 정치적 자원을 별로 갖지 못한 귀족 정부도 자본가의 노동 계급에 대한 두려움을 지렛대로 사용할 수 있다. 또한 소수정당도 거대정당들 사이에서 힘을 발휘할 때가 있다. 이러한 권력은 정치체제 자체에서 발생하는 것이지 정치 이전에 존재하는 자원에서 생기는 것이 아니다.

이러한 경우들에서는 국가의 자율성을 계급이익의 관점에서 설명할 수 있다. 자율적으로 내린 국가의 결정을 그렇게 설명할 수는 없지만. 어떤 계급이 정치권력을 장악할 능력을 가지고 있을 수도 있다. 즉 그것이 그 계급의 선택 가능한 대안일 수도 있다. 그 계급이 정치권력으로부터 배제되어 있건, 스스로 물러나 있건 국가의 자율성에는 실질적인 차이가 없다. 우리가 지금 다루는 상황은 양 극단의 중간에 있는 '정상적인' 상황이다. 이쪽 끝은 정부의 물리적 강제력이 강력하여 어떤 계급도 정부를 쫓아낼 수 없는 상황이다. 저쪽 끝은 경제적 지배 계급이 두려워할 것이 없어서 직접 권력을 장악하는 상황이다. 마르크스가 직면한 상황은 지배 계급이 공식적인 결정권을 수중에 장악할 능력이 있음에도 불구하고, 그렇게 할 의향이 없는 상황이었다.

7.1.3. 도구주의 국가론

널리 알려진 마르크스의 국가론에 따르면, 국가는 경제적 지배 계급의 도구에 불과하다. 그러므로 실질적인 자율성도 파생된 자율성도 없다는 것이다. 마르크스는 1850년 무렵까지는 이러한 견해를 가지고 있었지만, 그 이후 이 견해를 버렸다. 유럽의 부르주아 계급이 마음만 먹으면 차지할 수 있었던 권력을 양보하는 모습을 보았기 때문이다. 홉스봄은 마르크스가 직면했던 문제를 잘 보여준다. "요컨대 부르주아 혁명은 1848년 실패했다. 그리고 예상치 못한 정권이 등장했다. 마르크스는 그 무엇보다도 이 정권의 본질이 궁금했다. 이 정권은 부르주아 계급을 직접 대변하는 것이 아니라 그들의 이익에 순순히 봉사하고 있었던 것이다."[19] 마르크스가 얻은 해답은 양위 국가론이었다. 이 이론은 7. 1. 4에서 살펴보겠다.

"근대 국가의 행정부는 부르주아 계급 전체의 공동사무를 관리하는 위원회에 불과하다"[20]고 했는데, 이 주장은 1850년 이전에 마르크스가 가지고 있던 환원주의적 관념을 잘 보여준다. 그러면 그들의 공동사무는 무엇일까? 노동조합의 결성을 방해하고, 경찰과 군대를 동원하여 파업을 진압하고, 절도를 엄단하는 등 노동자들로부터 자신들을 방어하는 것은 물론, 개별 부르주아에 반하여 부르주아 계급 전체의 이익을 지키는 것도 여기에 포함된다. "부르주아 국가는 부르주아 계급이 피착취 계급의 위협은 물론, 개별 부르주아로부터 발생할 위험을 피하기 위한 보험일 뿐이다."[21] 두 번째 과업에 대해 좀더 자세히 살펴보자.

---

19) Hobsbawm, "Marx, Engels and politics", p. 245.

20) *The Communist Manifesto*, p. 486; *The German Ideology*, p. 90; *Deutsche-Brüsseler-Zeuitung* 1847. 11. 11; *Neue Rheinische Zeitung* 1849. 2. 27에도 유사한 표현이 있다.

《독일 이데올로기》에서 마르크스는 개별 자본가 간의 관계를 죄수의 딜레마(6.2.3) 상황으로 보았다. "정부의 법령에 대한 부르주아의 태도는 법률에 대한 유대인의 태도와 같다. 피할 수 있으면 피하지만, 다른 사람들은 모두 그 법령을 준수하길 원한다."[22] 같은 책에서 그는 자본가 계급의 집합적 이익과 개별적 이익이 어떻게 대립하는지 길게 설명한다. 이 설명은 슈티르너를 반박하면서 등장하는데, 슈티르너는 국가가 사유재산의 진정한 소유자라고 주장했다. 마르크스는 이렇게 논평한다.

> 지배 계급이 공동의 지배권을 공권력으로, 즉 국가로 수립했다는 사실을 〔슈티르너는〕 왜곡하여 "국가"가 지배 계급에 대항하여 수립된 제3의 힘이라고, 모든 권력을 흡수하고 있다고 주장한다. 이것은 독일 소부르주아의 전형적인 사고방식이다. … 부르주아는 국가가 자신들이 사적 이익에 개입하는 것을 허락하지 않고, 자신들의 안전과 경쟁의 유지에 필요한 만큼만 국가에게 권력을 부여하기 때문에, 그리고 일반적으로 부르주아는 자신들의 사적 이익에 필요한 정도까지만 시민으로 행동하기 때문에, 〔슈티르너는〕 그들이 국가 앞에서 "아무것도" 아니라고 믿고 있다. … 나아가 〔슈티르너는〕 부르주아가 자신들의 소유권에 대한 보장을 국가에서 얻고 있으므로 "국가는 재산이라는 공장을 가지고 있고, 매뉴팩처업자는 요금을 지불하고 소유권을 얻는다"고 생각한다. 개가 내 집을 지키면, 개가 그 집을 "재산"으로 "가지고 있고", 나는 개에게 "요금을 지불하고 소유권을" 얻는다는 것이다. 〔슈티르너에 따르면〕 사유재산의 은폐된 물질적 조건은, 몰수에서 볼 수 있듯이, 종종 사유재산에 대한 법적 환상과 충돌을 일으킨다. 그러므로 "여기에서 은폐된 원칙, 즉 국가만이 재산소유자이며, 개인은 봉건적 임차인에 불과하다는 사실이 눈에 띄게 된다". … 〔슈티르너는〕 여기에서 사유재산의 존재에 속한 모순을 사유재산에 대한 부정으로 바꾸어놓는다. … 부르주아

---

21) Marx, review of Girardin's *Le Socialisme et l'Impôt.*
22) *The German Ideology*, p. 180.

는, 그리고 일반적으로 시민사회의 모든 성원들은 자신들의 공동이익을 보호하기 위해 스스로를 "우리"라고 부르고, 법적 인격으로, 국가로 여기게 된다. 다만 분업을 하기 위해 집합적 권력을 위임하고, 이로써 소수의 사람들이 창출된다. 23)

경쟁의 유지와 몰수 등 위에 열거된 과업들 외에 4. 1. 4에서 논의한 노동일의 제한도 여기에 포함될 것이다. 경쟁의 유지를 언급한 것을 보면, 마르크스는 그것이 자본가 계급의 장기적 이익이라고 생각한 것 같다 (6. 2. 1). 일정한 시점에서 보면, 카르텔을 형성하는 것이 자본가 계급 혹은 그 분야 자본가들의 집합적 이익이 될 수 있다. 그러나 이것은 오히려 자본주의를 위협한다. 자본주의의 지속적인 생존을 보장하는 동력이 바로 경쟁이기 때문이다. 24) 마르크스는 또한 자본가 계급의 통시적 연대 필요성도 잘 알고 있었다. 그래서 노동일의 제한이 생겼다는 것이다. 25) 그러므로 국가는 그 어떤 시점에서도 현 자본가 세대의 단순한 도구가 아니라 자본주의 체제의 생존수단인 것이다. 그러므로 체제의 생존을 위해 개별 자본가의 이익은 언제든지 희생될 수 있으며, 심지어 자본가 계급 전체의 단기적인 이익조차 희생될 수 있다.

그렇다면 이런 의문이 생긴다. 자본주의의 몰락을 초래하는 공황을 국가가 막아줄 수도 있지 않을까? 기업가들이 자기이익에 눈이 멀어 자본주의가 붕괴될 위험에 빠지면, 국가가 나서서 그들의 탐욕을 제어할 수도 있지 않을까? 10시간 노동법이 바로 그런 것이 아닌가? 이 질문에 대답하기 위해서는 자본주의를 위기에 몰아넣는 공황의 본질(3. 4)을 살펴보아야 한다. 크게 보아 공황은 노동절약적 기술혁신으로 인해 이윤율이

---

23) *Ibid.*, pp. 355ff.

24) 졸저 *Logic and Society*, pp. 129~130.

25) *Zur Kritik (1861~1863)*, p. 162. 4. 1. 4에 인용되어 있음.

하락하고, 유효수요의 감소에 따라 수익이 감소할 때 일어난다. 마르크스는 이윤율 하락을 막기 위해 국가가 나서서 기술변혁 과정을 통제하는 것은 불가능하다고 생각한 것 같다. 반면에 유효수요의 창출은 오늘날 국가가 자본주의를 규제하는 주요 도구이다. 마르크스도 맬서스에 관해 논평하면서 이 문제를 거론한다. 맬서스는 지대로부터 얻는 소득만으로는 '적정 수요'를 창출하기 어렵기 때문에 여러 가지 인위적인 수단들을 강구해야 한다고 주장했다. "여기에는 중과세, 국가와 교회의 한직(閑職) 늘리기, 대규모 군대, 연금, 승려들에 대한 교구세, 파격적인 국가 부채, 그리고 때때로 군자금이 드는 전쟁 등이 포함된다."[26] 그러나 마르크스는 이러한 케인즈주의적 처방이 자본주의의 몰락을 연기시키거나 방지하는 효과가 있다고 생각하지는 않은 것 같다.

7.1.4. 양위 국가론

마르크스가 1850년대에 쓴 정치적 저작들을 보면, 국가가 자본가 계급에 봉사한다는 주장이 반복된다. 그러나 그 이전의 저작에서 주장했던 것처럼 자본가 계급의 의지의 연장이라고 주장하지는 않는다. 또한 국가가 자본가 계급의 이익에 봉사하는 것이 우연이 아니라고 주장한다. 부르주아 계급이 권력을 (프랑스에서처럼) 양보하거나, (영국, 독일에서처럼) 자제한다는 것이다. 정치에서 한 발 물러서 있는 것이 더 이익이 된다고 판단하기 때문이라는 것이다. 이것을 '양위 국가론'이라고 부르기로 하고, '양위'의 뜻을 확대하여 권력에 대한 의도적인 자제도 여기에 포함시키겠다. 그러므로 내가 말하는 양위란 가지고 있는 것을 포기하거나, 가질 수도 있는 것을 갖지 않고 자제하는 것을 말한다.

---

26) *Theories of Surplus-Value*, vol. 3, p. 51.

마르크스의 저작에서 양위의 개념은 여러 번 등장한다. 자본주의 사회에서의 국가에 대한 논의에서만 나오는 것이 아니다. 국가와 직접 관계가 없는 텍스트에 대한 자세한 언급은 뒤에 가서 행위자가 권력을 양보하는 이유에 대한 일반적인 명제를 논할 때 살피기로 하고, 우선 자본주의 사회에서의 국가를 대상으로 한 양위론부터 보자. 1848년 이전에 마르크스는 자본가 계급이 대리인으로서의 정부에 만족하지 않을 것이라고 생각했다.

〔슈티르너에 따르면〕국가가 무제한으로 지배를 하든, 정치적 · 경제적 권력을 다른 계급들과 나누든 부르주아 계급에게는 "아무 상관이 없다". 그는 절대군주 혹은 누군가가 부르주아 계급이 스스로를 보호하는 것 이상으로 성공적으로 보호해줄 수 있다고 믿는다. 국가권력은 "원칙상" "먼저 차지하는 것이 장땡"인데도, "절대군주"가 그렇게 할 수 있다! 무역과 산업과 강력한 경쟁이 발달한 나라치고 부르주아가 "절대군주"의 보호를 받고 있는 나라가 있으면 이름을 대보라. 27)

이러한 견해는 몇 년 후에도 되풀이되었다. 〈신라인신문〉 논설에서 그는 1848년 12월 헌법을 비판하면서 이렇게 썼다.

강요된 헌법이 "사회적 문제"를 해결했다는 데는 의심의 여지가 없다. 귀족과 관료의 관점에서 보면. 다시 말하면, 그 헌법은 이 신사들에게 반신반인(半神半人)에 의한 인민의 착취를 보장해주는 정부형태를 제공한 것이다. 그러면 부르주아 계급의 관점에서도 "사회적 문제"가 해결된 것일까? 다시 말해 부르주아 계급도 만족할 만한 정치체제를 얻었는가? 그리하여 부르주아 계급 전체의 관심사, 즉 상업과 공업과 농업에서의 이익을 자유롭게 얻고, 공적 자금을 생산적으로 사용하고, 최소한의 예산으로 국가를 유지하

---

27) *The German Ideology*, pp. 200~201.

고, 국민의 노동력을 나라 안팎으로부터 보호하고, 국부의 모든 원천들을 봉건적 진창에서 건져냈는가? 부르주아 계급이 신의 은총을 받은 왕을 모시고 자신의 물질적 이익을 확보할 수 있는 그런 정치체제의 유일한 사례를 역사가 만들어내기라도 했는가? … 부르주아 산업은 절대주의와 봉건주의의 족쇄를 부수어야 한다. 절대주의와 봉건주의에 대한 혁명만이 부르주아 산업이 일정한 수준에 도달했음을 보여줄 수 있으며, 이때 부르주아 산업은 그에 적합한 정치체제를 얻게 된다. 그렇지 못할 경우 소멸한다. 28)

1850년대의 사건은 이러한 주장이 틀렸음을 보여주었다. 유럽 주요국들의 부르주아 계급은 그들에게 호의적이지 않은 정치체제하에서도 번성했다. 따라서 마르크스는 이러한 이변을 역사적 유물론에 맞게 설명하기 위해 이론을 수정해야 했다. 부르주아 계급은 "제1의 계급이지만 통치하지는 않는 계급"이었던 것이다. 29) 그럼에도 불구하고 궁극적으로는 경제가 정치를 설명한다는 견해는 그대로 유지했다. 양위론이 그 해결책이었다. 영국, 프랑스, 독일의 경우를 살펴보겠는데, 주로 영국의 경우를 중심으로 살펴보겠다. 영국을 선택한 이유는 많은 학자들이 19세기 중반 영국이 보여준 국가와 사회의 이상한 관계에 대해 서로 다른 견해들을 제시했기 때문이다. 이들의 견해와 비교해보면 마르크스의 설명이 어떤 특징을 지니고 있는지 쉽게 알 수 있다.

(1) 1862년 〈이코노미스트〉의 사설 제목은 "비상업적 정부가 상업국가에게 주는 이점"이었다. 아마 월터 배조트(Walter Bagehot)가 썼을 것이다. 이 사설은 "나라 전체의 이익을 위해서는 물론, 특히 상업상의 이익을 위해서 정부가 상업적 이익의 영향력으로부터 거리를 유지하는 것

---

28) *Neue Rheinische Zeitung* 1849. 1. 22. 또한 *Ibid*. 1848. 12. 10 참조.
29) Veyne, *Le Pain et le Cirque*, p. 117.

이 매우 바람직하다"고 주장했다. 30) 이것은 영국의 귀족정부가 부르주아의 의지의 나약함에 대한 해결책이었음을 보여준다. 돛대에 자신을 묶은 율리시즈처럼, 부르주아도 자신들이 단기적인 탐욕에 빠질지도 모른다는 걱정 때문에 귀족정부를 받아들였던 것이다. 31)

(2) 슘페터도 유사한 설명을 했는데, 의지의 나약함 대신에 능력의 결핍을 들었다. 그에 따르면, "사업의 귀재도 사무실 밖을 나서면 거위조차 무서워한다. 거실에서도 단상에서도 마찬가지다. 이러한 사실을 잘 알고 있기에 홀로 있으려 하고, 정치는 정치에 맡기려 한다". 그러므로 "다른 집단의 보호가 없으면 부르주아 계급은 정치적으로 무력하고, 나라를 이끌어갈 수 없을 뿐만 아니라, 자신들의 특수한 계급이익조차 확보하지 못한다. 즉 그들에겐 주인이 필요하다". 32)

(3) 콜은 좀더 건실한 설명을 제시했다. 그에 따르면 산업자본가들은 "자신의 일에 바빠서 정치권력을 직접 행사할 겨를이 없었다". "정부가 너무 많이 지배하지 않고, 평등주의자들의 공격과 낡은 귀족 계급의 강탈로부터 자신들의 재산을 보호해주는 한."33) 즉 부르주아의 입장에서는 정부가 자신들의 이익을 과도하게 침해하지 않는다는 것을 알고 있는 상황에서는 정치에 직접 나섰을 때의 기회비용이 예상수익을 초과했다는 것이다.

---

30) *The Economist* 1862. 1. 4. 이 구절은 Grindheim, "How could the aristocracy govern when the bourgeoisie ruled?"에서 가져왔다.

31) 졸저 *Ulysses and the Sirens*, ch. II. 8 참조.

32) Schumpeter, *Capitalism, Socialism and Democracy*, p. 138.

33) Cole, *Studies in Class Structure*, pp. 84~85.

(4) 립세트는 엥겔스를 인용하여 위의 학자들과는 전혀 다른 주장을 한다. 엥겔스는 이렇게 말한 바 있다. "영국 부르주아는 오늘날까지 사회적 열등감에 깊이 빠져 있기 때문에 자신들의 돈과 국가의 돈으로 무위도식하는 집단을 부양하면서, 이들로 하여금 국민을 대표하여 모든 국정에 참여하게 한다." 립세트에 따르면, 이것은 "경제력을 잃어버린 과거의 상류계급이 정부기구에 대한 통제력을 계속 유지하면서 사회의 최고 신분 집단으로 남게 된 상황이다". 34)

(1), (2), (3)은 권력으로부터 물러나 있는 것이 어떻게든 부르주아 계급의 이익이라는 취지의 주장인데, 셋 다 왜 그런지에 대한 **설명**이 부족하다. 〈이코노미스트〉와 슘페터의 경우가 특히 그러하고, 콜도 그러하다. 콜의 마지막 문장, 즉 부르주아가 도발 받지 않는 한 권력으로부터 물러나 있다는 진술을 도발을 받았더라면 권력을 장악했을 것이라는 진술로 바꾸어 놓고 생각해보자. 이 주장은 납득하기 어렵다. 그가 말하는 부르주아는 집합행위자가 아니었다. 반면에 립세트는 설명을 제시하고 있기는 하지만, 부르주아의 이익이 무엇인지에 대한 설명은 없다. 그럼에도 불구하고 (1) 혹은 (2)의 설명과 양립 가능하다. 부르주아의 나약함으로 인해 귀족에게 권력을 맡겼고, 나약했기 때문에 귀족에게 권력을 맡기는 것이 부르주아에게 이익이 되었다는 식으로 말이다. 35)

마르크스의 설명은 앞에서 소개한 주장들과는 다르다. 부르주아가 권력을 양보하는 이유는 그로부터 얻을 수 있는 이익 때문이라는 것이다. 이를 뒷받침하는 텍스트는 6. 3. 3에서 그 일부를 인용한 바 있다. 정치적 성격이 강한 텍스트 몇 개만 더 소개하겠다. 요점은 영국에서 휘그당은

---

34) Lipset, "Social stratification: social class".
35) 그러므로 이렇게 일반화할 수 있겠다. "양보가 부르주아 계급에게 이득이 되는 경우 부르주아 계급은 언제나 양보한다." 그러나 이것은 설명이 아니다.

전통적으로 정부를 독점했으나 어느 시점부터 자본가 계급의 이익에 봉사할 수밖에 없었다는 것이다.

> 휘그당은 부르주아 계급의, 산업적·상업적 중간 계급의 **귀족 대표들**이다. 부르주아 계급이 그들에게, 소수의 귀족 가문에게 정부 공직의 독점을 허락하는 조건하에 그들은 중간 계급에게 그 모든 것을 양보하였고, 중간 계급이 그들의 뜻대로 할 수 있도록 도와주기로 하였다. 따라서 작금의 사태는 사회적·정치적 발전과정에서 **피할 수 없고, 미룰 수 없는** 것이다. 그 이상도 그 이하도 아니다. … 1688년의 '명예혁명' 이후 휘그당은, 프랑스 혁명과 그 후의 반동기를 제외하면, 줄곧 공직을 독점하였다. 이 기간의 영국은 휘그당의 소수 가문이 권력을 장악한 휘그왕국이었다. 그들이 대변한 이익과 원칙은 때때로 휘그당의 것이 아니었다. 산업계급과 상업계급, 즉 부르주아 계급의 발전에 의해 그들에게 강요된 것이었다. 그들은 1688년 이후 발달하기 시작한 금융자본가와 결합되었고, 1846년에는 방적자본가 관료와 결합되었다. 휘그당은 1831년의 개혁법안도, 1846년의 자유무역법안도 통과시키지 않았다. 둘 다 부르주아 계급이 주동한 정치적·상업적 운동이었다. 부르주아 계급의 불만이 극도에 달하자, 휘그당은 토리당을 공직에서 몰아낼 절호의 기회가 왔다고 판단하고 전면에 나섰고, 공직을 차지하는 데 성공하였다. 1831년 그들은 중간 계급의 불만을 달래는 데 필요한 수준까지 정치개혁을 추진했다. 1846년 이후 그들은 자유무역조치를 제한하여 토지귀족의 특권을 최대한 보장해주었다. 36)

마르크스는 이러한 추론을 '귀족, 토리당, 필당 및 휘그당의 세 분파' 모두에게 적용한다.

> 귀족들은 전부 정부가 중간 계급의 이익을 위하여 행동해야 한다는 데 동의

---

36) *New York Daily Tribune* 1852. 8. 21.

하였다. 그러나 부르주아 계급이 이 일의 집행자가 되어서는 안 된다고 결정하였다. 이를 위해 재능과 영향력과 권위를 가진 과거의 명사들이 모여 행정부를 구성하였다. 이들의 과제는 가능한 한 부르주아 계급이 국정에 직접 참여하지 못하도록 하는 것이다. 이렇게 연합된 영국 귀족의 부르주아 계급에 대한 태도는 나폴레옹의 인민에 대한 태도와 같다. "모든 것은 인민을 위하여, 그러나 아무것도 인민에 의하여 하지는 않는다."37)

문면만 놓고 보면 귀족이 부르주아 계급을 위한 온정에서 통치를 맡고 있는 것처럼 보인다. 그러나 첫 문장을 보면 귀족 역시 자기이익에 따라 움직이고 있다는 것을 알 수 있다. 권력에 참여한 휘그당원들의 이익과 자신들이 속한 지주계급의 이익이 바로 그것이다. 부르주아 계급의 이익은 귀족들의 이익을 실현하는 데 **제약요소**였지만, 부르주아 계급이 권력으로부터 물러나 있으려고 했기 때문에(6.3.3) 얼마간의 운신의 폭이 있었다. 이 논의의 논리적 구조는 7.1.2에서 살펴보았으므로 여기에서 되풀이할 필요는 없다.

그러나 이 논의에는 매우 중요한 전제가 하나 숨어 있다. 부르주아 계급이 집합행위자로서 권력을 양보하기로 **결정했다**는 것이다. 이 전제가 없으면 부르주아 계급이 노동 계급으로 하여금 두 개의 전선에서, 즉 자본과 정부를 상대로 싸우도록 만들고 이익을 얻는다는 주장은 성립하기 어렵다. 아니 내 생각에는 성립할 수 없다. 이것은 어떤 계급이 오로지 단결되지 않은 상태로 돌아가기 위해 단결해야 한다는 매우 이상한 주장이다. 물론 마르크스가 그랬던 것처럼, 계급의식의 수준이 다를 수 있다는 점은 고려해야 한다. 6.3.3에서 보았듯이, 마르크스에 따르면, 반곡물법동맹의 승리 후 다음 단계는 논리적으로 볼 때 정당을 결성하는 것이었다. 그렇게 하지 않고 동맹을 해산한 것은 정치를 귀족들의 손에 맡기

---

37) *Ibid.*, 1853. 1. 28.

는 집합적 결정으로 보일 수도 있다. 그러나 나는 마르크스의 이러한 의도적 추론의 이면에 기능주의가 보이지 않게 숨어 있다고 생각한다.

이것은 프랑스 정치에 대한 분석에서도 나타난다. 물론 영국과 프랑스는 여러 측면에서 다르다. 영국 부르주아 계급은 전통적으로 정부를 독점한 휘그당과 맞서기도 하고 이용하기도 했지만, 프랑스 부르주아 계급은 오랜 **국가주의**의 전통과 맞서야 했다. 6.3.3에서 지적한 것처럼, 영국에 대한 주장도, 프랑스에 대한 주장도 모두 의도적·음모론적·기능적 분석이다.

보나파르트 국가가 누린 독립성에 대한 진술부터 보자.

> 그러나 절대왕정과 1차 혁명, 그리고 나폴레옹의 지배기간 동안 관료제는 부르주아 계급의 계급지배를 준비하는 수단일 뿐이었다. 왕정복고, 루이 필립, 의회 공화정하에서 관료들은 그 자신의 권력을 쟁취하려고 애썼지만, 지배 계급의 도구였다. 제2의 보나파르트 치하에서만 국가는 완전히 독립한 것처럼 보인다. 시민사회에 대항해서 국가기구가 완전히 자신의 위치를 공고히 하였기 때문에 12월 10일회의 두목이 국가기구의 수장이 되기에 충분하였다. 38)

"수호자들의 통치"라는 제목의 논설에서도 마르크스는 프랑스 **군대**에 대해 같은 논평을 한다. '특수한 사회이익'의 도구로부터 지배적인 이익집단이 되었다는 것이다. 39) 이와 비슷한 취지의 언급은 《프랑스 내전》에 여러 번 나타난다. 40)

이 모든 인용문에서 마르크스는 국가의 독립성을 지적한 다음 그것이

---

38) *The Eighteenth Brumaire*, p. 186.

39) *New York Daily Tribune* 1858. 3. 12.

40) *The Civil War in France*, pp. 53ff, 100ff, 137ff.

외관일 뿐이라고 덧붙인다. 본질적으로 보나파르트 국가도 계급국가였던 것이다. 그러나 그가 어떤 계급구조를 염두에 두고 있었는지는 분명하지 않다. 첫 번째 인용문에 이어서 그는 국가권력은 허공에 떠 있는 것이 아니라 소농의 지지를 기반으로 한다고 말한다. 이러한 지지는 농민들의 진정한 이익에서 생긴 것이 아니라 상상의 이익에서 생긴 것이다. 50년 전의 **나폴레옹 사상**이 그 상상을 만들어냈다. 이 권력기반은 경제적인 것이 아니라 이데올로기적인 것이다. 그럼에도 불구하고 견고했다. 그러나 그것이 보나파르트 정권의 충분조건은 아니었다. 부르주아 계급의 지지 혹은 최소한 묵인이 필요했다.[41] 보나파르트는 전통을 잘 알고 있었다. 그는 자신이 역사적 전통을 이을 수 있는 후보자라는 점을 부각시켰다. 그 후보자는 자신에 대한 요구에 응답해야 했다. 부르주아 계급의 무력함 ── 마르크스가 구조요청이라고 해석한 ── 이 그가 필요로 한 것을 제공했다.

6.3.3에서 마르크스가 부르주아 계급은 돈을 절약하기 위해 "왕관을 상실해야 한다"고 말한 구절을 인용한 바 있는데, 이것은 양위론을 분명하게 보여준다. 유사한 주장이 그 저작의 끝 부분에도 나온다.

> 부르주아 계급은 명백히 보나파르트를 선출하는 것 외에는 대안이 없었다. 콘스탄스 공의회에서 청교도들이 교황의 타락한 삶에 대해 불평을 하고 도덕적 개혁의 필요성을 역설하였을 때, 삐에르 데이예 추기경은 그들에게 벽력같이 화를 냈다. "인간 속에 있는 사탄만이 가톨릭교회를 구할 수 있다. 천사에게 물어보라." 프랑스 부르주아 계급도 쿠데타 이후 같은 식으로 외쳤다. "12월 10일회의 두목만이 부르주아 사회를 구할 수 있다. 도둑질만이 재산을 지킬 수 있다. 거짓 맹세만이 종교를 구할 수 있다. 서자만이 가정을

---

41) 파시즘도 소부르주아의 적극적인 지지와 자본의 암묵적 지지가 있었다는 설명과 비교해보라.

구할 수 있다. 무질서만이 질서를 구할 수 있다! 행정권을 독립적인 권력으로 만들면서, 보나파르트는 '부르주아적 질서'를 수호하는 것이 자신의 임무라고 생각하고 있다. 그러나 이 부르주아적 질서의 힘은 중간 계급에게 있다. 따라서 그는 자신을 중간 계급의 대변자라고 보고, 이러한 정신에서 칙령을 내린다. 그럼에도 불구하고 그는 이 중간 계급의 정치권력을 깨뜨려왔으며 날마다 그것을 새롭게 깨뜨리고 있다는 사실로 인해 특별한 인물이다. 따라서 그는 자신을 중간 계급의 정치권력과 문필가적 힘과 싸우고 있다고 생각한다. 그러나 중간 계급의 물질적 힘을 보호함으로써 그는 중간 계급의 정치권력을 새롭게 낳는다. 42)

부르주아 계급이 쿠데타에 별로 저항하지도 않았고, 쿠데타 이후 들어선 정권하에서도 얌전하게 처신한 것은 사실일 수도 있다. 그러나 이러한 사실들이 양위의 행동이 될 수도 없고, 의도적 묵인이 될 수도 없다. 여기에서도 마르크스는 역사의 의미를 오독한 것이다.

1850년 이후 독일 부르주아 계급이 양위했다는 언급은 없다. 독일의 1848년 혁명에 대해서는 실패의 원인과 결과에 대한 분석이 전혀 없다. 《무월 18일》과 무늬만이라도 비슷한 것이 없다. 1850년대에 쓴 논설에는 독일의 내부정세에 대한 언급이 없다. 1858년 12월과 1859년 1월 그가 독일을 방문했을 때 처음 나타난다. 여기에서 그는 그 혁명과 뒤따른 반혁명이 "정부를 1848년 전도 아니요 1815년 전도 아닌 1807년 전으로 퇴행시키는 데 성공했다"고 쓴다. 43) 토지귀족과 향신, 법인과 길드의 권력이 회복되었기 때문이다. 그런 다음 그는 부르주아 계급이 정치권력은

---

42) *The Eighteenth Brumaire*, pp. 193~194.

43) 사실상 이것은 반혁명 운동의 정상적인 패턴일 것이다. 반혁명 운동은 혁명 전의 상황을 넘어서려는 것이지 혁명 전으로 돌아가려는 것은 아니다. 그 이유는 지스카르 데스탱이 〈르몽드〉와의 회견(1975. 1. 8)에서 잘 설명했다. "1968년 전의 상황으로 가려는 것이 아니다. 1968년의 상황으로 가면 1968년이 또 발생한다."

잃었으나 부를 얻었다고 덧붙인다.

> 메달에는 뒷면이 있다. 그 혁명은 부르주아 계급의 이데올로기적 환상을 깨어놓고 말았다. 반혁명은 그들의 정치적 허세를 거세하고 말았다. 이리하여 그들은 원래 자리로, 상업과 산업으로 돌아갔다. 지난 100년간 이 방향으로 거보를 내딛은 민족은 독일인들 외에는, 특히 프러시아인들 외에는 아무도 없을 것이다. … 돈벌이, 전진, 새로운 광산 개발, 새로운 공장 건설, 새로운 철도 건설, 주식회사에 대한 투자와 투기의 열풍이 그들의 일상사가 되었고, 농민으로부터 화관을 쓴 귀족 ― 한때 신성로마제국하에서 독일의 군주였던 ― 에 이르기까지 모든 계급을 감염시켰다. 부르주아 계급이 바빌론에 유폐되어 고개를 숙이고 눈물을 흘리던 때, 바로 그때가 그들이 토지에 대한 실질적인 권력자가 되던 날이었다. 44)

마지막 문장은 《무월 18일》에서 보나파르트가 부르주아 계급의 물질적 힘을 보호함으로써 그들의 정치권력을 새롭게 낳고 있다고 한 것과 비슷하다. 정복당한 자들이 자신의 내면으로 돌아가 사익을 추구하면 부유해지고, 부유함이 어느 수준에 이르면 권력에 대한 유혹을 느끼게 된다 (1945년 후 독일과 일본의 '바빌론 유폐'를 생각해보라). 그러나 독일에 대한 논평에는 이러한 부유함이 1849년 독일 부르주아 계급의 패배를 설명한다거나, 그로 인해 권력을 양보했다는 어떠한 암시도 없다.

지금까지 마르크스가 자본가들이 정치판에 나서는 것을 자제했다고 주장한 텍스트를 살펴보았다. 다음으로 다른 집단에 대한 양보 또는 정치적 자제의 문제를 논의한 텍스트를 몇 개 살펴보겠다. 마르크스는 1847년부터 독일 부르주아 계급이 "가능한 한 혁명 없이 **절대왕정**으로부터 **부르주아** 왕정으로 이행하는 길을 모색한" 이유를 설명한다. 그런 다

---

44) *New York Daily Tribune* 1859. 2. 1.

음 입헌군주제는 전망이 어둡다고 평가한다.

> 그러나 영국과 프랑스에서 이전에 그러했던 것처럼, 프러시아에서도 절대
> 왕정은 부르주아 왕정으로 쉽게 바뀌지는 않을 것이다. 절대왕정은 호락호
> 락 물러나지 않는다. 군주는 개인적 편견과 궁정대신, 군인, 성직자들에 의
> 해 손발이 묶여 있다. 이들은 절대왕정의 일부로서 자신들의 지배권을 포기
> 하고 부르주아 계급을 위해 봉사할 생각이 전혀 없다. 봉건귀족들 역시 말리
> 고 있다. 그들에게 지배권의 포기는 사활의 문제, 즉 재산이냐 몰수냐의 문
> 제이다. 부르주아 계급이 아무리 신하의 예를 다 해도 절대왕정은 결국 봉건
> 귀족 편이다. 45)

이 구절은 쉐보르스키의 이론 — 협상을 통해 권위주의 정권이 민주적 정
권으로 이행하기 위한 조건 — 에 비추어 읽으면 좋을 것이다. 그의 견해
에 따르면, 가장 중요한 조건은 "권위주의 정권이 민주적 상황하에서도
세력을 유지할 수 있도록" 보장해주는 제도적 타협이다. 46) 여기에서 중
요한 것은 실질적 타협이 아니라 제도적 타협이다. 실질적 타협은 민주
적 상황에서는 안정성이 없다. 누가 다수가 되느냐에 따라 변화가 생길
수 있다. 타협이 제도적으로 이루어졌을 때에만 권위주의 정권을 평화적
으로 물러나게 할 수 있다. 그렇지 않으면 폭력적으로 물러나게 하는 길
밖에 없다. 마르크스에 따르면, 독일에서 이 조건은 충족되지 않았다.
봉건귀족들에게 정권의 존속은 '사활의 문제'였기에 타협은 있을 수가 없
었다.

말년에 이르러 마르크스는 노동 계급의 가능한 전략으로 전혀 다른 형
태의 정치적 양보에 관심을 갖게 되었다. 1873년에 쓴 "정치적 무관심"에

---

45) *Deutsche-Brüsseler Zeitung* 1847. 11. 18.
46) Przeworski, "Democracy as a contingent outcome of conflict".

관한 논설에서 그는 이 정책의 위험성을 경고한다. 결정적인 '사회 청산' 을 기다린다는 구실 아래 묵종주의를 조장하는 극좌 편향이라는 것이다. 이들의 주장에 따르면, "국가와 싸우는 것은 국가를 인정하는 것이다". 왜냐하면 부르주아 제도에 참여하는 것은 비록 적대적으로 참여하더라도 진정한 원칙을 배신하는 결과를 초래하기 때문이다. 그러므로 노동 계급 은 설혹 지배 계급이 정치권력에 대한 독점을 포기하겠다고 하더라도 보 통선거권의 수용에는 주의를 기울여야 한다는 것이다. 마르크스는 두 가 지 이유를 들어 이 견해에 반대한다. 첫째, 권력은 점진적으로 획득되어 야 한다. 둘째, 현재 노동자들의 고통을 무시할 권한은 어느 누구에게도 없다. 체제 내의 정치적 행동으로 고통을 완화시킬 수 있는 상황이라면 그렇게 해야 한다는 것이다. 이 문제에 대해서는 7. 2. 2에서 다시 살펴보 겠다.

지금까지 살펴본 내용을 바탕으로 권력에서 물러나는 이유를 간단하 게 유형화해보자. 여기에는 '적극적 무관심'과 기타 의도적 자제의 형태 들이 포함된다. 하나를 제외하면, 나머지는 모두 앞에서 논의한 텍스트 들에 있는 것들이다.

첫째, 권력을 이용하여 자신의 최선의 이익을 도모할 능력이 없다고 판단되면 권력에서 물러난다. 의지의 나약함이나 무능 때문에 그렇게 판 단할 수도 있다. 19세기 자본가 계급에 대해 이런 논리가 적용되었다는 것은 앞에서 지적한 바 있다. 정확히 같은 논리가 20세기 노동 계급에 적 용되어왔다는 것은 흥미로운 일이다. 예를 들면, 노동 계급은 노동자 소 유의 회사는 주의해야 한다. 시계(時界)가 짧고, 투자율이 낮기 때문이 다. 47) "자본주의가 존재하지 않으면, 노동자들이 만들어내야 할 것이 다." 노동조합도 조합원들이 필요한 능력을 가지고 있지 못하다는 이유

---

47) Kydland and Prescott, "Rules rather than discretion", p. 486.

로 산업민주주의에 반대해왔다. "우리는 아직 준비가 되지 않았다."48)

둘째, 양위는 강제퇴위의 예방책이 될 수 있다. 즉 차악이다. 이러한 일은 협상에 의해 권위주의 정권에서 민주적 정권으로 이행하는 경우에도, 반대로 민주주의에서 권위주의로 이행하는 경우에도 일어날 수 있다. 두 경우 모두 양위하는 쪽은 폭력적인 전복 때보다는 나은 보장책을 요구할 것이다. 민주주의로 이행하는 경우에는, 쉐보르스키가 말한 바와 같이, 제도적 타협이 있어야 한다는 점을 지적했다. 반대의 경우 양위하는 쪽은 황금알을 낳는 거위는 죽이지 않겠다는 보장을 받으려 할 것이다. 그러므로 부르주아 계급은 민주주의를 포기하고 보나파르트주의나 파시즘에 권력을 양보할 수 있다. 나라의 곳간을 채우려면 자신들이 있어야 하고 자신들이 번영해야 한다는 것을 잘 알고 있기 때문이다.49)

셋째, 독극성 선물인 경우도 있다. 권력을 가진 자가 적에게 권력을 넘겨줄 때, 후자가 '합리적으로', 사실상 자신의 이익을 위해 권력을 행사할 것이라고 예상하면서 그렇게 하는 경우를 말한다. 그러므로 현명한 자본가들은 결정권의 일부를 노동자들에게 위임한다. 노동자들이 회사 경영의 파트너가 되면 임금인상 요구를 자제할 것을 알고 있기 때문이다. 반대로 노동조합이 종종 포섭을 거부하기도 한다. 자신들의 역할은 야당이지 여당이 아니라는 것이다.50) 정치적 무관심이라는 극좌주의적 형태도 이런 논리에 입각하고 있다.

넷째, 권력을 장악하거나 보유하는 데는 기회비용이 든다. 이것은 노

---

48) 이러한 태도는 1945년 이후 노르웨이 산업민주주의에 대한 논쟁을 다룬 버그 (Trond Bergh)의 미출간 저작에 잘 나타나 있다.

49) 그러나 세금을 극대화하는 조세정책은 일반적으로 세전 이윤을 극대화하는 정책과 같지는 않다. 따라서 부르주아 계급의 번영 그 자체가 지배자의 이익은 아니다.

50) 이러한 견해 중 특히 유명한 것은 H. A. Clegg, *Industrial Democracy and Nationalization*, pp. 19ff 참조.

동자나 자본가나 마찬가지다. 노동자들이 산업민주주의에 반대하는 것도 회사경영을 위해 회의에 참석하는 것보다 시간적 자유가 더 낫다는 생각 때문이다. 회사경영에 참여하기 위해 받아야 할 훈련과정이 싫을 수도 있다. 자본가들 역시 국사(國事)에 시간을 허비하기보다는 회사경영에 몰두하고 싶을 수도 있다.

다섯째, 양위는 반대를 완화시키거나, 혹은 다른 요인(要人)이나 집단으로 향하게 하는 방법이 될 수 있다. 앞에서 본 것처럼, 마르크스의 주된 논증이 바로 이것이었다. 마르크스에 따르면, 자본가들이 권력으로부터 한발 물러난 것은 노동자들의 분노가 정부나 지주계급을 향하도록 하기 위한 것이었다. 이것은 독극성 선물 전략과는 다르다. 권력이 주적에게로 옮겨가는 것이 아니라 적의 관심을 흡수해줄 제3자에게로 옮겨가는 것이기 때문이다.

마지막으로, 물리적으로 이길 수 없는 상대에게 일정한 양보를 함으로써 협상력을 높이려는 동기에서 양위가 이루어질 수도 있다. 이것은 셸링이 예리하게 보여준 "공공 사이드 베트"(public side bets)이다.51) 전형적인 경우, 자신이 선택할 수 있는 대안의 축소는 권력의 상실을 의미하지만, 경우에 따라서 더 좋은 결과를 얻을 가능성을 높이기도 한다. 그러므로 정부가 경제권력을 국제통화기금에 넘겨주는 나라도 있다. 이렇게 하면 인플레를 유발하는 노동자들의 임금인상 요구를 봉쇄할 수 있다. 이 이유는 앞에 인용한 사례들에서는 논의되지 않았다. 마르크스에게서

---

51) Schelling, *The Strategy of Conflict*, ch. 2. 〔옮긴이주〕 '사이드 베트'는 포커 게임에서 주 베팅에 부가하여 이루어지는 부차적인 베팅을 말한다. 이것은 보통 구경꾼 또는 게임에 직접 참가하지 않은 자에 의해 이루어진다. A와 B가 내기(주 베팅)를 하고 있을 때, C가 내기의 결과에 대해 베팅을 하는 경우, 이것은 '사이드 베트'에 해당한다. 저자는 자본가가 노동자와 투쟁하는 것이 '주 베팅'에 해당하고, 그 결과가 자신들에게 불리할 것을 예상하고 미리 양보하는 것은 '사이드 베트'에 해당한다고 보고 있다.

이 이유를 찾아볼 수 없다는 것은 놀라운 일이 아니다. 권력에 대해 전략적 개념을 가지고 있지 않았기 때문이다. 그러나 마르크스가 관심을 가진 경우들에 이 이유를 적용하지 못할 이유는 없다. 다국적 기업의 현지 지사들은 종종 본사에 권력을 넘겨준다. 노동자들의 임금인상 요구에 저항하기 위해서이다. "우린 손발이 묶여 있어요."(그런데 율리시즈처럼 우리가 묶어달라고 했어요.)

결론적으로 마르크스는 자본주의 사회의 국가가 자본주의 국가일 수밖에 없다는 것을 증명하지 못했다. 사기업에 기초를 둔 사회에서 정부가 기업가의 이익을 고려해야 한다는 것은 명백한 사실이다. 세금을 걷기 위해서도 노동자의 고용과 복지를 위해서도 그들이 필요하다. 그들이 실패하면 그 책임은 국가에게 돌아온다. 나아가 부르주아 계급의 이익이 충분히 보장되지 않을 경우 실제로 정부가 붕괴할 위험성도 있다. 그러나 나는 현대 자본주의 국가에서 이 가능성은 거의 없다고 본다. 정부가 부르주아 계급이 '반길 만한' 정책을 채택한다면, 첫 번째 이유는 사유재산을 존중해야 하기 때문이다. 권력을 직접 맡기를 원하지 않을 이유들도 있고, 원하면 그렇게 할 수도 있다는 것을 인정한다 하더라도 말이다. (반면에 봉건주의의 경우에는 국가가 귀족들의 이익을 보장하지 않았으면 정권이 붕괴되었을 것이다.)[52] 이러한 사실을 인정하더라도, 자본가 계급의 이익 이외의 다른 기준에 따라 국가가 자율적인 결정을 할 수 있는 영역이 있다. 이 영역의 범위를 찾는 것은 경험적인 문제에 속한다. 부르주아 계급이 권력을 장악하는 데 따르는 정치적 위험이 커서 자신들의 이익에 반하는 정책이라 하더라도 받아들일 수밖에 없는 상황도 있을 것이며, 국가의 세입을 극대화하는 정책이 자본가의 이윤을 극대화하는 정책과는 전혀 다른 상황도 있을 것이다. 이 두 조건이 결합되면 국가는 진정한 의

---

52) 특히 Brenner, "The agrarian roots of European capitalism", pp. 50ff 참조.

미에서 경제적 지배 계급보다 더 강력하다고 할 수 있다. 혹은 국가가 그 자신의 이익을 추구하지 못하고 자본가의 관점에서 최적에 가까운 정책을 따라다니는 경우도 있을 것이다. 이런 문제에 대한 논의는 개념적으로 할 것이 아니라 경험적 근거 위에서 이루어져야 한다.

7.1.5. 계급균형 국가론

마르크스는 국가의 자율성에 대해 다른 설명을 제시하기도 했다. 즉 서로 대립하는 두 계급이 투쟁하고 있으면, 국가가 분할정복을 통해 힘을 발휘할 수 있다는 것이다. 이것은 특히 절대왕정에 잘 들어맞는 말이지만, 이것이 근대국가에 대한 마르크스의 **일반** 이론이라는 주장도 있다.

마르크스에 따르면, 절대왕정이 처음 태동했을 때는 그 어떤 계급 — 귀족 계급이든 부르주아 계급이든 — 의 도구도 대변자도 아니었다. 앤더슨에 따르면, 그것은 "봉건왕정"이었고, "정부를 구성하는 계급으로부터, 그 계급의 이익으로부터 떨어져 있는 것처럼 보이는 것"이 "국가로서의 효율성의 조건"이었다. 53) 즉 절대왕정과 봉건귀족의 관계는 마르크스가 말한 보나파르트 국가와 부르주아 계급의 관계와 같았다는 것이다. 도구이기는 하지만 한 발짝 떨어져 있는 도구였다는 것이다. 그러나 마르크스는 이 이론을 절대주의에 적용하지는 않았다. 그는 절대왕정이 그 어떤 계급의 간접적인 도구가 아니라 오히려 주요계급들에 대한 경쟁자라고 보았다. 《독일 이데올로기》에서 이러한 주장을 확인할 수 있다. 그는 그 시기에 "왕, 귀족, 부르주아 계급은 지배권을 다투고 있었고, 따라서 지배권을 나누어 가지고 있었다"고 주장한다. 54) 예를 들면 독일의 국가에 대해 이렇게 설명한다.

---

53) Anderson, *Lineages of the Absolutist State*, pp. 18, 108.
54) *The German Ideology*, p. 59.

독립된 각 생활영역의 허약함으로 인해(신분도 없고, 계급도 없다. 신분은 예전에 있었고, 계급은 아직 태어나지 않았다) 그들 중 누구도 배타적인 지배권을 갖지 못했다. 그 결과 절대왕정의 시기에는, 제대로 성장하지 못한 반(半) 가부장적 형태였던 시기에는 분업 덕분에 공익의 관리를 담당하던 특수영역이 비정상적인 독립성을 얻었고, 이것이 오늘날의 관료제보다 더 큰 힘을 갖게 되었다. 이리하여 국가는 외견상 독립적인 힘이 되었고, 이 지위는 독일에서 오늘날까지 유지되어왔다. 다른 나라에서는 그것이 일시적인 현상, 즉 과도기적 현상이었다. 55)

여기에도 마르크스 특유의 목적론적 성향이 나타나는데, 국가의 외견상의 독립을 과도기적 독립이라고 말하고 있다. 미래에 나타나게 될 허약함에 비추어 지금의 힘은 착각이라는 것이다. 국가의 자율성은 **자기패배적인** 것이라고 주장한 곳도 있다. 즉 장기적으로 보면 자신의 경쟁자 중 하나인 부르주아 계급에 유리한 목표에 얽매여 있다는 것이다. 그는 1847년에 이렇게 쓴다. 절대왕정의 "진보적 기능"은 "상업과 산업의 발전을 촉진하는 것"이었고, "이로써 부르주아 계급의 등장을 가져온 것이었다. 이것은 국부를 위해서나 자신의 영광을 위해서나 필요한 조건이었다". 56) "혁명적 스페인"에 관한 논설에서도 스페인의 발달 상태를 '다른 유럽 강대국들'과 비교한다. 유럽 강대국들에서

절대왕정은 문명화의 중심이었고, 사회통합의 주동자였다. 사회의 다양한 요소가 혼합되고 작동하는 실험실이었기에, 도시들은 지방적 독립성을 벗어났고, 중세의 주권을 중간 계급의 통치로, 시민사회의 지배로 바꾸어놓았다. 57)

---

55) *Ibid.*, p. 195. 또한 p. 90 참조.
56) *Deutsche-Büsseler-Zeitung* 1847. 11. 18. 아래에 더 자세한 인용문이 있다.
57) *New York Daily Tribune* 1854. 9. 9. 또한 Urtext to *A Contribution to the*

이것은 보나파르트주의(혹은 1849년 이후의 독일 정부)와 부르주아 계급과의 관계에 해당한다. "그들의 물질적 힘을 보호함으로써 그는 중간 계급의 정치권력을 새롭게 낳고 있다." 절대왕정은 자신들의 경쟁자인 부르주아 계급의 이익을 증진시킬 때에만 스스로를 주장할 수 있었다. '풍요'가 '권력'의 수단이었고, 곧 권력에 대한 경쟁자가 나타났다. 58) 1850년 이전에 쓴 저작들에 따르면, 절대왕정은 부르주아 계급의 적나라한 계급지배를 위한 길을 닦아주었고, 급기야 부르주아 계급이 "자신들의 물질적인 이익을 이유로 정치권력을 나누어줄 것을 요구하는" 지경에 이르렀다. 59) 나중에 쓴 저작들에 따르면, 부르주아 계급의 발달은 강점과 함께 약점도 노정하였는데, 그것은 바로 노동 계급과의 힘겨운 싸움이었다. 이러한 관점에 대해서는 아래에서 다시 살펴보겠다.

스페인의 경우는 달랐다. 처음부터 절대왕정은 방금 말한 일반적인 구도에 따라 등장했다.

> 여러 가지 상황이 절대주의 권력의 등장에 유리하게 작용하였다. 지방들 간에 유대가 없었기 때문에 힘을 모을 수가 없었고, 무엇보다도 귀족 계급과 도시민들 간에 적대가 극심하였다. 찰스는 이를 이용하여 두 계급을 모두 무력화시켰다. 60)

Critique of Political Economy, pp. 19~20 참조.

58) 이러한 대비는 Viner, "Power versus plenty as objectives of foreign policy" 참조. 현재의 문맥에서 중요한 것은 절대주의 국가와 부르주아 계급 간의 권력투쟁이 단순히 잉여의 분배를 놓고 전개된 것이 아니라 잉여의 창출을 놓고 전개된 것이라는 점이다. 반면에 국가와 봉건귀족 간의 관계는 제로섬 게임에 가깝다(6.3.2 참조). 왜냐하면 그들의 투쟁은 농민으로부터 추출한 잉여의 분배를 둘러싸고 벌어졌기 때문이다. 또한 Brenner, "The agrarian roots of European capitalism", pp. 78ff 참조.

59) *Neue Rheinische Zeitung* 1848. 12. 10.

60) *New York Daily Tribune* 1854. 9. 9.

대륙의 다른 나라에서와는 달리, 이 과정은 부르주아 계급의 등장을 가져오지 않았다. 스페인의 절대주의는 수세기 동안 안정을 구가하여, 전혀 다른 종류의 정부형태라는 것을 보여주었다.

> 스페인에서 절대왕정은 본질적으로 중앙집중에 반발하는 요소를 발견하였고, 온 힘을 쏟아 국민들의 분업과 내부교역의 증대에서 발생하는 공동이익의 성장을 막았다. 공동이익이 있어야 단일한 행정체제가 창출되고 일반법의 지배가 가능해진다. 그리하여 스페인의 절대왕정은 유럽의 절대왕정과 겉모습은 비슷했지만, 아시아적 정부형태와 같은 계급 구성을 가지고 있었다. 스페인은, 터키와 마찬가지로, 주권자가 명목상 우두머리였을 뿐 제멋대로 움직이는 공화국들의 덩어리였다. 61)

여기에서 우리는 일반적 원칙을 찾을 수 있다. 즉 왕조가 권력을 유지하기 위해서는 자신의 권력을 강화할 것이 아니라 경쟁자, 즉 부르주아 계급의 힘을 강화해야 한다는 것이다. 물론 자신의 힘을 강화하지 않으면 강병을 가진 이웃나라에 병합될 위험도 있다. 국가의 자율성은 안으로는 부르주아 계급으로부터, 밖으로는 다른 나라로부터 위협을 받는다. 외적에 대해 강한 것이 안에서는 약점이고, 그 역도 성립한다. 균형을 잡아야 하는데 쉬운 일이 아니다. 유일한 안정책은 내부의 적의 적, 즉 노동계급이 등장하여 부르주아 계급으로 하여금 과거의 적과 동맹을 맺고 새로운 적과 대항하게 하는 것이다. 62)

---

61) *Ibid.*

62) 그런 영명한 절대주의 지도자들이 많았다거나 있었다는 말은 아니다. 대부분의 경우 그들은 떡을 가지는 것과 먹는 것, 이 두 가지를 동시에 할 수 있다고 믿었다. 근대화 없는 산업화, 정치적 야심 없는 강한 부르주아 계급. 세기 말의 러시아와 중국에서 이러한 형태의 희망적 사고에 대한 논의는 Knei-Paz, *The Social and Political Thought of Leon Troysky*, pp. 100ff, *passim* 및 Levenson, *Confucian China and its Modern Fate*, vol. I, 특히 제 4장과 제

1848년 전후에 대한 마르크스의 분석이 사실상 그와 같았다. 위에서 일부 인용한 1847년의 논설에서 그는 이렇게 말했다.

> 일단 사회의 물질적 조건이 발달하여 이를 위한 공식적인 정치형태의 변화가 필요한 상황에 이르면, 낡은 권력지형 전체가 변형된다. 지금 절대왕정은 그 진보적 기능인 **중앙집권**을 시도하는 것이 아니라 **지방분권**을 시도하고 있다. 봉건귀족들을 패배시키고, 그들의 몰락에서 자신들의 존재의의를 찾았던 절대왕정이 지금은 최소한 봉건체제의 무늬만이라도 가지려고 애쓰고 있다. 절대왕정은 전에는 상업과 산업의 발전을 장려하고, 이로써 부르주아 계급의 등장을 촉진하였다. 이것은 국부를 위해서나 자신의 영광을 위해서나 필요한 조건이었다. 그러나 지금은 도처에서 상업과 산업을 방해하고 있다. 상업과 산업은 이미 강력한 부르주아 계급의 수중에서 점점 위험한 무기가 되고 있다. [63]

이 무렵 마르크스는 마법사의 제자가 그가 풀어놓은 힘을 다시 불러들이지 못할 것이라고 생각했다. 독일의 절대주의는 시계를 되돌릴 수 없을 것이다. 1848년 혁명운동의 초기국면에서는 마르크스의 판단이 옳은 듯 보였지만, 결과는 재봉건화였다. 혁명 전에 정권이 모든 힘을 기울여 시도했으나 실패했던 바로 그 재봉건화였다. 1859년에 그는 봉건제도가 강화되었다는 점을 지적하면서 다음과 같이 결론지었다. "왕의 야심찬 꿈은 혁명에 의해 완성되었다. 절대왕정 8년 동안 꿈속에서 그려보던 것이 1850년에서 1857년에 이르는 8년 동안 대낮에 생생한 현실이 되어 나타난 것이다." [64] 이 텍스트에는 노동 계급의 존재에 대한 언급이 없지만, 다른 저작들(7. 2. 1)에 비추어볼 때, 1849년의 후퇴는 사실상 이 새로운

7장 참조.

63) *Deutsche-Brüsseler-Zeitung* 1847. 11. 18.

64) *New York Daily Tribune* 1859. 2. 1.

적의 출현 때문이었다.

6. 3. 3에서 인용한 《프랑스 내전》의 텍스트를 놓고 보면, 보나파르트 국가 역시 같은 방식으로 이해할 수 있다. 그 저작에서 마르크스는 이렇게 말한다. 제국은 "의회주의를 분쇄하고 노동 계급을 구하겠다고 공언했다. 그와 함께 정부의 공공연한 자산 계급 편들기도 분쇄하겠다고 공언했다". 그와 동시에 "자산 계급을 구하기 위해 노동 계급에 대한 그들의 경제적 지배권을 확보해주겠다고 공언했다". 제국은 "부르주아 계급이 국가를 통치할 능력을 이미 상실한 상황에서, 그리고 노동 계급이 아직 그럴 만한 능력을 갖추지 못한 상황에서 수립될 수 있는 유일한 정부형태였다".[65] 확실히 이것은 계급균형 국가론이다. 서로 싸우는 계급 각각에게 보호를 약속하면서 정부는 자율적으로 통치할 수 있다. 초고에서는 보나파르트 국가가 유일하게 가능한 **부르주아** 정부라고 썼는데, 이 주장은 양위론적 설명으로 이해할 수 있다. 보나파르트 국가에 대한 이 두 관점은 명백히 다르다. 계급 간의 갈등을 이용하여 자신의 이익을 도모한 것인가? 아니면 부르주아 계급의 이익에 간접적으로 봉사하기 위해 존재한 것인가?

이 차이는, 7. 1. 4에서 논의한 바와 같이, 보기보다 작다. 국가는 사회 영역에 존재하는 계급 간의 갈등을 이용하여 자신의 이익을 도모할 수 있다. 제국주의적 확장, 경제성장, 국가의 근대화, 관료제의 강화 등이 그 이익이 될 수 있다. 하지만 이러한 이익은 대체로 그 계급들의 이익을 존중해야 확보될 수 있다. 이것은 부르주아 계급에 대해서도(7. 1. 4), 노동자 계급에 대해서도 마찬가지다. 그들의 복지와 재생산이 생산능력의 조건이기 때문이다(4. 1. 4). 자본주의적 생산양식의 독특성은 국가가 두 생산 계급을 상대해야 한다는 것이다. 둘 다 생산에 필수적이고, 국가의 세

---

65) *The Civil War in France*, pp. 138~139.

입과 직접 관련 있기 때문이다. 이것이 절대주의 국가와 다른 점이다. 절대주의 국가는 비생산적인 귀족 계급을 억누르고 부르주아 계급의 성장을 장려해야 할 이유가 있었다. 근대국가에서는 황금알을 낳는 거위가 하나가 아니다. 두 마리가 필요한데, 서로 싸워 어느 한 마리가 죽는 일이 없도록 주의해야 한다. 이 일에 성공하면 각 계급에 대해 보호를 제공했다는 주장을 할 수 있고, 따라서 양보를 얻어낼 수도 있다. 66)

결론적으로 말해 국가의 자율성은 마르크스 이론의 핵심이 아니다. 마르크스의 주장에 따르면, 부르주아 계급이 의도적으로 정치권력을 양보 또는 자제했다는 것이고, 따라서 국가의 자율성은 획득된 것이 아니라 부여된 것이며, 진짜가 아니라 허상이라는 것이다. 지금까지 본 바와 같이, 이 주장을 끝까지 밀고나가기는 어렵다. 그러나 그의 저작을 전체적으로 살펴보면 실제적인 역사적 발전에 부합하는 그림이 그려진다. 이것은 그가 초기에 이론적으로 공언한 것과는 다르다. 큰 그림으로 재구성한 마르크스의 국가론에 따르면, 16세기 이래 국가는 자율적인 기구로서, 자신의 이익을 위해 다른 계급들을 적극적으로 통제했다. 여러 계급들이 서로 대립했기 때문에 정부는 중재와 분할정복을 통하여 적극적인 역할을 할 수 있었던 것이다.

오직 한 시기에만 국가가 부르주아 계급의 도구로 전락할 위험이 있었다. 이 시기 국가의 행동은 부르주아 계급의 이익으로만 기능적 설명이 가능하다. 두 번의 부르주아 혁명 사이의 기간, 즉 1640~1688년 혁명에서 1789년 혁명에 이르는 기간이다. 이 기간 동안 부르주아 계급은 자신

---

66) 현대 자본주의 사회에서 문제는 좀더 복잡하다. 보통선거권 때문이기도 하지만, 주요계급들이 단순히 국가에 의해 조종되는 멍청이들이 아니라 전략적 행위자들이기 때문이다. 이 문제를 잘 설명한 글로는 Przeworski and Wallerstein, "The structure of class conflict in democratic capitalist societies" 참조.

들이 낳은 새로운 계급이 군주·귀족·관료보다 자신들에게 더 큰 위협이 되리라는 것을 인식하지 못했다. 그러나 곧 깨달음이 왔다. 노동자들과의 첫 충돌이 있은 후, 그들은 이전의 적과 타협할 필요성을 느끼게 되었고, 이로 인해 국가는 새로운 지렛대와 독립성을 얻게 되었다. 이러한 밀착현상은 《잉여가치 학설사》에 잘 나타나 있다. 여기에서 마르크스는 비생산적인 국가와 승려들에 대해 아담 스미스가 '증오감'을 나타낸 구절을 소개하면서, 이것은 "아직도 전체 사회, 국가 등을 자신에게 종속시키지 못한, 아직 혁명적인 부르주아 계급의 말"이라고 논평한다. 그런 다음 계속해서 이렇게 말한다.

> 다른 한편, 부르주아 계급이 전투에서 승리하고, 부분적으로는 직접 국가를 장악하고 부분적으로는 이전의 주인들과 타협한 때로부터, 그리고 이데올로기적 직업들을 자기의 혈육으로 인정하고 도처에서 그들을 자기 자신의 본성에 알맞게 개조하여 자기의 일군들로 부리게 된 때로부터, 과거에는 부르주아 계급이 생산적 노동의 대표자로서 그들과 대립하면서 "다른 사람의 노동으로 살아간다"고 비난하였지만, 이제 진정한 생산적 노동자들이 부르주아 계급에 대립하여 나타나 꼭 같은 말을 그들에게 하게 된 때로부터, 생산에만 전적으로 몰두하는 것이 아니라 "교양 있는" 소비를 할 만큼 충분히 계몽된 때로부터, 정신노동까지도 점점 더 부르주아 계급을 위해 수행되고, 자본주의적 생산에 봉사하게 된 때로부터 — 이때부터 국면은 전환되어, 부르주아 계급은 이전에 비판의 목소리를 올리면서 공격했던 바로 그 자체를 자기 자신의 견지에서 "경제적으로" 정당화하려고 애쓰게 된다. [67]

마르크스의 저서들을 자세히 살펴보면, 다음과 같은 결론에 이르게 된

---

67) *Theories of Surplus-Value*, vol. 1, pp. 300~301. 이 구절은 부르주아 계급을 그 과정의 주요행위자로 제시하고 있지만, 분석의 실질적인 내용은 내가 제안한 관점과 일치한다.

다. 즉 마르크스주의 이론에서 "당연시하는 것"[68] — 국가는 부르주아 계급의 이익에 봉사한다는 것 — 이 오히려 예외적인 경우라는 것이다. 마찬가지로 "조급하고 급진적인 성향을 가진 산업부르주아 계급과 새로 형성된 프롤레타리아 계급 간의 '자연적' 동맹은 형성되자마자 결렬된다"는 것이다.[69] 역사적 현장에서 그런 일이 드물다고 해서 본질이 달라지는 것은 아니다.

7.2. 혁명론

마르크스의 생산양식 이론(5. 1)에 따르면, 생산관계의 변화는 그것이 생산력과 충돌할 때, 그리고 그 때문에 일어난다. 이 지점에서, 1859년의 "서문"에 따르면, "사회 혁명의 시기가 시작된다". 즉 새로운 생산관계가 낡은 생산양식을 대체한다는 것이다. 일반적인 견해에 따르면, 이 사회 혁명은 법적·제도적 변화에 의해 **안정화**된다. 법적·제도적 변화는 좁은 의미에서의 정치적 격변, 혹은 혁명에 의해 일어난다.[70] 생산관계에 있어서 법 이전의, 그리고 불법적인 변화는 정치적 혁명에 비해 그 효과가 제한적일 수밖에 없다. 전자는 개별적 이익에 상응하는 경우에만, 주로 그런 경우에 일어난다. 이것은 그 계급의 집합적 이익에는 영향을 미치지 않는다. 계급 이익의 실현을 위해서는 법적 권리의 공식적 변화

---

68) Draper, *Karl Marx's Theory of Revolution*, vol. I, p. 497.

69) Thompson, *The Making of the English Working Class*, p. 195. 톰슨은 이것이 근대의 일반적 특징이라고 말한 것이 아니라 영국에 대해 그렇게 말한 것이므로 나의 인용은 원문의 문맥에서 다소 벗어난 것이다.

70) 7. 1. 2에서 말한 것처럼, 정치적 변화가 사회적 변화의 일부인 경우도 있다. 이런 경우에 사실상의 변화는 법적 변화와 불가분의 관계를 맺고 있다. 다음 각주 참조.

와 강제가 필요하다. 자본주의는 기업가들의 개별적인 행동들이 쌓이고 쌓여 등장했지만, 완전한 발전을 위해서는 안정된 법적 뒷받침이 필요했다. 공산주의는 어떻게 될까? 마르크스는 점진적이고 국지적인 방법은 불가능하다고 생각했다. 협동조합이나 공동자본 회사 같은 건 그럴 수 있겠지만(7.2.2). 공산주의 생산관계의 우월성은 공산주의가 전국적인 규모로 수립되었을 때 발휘된다. [71]

정치적 혁명은 사회적 변화에 있어서 중심적인 역할을 하는 만큼, 정치적 혁명의 원인과 결과에 대한 이해는 매우 중요하다. 그러나 마르크스에게서 이에 대한 체계적 설명은 찾아보기 어렵다. 그의 혁명론은 목전의 정치적 목적을 위해 쓴 단편들을 모아 재구성하는 수밖에 없다. 7.2.1에서 부르주아 혁명에 대한 그의 설명을 살펴보겠다. 대상은 그가 지속적인 관심을 가졌던 유럽의 세 나라의 혁명, 즉 1640~1688년의 영국 혁명, 1789년의 프랑스 혁명, 1848년의 독일 혁명이다. 7.2.2에서는 공산주의 혁명이 어떻게 촉발되는지, 어떻게 전개되는지에 대한 그의 설명을 살펴보겠다.

---

71) 그러므로 코헨(*Karl Marx's Theory of History*, ch. VI)이 제시한 생산관계에 대한 설명이 안정화된 형태에 관한 것인지 아니면 안정화되기 이전의 형태에 관한 것인지 궁금하다. 새로운 생산관계는, 법적 보호를 받지 못할 경우, 법적 형태의 낡은 생산관계보다 (생산력의 추진인자로서) 열등할 수도 있다. 그러나 법에 의해 안정화되면 더 우월할 수 있다. 마르크스는 공산주의적 생산관계와 자본주의적 생산관계도 바로 그런 관계에 있다고 믿었다. 그렇다면, 자율적인 경제적 발전은 존재하지 않거나(불법적 형태는 법적 보호를 받지 못하므로), 발전은 자율적인 것이 아니다(본질적으로 법적 형태가 포함되어 있으므로).

7.2.1. 부르주아 혁명

《신성가족》의 몇 구절을 제외하면, 마르크스의 저서에서 프랑스 혁명에 대한 언급은 찾아보기 어렵다.[72] 영국 혁명에 대해서는 귀조의 《영국혁명사》(*Discours sur l'Histoire de la Révolution d'Angleterre*)에 대한 1850년의 논평에서 꽤 길게 다룬다. 여기에서 그는 두 부르주아 혁명을 비교하면서 같은 점과 다른 점을 지적한다. 반면에 독일 혁명에 대한 논평은 극단적이고 너무 세세하여 분석적 가치가 거의 없다. 영국과 프랑스의 경우 조감도를 그릴 수 있을 뿐, 구체적인 경과와 각 세력의 움직임을 확인할 수는 없다. 독일의 경우에는 그런 세세한 것은 알 수 있지만, 전체적인 모습은 그려지지 않는다. 이러한 특징들을 염두에 두기 바란다.

마르크스는 고전적 부르주아 혁명을 절대왕정에서 입헌군주정으로 이행하는 과도기적 현상으로 보았다. 그 사이에 간간이 공화정이 들어설 때도 있다. "절대왕정에서 입헌군주정으로의 이행은 어디에서나 격렬한 투쟁을 통해, 공화정의 형태를 거쳐 나타난다."[73] 그러므로 그 혁명을 통해 왕정에서 공화정으로 이행한다고 생각하면 안 된다. 그 혁명은 전체 과정의 일부일 뿐이다. '이보 전진을 위한 일보 후퇴'인 것이다. 그밖에 영국 혁명과 프랑스 혁명의 유사성은 다음과 같다. 첫째, 그 혁명들은 시작에서부터 혁신적인 것이 아니라 보수적인 것이었다. 프랑스에서 특히 그러했다.

> 프랑스 혁명은 영국 혁명과 마찬가지로 보수적으로 시작되었다. 아니 영국 혁명보다 훨씬 더 심했다. 절대주의는, 마침내 자신의 모습을 프랑스에서

---

72) *The Holy Family*, pp. 118ff.

73) Review of Guizot, p. 254. 프랑스의 경우, 입헌군주정은 1789년 후에 잠깐 있었던 것이 아니라, 1815년에 수립된 것을 말한다.

드러낸 것처럼, 여기에서도 하나의 혁신이었다. 의회가 일어나 낡은 법을 옹호하고, 신분에 기초한 구 왕정의 예법과 관습을 옹호한 것은 이러한 혁신에 대한 저항이었다. 74)

게다가 두 사건 모두 왕이 백성들에게 호소했지만 소용이 없었다는 특징이 있다. 마르크스는 홉스를 인용하여 백성들을 "강건하지만 성질이 고약한 청년"이라고 지칭하면서 이렇게 말했다. "그는 왕이 자기보다 높은 것을 받아들일 수 없었다. 왕이 야위었건 뚱뚱하건." 찰스 1세와 루이 16세는 '자신의 백성들'에게 한편이 되어 의회와 싸우자고 호소했지만, 백성들은 그들의 목을 잘랐다. 75) 다음과 같은 분석을 보면 왜 그렇게 말했는지 이해할 수 있다. 마르크스는 고전적인 혁명에서 삼자 간의 권력투쟁에 대해 이렇게 분석한다.

알다시피 백성들이 왕을 상대하는 것이 **입법부**를 상대하기보다 훨씬 더 쉽다. 백성들이 국회를 상대로 반란을 일으켰다가 실패한 사례는 역사에 널려 있다. 두 건의 중요한 예외가 있을 뿐이다. **크롬웰**의 모습으로 나타난 영국 백성들은 **장기의회**를 해산시켰고, **보나파르트**의 모습으로 나타난 프랑스 백성들은 **입법부**를 해산시켰다. 그러나 장기의회는 이미 오전 전에 **패잔병**76) 이 되어 있었고, 프랑스 입법부는 송장이 되어 있었다. 과연 왕들이 **입법부를** 상대로 반란을 일으킨 백성들보다 운이 더 좋을까? 찰스 1세, 제임스 2세, 루이 16세, 찰스 10세의 앞날은 조상들의 선례처럼 밝지는 않다. 77)

---

74) Review of Guizot, p. 253.
75) *Deutsche-Brüsseler-Zeitung* 1847. 9. 12.
76) 〔옮긴이주〕 1648년의 추방 후에 장기의회의 일부 사람들만 남아 구성한 잔여 의회(1648~1653; 1659~1660)를 가리킨다.
77) *Neue Rheinische Zeitung* 1848. 11. 12.

이 분석은 몹시 빈약하다. "보나파르트의 모습으로 나타난 프랑스 백성"이란 말은 우스운 것이다. 부르주아 혁명에서 부르주아 계급이 전면에 나설 것이라는 말과 다를 바 없다. 전(前) 산업사회에서 왕과 백성이 중간 세력에 대항하여 동맹을 맺는 일은 널리 알려진 현상이다. 78) 왕이 알았다면(Si le Roi savait)! 부르주아 혁명에 대한 마르크스의 저작들은 대체로 이렇게 진부하다.

고전적 혁명의 또 다른 특징은 공화주의적 구호에 공산주의 운동의 대오가 형성된다는 것이다. 마르크스는 그 예로 "가장 일관성 있는 **공화주의자**인 영국의 수평파, 프랑스의 **바뵈프, 부오나로티** 등"을 거론한다. 79) 《공산당 선언》에서 그는 이것을 "전반적 격동의 시기, 봉건사회가 무너지는 시기에 프롤레타리아 계급이 자신의 목적을 달성하려는 최초의 직접적인 시도"라고 말한다. 프롤레타리아 계급이 발달하지 못한 상태에서 이러한 시도들은 실패할 수밖에 없었다. 이러한 시도들은 "보편적 금욕주의와 조잡한 사회적 평준화를 설교하는" 혁명적 문헌들을 낳았다. 80) (아래 7.3.2를 보라.) 다른 곳에서는 1794년의 사건들을 프롤레타리아 계급의 권력에 대한 때 이른 시도라고 말한다. 81)

그러나 마르크스는 그러한 실패한 시도들에서도 의미를 찾으려 했다. 프롤레타리아 계급의 일시적 승리는 "**부르주아 혁명** 그 자체에 봉사하는 하나의 요소일 뿐"이다. 82) 다른 곳에서 그는 이 점을 더욱 분명하게 지적

---

78) 1848년과 그 이후의 독일에 대해서는 Hamerow, *Restoration*, *Revolution*, *Reaction*, pp. 175, 211ff 참조. 영국에서는 그러한 동맹이 대체로 18세기 무렵에 끝난다. Thompson, *The Making of the English Working Class*, ch. 2, pp. 79ff 참조. 궁정의 신하들보다는 백성들이 통치자에게 훨씬 더 큰 지혜를 준다는 사실에 대해서는 Veyne, *Le Pain et le Cirque*, pp. 558ff 참조.

79) *Deutsche-Brüsseler-Zeitung* 1847. 11. 11.

80) *The Communist Manifesto*, p. 514.

81) *Deutsche-Brüsseler-Zeitung* 1847. 11. 11.

한다. 노동자들이 "부르주아 계급에 대항한 싸움은, 1793년과 1794년 프랑스에서 그러했던 것처럼, 부르주아 계급의 목적을 달성하기 위한 싸움이었다. 싸움의 **방식**이 부르주아 계급과 달랐을 뿐이다. **프랑스의 모든 테러는 부르주아 계급의 적을 상대하는 평민의 방식이었을 뿐이다**". [83] 그러므로 마르크스는 노동자들이 부르주아 계급을 상대로 싸웠을 때 그들은 "역사의 무의식적 도구"였고, 이성의 간지(奸智)가 구현된 것이라고 말한다. [84] 헤겔이 《정신현상학》에서 분석한 것처럼, [85] 부르주아적 질서가 수립되기 전에 과거가 깨끗이 청산될 필요가 있었다는 것이다. 마르크스가 따르면 이 과업이 노동자들에게 주어진 것이다. 그러나 영국 수평파들에게서는 그런 역사적 기능을 찾지 않는다.

마르크스는 귀조에 대한 논평에서 영국 혁명의 '직접적 원인'을 다음과 같이 열거한다.

> 가톨릭의 복귀에 대한 대토지소유자들의 두려움. 가톨릭이 득세할 경우, 대토지소유자들은 이전에 교회로부터 약탈한 모든 토지를 다시 빼앗길지도 모른다. 이 경우 영국 땅 전체의 7/10이 주인이 바뀌게 된다. 가톨릭에 대한 상업부르주아 계급과 산업부르주아 계급의 불안. 어느 모로 보나 가톨릭 교리는 그들과 맞지 않는다. 스튜어트 왕조의 무관심. 조정은 자신들과 궁정 대신들의 이익을 위해 영국의 모든 산업과 상업을 프랑스 정부에 팔아넘겼다. 당시 프랑스는 여러 측면에서 영국의 경쟁상대가 되는 유일한 나라였다. [86]

---

82) *Ibid.*

83) *Neue Rheinische Zeitung* 1848. 12. 15.

84) *New York Daily Tribune* 1853. 6. 25. 이 구절은 2. 4. 2에 좀더 자세하게 인용되어 있다.

85) Hegel, *Phenomenology of Spirit*, pp. 355ff.

86) Review of Guizot, p. 254.

이 분석 역시 설득력이 없다. 세 가지 원인 중 첫 번째 것은 상식적인 것이고, 두 번째 것은 의심스럽다. (왜 가톨릭 교리는 그들에게 맞지 않았을까?) 세 번째 것은 지나치게 단순하다. 게다가 이것들이 유일한 "직접적 원인"이라고, 스톤의 용어로 "침전제"라고 말한다.[87] 혁명의 '전제조건'과 침전제에 약효를 부여한 장기적 추세에 대한 분석은 없다.

영국 혁명과 프랑스 혁명의 주요한 차이점은 동맹의 구조와 관련 있다.

> 1648년 부르주아 계급은 근대적인 귀족과 동맹을 맺고 왕정과 봉건 귀족 및 국교와 대립했다. 1789년 부르주아 계급은 백성들과 동맹을 맺고 왕정과 귀족 및 국교와 대립했다.[88]

영국 혁명에서는 부르주아 계급이 대토지소유자들과 동맹을 맺었는데, 이것이 바로 토지를 분할하여 대토지소유자들을 제거한 프랑스 혁명과 다른 점이다. 이것이 귀조 씨가 풀어야 할 수수께끼이다. 부르주아 계급과 동맹을 맺은 대토지소유자들은 헨리 8세 치하에서 이미 성장했는데, 1789년 프랑스의 토지소유자들과는 달리, 부르주아 계급의 존재의 조건들과 충돌을 일으키지 않고, 오히려 완벽한 조화를 이루었다. 사실상 영국의 토지 소유는 봉건적인 것이 아니라 부르주아적 소유였다. 토지소유자들은 한편으로 산업부르주아 계급에 공장 가동에 필요한 노동력을 공급해주었고, 다른 한편으로 농업을 산업 및 상업의 수준에 맞추어 발전시킬 수 있는 위치에 있었다. 그러므로 그들과 부르주아 계급의 이익은 일치했던 것이며, 따라서 동

---

87) Stone, *The Causes of the English Revolution*, p. 117. 그는 침전제(1629~1639)와 촉발요인(1640~1642)을 구별하고, 촉발요인으로 납세거부를 들고 있다. 이것은 재정파탄을 초래했다. 재정파탄과 군사적 패배가 "대혁명에 필요한 두 가지 전주곡"이었다(Ibid., p. 135). 마르크스도 영국혁명은 미국혁명과 마찬가지로 "납세거부에서 시작되었다"고 말한다(*Neue Rheinische Zeitung* 1849. 2. 27).

88) *Neue Rheinische Zeitung* 1848. 12. 15.

맹도 가능했던 것이다. [89]

스톤은 엥겔스와 토니의 '향신 분열' 주장에 대해 논평하면서, 마르크스가 그런 주장을 했다는 것은 언급하지 않는다. 그는 그 주장이 "매력적"이지만 "현재 그것을 뒷받침할 증거는 조금도 없다"고 말한다. [90] 게다가 토지소유자가 '산업부르주아 계급'에 노동을 공급해주었기 때문에 동맹이 가능했다는 주장은 시대착오적인 기능주의에서 나온 발상이다. 마지막으로 영국과 프랑스의 차이에 대한 주장도 잘못된 것이다. "프랑스의 토지 소유"는 마르크스가 주장한 것보다는 "부르주아 소유"와 통합되어 있었다. [91]

마르크스가 이런저런 점에서 틀렸다는 것을 지적하려는 것이 아니다. 틀리지 않았으면 오히려 그게 놀라운 일이다. 내가 강조하고 싶은 것은 그의 추론방법이 사변적이고 목적론적이라는 점이다. 이러한 고전적 혁명들이 "혁명의 발생지인 영국과 프랑스 지역의 요구가 아니라 세계의 요구를 반영한 것이었다"[92]는 주장은 그러한 사고방식의 극치를 보여준다. 이 주장은 프러시아 3월 혁명의 지방적 성격을 규탄하는 과정에서 나온 것이므로 수사학적 표현으로 보아 넘길 수도 있다. 하지만 그 주장은 고전적 혁명을 목적인(目的因)의 관점 — 혁명에 참여한 사회세력들의 움직임에 대한 관찰이 아니라 그 혁명으로 얻은 성과의 관점 — 에서 설명하는 마르크스의 성향과 잘 어울린다.

마르크스에 따르면, 그 혁명들의 주요성과는 봉건적 특권의 폐지와 자

---

89) Review of Guizot, p. 254.

90) Stone, *The Causes of the English Revolution*, p. 56.

91) Furet, *Penser la Révolution Francaise*, pp. 137ff. 이 반론은 소불(Albert Soboul)에 대한 것이지만 마르크스에게도 해당된다.

92) *Neue Rheinische Zeitung* 1848. 12. 15.

유경쟁체제의 창출이었다. 《독일 이데올로기》에서 그는 "국내의 자유경
쟁은 어디에서나 혁명을 통해 쟁취되었다. 1640년과 1688년 영국에서,
1789년 프랑스에서"라고 쓴다. [93] 좀더 자세한 설명은 다음과 같다.

> 프랑스 혁명에서도 그러했지만, 영국 혁명에서 소유의 문제는 자유경쟁을
> 확보하고 봉건적 소유관계를 폐지하는 문제였다. 토지 소유 신분과 길드,
> 독점 등과 같은 봉건적 소유관계는 16세기부터 18세기까지 발전해온 산업에
> 족쇄가 되었다. [94]

그러나 이런 설명은 문제를 일으킨다. 7. 1. 5에서 본 바와 같이, 마르크
스는 절대왕정의 "진보적 기능"이 상업과 산업을 장려하고, "중간 계급들
의 일반적 지배를 가능하게 한" 것이라고 주장했다. 그러나 여기에서는
부르주아 혁명이 바로 그 목적을 위해 절대왕정에 대항한 것이라고 주장
하는 것이다. 이 두 견해를 조화시키는 구절들이 《프랑스 내전》과 그 저
작 초고에 나온다.

> 중앙집중화된 국가권력은 상비군, 경찰, 관료제, 성직제도 및 사법제도를
> 기반으로 한다. 이러한 기관들은 체계적이고 위계적인 분업에 따라 계획적
> 으로 만들어진 것이다. 이러한 국가권력은 절대왕정 시대에서 유래한 것으
> 로서 태동하는 중간 계급 사회에 반봉건 투쟁의 강력한 무기가 되었다. 하지
> 만 중간 계급의 발전은 모든 종류의 영주권, 지방적 특권, 자치도시와 길드
> 의 독점, 지방 법제의 방해를 받았다. [95]

제1차 프랑스 혁명은, 그 과제가 민족통일을 달성하고 민족국가를 창출하

---

93) *The German Ideology*, pp. 72~73.
94) *Deutsche-Brüsseler-Zeitung* 1847. 11. 11.
95) *The Civil War in France*, p. 137.

는 것이었으므로, 모든 국지적, 영역적, 도시적, 지방적 독립을 무너뜨려야 했다. 그러므로 그것은 절대왕정이 시작한 국가권력의 집중과 조직화를 발전시켜야 했다. 96)

여기에서는 절대왕정이 부르주아 계급이나 귀족들의 계급적 힘과 동등한 경쟁자라고 말하지 않고, 귀족에 대항하는 부르주아 계급의 '무기'라고 말한다. 그러므로 이 시점에 이르러서는 절대왕정이 **분할통치**의 형태라는 생각을 버린 것으로 보인다. 97) 7. 1. 5에서 문제가 꽤 복잡하다고 말한 바 있다. 여기에서 문제는 절대주의 국가의 자율성을 부정했다는 사실이 아니라, 자율적으로 선택한 정책들의 자기패배적 성격을 지적한다는 점이다. 이러한 견해가 《프랑스 내전》에 나와 있지만, 이것은 인용한 텍스트와 양립 가능하고, 다른 저작의 텍스트와도 일치한다.

따라서 여기에서 인용한 구절과 7. 1. 5에서 인용한 구절을 종합하여 해석하면 다음과 같다. 절대주의 국가는 독립적 행위자로서 산업을, 따라서 부르주아 계급을 강화하는 것이 자기에게 이익이 된다고 생각한다. 다른 한편, 부르주아 계급의 물질적 힘을 보호하는 것은 그들의 정치권력을 키워주는 것이며, 이것은 국가의 자율성에 위협이 된다. 그러므로 국가는 부르주아의 이익을 보호하는 데 주저할 수도 있고, 부르주아 계급이 왕정에 대해 못마땅해 할 수도 있다. 혁명은 부르주아 계급이 너무 강해져서 왕정이 제동을 걸려고 할 때, 바로 그 때문에, 그리고 그 제동에 저항할 수 있을 만큼 충분히 강할 때 발생한다. 이것은 잘 알려진 혁명론에 부합한다. 즉 전진을 가로막는 퇴보가 사회변혁의 가장 유력한 원

---

96) *Ibid.*, p. 53. 또한 *The Eighteenth Brumaire*, p. 185 참조.

97) 이것은 Furet, *Penser la Révolution Francaise*, p. 138, note 55의 주장과는 다르다. 퓌레는 "《프랑스 내전》에는 구체제의 국가에 대한 언급이 전혀 없다"고 했는데, 이 말은 틀린 것이다. 그러나 마르크스가 절대주의 국가의 자율성을 인정했다는 그의 해석에는 동의한다.

인인 것이다. 98) 전진은 진보에 대한 기대를 낳는다. 그런데 현실이 퇴보하면, 실망은 두 배가 된다.

이러한 견해가 전적으로 목적론적 주장이라는 말은 아니다. 부르주아 계급이 완전한 계급의식을 가진 집합행위자였다면 그렇게 행동했을 것이라는 뜻이다. 부르주아 계급은 어느 정도 조직화되어 있었고, 절대주의가 자신들의 이익을 침식하는 데 대해 힘을 합해 저항했기 때문에 이러한 이론으로 그들의 행동을 설명할 수도 있다. 그러나 문제는 마르크스가 증명되어야 할 것을 주어진 전제로 삼았다는 점이다. 즉 그는 혁명의 세계사적 귀결들을 설명항으로 삼은 것이다. 독일의 혁명운동에 대한 분석도 같은 방식으로 이루어지고 있다. 이제 이 문제를 살펴보겠다.

독일 혁명과 고전적인 부르주아 혁명들 간의 주요한 차이는 인민들의 역할과 관계가 있다. 영국 혁명에서 백성들은 아무런 역할도 하지 않았다. 프랑스에서는 부르주아 계급의 동맹이었고, 때로는 그들을 위해 천한 일도 마다하지 않았다. 1848년의 독일 혁명에서는 달랐다. 그들은 부르주아 계급과 싸웠는데, 이것은 프롤레타리아 혁명으로 가는 디딤돌이었다. 이러한 해석은 혁명 전야에 쓴《공산당 선언》의 결론 부분에서 찾아볼 수 있다.

> 독일에서〔공산당은〕부르주아 계급이 혁명적으로 행동하는 한, 그들과 손을 잡고 절대왕정, 봉건적 지주들, 반동적 소부르주아 계급과 싸운다. 그러나 공산당은 부르주아 계급과 프롤레타리아 계급 사이의 적대적 대립을 노동 계급이 명확히 인식할 수 있도록 해야 한다. 부르주아 계급이 승리할 경우 조성될 사회적·정치적 조건들을 독일 노동자들이 부르주아 계급에 대항하는 무기로 곧 이용할 수 있도록 하기 위해서. 독일의 반동 계급들이 타도된 뒤에 부르주아 계급 자체에 대항하는 투쟁이 곧바로 시작되도록 하기 위

---

98) Davies, "Toward a theory of revolution".

해서. 공산당은 독일에 주된 관심을 기울어야 한다. 독일은 부르주아 혁명의 전야에 있기 때문이다. 이 혁명은 유럽 문명의 한층 발전한 조건에서 수행될 것이며, 17세기 영국이나 18세기 프랑스보다 한층 더 발전한 프롤레타리아 계급과 함께 수행될 것이다. 독일의 부르주아 혁명은 곧바로 이어질 프롤레타리아 혁명의 서막일 뿐이다. 99)

여기에서 두 번이나 사용된 "곧바로"라는 말을 어떻게 해석해야 할지 모르겠다. 헌트의 해석에 따르면, 마르크스와 엥겔스는 프롤레타리아 혁명이 꽤 긴 기간의 자본주의적 발전이 있은 후에 가능하다는 견해를 가졌고, 그들의 직공 지지자들은 당장 공산주의로 가자는 견해를 가졌는데, 이 두 견해를 절충한 결과 그런 표현이 나왔다는 것이다. 100) 나는 그럴듯한 해석이라고 생각한다. 어쨌든 혁명이 임박한 상황에서 마르크스는 처음부터 부르주아 계급을 지원하여 그들이 헌법의 고상함에 미혹되지 말고 굳센 투쟁을 전개하도록 독려했다. 101) 1848년 6월 그는 캄프하우젠 (Camphausen) 총리가 한 말을 비웃었다. 총리는 이렇게 말했다. "새 헌법은 기존의 체제와 이 체제의 법적 기구를 통하여 과거와 현재의 유대를 단절하는 일 없이 마련되어야 할 것이다."102) 9월에 마르크스는 헌법 문제를 다시 거론하면서 이렇게 말했다.

　"헌법적 원칙!" 어떤 경우에도 헌법적 원칙은 지켜져야 한다고 생각하는 그 신사분이 알아야 할 사실이 있다. … 지금과 같은 임시정부 단계에서는 강력한 행동만이 그렇게 할 수 있다는 것이다. 혁명에 뒤따르는 정치적 임시조치들은 독재를 요구한다. 그것도 강력한 독재를. 처음부터 우리는 캄프하우젠

---

99) *The Communist Manifesto*, p. 519.
100) Hunt, *The Political Ideas of Marx and Engels*, vol. I, ch. 6.
101) 이하의 내용은 Maguire, *Marx's Theory of Politics*, pp. 56ff에 의존하였다.
102) *Neue Rheinische Zeitung* 1848. 6. 3.

이 독재적으로 행동하지 않은 것에 대해, 낡은 제도의 잔재들을 즉각적으로 제거하지 않은 것에 대해 비난하였다. … 헌법이 없는 상황에서 결정적으로 중요한 것은 공공구제, 공공복지이지 이런저런 원칙이 아니다. 103)

이 구절은 여러 측면에서 중요하다. '프롤레타리아 독재'에 대한 단서가 있기 때문이다. 그것은 입헌주의를 파괴하는 것이다. 민주주의 파괴는 아니다(7. 3. 1). 또한 낡은 제도를 제거할 필요성에 대한 강조는 파리 코뮌에 대한 저작들을 예고한다. 104) 캄프하우젠의 뒤를 이은 한제만 정부는 "구 프로이센 경찰, 사법부, 관료, 군대는 부르주아 계급으로부터 **월급을 받고 또한 그들을 위해 일하고 있다**"고 잘못 생각하였다. 105) 마지막으로 마르크스는 헌법의 힘으로, 펜 끝으로 정치질서를 세우려는 발상을 거부했다. 혁명은 기존 헌법을 초월하는 정당성의 원천이다.

부르주아 계급은 기존 헌법에 과도하게 집착하면서, 자신의 동맹인 농민과 노동자를 배신했다. 1848년 7월에 쓴 "봉건적 의무 폐기법안"에 관한 논설에서 "농민의 **거위를 빼앗아갈** 권리는 사라지지만, **농민 그 자체를 빼앗아갈** 권리는 아직도 살아 있다"고 논평했다. 106) 이 점에 있어서 프랑스 혁명과 확실히 다르다.

1789년 프랑스 부르주아 계급은 자신들의 동맹인 농민들을 궁지에 몰아넣지 않았다. 그들은 농촌에서 봉건제를 폐지하고 분할지 소농계급을 창출하는

---

103) *Ibid.*, 1848. 9. 14.

104) *The Eighteenth Brumaire*, p. 139 참조. 여기에서 그는 부르주아 계급의 물질적 이익은 국가기구와 밀접히 연관되어 있어서 쉽게 제거될 수 없다고 논평한다. 개인으로서의 부르주아는 국가기구로부터 이익을 얻는 판국이었다. 계급으로서는 아니었지만.

105) *Neue Rheinische Zeitung* 1848. 12. 31.

106) *Ibid.*, 1848. 7. 30.

것이 통치의 기초라는 것을 알고 있었다. 1848년 독일의 부르주아 계급은 조금도 망설이지 않고 농민들을 배신한다. 농민들은 그들의 **자연적 동맹이요, 살 중의 살이다.** 이들 없이 부르주아 계급은 귀족과 맞설 수 없다. 107)

마르크스에 따르면, 독일 부르주아 계급이 배신한 것은 토지소유자에 대한 공격이 소유 그 자체에 대한 공격으로 오인될지도 모른다는 두려움 때문이었다. 6월 15일의 합의에 대해 마르크스는 이것이 "또 하나의 8월 4일 밤"이 될 것이라고 전망했다. 1789년 8월 4일은 프랑스 제헌의회가 봉건적 의무를 폐지하기로 결정한 날이었다. 그러나 그 합의는 실현되지 않았다. 108)

"부르주아 계급과 반혁명"에 관한 논설에서, 마르크스는 독일 부르주아 계급이 망설인 이유를 이렇게 설명한다. "독일 부르주아 계급은 나태하고, 소심하고, 굼떠서 봉건주의와 절대주의를 위협한 바로 그 순간에 프롤레타리아 계급의 위협을 느꼈고, 프롤레타리아 계급의 이익과 사상과 관련이 있는 모든 중간 계급 분파들의 위협을 느꼈다." 109) 이들의 딜레마를 존 매과이어는 이렇게 설명했다. "부르주아 세력은 부르주아 계급만으로는 힘이 부쳤다. 그리고 부르주아 계급은, 백성들과 동맹을 맺고 자신들의 정치적 이상을 온전하게 실현할 것인가, 구 정치질서로 돌아갈 것인가를 놓고 선택해야 했다." 110) 그들은 1848년 프랑스 산업자본가와 유사한 난관에 부딪혔다. "금융자본에 의한 이윤의 감소, 그것은 프롤레타리아 계급에 의한 이윤의 폐기에 비하면 아무것도 아니지 않은가?" 부르주아 계급으로서는 권력에서 물러나는 것이 덜 나쁜 선택이었다.

---

107) *Ibid.*
108) *Ibid.*, 1848. 6. 18. 그 합의가 실현되지 않은 이유에 대해 1848. 6. 24일자와 1848. 7. 30일자에서 논평한다.
109) *Ibid.*, 1848. 12. 15.
110) Maguire, *Marx's Theory of Politics*, p. 67.

부르주아 계급의 패배 혹은 후퇴 후 마르크스는 노동자들과 다른 '민주주의자들'에게 혁명을 계속하도록 촉구했다. 그의 분석과 전술은 7.2.2에서 자세하게 논의한다. 여기에서 지적하고 싶은 것은, 부르주아 계급의 후퇴에 대한 그의 설명이 방법론적으로 올바르다는 점이다. 그의 방법론적 전제(5.2.3)는 그들이 자기만큼이나 합리적이라는 것이었다. 부르주아 계급을 도와 권력을 잡도록 한 다음 노동자들이 이를 다시 빼앗는다는 계획을 마르크스가 내다보고 있다면, 부르주아 계급도 그들의 도움을 받아들일 경우, 어떤 일이 기다리고 있을지 내다볼 수 있었을 것이다. 111) 비록 《신라인 신문》은" 부르주아 계급을 자극하지 않으려고 "프롤레타리아의 요구에 대해서는 당황스러울 만큼 침묵"하였지만, 112) 그 계급의 지도자들은 그 징후를 읽어낼 능력이 충분히 있었다. 마르크스가 처음에는 부르주아 계급을 자신들의 역사적 운명을 수행하는 꼭두각시로 여겼다가 나중에 가서 그들도 자기이익을 타산하면서 행동한다는 것을 깨달았을 가능성도 있다. 1847년에 그는 "프롤레타리아 계급은 부르주아 계급이 하고자 하는 일에 관심이 있는 것이 아니라, 그들이 **반드시 하게 될** 일에 관심이 있다"고 주장했다. 113) 즉 부르주아 계급의 운명은 정해져 있어서 선택의 여지가 거의 없다(1.2.1)는 말인데, 바로 이러한 주장에서 마르크스의 역사철학과 역사적 분석이 뒤섞여 혼란을 일으키고 있다는 것을 알 수 있다.

---

111) 이와 유사한 사례를 들자면, 마르크스는 러시아가 독일에 개입하여 혁명적 투쟁에 불을 붙이기를 한동안 기대한 적이 있다(*Neue Rheinische Zeitung* 1848. 6. 25. 또한 Molnar, *Marx, Engels et la Politique Internationale*, pp. 122ff 참조). 하지만 "러시아는 혁명적 에너지를 두려워하여 대립을 피했다"(Felix, *Marx as Politician*, p. 87).

112) Hunt, *The Political Ideas of Marx and Engels*, p. 196.

113) *Deutsche-Brüsseler-Zeitung* 1847. 9. 12.

7.2.2. 공산주의 혁명

어떤 의미에서는 이것이 이 책의 중심주제이다. 지금까지는 마르크스가 기대한 공산주의 혁명의 원인과 과정과 결과에 대해 자세히 논의했다. **원인**은 소외(2.2), 경제위기(3.4), 착취(4.1) 및 생산력과 생산관계의 모순(5.2)이다. **결과**는 공산주의 사회에서 개개인의 완전하고 평등한 자기실현이 이루어진다는 것이다(2.2, 4.3). 혁명 후 사회에 대한 더 자세한 내용은 7.3 이하에 나와 있다. 혁명의 **과정**은 계급의식의 형성(6.2) 및 계급투쟁의 형태(6.3)와 밀접한 관련이 있다. 하지만 이러한 주제들의 상호관련성에 대한 종합적 설명은 하지 못했다. 텍스트만으로 이러한 설명을 하기는 어렵다. 마르크스는 공산주의의 필연적인 도래를 굳게 믿고 있었기에 공산주의를 수립해야 할 여러 가지 **이유**가 어떻게 공산주의의 **효율성**을 보장하는지에 대해서는 설명하지 않았다. 다른 한편, 자본주의의 결함들은 서로 긴밀히 연결되어 있다고 보았기 때문에 하나하나 분리하여 설명하지 않았다. 이 문제들은 결론에서 살펴보겠다. 여기에서는 혁명의 정치적 과정, 즉 혁명의 동학, 방법, 목표와 직접 관련이 있는 저작들을 살펴보고자 한다.

먼저 텍스트를 해석하는 방법론적 원칙부터 정할 필요가 있다. 마르크스의 저작에 나타난 혁명의 전술 및 전략에 관한 언급들은 주로 실천적 목적을 위한 것이다. 즉 혁명의 와중에 혹은 혁명을 기대하며 쓴 것이므로, 그러한 언급들은 혁명을 촉진하는 수단으로 이해해야 한다. 따라서 여기에는 두 가지 편향이 나타나는데, 각각 **타협편향**과 **권고편향**으로 부르겠다. 이 두 편향은 마르크스의 저작에 전반적으로 나타나는 **희망적 사고**와는 다른 것이다. 114) 희망적 사고는 그의 사고 자체가 왜곡된 것인 반

---

114) 예상되는 검열을 피하기 위해 수정한 부분도 있다. 예를 들어 〈뉴욕 데일리

면, 앞에서 말한 두 가지 편향은 표현이 왜곡된 것이다. 하지만 구체적 사례를 놓고 그런 구별을 하기란 쉽지 않다. 과도하게 낙관적인 전망을 한 경우, 그가 정말로 그렇게 생각한 것인지, 독자들을 격려할 의도로 그렇게 한 것인지 알 수 없기 때문이다. 115)

타협편향은 주로 그가 어떤 조직의 대변자로 글을 쓴 경우에 나타난다. 이런 경우 텍스트는 마르크스의 자신의 주장이라기보다는 그 조직성원들과 타협한 주장을 나타낸다고 볼 수 있다. 예를 들어, 헌트에 따르면, 독일 혁명에 관한 마르크스의 저작들은 특히 이러한 점에 유의해서 읽어야 한다. 《공산당 선언》은 공산주의자 연맹을 대변한 글이므로, 마르크스의 '경제적 결정론'과 직인 동료들의 '의지론'이 타협한 결과의 산물이라는 헌트의 견해는 앞에서 소개한 바 있다. 헌트는 1850년 3월의 《공산주의자 연맹 중앙위원회의 연설》(*Address of the Central Committee to the Communist League*)도 그 점을 염두에 두고 읽어야 한다고 주장한다. 이 문건은 마르크스가 일시적으로 블랑끼주의적 태도를 가지고 있었다는 것을(혹은 마르크스가 블랑끼주의적 태도를 감추고 있었다는 것을) 증명하는 근거로 제시되어왔다. 116) 나는 헌트의 말이 그럴듯하다고 생각하지만, 역사가로서의 식견이 부족하여 시비를 가릴 능력은 없다.

트리뷴〉 편집자들은 때때로 마르크스의 논설 텍스트를 수정하여 혁명적 분위기를 약화시켰다(일례로 *New York Daily Tribune* 1854. 8. 1을 보라). 마르크스 자신이 직접 수정한 것도 있었을 것이다. 1859년의 "서문"에 계급이 나오지 않는 것도 검열에 대비했기 때문이라는 주장(Printz, "Background and ulterior motives of Marx's 'Preface' of 1859")도 있다. 《자본론 I》의 마지막 장이 용두사미로 끝난 것에 대해서도 그와 같은 주장(Rubel, editorial comments in Marx: *Oeuvres*: *Economie*, vol. I, p. 541)이 있다.

115) 그러나 엥겔스에게 쓴 편지를 통해 실제로 마르크스가 혁명에 대해 어떠한 전망을 하고 있었는지 알 수 있는 경우도 있다. (엥겔스에게까지 혁명이 임박했다고 믿게 만들 필요는 없었을 것이라는 가정하에서.)

116) Hunt, *The Political Ideas of Marx and Engels*, pp. 235ff.

권고편향은 좀 복잡하다. 혁명이론가가 혁명을 준비하고 있거나 혁명을 진행하고 있을 때, '정세분석'을 정세변화의 수단으로 삼는 경우가 있는데, 그렇게 하는 이유가 몇 가지 있다. 첫째, 그 분석이 자기실현적 예언이 되는 수가 있다. 예를 들어 노동자들에게 확신을 주면, 그 확신 덕분에 부여받은 과업을 달성하게 되는 경우가 있다. 그러나 여기에도 어려움은 있다. 자기실현적 예언, 혁명적 예견의 '고정점'이 존재한다 하더라도, 117) 그것이 노동자들의 대의에 우호적이지 않을 경우도 있다는 것이다. 보통 자기실현적 예언과 주어진 목표에 대한 최적의 예언은 일치하지 않는다. 118) 둘째, 권고가 그 목표를 달성하는 수단이 될 수 있다. 이때 권고에 포함된 예측은 실현될 사태에 대한 진실한 예측이 아니다. 그러나 이 경우 노동자들은 예측에 대한 신뢰를 상실할 수도 있고, 이로 인해 처음에 가졌던 추진력이 떨어질 수도 있다. 119) 셋째, 권고가 사태의 본질을 **발견하는** 과정의 일부일 수도 있다. 블레이크(Blake)의 《지옥의 격언》(*Proverbs of Hell*)에 따르면, "넘치는 것을 모르면 충분한 것도 모른다". 1848년에 관한 드레이퍼의 논평도 이와 유사하다. "어디까지 실현 가능한지를 알기 위해서 실현 가능한 한계를 넘어봐야 했다. 가능한 한 멀리 가기 위해 더 멀리 가봐야 했다."120) 그러나 문맥으로 보아, 이것은 두 번째 이유에 해당한다. 즉 많은 것을 요구하면, 일부라도 확보한다는 뜻이다. 아래의 분석은 이와 같은 다양한 편향들을 염두에 두고 읽어야 한다. 물론 구체적인 사례를 놓고 어떤 편향이 작용했는지 판단하기란 매우 어렵다.

---

117) 졸저 *Logic and Society*, p. 111 참조.

118) Haavelmo, "The role of expectations in economic theory"에도 유사한 지적이 있다.

119) *Ibid.*

120) Draper, *Karl Marx's Theory of Revolution*, vol. II, p. 274.

마르크스의 공산주의로의 이행 전략에 대해서는 무어의 분석이 좋은 출발점이다. 그에 따르면, 마르크스의 저작에는 세 가지 전략이 있다. 소수 혁명론, 다수 혁명론, '경쟁체제' 전략이 그것이다.[121] 이 세 가지 전략은 권력 장악, 다수의 획득, 사회의 변혁이라는 목표를 달성하는 순서가 각각 다르다. 소수 혁명론에 따르면, 우선 권력을 장악하고, 그런 다음 사회를 변혁하고, 마지막으로 다수를 획득한다. 이것은 레닌의 전략과 유사하다. 권력을 사용하여 농민을 산업노동자로 바꾸고 이들이 공산주의적 목표를 갖게 하는 것이 바로 레닌의 전략이었다. 다수 혁명론에 따르면, 우선 노동자들이 다수가 될 때까지 기다려야 한다. 그런 다음 (노동자들이 혁명을 할 준비가 되었다는 가정 아래) 권력을 장악하고, 사회를 변혁하는 것이다. 경쟁체제 전략은 자본주의 사회를 안으로부터 변혁하고, 이로써 다수를 확보하고, 그런 다음 공식적으로 권력을 장악하는 것이다.

무어는 마르크스의 저작에 이 모든 요소들이 다 들어 있다고 분석했는데, 나는 그의 분석이 옳다고 생각한다. 다만 몇 가지만 덧붙이고자 한다. 내 생각에는 경쟁체제 전략은 별로 중요하지 않다. 마르크스가 공동주식회사와 노동자 협동체에 대해 "자본주의적 생산양식을 자본주의적 생산양식 자체 내에서 폐기하는 것"[122]이라고 말한 것은 사실이지만, 이것이 공산주의로 가는 본선(本線)이라고 생각하지는 않았다. 공동주식회사에 대해 그렇게 언급했지만, 이 말은 노동자 협동체에 더 잘 어울린다. 그러나 이 경로를 따르면, 문제가 발생한다. 즉 자본주의 내에 수립된 공산주의적 성채는 적대적인 환경에서 활동해야 하기 때문에 제대로 기능하기 어렵다는 것이다. 대규모로 하면 성공할 개혁도 소규모로 하면

121) Moore, *Three Tactics*, pp. 60~61, *passim*.
122) *Capital III*, p. 438. 이 구절은 공동주식회사에 대해 한 말이지만, 몇 쪽 뒤에 협동체에 대해서도 유사한 언급을 한다.

참담하게 실패할 수도 있다. 123) 마르크스도 국제노동자협회 제네바대회를 위한 《지침》(*Instructions to the delegates of the Geneva Congress*)에서 그렇게 말한다.

〔협동체 운동의 큰 장점은〕자본에 대한 **노동의 예속**에 의해 빈곤을 낳는 현재의 전제적 체제가 **자유롭고 평등한 생산자 연합**에 의한 공화주의적 복지체제에 의해 대체될 수 있다는 것을 실천적으로 보여주는 데 있다. … 그러나 협동조직이 임금노예 개개인의 사적인 노력에 의해 발전되는 왜소한 형태에 머무르는 한, 결코 자본주의 사회를 바꿀 수 없다. 사회적 생산을 자유로운 협동노동의 거대하고 조화 있는 체제로 변혁하기 위해서는 **전반적인 사회적 변혁, 전반적인 사회적 조건의 변혁**이 필요하며, 이러한 변혁은 사회의 조직된 힘, 즉 국가권력을 자본가와 지주의 손에서 생산자의 손으로 이전하기 전에는 실현될 수 없다. 124)

소수 혁명론에 대한 문헌적 증거는 1848년 12월 부르주아 계급이 후퇴한 후에 쓴 독일 혁명에 관한 저작들에서 찾아볼 수 있다. 부르주아 계급과 다른 진보적 세력들이 광범위한 동맹을 맺은 부르주아 혁명을 기대하였으나, 이 기대가 무산된 후 마르크스는 부르주아 계급 없는 민주적 혁명으로 노선을 바꾸었다. 사건의 추이를 바라보면서 그는 이렇게 말했다. "순수한 부르주아 혁명과, **입헌왕정**하에서 **부르주아의 지배**를 수립하는 것은 독일에서는 불가능하다. 봉건적 · 절대주의적 반혁명과 **사회적 · 공화주의적 혁명**만이 가능할 뿐이다."125) 1849년 1월 22일의 선거에서 민

---

123) 이러한 논의는 Miller, "Market neutrality and the failure of co-operatives" 참조. "소규모 사회주의는 위험하다"는 일반적인 주장에 대해서는 Kolm, *La Transition Socialiste* 참조.

124) "Instructions to the delegates of the Geneva Congress", p. 195.

125) *Neue Rheinische Zeitung* 1848. 12. 31.

주적 후보들이 (제한적으로) 126) 성공한 후에 마르크스는 이렇게 말했다. "소부르주아, 농민, 프롤레타리아는 대부르주아, 상층귀족, 고위관료들로부터 자신들을 해방시켰다."127) 소부르주아, 농민, 프롤레타리아는 민주적·공화주의적 동맹을 결성했다. 만일 부르주아 계급이 자신의 이익을 앞세우지 않았다면, 그 인민 동맹은 그들의 이익까지 대변해야 했을 것이다. 선거 직전에 마르크스는 인민들에게 이렇게 호소했다.

> 우리는 결코 부르주아 계급의 지배를 바라지 않는다. 오늘의 "활동가들"이 시시껄렁한 논쟁으로 세월을 허비하고 있을 동안, 우리는 독일에서 누구보다 먼저 부르주아 계급에 대한 반대의 목청을 높일 것이다. 그러나 나는 노동자들과 소부르주아들에게 말하고자 한다. 근대 부르주아 사회에서 고통받는 것이 더 낫다고. 왜냐하면, 그들의 산업이 창출한 물질적 기초가 당신들을 해방시켜줄 새로운 사회의 기초가 될 것이므로. 이 길을 가지 않으면 과거의 사회형태로 되돌아갈 것이며, 당신들을 구제한다는 미명 아래 온 나라를 중세의 야만으로 몰아넣을 것이다. 128)

이러한 자기부정의 권고는 정치적 호소로서 다소 결함이 있다. 이 권고가 성공했더라면 입헌왕정과 같은 부르주아 정권의 단계를 뛰어넘어, 부르주아 계급을 대신하여 민주공화적 통치로 직접 이행했을 것이다. 129) 그러나 이것은 소수 지배는 아니다. 이론적으로나 실천적으로나 한 걸음 더 나아간 것은 4월이었다. 130) 마르크스는 지역 민주주의자 위원회에서

---

126) Harmerow, *Restoration, Revolution, Reaction*, p. 189는 이 선거를 왕정주의자의 "제한적인 그러나 명확한 승리"라고 말하고 있다.

127) *Neue Rheinische Zeitung* 1849. 2. 1.

128) *Ibid.*, 1849. 1. 22.

129) 부르주아 계급이 자연스럽게 나머지 정치세력들에게 양보했을 것이다. Draper, *Karl Marx's Theory of Revolution*, vol. II, pp. 238~239는 이것이 보나파르트주의와 유사한 면이 있다고 지적한다.

탈퇴했다. 탈퇴의 이유는 구성이 너무 이질적이고, '노동자협회와의 더 긴밀한 유대'에 집중할 필요가 있다는 것이었다. 131) 이와 비슷한 시기에 "임금노동과 자본"에 관한 논설에서 봉건적·절대주의적 반혁명을 **프롤레타리아** 혁명과 대립시켰는데, 민주 혁명 이야기는 더 이상 나오지 않는다. 132) 이러한 간접적인 증거들에 하나 더 보태자면, 1850년의 연설이 있다. 여기에서 그는 민주당이 "이전의 진보적인 정당보다 노동자들에게 훨씬 더 위험하다"고 분명하게 말한다. 133)

4월의 탈퇴가 마르크스가 광범위한 민주동맹 노선을 포기한 것을 의미하는 것은 아니라는 주장도 있다. 134) 또한 헌트는 1850년의 연설이 타협의 산물일 가능성이 있기 때문에 그 자체를 마르크스의 견해로 볼 수 없다고 주장한다. 어느 쪽 해석이 맞는지 모르겠다. 나는 다만 무어가 제시한 세 가지 전략이 모든 가능성을 다 포괄한 것은 아니라는 점만 지적하고자 한다.

첫째, 최소한 1849년 4월까지 마르크스는 혁명이 두 단계를 거쳐 일어날 것이라고 생각했다. 1차는 부르주아 계급과 '민주 진영'이, 혹은 민주 진영만 가담하는 다수 연합이 주동한다. 2차는 다수 연합에서 소수였던 노동자들이 주동한다. 여기에서 문제는 2차 혁명이 노동자가 소수인 상태에서 수행되는가, 아니면 다수를 획득한 다음에 수행되는가 하는 것이다. 또 하나의 문제는 마르크스가 두 단계 이론을 포기하고 즉각적인 프롤레타리아 혁명 노선으로 선회했는가 하는 것이다. 이것은 앞의 문제와

---

130) Draper, *ibid.*, p. 247.
131) *Neue Rheinische Zeitung* 1849. 4. 15.
132) *Ibid.*, 1849. 4. 5.
133) "Address of the Central Authority to the League", p. 279.
134) Hammen, *The Red 48'ers*, p. 380; Hunt, *The Political Ideas of Marx and Engels*, p. 222.

는 다른 것이다. 그러므로 경우의 수는 둘이 아니라 셋이 된다. ① 다수＋
다수, ② 다수＋소수, ③ 소수.

둘째, 무어가 말한 소수 혁명론의 과정이 그가 제시한 것과는 다를 수
도 있다는 것이다. 1870년대 초에 바쿠닌이 마르크스주의 정부가 들어서
면 농민들은 도시 프롤레타리아 계급의 지배를 받게 된다고 비난하자, 마
르크스는 이렇게 답했다. "프롤레타리아 계급은 정부로서 농민들의 처지
를 즉각적으로 향상시키는 조치를 취할 것이며, 이로써 농민들을 혁명에
가담하도록 유도할 것이다."[135] 즉 마지막 두 단계의 순서가 바뀐다. 프
롤레타리아 계급이 소수로서 집권한 후, 혁명을 위한 다수를 창출하고,
그런 다음 사회 변혁에 나선다. 이것은 다른 시나리오에 비해 현실성이
떨어진다. 나머지 두 시나리오도 논리적 가능성이 희박하긴 하지만.[136]

마르크스가 독일에서 소수 혁명론의 가능성을 믿었건 아니건 간에, 그
것만으로 공산주의를 위한 승리를 확보할 수 있다고 생각하지는 않았다.
혁명은 서쪽으로, 즉 프랑스와 특히 영국으로 확산되어야 했다(5.2.3).
영국에는 잘 발달된 노동 계급이 있었고, 따라서 소수 혁명론을 채택할
이유가 없었다. 마르크스는 다수 노동 계급에 대항하는, 혹은 소수 노동
계급이 포함되어 있는 다수에 대항하는 혁명은 전혀 생각하지 않았다.
마르크스의 생애에서 제2의 정치적 활동기인 1865년에서 1875년까지
그는 영국과 같은 선진 산업국가에서의 혁명은 다수에 의해 수행될 것이
라고 생각했다.

이러한 투쟁의 목표와 방법과 관련하여 마르크스는 서로 관련된 세 가

---

135) "On Bakunin's *Statism and Anarchy*", p. 633.
136) 논리적으로 보면 무어의 단계를 순서대로 나열하는 방법이 두 가지 더 있다.
사회변혁 다음에 권력 장악을 두는 것이다. 하지만 둘 다 현실성이 매우 낮
다. 다수가 존재한다면 권력을 잡기 위해 기다릴 필요가 없고, 다수가 존재
하지 않으면 사회변혁도 없을 것이기 때문이다.

지 문제에 직면했다. ① 노동 계급의 조직은 비밀리에 할 것인가, 공개적으로 할 것인가? ② 노동 계급의 조직은 기존의 정치제도와 어떤 관련을 맺을 것인가? ③ 평화적 수단으로 공산주의로 갈 수 있을까? 폭력혁명은 반드시 필요한가? 이러한 질문들에 대한 가능한 조합 중 한 극단은 비밀결사를 통해 기존체제를 폭력적으로 전복하는 것이고, 또 하나의 극단은 자본주의 체제 내에서 평화적으로 공산주의로 이행하는 것이다. 전자는 마르크스의 견해가 아닌 것이 확실하고, 후자도 아니었던 것 같다. 그러나 그의 견해가 그 사이 어디쯤이었는지는 확실하지 않다. 텍스트 자체도 모호하고, 앞에서 말한 여러 가지 편향으로 왜곡되었을 가능성도 있기 때문이다. 137)

초기의 텍스트를 보더라도 그가 음모론적 방법을 옹호했다는 증거는 없다. 오히려 그는 1850년 3월 연설의 시점에서도 음모론적 방법을 강하게 비판했다. 이 연설은 그의 극좌 편향의 극치를 보여주는 증거로(혹은 그가 극좌 편향의 혁명론을 가지고 있었지만 평소에는 잘 숨기고 있었다는 증거로) 사용되지만. 세뉘의 《음모자들》(Les conspirateurs)에 대한 논평에서 그는 이러한 선동가들을 다음과 같이 비판한다.

그들의 일은 혁명의 조건들이 없음에도 불구하고 혁명적 발전의 과정을 예견하고, 인위적으로 정점에 도달하게 하고, 그 힘으로 혁명을 추진하는 것이다. 그들에게 유일한 혁명의 조건은 음모를 잘 준비하는 것이다. 그들은 혁명의 연금술사로서 과거의 연금술사들처럼 생각이 뒤죽박죽이고, 망상에 사로잡혀 있다. 그들은 혁명의 기적을 일으켜줄 발명품에 매달리고 있다. 소이탄, 마술폭탄, 놀라운 기적을 일으킬 반란. 그러한 미망에 빠져 있는 그들의 관심사는 오로지 기존의 정부를 즉각적으로 전복시키는 것뿐이다. 따

---

137) Collins and Abramsky, *Karl Marx and the British Labour Movement*, pp. 296ff 참조.

라서 그들은 프롤레타리아 계급으로 하여금 자신들의 이익에 대해 눈뜨게 하는 이론적 계몽을 경멸한다. 138)

20년 후에도 같은 주장을 되풀이한다. 인터내셔널 파리연맹의 회원들이 나폴레옹 3세의 암살계획을 세운 일에 대해 마르크스는 이렇게 말했다.

> 그 문제에 관해 공식적인 규칙은 없지만, 노동 계급들을 대변하는 우리 협회는 비밀결사를 배제해야 한다. 노동 계급이 모든 나라에서 거대한 집단을 이루고 있고, 그 나라의 모든 부를 생산하고 있고, 심지어는 권력을 찬탈한 자들조차 노동 계급의 이름으로 통치하는 상황에서 노동 계급이 음모를 꾸민다면, 태양이 어둠을 모반하듯이, 공공연하게 모반해야 한다. 노동 계급의 보호를 받지 못하면 그 어떤 합법적인 권력도 존재할 수 없다는 철저한 인식 아래. 139)

기존의 정치제도를 이용하는 문제에 대한 마르크스의 태도는 좀 복잡했다. 대체로 말해서 그는 독일과 프랑스 같은 권위주의적 체제에서는 부정적인 태도를 취했으나 다소 민주적인 영국 체제에서는 긍정적인 태도를 보였다. 《프랑스 내전》에서 그는 "노동 계급은 기존의 국가기구를 사용하여 목적을 달성할 수는 없다. 자신들을 노예화한 정치적 도구를 자신들의 해방을 위한 정치적 도구로 사용할 수는 없다"고 주장한다. 140) 《고타강령 비판》에서도 사회주의 건설을 위해 국가의 도움을 받으려는 라살레의 주장을 비판한다. 그런 도움은 독극성 선물이라는 것이다. "오늘날의 협동체들은 노동자들의 독자적 창조물로서 정부나 부르주아 계급의 보호를 받지 않을 때에만 가치가 있다."141)

---

138) Review of Chenu, p. 318.
139) "Proclamation of the General Council".
140) *The Civil War in France*, p. 100. 또한 pp. 114, 137 참조.

마르크스는 자신의 오른쪽에 있는 라살레도 비판했지만, 왼쪽에 있는 무정부주의자들에 대해서도 비판했다. 즉 국가사회주의와 모든 국가활동에 저항하는 무정부주의자의 중간 길을 선택하고자 했다. 7.1.4에서 인용한 바와 같이, 그는 "정치적 무관심"에 관한 논설에서 국가에 가담하는 어떠한 활동도 노동자들의 이익에 반한다는 주장을 비판했다. 그러한 주장이 왜 오류인가를 증명하기 위해 정치적 수단에 의해 획득된 영국 공장법을 예로 들었다. 제네바대회를 위한 《지침》에서도 같은 주장이 나타난다. 노동 계급 아동들의 교육의 필요성을 강조하는 대목에서, 그는 현재 상황에서는 그것이 "국가권력에 의해 집행되는 일반적인 법률"에 의해서만 실현될 수 있다고 말한다. 그런 다음 좌파의 반발에 대해 이렇게 응답한다. "그러한 법률이 시행된다고 해서 정부의 권력이 강화되는 것이 아니다. 오히려 노동 계급에 반하여 행사되는 힘을 노동 계급을 위해 행사되도록 만드는 것이다."[142]

마르크스는 독일의 경우 물품 입시세(入市稅) 징수조치와 관련하여 노동자들이 가담하지나 않을까 걱정했다. 프랑스의 경우에도 국가기구가 너무 강력하여 현재대로라면 국가 자신의 이익을 주장할 뿐 노동자들의 이익을 대변하지는 못할 것이라고 생각했다. 그러나 영국과 기타 민주적 국가에서는 국가기구가 대체로 부르주아 계급의 이익을 대변하지만, 정치적 반대가 충분히 의미 있는 일이라고 생각했다. 그러나 1850년에 이르러서는 이 점에 관하여 회의적인 시각을 갖게 되었다. 그는 정치적 반대가 체제의 '안전장치'라고 말했다. "그것은 엔진의 작동을 멈추는 것이 아니라 증기를 방출하여 엔진이 터지지 않도록 하는 것이다."[143] 1860년

---

141) *Critique of the Gotha Program*, p. 27.

142) "Instructions for delegates of the Geneva congress", p. 194.

143) *New York Daily Tribune* 1853. 5. 6. 또한 *Neue Oder Zeitung* 1855. 2. 28 참조. 여기에서는 의회정치도 연극일 뿐이라고 혹평한다. *Ibid.*, 1855. 5. 26.

대에 그의 태도는 또 변했다. 최소한 글에 나타난 바로는 그랬다. 출판된 저작들 외에 1871년 9월의 인터내셔널 런던대회 의사록에서도 정치에서 한발 물러서려는 경향을 계속해서 비판했다.[144]

　사회주의로의 평화적 이행가능성에 대해서는 다음과 같은 텍스트가 있다.[145] 1852년에 그는 영국에서 보통선거권의 도입의 "불가피한 결과"는 "노동 계급의 정치적 우위"가 될 것이라고 말했다.[146] 1871년 5월 미국 잡지와의 인터뷰에서는 사회주의로의 이행이 평화적으로 될 수 있는 나라도 있고 그렇지 않은 나라도 있다고 말했다. "예컨대 영국에서는 정치권력에 이르는 길이 노동 계급에게 열려 있다. 반란은 미친 짓이다. 평화적 선동이 더 빠르고 확실한 길이다. 프랑스에는 수백 개의 악법이 있고, 계급 간의 대립이 극한으로 치닫고 있다. 폭력적인 해결책인 사회적 전쟁이 불가피해 보인다."[147] 1872년 암스테르담 연설에서는 청중들에게 이렇게 말했다. "나라마다 제도와 관습과 전통이 다르다는 사실을 염두에 두어야 한다. 미국이나 영국처럼 노동자들이 평화적인 수단으로 그들의 목표를 달성할 수 있는 나라들도 있다. 네덜란드에 대해서는 잘 모르긴 하지만, 아마 네덜란드도 여기에 속할 것이다."[148]

　목적과 수단을 구분하는 논의는 초기 마르크스와는 어울리지 않는다. 우리는 《독일 이데올로기》에서 소렐[149] 유의 급진적 행동주의의 원형을

---

144) "Procés-verbaux", pp. 698~699, 703, 710.

145) 이하의 내용은 Avineri, *The Social and Political Thought of Karl Marx*, pp. 214ff를 참고하였다.

146) *New York Daily Tribune* 1852. 8. 25.

147) "Account of an interview with Karl Marx", p. 454.

148) "Speech on the Hague Congress", p. 160.

149) 〔옮긴이주〕 소렐(Georges Eugène Sorel, 1847~1922)은 프랑스의 철학자이자 혁명적 생디칼리즘 이론가이다. 현존 질서를 폭력적으로 전복하는 것이 더 나은 미래로 가는 확실한 길이라고 주장하고 '직접적 행동'을 강조했다.

엿볼 수 있다. "혁명이 필요한 이유는 다른 방법으로는 지배 계급을 타도할 수 없을 뿐만 아니라, 지배 계급을 타도하는 계급이 오직 혁명을 통해서만 모든 낡은 오물을 말끔히 씻어버리고 새로운 사회의 기초를 세울 수 있는 역량을 갖출 수 있기 때문이다."150) 베른슈타인과 그의 추종자들처럼, 그도 수단이 목적에 대해 중립적이지 않다고 주장했다. 물론 그러한 주장의 함의는 정반대였다. 마르크스는 혁명적 수단이 혁명을 수행하는 계급으로 하여금 목적을 달성할 수 있는 능력을 길러준다고 생각한 반면, 훗날의 수정주의자들은 그러한 수단이 오히려 혁명을 수행하는 계급을 타락시킬 것이라고 주장했다. 마르크스가 초기의 입장을 포기했는지, 아니면 그런 체했는지는 알 수 없다. 진실을 알 수는 없지만, 내 추측으로는 평생에 걸쳐 혁명적 사고를 가지고 있었던 마르크스로서는 전혀 새로운 도구주의적 틀을 받아들이기 어려웠을 것이다. 인터내셔널에서는 편의상 이런 용어를 사용했다 하더라도, 자신의 내면의 신념과 일치하지는 않았을 것이다.

7. 3. 공산주의

마르크스에게 공산주의는 자아실현과 공동체의 통일, 즉 공동체를 위한 개인의 자아실현이었다. 그러나 이 이상이 제도적으로 어떻게 실현되는지는 알기 어렵다. 즉 생산과 분배의 체계도 모호하고, 정치적 의사결정 기구도 모호하다. 7. 3. 3에서 마르크스의 유토피아를 재구성해보겠지만, 막연하고 믿기 어려운 주장들과 씨름하느라 여간 어렵지 않았다는 점을 미리 밝혀둔다. 반면에 유토피아로 가는 경로에 대한 그의 주장들

---

150) *The German Ideology*, p. 53.

은 이해하기 쉽다. 자본주의에서 최종형태의 공산주의로 가는 과정에 정치적 이행 단계('프롤레타리아 독재') 와 경제적 이행단계('공산주의의 첫 단계') 가 있다. 《고타강령 비판》에 따르면, 정치적 이행 단계를 거쳐 경제적 이행 단계로 간다. 이 문건에 따르면, 프롤레타리아 계급의 혁명적 독재는 "자본주의 사회와 공산주의 사회 사이에" 있다. 151) 그러므로 그것은 "공산주의의 첫 단계"에 선행한다. "첫 단계"의 원칙은 "기여에 따른 분배"이다. 152) 공산주의로의 정치적 이행은 7. 3. 1의 주제이다. 7. 3. 2에서는 공산주의 내에서의 경제적 이행, 특히 《고타강령 비판》에 나타난 '국가자본주의'를 살펴본다. 마르크스가 거부한, 대안적 이행형태인 '시장사회주의'에 대해서도 간략히 언급할 것이다.

7.3.1. 프롤레타리아 독재

드레이퍼와 헌트의 방대한 연구153)는 '프롤레타리아 독재'가 무엇을 의미하는지, 그리고 무엇을 의미하지 않는지 명확히 밝혀준다. 이들의 연구가 알려주듯이, 그리고 마르크스의 저작에서 확인할 수 있듯이, 당시의 어법으로는 독재라는 말이 꼭 민주주의와 양립 불가능한 것은 아니었다. 그것은 초법적 형태, 기존의 헌정질서를 파괴하는 통치를 의미하는 것이었다. 헌정질서의 파괴가 반드시 민주주의의 파괴는 아니다. 기존의 헌법이 헌법 개정에 만장일치를 요구하는 극단적인 경우를 생각해보자. 인민의 95%가 나서서 3분의 2의 지지를 필요로 하는 새 헌법을 채택했을 때, 이들의 행동은 위헌적이기는 하지만 비민주적인 것은 아니

---

151) *Critique of the Gotha Program*, p. 28.

152) *Ibid.*, p. 21.

153) Draper, "Marx and the dictatorship of the proletariat"; Hunt, *The Political Ideas of Marx and Engels*, ch. 9.

다. 비민주적이라는 말은 오히려 헌법 개정에 반대한 5%의 사람들에게 적용되어야 할 것이다. 민주주의에서는 헌법을 존중할 필요가 없다는 말을 하려는 것이 아니다. 154) 곧 보겠지만 마르크스는 헌법을 존중할 필요가 없다고 생각했다. 내 주장은, 헌법 개정의 요건을 엄격하게 해야 할 이유와 엄격한 개정 요건을 원하는 시민의 비율이 어느 정도 일치해야 한다는 것이다. 155) 이것이 일치하지 않으면 정치적 혁명과 새로운 제헌의회가 필요해진다.

프롤레타리아 독재가 국민의 다수인 노동 계급이 민주적으로 그러나 위헌적으로 새 헌법을 제정하는 제헌의회가 될 수 있을까? 1848년에 마르크스는 "민주적 인민 대중이 제헌의회의 태도에 도덕적 영향을 미칠 권리"에 대해 언급한다. 156) 그러면 프롤레타리아 독재가 동일한 목적을 달성하는 좀더 직접적인 수단이 될 수도 있지 않을까? 그렇지 않다. 2. 2. 6에서 인용한 《독일 이데올로기》의 한 구절에서 마르크스는 개인들이 헌법을 통해 정치적으로 '스스로를 구속하기'를 원할 수도 있다는 발상을 거부한다. 157) 《프랑스 내전》에서는 정치적 이행 단계에서는 모든 대의원들이 언제든지 해임될 수 있다고 주장한다. 프롤레타리아 독재 최초의 역사적 사례158)라고 할 수 있는 코뮌은 "국가의 위계제도를 폐지하고, 인민에게 군림했던 관리들을 언제든지 해임할 수 있는 공복으로 바꾸고, 항상 대중의 감시 아래 일하도록 하여 형식적인 책임이 아니라 진정한 책

---

154) 민주주의에는 헌법적 기초가 필요하다는 설득력 있는 주장은 Holemes, "Precommitment and self-rule" 참조.

155) 졸저 *Ulysses and the Sirens*, pp. 95~96 및 졸고 "Constitutional choice and the transition to socialism" 참조.

156) *Neue Rheinische Zeitung* 1848. 9. 17.

157) *The German Ideology*, p. 334.

158) 마르크스가 코뮌을 프롤레타리아 독재로 생각했다는 증거는 Hunt, *The Political Ideas of Marx and Engels*, pp. 308~309, 330~332 참조.

임을 지도록 만든다". 159) 그러나 이러한 직접민주주의에 들어 있는 문제점들에 대한 인식은 보이지 않는다. 160)

그렇다면 프롤레타리아 독재의 특징은 다수 지배, 법외성, 국가기구의 해체 및 대의원의 소환가능성이다. 하나의 예외를 제외하면, 마르크스는 부르주아적 소수의 운명에 대해서는 아무 말이 없다. 그 예외가 "정치적 무관심"에 관한 논설인데, 여기에서 그는 무정부주의자들의 풍자를 다음과 같이 소개한다.

> 노동 계급의 정치적 투쟁이 폭력적 형태를 띤다면, 노동자들이 부르주아 계급의 독재를 혁명적 독재로 바꾼다면, 그것은 원칙을 모독하는 끔찍한 범죄이다. 부르주아 계급의 저항을 진압한다는 구실 아래 무기를 내려놓지도 않을 것이며, 자신들의 천박한 일상적 욕구를 충족시키기 위해 그들이 혁명적ㆍ과도기적 형태로 만들려고 했던 국가를 폐지하지도 않을 것이다. 161)

부르주아 계급의 저항을 "진압한다"는 표현은 마르크스의 말을 그대로 옮긴 것인데, 여기에서는 이 말이 부정적인 느낌을 준다. 마르크스가 처음 이 말을 사용했을 때는 그렇지 않았을 수도 있고, 혹은 그랬을 수도 있다. 유의해야 할 점은, 마르크스가 부르주아 독재를 프롤레타리아 독재로 바꾸어야 한다고 말했을 때, 독재라는 말을 같은 의미로 사용하지는 않았을 것이라는 점이다. 부르주아 계급의 지배를 독재라고 부른 이유는

---

159) *The Civil War in France* [1st draft], p. 57. 또한 pp. 105, 140 참조.
160) 여러 측면에서 그의 이상에 가장 가까운 역사적 선례가 아테네 민주주의인데, 내가 아는 한 마르크스가 아테네 민주주의에 대해 논평한 것은 없다. 이 체제에서 발생할 수 있는 과도한 자발성에 대한 안전장치에 관해서는 Jones, *Athenian Democracy*, pp. 4, 52~53, 123 및 Finley, *Politics in the Ancient World*, pp. 53ff 참조.
161) "Political indifferentism", p. 300.

그것이 위헌적이어서가 아니라 다수에 대한 소수의 지배였기 때문일 것이다. (혹은, 그 구절은 '프롤레타리아 독재'에 대한 드레이퍼와 헌트의 해석이 틀렸다는 것을 보여주는 반증이 될 수도 있다.)

7.3.2. 시장사회주의 대 국가자본주의

《고타강령 비판》에서 마르크스는 공산주의의 첫 단계, 혹은 과도적 상태는 국가자본주의가 될 것이라고 말한다. 이 체제에 대해 살펴보기 전에, 이른바 시장사회주의에 대해서는 마르크스가 시대착오적이라고 비판했다는 점을 먼저 지적해두고자 한다. 시장사회주의는 노동자들의 협동체들이 상호 간에 시장에서 거래를 하는 체제를 말한다. 두 체제 모두 교환에 바탕을 두고 있다. 국가자본주의에서는 상품이 아니라 노동이 교환되고, 시장사회주의에서는 생산물과 화폐가 교환된다. 자본주의적 속성은 어떤 것은 그대로 남아 있고, 어떤 것은 없어진다. 시장사회주의에서 계급은 없어지지만, 착취는 남아 있을 것 같고, 소외는 확실히 그대로이다. 협동체에 따라 자연적·인적 자원에 차이가 있기 때문에, 노동시장이 없다 하더라도 시장교환을 통해 착취가 발생할 수 있다.[162] 국가자본주의에서는 계급과 착취가 다 없어지지만, 소외는 그대로 남아 있다.[163] 그렇다면 선택은 아주 간단해 보인다. 효율성과 노동자의 자율성이라는 관점에서 시장사회주의의 장점이 없다면 말이다. 마르크스는 공산주의의 완성을 위해 과도적 단계로서 국가자본주의를 선호했다.

---

162) Roemer, *A General Theory*, ch. 1 참조. 4. 1. 3에 요약된 내용이 있다.

163) 이것이 Moore, *Marx on the Choice between Socialism and Communism*의 중심주제이다. 이 훌륭한 저작에 작은 흠이 있다면, 두 가지 교환형태, 즉 개인 간의 교환과 개인과 사회 간의 교환을 구분하지 못했다는 것이다. 따라서 과도적 단계의 두 형태도 구분하지 못했다.

《철학의 빈곤》에서 마르크스는 존 브레이의 주장을 길게 인용한다. 브레이는 프루동의 철학을 받아들여 자본주의 체제의 불평등과 불공평이 없는 **평등교환체제**를 제안했다. 브레이의 주장에 대한 마르크스의 반박은 모호하기 때문에 길게 논의할 필요는 없다. 마르크스 주장의 요지는 이것이다. 평등교환체제는 ① 대규모 산업과 맞지 않고, ② 결국 계급관계의 재등장을 초래한다는 것이다. 164) 이러한 반대는 협동체 간의 교환이 아니라 개인 간의 교환을 전제로 한 것이다. 시장에서의 협동체 간의 교환에 기초를 둔 시장사회주의 체제에는 해당하지 않는다.

《프랑스 내전》에서 마르크스는 '무계획적인 시장사회주의'에 대한 반론을 다음과 같이 제기한다.

> 지배 계급에 속한 사람들 중 현 제도가 오래 존속할 수 없다는 것을 충분히 이해하는 총명한 자들 — 이런 자들이 많다 — 은 지금은 협동생산의 사도가 되어 요란을 떨고 있다. 협동생산이 빈 소리나 기만이 아니라 자본주의 체제를 넘어서는 것이라면, 연합 협동체가 공동계획에 의하여 전국의 생산을 조직하고 이 생산을 관리하여 자본주의적 생산의 운명인 무정부상태와 주기적인 발작을 종식시킨다면, 보시오, 이것이 바로 공산주의, "가능한" 공산주의가 아니고 무엇이겠는가?165)

여기에서 그는 순수한 시장사회주의에는 반대하지만, '공동계획'에 의해 보완된다면 분권화된 의사결정구조를 받아들일 의향이 있다는 것을 보여준다. 이것은 전국적 규모로 이루어지는 순수한 시장사회주의에 대한 반론으로서, 7. 2. 2에서 인용한 바 있는 '왜소한' 형태의 협동체에 대한 반대와는 다른 것이다. 노동자들의 협동체가 자본주의의 대안이 되려면 대

---

164) *The Poverty of Philosophy*, pp. 143~144.
165) *The Civil War in France*, p. 143.

규모로 이루어져야 하고, 중심계획에 의해 보완되어야 한다. 계획이 없으면 시장사회주의는 불가피하게 시장의 실패를 가져오고, 따라서 주기적인 공황을 초래하고, 공황은 실업과 낭비를 동반한다. 여기에서 시장사회주의에 반대하는 근거로서 계급이나 착취의 재등장은 언급하지 않고 있다는 점에 유의하라.

《고타강령 비판》에서 마르크스는 공산주의의 첫 단계와 마지막 단계를 구분하여 제시한다. 첫 단계는 자세히 서술하지만, 둘째 단계에 대한 서술은 아주 간략하다. 첫 단계는 복지국가와 국가자본주의의 결합이다. 소비는 기여에 따라 이루어진다. 기여가 불가능한 사람들에게는 사회보장을 제공한다. "생산수단이 공동소유이므로, 생산자들이 생산물을 교환하지는 않는다."[166] 어떤 의미에서 개인이 자신의 노동력을 팔기는 하지만, 자본가에게 파는 것이 아니라 '사회'에 팔기 때문에 계급은 형성되지 않는다. 착취도 없다. 기여에 상응하지 않는 소비는 존재하지 않기 때문이다. (능력이 없어 기여하지 못하는 경우는 제외한다.)

4.3.3에서 본 바와 같이, 이것은 어떤 사회에 대한 제대로 된 기술이라고 할 수 없다. 노동의 이질성 때문에 '노동으로 기여한 만큼 분배한다'는 원칙 자체를 적용할 수 없기 때문이다. 게다가 단체의 재산 혹은 공유재산의 관리에 있어서 차지하는 위치, 즉 권력관계가 자본주의와 전자본주의 사회의 계급형성의 기초라면(6.1.1), 이러한 현상은 공산주의의 첫 단계에서도 나타날 수 있다. 그럼에도 불구하고 공산주의의 첫 단계는 소련식 경제체제와 관계가 있고, 시장사회주의 체제는 유고슬라비아 정권과 유사하다. 마르크스가 본다면, 둘 다 소외에 기초한 체제라고 말할 것이다. 두 체제 모두 창조적인 일을 통한 자아실현의 욕구를 충족시키지 못하기 때문이다.

---

166) *The Critique of the Gotha Program*, p. 19.

공산주의의 여러 형태들에 대한 설명이 《고타강령 비판》에만 있는 것은 아니다. 아비네리가 지적한 것처럼, 《경제학·철학 원고》에도 공산주의에 관한 설명이 있다.

〔공산주의의〕 일차적 형태는 사적 소유의 **보편화**요, 그 완성일 뿐이다. 공산주의는 이중적 형태로 나타난다. **물질**에 대한 소유욕이 팽배하여, 만인이 **사적 소유**로 가질 수 없는 것은 **무엇이든지** 부정하려 한다. 공산주의는 **자의적**인 방식으로 재능 등을 무시하려 한다. 여기에서는 직접적인 물리적 소유가 삶의 유일한 목표가 된다. **노동자**라는 범주가 없어지는 것이 아니라 만인에게 연장된다. … 이 형태의 공산주의는 모든 영역에서 인간의 인격을 **부정**하기 때문에, 사적 소유의 논리적 연장일 뿐이며, 이것은 곧 공산주의의 부정이다. **질투심**이 권력의 형태로 보편화된다. 그러나 이것은 탐욕이 다시 등장한 것이며, 그 탐욕을 충족시키는 **다른** 수단일 뿐이다. 사적 소유에 대한 이러한 관념이 질투심의 형태로 나타날 경우 남보다 더 가진 사람을 용납하지 않기 때문에, 모든 것이 평준화되고, 평등경쟁이 벌어진다. 조잡한 공산주의는 이러한 질투심의 종착점이요, **설정한 최저수준**에 이를 때까지 진행되는 평준화의 종착점이다. … 공동체는 **노동**의 공동체일 뿐이요, 공동체적 자본으로부터 받는 **임금**의 평준화일 뿐이다. 여기에서 공동체는 보편적 자본가일 뿐이다. 167)

아비네리는 마르크스가 여기에서 제시한 **단계**가 자본주의에서 더 높은 단계의 공산주의로 진화하기 위해 반드시 거쳐야 할 경로라고 해석했지만, 168) 나는 그렇게 생각하지 않는다. 내 생각으로 여기에서 마르크스는 역사적으로 존재해온 공산주의에 대한 다양한 **전망** 가운데 하나를 보여준 것이다. 169) 공산주의가 반드시 거쳐야 할 필연적인 단계가 아니라 공산

---

167) *Economic and Philosophical Manuscripts*, pp. 294~295.
168) Avineri, *The Social and Political Thought of Karl Marx*, pp. 220ff.

주의의 때 이른 형태, 즉 "**결핍**이 일반화되는" 형태를 보여준 것이다. 170)

그러나《고타강령 비판》을 이 초기의 생생한 텍스트에 비추어서 읽어서는 안 된다. 《고타강령 비판》에서는 이 첫 단계를 추상적으로 언급한다. 공산주의 사회는 "자본주의 사회로부터 탄생한 만큼, 모든 면에서 경제적・도덕적・지적 측면에서 그 모태인 낡은 사회의 모반(母斑)이 없을 수 없다". 171) 이러한 "이력의 흔적"172) 가운데 하나가 물질적 유인의 필요성이며, 따라서 기여에 따른 분배 원칙(4. 3. 3)이 있는 것이다. 초기 저작에서는 탐욕과 질투, 사유재산에 대한 갈망에 관해 꽤 구체적으로 언급한다. 그러나 후기 저작에서는 이렇게 주장한다. 즉 개별 생산자는 "이러이러한 일을 마쳤고, 이만큼의 노동을 했다는 사회적 증명"을 받고, "사회가 보유한 생산수단"을 사용할 자격을 얻는다. 173) 초기 저작에서는 공동체가 '보편적 자본가'라고 꼭 집어 말했다. 초기 저작에서는 "노동자라는 범주가 없어지는 것이 아니라 만인에게 연장된다"고 말했는데, 후기 저작에서는 개인들이 "**오로지 노동자**로서 간주될 뿐, 그 이상은 아무것도 보이지 않는다"고 말한다. 174) 마르크스는 초기에는 그것을 막다른 골목으로 보았으나 후기에 가서는 과도적으로 필요한 단계로 보게 되었다. 국가자본주의가 때 이른 것이 되고 말 것인지, 아니면 공산주의적 관

---

169) 특히 *The Communist Manifesto*, p. 514 참조. 여기에서 그는 "이러한 프롤레타리아 계급의 최초의 운동은, 보편적 금욕주의와 조잡한 사회적 평준화를 설교하는 혁명적 문헌들을 낳는다"고 언급한다. 더 자세한 논의는 Moore, *Marx on the Choice between Socialism and Communism*, p. 12 참조.

170) *The German Ideology*, p. 49.

171) *Critique of the Gotha Program*, p. 20.

172) "부르주아 혹은 농민이었던 사람이 그 이력의 흔적을 남기지 않은 채 사회주의적 인간이 될 수 있겠는가?"(Georgescu-Roegen, *The Entropy Law and the Economic Process*, p. 126)

173) *Critique of the Gotha Program*, p. 20.

174) *Ibid.*, p. 21.

계가 발전할 수 있는 틀이 될 수 있는지는 생산력의 발전 정도에 달렸다는 것을 알았기 때문이다.

공산주의의 첫 단계에서 둘째 단계로 이행하는 동학에 대해서는 마르크스의 저작에 어떠한 단서도 없다. 특히 생산력과 생산관계에 관한 일반 이론(5. 1)이 여기에서도 적용되는지 알 수 없다. 물론 추측은 해볼 수 있다. 예를 들면, 첫 단계로의 이행은 '국자자본주의적' 생산관계가 자본주의적 낭비와 불합리를 제거함으로써 생산력의 더 나은 **사용**을 허용할 때, 바로 그 때문에 일어난다. 그렇다면 여기에서 더 높은 단계로의 이행은 이러한 생산관계가 생산력의 최적의 발전에 족쇄가 될 때, 바로 그 때문에 일어난다고 추측해볼 수 있다. 이러한 2단계 모형은 5. 2. 3에서 제시한 일반 이론의 모순을 일부 제거해준다. 하지만 문헌적 근거가 있는 것도 아니고, 이 해석이 가장 그럴듯하다는 것도 아니다. 《고타강령 비판》에 제시된 정태적 시기 구분을 보완하기 위해서 어떤 종류의 이론이 필요한지 예시했을 뿐이다. 175)

7.3.3. 생산자 연합사회

마지막 단계의 공산주의에는 어떤 **구조**가 있다고 보아야 한다. 즉 부가 샘처럼 솟아 자원의 분배 문제도, 노동을 조직하는 문제도, 재화를 분배하는 문제도 없는, 젖과 꿀이 흐르는 땅은 아니다. 마르크스의 사고에 공상적인 요소가 있는 것은 사실이다. 그러나 나는 그의 사상이 단지 허황한 이야기에 불과하다고 생각하지는 않는다. 아무리 날고 싶다고 해도 창밖으로 몸을 던지면 중력의 법칙이 기다리고 있다는 것쯤은 마르크스도 알고 있었다. 그러므로 나는 그가 비행기를 만드는 방법에 관한 토론

---

175) 이에 대한 자세한 성찰은 Roemer, *A General Theory*, ch. 9 참조.

을 결코 거부하지는 않을 것이라는 가정아래 논의를 계속하겠다.

('공산주의'라는 한마디 말로 표현된) 더 높은 단계의 경제조직과 정치조직은 서로 분리될 수 없는 것이긴 하지만 편의상 나누어서 살펴보겠다. 생산과 소비의 조직에 관하여는 폴라니(Karl Polanyi)가 제시하고 콤(Serge Kolm)이 발전시킨 유용한 분석틀이 있다.[176] 폴라니는 자급자족하는 사회가 아닌 한 재화의 유통은 필수적인데, 여기에는 세 가지 방법이 있다고 밝혔다. 시장교환, 재분배(즉 주변에서 중심으로 간 다음, 일부를 뗀 나머지를 다시 주변으로 보내는 것), 상부상조(즉 가격을 정하거나 기록을 남기지 않는, 제도화된 재화의 교환)가 그것이다. 현대적인 용어로는 재분배를 계획이라고 할 수 있으므로, 결국 시장, 계획, 상부상조로 약칭할 수 있겠다.

콤에 따르면, 어느 사회든지 이 세 요소를 다 가지고 있는데 조합의 방식이 다를 뿐이다. 이것은 〈그림 4〉와 같이 나타낼 수 있다. 세 모서리는 극단적 형태, 혹은 순수 형태를 나타낸다.

〈그림 4〉 시장, 계획, 상부상조의 조합방식

---

176) Polanyi, *The Great Transformation*, ch. 4; Kolm, "Introduction à la réciprocité générale".

마르크스의 공산주의 사회는 이 삼각형에서 어디쯤 위치할까? 우선 초기 원고에 따르면 상부상조가 공산주의의 가장 큰 특징이다. "인간으로서" 생산하기 위해서는 각자가 타인을 위해 생산해야 한다. "나의 생산물을 당신이 향유하고 사용하면, 나도 즐거움을 얻는다. 내가 한 일이 인간의 욕구를 충족시키기 때문에, 인간의 본성을 구현했기 때문에, 이로써 다른 인간의 본성에 어울리는 물건을 생산했기 때문에."177) 하지만 이러한 예술가적 이상이 대규모 산업에서 실현될 수 있을지는 의문이다. 일반적으로 최종생산물에 대한 개개인의 기여를 일일이 따질 수 없기 때문에 누가 누구를 위해 무엇을 생산하는지 알 수가 없다. 콤은 총체적 상부상조의 실천을 강조한다. 즉 각자가 '사회'에 주는 것에서, 그리고 '사회'로부터 받는 것에서 기쁨을 누리게 된다는 것이다. 그러나 그러한 자비심에 기대는 것은 현실성이 없을 뿐만 아니라(6. 3. 4) 마르크스의 생각과도 거리가 멀다. 콤의 말한 공산주의 사회는 학자들의 공동체에 가깝다. 학자들은 자신의 저작을 남에게 보여주고 비판받고 평가받는 데에서 만족을 얻는다. 여기에서는 그 저작이 누구의 것인지가 매우 중요하다.

다음으로 마르크스의 저작에 "공동계획"178) 에 따른 생산에 관한 언급이 빈번한 것으로 보아 계획을 관장하는 중앙기관이 있어야 할 것이다. 이 기관은 공공재를 공급하고, 주기적인 경기변동과 기타 낭비적인 현상을 방지하는 일을 할 것이다. 이 기관이 생산에 대한 세세한 규제, 즉 어떤 재화를 얼마나 어떤 방식으로 생산할 것인가 하는 것도 결정할 것인가? 나는 그렇게 하지 않으리라고 생각한다. 자연자원179) 이나 노동180)

---

177) *Comments on James Mill*, pp. 227~228.
178) *Capital I*, pp. 78~79, 356; *Capital III*, pp. 120~121, 820; *Grundrisse*, p. 173; *The Civil War in France*, p. 143; *The German Ideology*, p. 83.
179) *Capital III*, p. 120.
180) *Capital I*, pp. 78~79; *Capital III*, p. 187.

을 사회적 계획 아래 할당해야 한다는 언급이 여러 곳에 있지만, 이것이 꼭 세세한 규제를 의미하지는 않는다. 그 기관이 경제의 주요변수들을 결정하기는 하지만, 생산물의 종류와 생산량은 생산자에게 맡길 수도 있다. 마르크스가 자아실현과 자율성을 특별히 강조했다는 점을 고려하면, 그의 공산주의가 생산에 관한 모든 결정을 중앙에서 담당하는 것은 아닐 것이 분명하다.

확실히 학자 공동체 모형은 성립할 수 있다. 오늘날 우리가 살고 있는 사회는 기술의 진보 덕분에 백 년 전에 비해 작고 분권화된 단위가 더욱 생산성이 높은 것은 사실이지만, 대규모 활동을 앞설 수는 없다. 생산단위는 개개인이 아니라 개인들의 집단 — 회사라고 부르기로 하자 — 일 수밖에 없다. 공산주의가 도래한다면, 그것은 하나의 대형공장도 아닐 것이요, 모리스가 상상한 예술가 천국도 아닐 것이다. 그렇다면 시장사회주의가 불가피해 보인다. 회사들은 상호 간에 물품을 교환할 것이다. 그러나 면 대 면으로 하기는 어려울 것이다. 회사는 얼굴이 없기 때문에. 또한 계획에 따라 그렇게 하는 것도 아니다. 이것은 전제와 어긋나기 때문이다. 그렇다면 셋 중에서 시장교환만이 남는다. 하지만 마르크스는 '상품형태'를 지독하게 싫어했다. 따라서 그가 생각한 공산주의는 삼각형의 오른쪽 어디쯤에 있을 것이다. 가능한 한 시장에서 먼 곳에. 다른 한편, 자율적인 노동자 협동체들은 일을 통해 최소한의 자아실현이 보장될 것이며, 대규모 생산단위와 충돌하지는 않을 것이다. 따라서 마르크스의 핵심적 가치들을 실현할 수 있는 최선의 타협은 시장사회주의가 될 것이다. 그 가치들을 동시에 최대한으로 실현할 수는 없다. 그러나 마르크스는 앞에서 살펴본 것처럼, 모든 좋은 것은 함께 간다고 생각하는 경향이 있었다. 즉 그는 최대한의 자아실현과 최대한의 생산성과 최대한의 협동을 동시에 얻는 것이 가능하다고 생각했다. '후기산업사회'가 이 목표들을 어느 정도 근접시킨 것은 사실이지만, 여전히 격차는 있고, 미래에도 그럴 것이다.

다음으로 공산주의하의 정치제도 — 과업과 수행방식 — 에 대해 살펴보자. 《고타강령 비판》에서 마르크스는 이렇게 질문한다. "공산주의 사회에서 국가가 어떻게 변형될 것인가? 다시 말해 오늘날의 국가기능과 유사한 어떤 사회적 기능이 그대로 남을 것인가?"[181] (여기에서 유사한 기능이라고 표현한 이유는 "정부기능이 행정기능으로 변형된다"[182]고 보았기 때문이다.) 공산주의에서도 여전히 남을 기능들 중 일부는 추론이 가능하다. 공산주의의 첫 단계를 논의하면서 마르크스는 사회적 순생산물을 사적 소비에 할당하기 전에 세 가지를 공제해야 한다고 말했다. 생산에 속하지 않는 일반행정 경비, "학교와 건강 서비스와 같은 공동 욕구의 충족", "노동불능자를 위한 기금". [183] 그에 따르면, 더 높은 단계가 되면 이 중 첫째 것은 줄어들고, 둘째 것은 늘어난다. 셋째 것에 대해서는 아무런 언급이 없는데, 아마도 여전히 중요할 것이라고 생각했기 때문일 것이다. 그러므로 공산주의의 마지막 단계에서 국가의 과업은 건강, 교육, 복지 서비스를 제공하는 것이 될 것이다. 그밖에 중앙계획기관이 국가기구의 일부가 될 것이다. 다른 한편 법과 질서를 유지하는 일은 첫 단계에만 필요하고 나중에는 사라진다.

마르크스의 사상은 두 가지 측면에서 공상적이다. 우선 눈에 띄는 것은 사법기구가 "고사(枯死) 한다"는 주장이다. 이것은 공산주의에서는 범죄자도 없고 민사사건도 발생하지 않는다는 주장이나 마찬가지다. 이보다 더 중요한 것은 국가가 과업을 수행하면서 전혀 갈등을 일으키지 않는다는 주장이다. 이 주장을 보여주기 위해 바쿠닌의 저서 《국가주의와 무정부》(*Statism and Anarchy*)에 대한 마르크스의 논평을 대화 형태로 재구

---

181) *Critique of the Gotha Program*, p. 28.
182) "The alleged division in the International", p. 50.
183) *Critique of the Gotha Program*, p. 19.

성해보겠다. 마르크스의 논평은 다소 모호하다. 프롤레타리아 독재, 즉 공산주의의 첫 단계를 말하는 것인지 마지막 단계, 즉 더 높은 단계를 말하는 것인지 분명하지 않다.

바쿠닌: 프롤레타리아가 지배 계급으로 조직된다는 게 무슨 말인가?

마르크스: 프롤레타리아 계급이 경제적 지배 계급에 대항하여 조금씩 싸워나가는 게 아니라, 이 투쟁에서 자기표현의 일반적 수단을 확실하게 사용할 수 있을 정도로 충분한 힘과 조직을 가지는 것을 말한다. 하지만 이 조직은 프롤레타리아 계급의 임금노동자로서의 성격, 즉 계급적 성격을 폐기하는 경제적 수단만 사용한다. 이 싸움에서 완전한 승리를 얻으면 계급적 성격이 사라질 것이므로, 그때에 프롤레타리아의 지배가 끝난다.

바쿠닌: 그렇다면 전체 프롤레타리아 계급이 정부를 구성한다는 말인가?

마르크스: 노동조합에서 집행위원회가 노조 전체로 구성되는가? 노조 내의 분업과 서로 다른 기능들이 다 사라지는가? 아래로부터 위로 가는 바쿠닌의 건설에서는 모든 사람이 위가 되는가? 그렇다면 아래는 존재하지 않을 것이다. 코뮌의 모든 성원들이 동시에 기업의 공동이익을 관리하는가? 그렇다면 기업과 코뮌은 다를 게 없다.

바쿠닌: 약 4천만의 독일인이 있다. 예를 들어 4천만 전부가 정부의 구성원이 되는가?

마르크스: 물론! 일이 코뮌의 자치정부에서 시작되니까.

바쿠닌: 모든 인민이 지배하고, 지배받는 사람은 아무도 없을 것이다.

마르크스: 이 원칙에 따르면, 인간이 자기를 지배한다는 말은 자기를 지배하지 않는다는 말이다. 그는 자기일 뿐 다른 누구도 아니기 때문이다.

바쿠닌: 그러므로 정부는, 국가는 존재하지 않을 것이다. 국가가 있다면 거기에는 지배자와 노예가 있다.

마르크스: 계급지배가 사라지면, 현재와 같은 국가는 없어진다는 말이다.

바쿠닌: 마르크스주의자들의 이론적 딜레마는 쉽게 해결되었다. 인민의 지배는 인민에 의해 선출된 소수의 지도자를 통해 인민을 지배하는 것이다.

마르크스: 말장난 하지 말라. 선거는 아주 작은 러시아 코뮌에서도, 협동조합에서도 볼 수 있는 정치적 형식이다. 선거의 성격은 선거라는 이름에 있는 것이 아니라 유권자들의 경제적 기초, 즉 경제적 상호관계에 달려 있다. 선거의 정치적 기능이 사라지고 나면, ① 통치기능은 사라지고, ② 일반적 기능의 분배 업무는 있어도 지배의 여지는 없고, ③ 선거는 현재와 같은 정치적 성격을 전혀 갖지 않는다. 184)

이것은 마르크스가 자신에게 하는 말이므로 타협편향이나 권고편향은 없다. 따라서 여기에 나타난 공상적 사상은 그 자신의 견해라고 볼 수 있다. 하나씩 살펴보면, ① '분업'은 있어도 '지배의 여지'는 없다고 말했는데, 이것은 기술적 분업과 계급지배로 인한 분업을 구분한다는 뜻이다 (5. 1. 1). 하지만 자본주의에서 둘이 공존하고 있다는 것 자체가 생산조직이 오로지 기술적 고려에 의해서만 결정되는 것은 아니라는 것을 보여준다. 따라서 다른 결정인자들이 작용할 여지가 있다. 185) ② 마르크스는 '일반적 기능의 분배'가 선거에 의해 이루어질 것이라고 믿고 있다. 아테네 민주주의처럼 돌아가면서 맡거나 제비뽑기를 하는 것이 아니다. 하지만 후보자에 대한 **의견의 불일치**가 없다면, 선거를 하는 것이 무슨 의미가 있는지 이해하기 어렵다. 이것은 정책에 대한 의견의 불일치일 수도 있고 아닐 수도 있지만, 어느 경우에든 선거는 '정치적' 성격을 가질 수밖에 없다. ③ 마르크스는 중요한 문제 하나를 피하고 있다. 4천만 독일인 모두가 코뮌 정부에 참여할 것이라고 하면서도 코뮌들 간의 활동은 어떻게 조정될 것인지에 대한 언급이 없다. '공동계획'이 업무로 해결될 문제는 아니다. ④ 가장 중요한 문제는 사회의 자기지배를 개인의 자기지배

---

184) "On Bakunin's *Statism and Anarchy*", pp. 634~635.
185) 기술적으로 하위최적 관계가 계급지배를 위해 강제될 수도 있다(3. 3. 2)는 말이 아니라, 계급지배가 기술적 분업을 강제할 수도 있다는 말이다.

로 간주한다는 점이다. 이것이 마르크스 공산주의의 근본적 전제이다. 이것은 터무니없는, 심각한 **척도오류**이다. 개인의 경우에도 자신의 의지대로 자신을 지배하기는 어렵다. 그 어떤 순간에도 없앨 수 없는 외적 장애가 있기 때문이다. 그러나 이러한 장애 없이 자기를 지배하는 일이 가능하다 하더라도, 이 가정을 사회에 적용하는 것은 터무니없다.

결국 문제는 공산주의하에서 선호의 차이가 어느 정도로 존재할 것인가 하는 것이다. 사람들이 모두 이타적이고 공동선에 관심을 가지고 있다 하더라도, 선의 개념에 관해 일치된 의견을 갖지는 않을 것이다. 모든 정치적 불일치가 개인적·이기적 의지의 충돌에서 비롯된다는 주장은 정치의 극히 일부에 해당할 뿐이다. 낙태, 미래세대, 환경가치, 지역적 독립 등의 쟁점은 각자, 혹은 각 집단의 신념이 강렬하고, 폭력적 갈등을 낳는다. 이런 쟁점들이 만장일치로 해결책을 찾는 경우도 종종 있다. 그러나 모든 문제가 이렇게 해결될 수 있다는 가정 아래 정치체제를 수립하는 것은 어리석은 일이다. 예를 들어 시간은 공산주의하에서도 희소자원이다. 만장일치에 도달하기 전에 결정을 내려야 할 경우도 있다. 이런 경우에 여론수렴의 절차가 필요하다는 사실이 드러날 것이다. [186]

---

186) 더 자세한 논의는 졸고 "The market and the forum" 참조.

제8장

이데올로기

초기 저작에서부터 마르크스는 자신의 견해를 주장하고 다른 사람들의 견해를 비판하는 데 그치지 않고, 그들이 왜 그런 그릇된 견해를 가지게 되었는지 설명하고자 했다. 마르크스가 연구대상으로 삼은 사회적 실재에 대해 다른 사람들은 다른 견해를 가질 수도 있고, 그들의 설명이 정당할 수도 있건만, 마르크스는 그렇게 생각하지 않았다. 그는 그릇된 견해들을 **설명을 요하는 실재의 일부**라고 생각했다. 2. 3. 2와 3. 1. 2에서 말한 것처럼, 그는 사회이론의 발생 원인을 사회내부에서 찾고자 하였다. 그에 따르면 사회이론은 그 이론이 설명하고자 하는 경제적 실재의 결과이자 원인이다. 이데올로기에 관한 이론이 어렵기도 하고, 흥미롭기도 한 이유는 이처럼 사회사상과 사회적 실재 간의 관계가 복잡하기 때문이다. 사회사상과 사회적 실재는 다음과 같은 삼중의 관계에 놓여 있다. ① 신념의 대상은 사회이다. 신념은 인간과, 인간의 사회적 관계에 대한 사실을 설명하거나 정당화한다. ② 그러한 신념의 출현 혹은 지속은 그 자체가 사회적 실재로부터 말미암은 것이거나 혹은 일반적으로 말해서 사회적 사실에 의해 설명될 수 있다. ③신념은 그 자체가 사회적 사실이며, 따라서 사회적 사실로서 사회구조에 영향을 미친다. 즉 사회구조를 안정화하거나 혹은 훼손한다.

이데올로기는 파악하기 어려운 존재물이다. 신념은 전자(電子)처럼 눈에는 보이지 않으므로 간접적으로 확인할 수밖에 없다. 사람들에게 어떤 신념을 가지고 있느냐고 묻는 순간, 이미 그 신념에 개입하게 된다. 우리가 알고자 하는 것은 질문을 던지기 전에 그들이 자발적으로 가지고 있던 신념이지 질문을 받은 다음 생각해보고 나서 하는 답변이 아니다. 또한 어떤 것을 믿는다는 것이 하나의 단일한 양상도 아니다. 아이들은 산타클로스를 믿으면서도, 부모에게 크리스마스 선물 값이 얼마나 드느냐고 묻기도 한다. 백성들은 그들의 지도자가 신(神)이라고 생각하면서도, 중요한 문제에 부딪혔을 때 그들이 전통적으로 섬겨오던 신들에게 의지하기도 한다.[1] 또한 자신이 어떤 신념을 가지고 있다고 생각하면서도 그 신념에 따라 행동하지 않는 경우도 있다. 그러므로 행동을 보고 신념을 추론할 수는 없다. 또한 하나의 행동이 단 하나의 신념과 결부되는 것도 아니다. 또한 자신이 실제로 가지고 있는 신념이 아니라, 자신이 그런 신념을 가지고 있다고 남들이 믿어주길 바라는 신념에 따라 행동하는 경우도 있다. 이러한 이유들로 인해 이데올로기에 대한 연구는 어렵기도 하고, 위험하기도 하다. 그래서 연구를 포기하는 사람들도 있고, 무모한 주장을 하는 사람들도 있다.

마르크스주의의 이데올로기론은 아주 모호하고 과장된 설명으로 가득 차 있다. 주로 사용하는 기능적 설명도 기초가 부실하고, 사상과 사회 간의 '상사'(相似) 혹은 '상동'(相同)에 관한 설명도 자의적이다. 몇몇 예외

---

1) Veyne, *Le Pain et le Cirque*, pp. 248, 561, 589, 669. 또한 그의 *Les Gres out-ils cru à leurs Mythes?* 참조

가 있지만, 2) 이 분야에 대해 처음 공부하는 사람들의 관심을 끄는 산뜻한 설명들 치고 제대로 된 설명은 없다. 마르크스주의 중에서 이데올로기론이야말로 다른 어떤 부분보다도 미시적 기초가 반드시 필요한 영역이다. 이러한 주장에 대해 이렇게 논평할 사람이 있을지도 모르겠다. 사회적 신념의 그물망은 원칙적으로 개개인이 습득한, 개개인이 가진 신념으로 환원할 수 없다고. 3) 이 책의 원고를 미리 읽은 한 독자는 이렇게 논평했다. "영문법을 그런 식으로 설명해보라. 그러면 방법론적 개체론에 입각한 이 설명이 얼마나 그릇된 것인지 알게 될 것이다." 여기에서 이에 대한 자세한 답변을 할 수는 없지만, 4) 대체로 다음과 같이 말할 수 있다. 어느 한순간을 놓고 보면 그 순간에 사용되는 개념이나 언어는 초개인적 실재로서 사회 구성원 개개인을 지배하고 제약한다. 그러나 언어와 개념의 **변화** 과정을 잘 살펴보면, 그러한 제약들이 견딜 수 없거나 혹은 양립할 수 없는 경우, 그 구조에 균열이 발생한다는 사실을 알 수 있다. 소쉬르에게 미안한 말이지만, 구조에 대한 연구와 변화에 대한 연구는 서로 다른 방법론적 원칙에 따라 이루어져야 한다는 주장은 받아들이기 어렵다. 목적이 무엇이냐에 따라 생리학을 발생학이나 병리학과 다른 방법으로 연구할 수는 있다. 5) 그러나 연구의 기초는 궁극적으로 같을 수밖에 없다.

---

2) 다음 두 책은 마르크스주의의 이데올로기론을 명쾌하게 설명한다. Cohen, *Karl Marx's Theory of History*, ch. V; Geuss, *The Idea of a Critical Theory*.

3) Taylor, "Interpretation and the sciences of man".

4) 간단한 답변이기는 하지만, 테일러에 대한 답변은 "Reply to comments", *Inquiry*, pp. 218~219, 기든스에 대한 답변은 "Reply to comments", *Theory and Society*, pp. 112~113 참조.

5) 데카르트(1.1 참조)가 적절한 사례가 될 수 있다. 그는 발생학에서는 원자론적 방법론을 사용했고, 생리학에서는 (오늘날의 용어로 하자면) 사이버네틱스 방법론을 사용했다. 졸고 *Leibniz et la Formation de l'Esprit Capitaliste*, pp. 54ff 참조.

미시적 기초가 필요하다는 주장에 대해 이를 미숙한 환원주의(1.1)라고 비판할 사람들도 있을 것이다. 이들은 아마도 내가 앞 문단에서 주장한 내용은 받아들일 것이지만, 현재의 지식 상태에서는 신념형성과 신념 변화를 개인적 수준에서 설명하려는 시도는 성공하기 어렵다고 주장한다. 6.2.2에서 보인 절차와 비슷하게, 보다 시급한 문제는 사회적 가치와 신념 체계 간의 거시적 상관관계를 밝히는 일이라고 주장할 수도 있다. 나는 이러한 주장들을 충분히 이해는 하지만 반론을 제기하고자 한다. 방금 설명한 것처럼, 현재의 신념 체계가 무엇인가를 밝히는 일은 무척 어렵다. 그러나 우리가 어떤 신념을 가지고 있는지 확신하기 위해서는 인과 메커니즘에 대한 일정한 지식이 있어야 한다. 필수불가결하다고 말할 수는 없어도 매우 유용한 것임에는 틀림없다. 그런 지식이 있으면, 수집한 증거들을 통해 그에 대해 설명할 수 있고, 지금까지 알려진 진리에서 한 걸음 더 나아갈 수 있다. 6)

8.1에서는 문제가 무엇인지 밝힌다. 이데올로기론의 설명 대상은 무엇이며, 어떤 설명이 가능한가? 또한 7.1.2에서 논의한 국가의 자율성 문제와 비교하면서 사상의 자율성 문제를 논의한다. 8.2에서는 이데올로기적 신념형성의 몇몇 특수한 메커니즘을 살핀다. 주어와 술어, 창조자와 피조물의 위치가 뒤바뀌는 전도의 과정, 특수한 것을 일반적인 것으로, 국지적인 것을 전역적인 것으로 일반화하는 경향, 자본주의적 범주를 적용해서는 안 될 곳에 적용하는 것 등. 8.3에서는 그 이론이 적용된 주요한 두 영역, 즉 경제사상의 역사와 종교적 신념의 형성과정에 대해 살펴볼 것이다.

---

6) Davidson, *Essays on Actions and Events*, chs. 11 and 12 참조.

8.1. 문제의 제기

8.1.1에서는 이데올로기론의 범위, 즉 설명하고자 하는 대상이 무엇인가를 살펴본다. 설명대상은 신념 체계이다. 여기에는 규범적 신념도 포함된다. 그 외에 설명대상이 될 수 있는 것들에 대해서도 언급한다. 8.1.2에서는 인지심리학적 설명을 비롯한 다양한 설명 유형 — 온 메커니즘과 냉 메커니즘, 인과적 설명과 기능적 설명 등 — 을 소개할 것이다. 8.1.3에서는 마르크스가 사상의 자율성을 부정한 것으로 보이는 구절들, 특히 《독일 이데올로기》의 구절들에 대해 살펴본다.

8.1.1. 피설명항의 본질

나는 이데올로기를 기능적 관점이 아니라 구조적 관점에서 정의하고자 한다. 즉 어떤 존재물이 다른 존재물에 대해 가지는 일정한 효과형태가 아니라, 하나의 존재물로 정의하고자 한다. 크게 보면 (아래에서 좀더 엄밀하게 말하겠다) 이데올로기는 개인(들)이 의식적으로 가지고 있는 신념과 가치이다. 이데올로기는 ① 존재하고, ② 개인의 마음속에 존재하고, ③ 의식적으로 존재한다.

또 다른 정의는 이데올로기를 일종의 기능으로 보는 것이다. 즉 현재의 상태 또는 특정 계급의 지배를 정당화하는 기능으로 정의할 수도 있다. 이 견해에 따르면, 내가 말한 것처럼 이데올로기적 **존재물**이라는 말은 성립하지 않는다. 이데올로기적 기능을 하는 존재물들이 있을 뿐이다. 이 경우 이데올로기적인 것은 정치적인 것(이 용어도 억압이라는 관점에서 기능적으로 정의한다) 중 강제적 성격이 없는 것을 가리키는 말이 된다. 이렇게 정의하면, 예컨대 대의정치제도가 '이데올로기적 기능'을 한다는 식의 진술이 가능하다. 대의정치제도가 '외관상의 독립성' 혹은 증기를 빼기 위한 "안전장치"7)를 창출함으로써 그것이 기본적으로 지배 계급의 도구라는 사실을 은폐한다는 뜻이다. 또는 자본주의하에서 노동자들이 갖는 형식적 자유가 이데올로기적 기능을 한다(4.2.2)는 식으로 말할 수도 있다. 이러한 견해에 대해 내가 반대하는 이유는, 국가에 대한 논의를 하면서(7.1.1) 말한 바와 같이, 중요한 질문을 미리 전제하거나 혹은 이론의 범위를 부당하게 한정하기 때문이다. 신념은 계급의 관점에서 설명될 수도 있지만, 결코 지배 계급의 이익에 봉사하는 것은 아니다(나중에 이 문제를 살펴보겠다). 그런 신념은 이데올로기적인 것이 아니라고 말한다면, 이런 주장은 마르크스주의 전통의 주류에서 벗어나는 주장이 될 것이다. 그러나 이것은 대체로 용어상의 문제일 뿐이며, 여러 가지 방법으로 해소될 수 있다(1.4.4, 1.4.5의 관련 사항을 보라).

그 밖의 다른 정의들에 대해 간단하게 살펴보자. 내가 다루고자 하는 것은 정신적 실재로서의 이데올로기이다. 제도적 실재로서의 이데올로기도 있을 수 있다. 법제도나 교회 등에 구현되어 있는 신념과 가치 같은 것 말이다. 이러한 제도들도 중요한 연구영역이기는 하지만, 마르크스의 주요 관심사는 아니었다. 이 문제는 마르크스 이후의 마르크스주의에서 중요하게 다루어졌을 뿐이다. 예를 들면, 사람들이 왜 과학적 신념을 가지고 있는가 하는 질문은 학문 공동체가 왜 그런 식으로 조직되어 있는가 하는 질문과는 다르다. 뒷 질문에 대한 대답은 앞 질문에 대한 대답을 얻는 데 도움이 되기는 하겠지만, 완전한 대답을 주지는 않는다. 마찬가지로 사람들이 왜 그러한 종교적 신념을 가지고 있는가 하는 질문은 교회가 왜 그런 식으로 조직되어 있는가 하는 질문과는 다르다. 이 문제의 경우, 마르크스에 따르면, 앞 질문에 대한 대답은 뒷 질문에 대한 대답을 얻는 데 도움이 된다. 즉 종교를 지배 계급에 도움이 되는 기능으로 설명

---

7) 제 7장의 각주 143) 참조.

할 경우, 그러한 신념을 조장하는 데 가장 효과적인 방식으로 교회가 조직된다고 설명할 수 있다.

또한 조건 ①과 조건 ③이 충족되지 않는 방식으로 이데올로기를 정의할 수도 있다.[8] 예를 들면, 특정한 신념 또는 가치의 **부재**가 설명이 필요한 이데올로기적 현상이라고 주장할 수도 있다. 이 개념에 따르면, 앞 (2.2.5)에서 말한 소외에 대한 정의 중 하나 — 객관적·정신적 현상으로서의 소외 — 도 이데올로기에 해당한다. 그러나 나는 일단 사람들이 왜 그런 신념을 가지고 있는가를 설명하고 나면, 왜 그런 신념을 가지지 않는가는 설명할 필요가 없다고 생각한다. 물론 다음과 같은 주장도 있을 수 있다. 즉 그런 신념은 지배와 착취구조를 훼손할 것이기 때문에 그래서 그런 신념을 갖고 있지 않다고 설명할 수 있다는 것이다. 이러한 주장의 밑바탕에는 사회를 거대한 억압기구로 보는 관념이 깔려 있는데, 여기에서 분명히 밝혀두거니와, 나는 이러한 관념을 받아들일 수 없다. 계급 사회에서 자생(自生)한 신념들 중 일부는 계급구조를 강화하는 데 기여하지만, 일부는 그것을 훼손하거나 변형시키는 경향이 있다. 어떤 신념의 부재는 규범적인 근거에서 비난을 받을 수도 있다. 그 사회에서 그런 신념이 반드시 자생한다고 믿을 수 있는 경우에는 그럴 수 있다. 그러나 나는 그러한 신념의 부재가 **설명**이 필요한 일이라고는 생각하지 않는다. 반면에 개개인의 마음속에 **무의식적으로** 존재하는 신념, 즉 조건 ①과 ②는 충족되지만 조건 ③은 충족되지 않는 그런 신념은 설명대상에 포함될 수 없을까? 나는 이 제안은 개념적·방법론적 근거에서 설득력이 없다고 생각한다. 개념적으로 볼 때, 무의식적 신념을 가지고 있다는 말이 무슨 말인지 분명하지 않다. 설령 그 말의 뜻이 분명하다 하더라도 방

---

8) 이러한 제안에 대한 논의는 Geuss, *The Idea of a Critical Theory*, ch. 3에 나와 있다.

법론적으로 볼 때, 사람들이 명시적으로 가지고 있는 신념도 알아내기 어려운 마당에 무의식적 신념까지 확인하려고 하는 것은 무모한 일이 아닐 수 없다.

그렇다면, 설명대상은 개개인이 의식적으로 지니고 있는 일련의 신념과 가치이다. 그러나 모든 신념과 가치가 설명대상인 것은 아니요, 또한 모든 사람의 가치와 신념이 설명대상인 것은 아니다. 첫째, 이데올로기를 구성하는 신념 종류, 즉 **사회를 대상으로 설명을 하는** 신념과 가치만 설명대상으로 삼겠다. 그러므로 예를 들면 대부분의 자연과학은 제외한다. (생물학 이론은 인간에 관한 것이며, 따라서 간접적으로 사회와 관계가 있다. 그러므로 원칙적으로는 이데올로기 분석의 대상이 될 수 있다.)[9] 물론 이러한 한정은 편의에 따른 것이다. 이것은 마르크스의 의도 및 분석과도 일치한다. 그렇다고 해서 이를테면 17세기 물리학의 사회적 기원을 탐구하지 말란 뜻은 아니다. 둘째, 연구의 소득을 기대하기 어려운 대상은 제외한다. 즉 어떤 사회, 또는 어떤 사회집단 구성원들 사이에서 **널리 공유된** 신념 체계에 한정한다. 사회과학은 전기(傳記)가 아니다. 개개인의 마음속으로 들어가서 그런 신념이나 가치를 가지게 된 이유나 원인까지 알아낼 수는 없다. 개인이 가진 신념은 그의 계급적 위치나 계급적 이익에 명백하게 일치하는 경우도 있지만, 전혀 관계가 없을 수도 있다. 지식인들은 자신의 계급적 이익과 반대되는 사고를 하는 경우도 있기 때문에 이들의 정신은 (계급적 이익과 일치되는 사고를 하는 경우에도) 독립성을 지

---

9) 다윈의 이데올로기적 측면에 대해서는 마르크스가 엥겔스에게 보낸 편지 (1862. 6. 18) 참조. 그가 폴과 라파르그에게 보낸 편지(1869. 2. 15)를 보면, 다윈에 대해서가 아니라 다윈주의에 대해 비판적인 태도를 취했음을 알 수 있다. 다윈은 당시 영국사회에서 만인 대 만인의 투쟁이 벌어지는 **현실**을 보고서 유기체의 세계에서 그런 상황이 벌어진다고 논증하였는데, 그의 후예들은 그의 이론을 이용하여 인간사회에는 **필연적으로** 그런 투쟁이 일어난다고 주장하였다.

닌 것으로 보아야 한다. 10) 그러나 보다 큰 사회학적 척도에서는 이러한 가능성을 염두에 둘 필요가 없다.

마르크스는 종종 두 번째 제한을 위반한다. 예를 들면 맬서스에 대해 귀족집단의 계급적 이익의 직접적 표현으로 규정하는가 하면, (더욱 터무니없는 주장이긴 하지만) 칸트에 대해서는 독일 부르주아 계급의 "(진면목을) 감추어주는 대변인"11)이라고 공격한다. 이러한 사실들에 비추어 마르크스가 지적 혼란을 일으켰다고 볼 수도 있겠지만, 나는 이렇게 해석하고 싶다. 즉 마르크스는 맬서스나 칸트의 견해가 실제로 어떻게 형성되었나를 설명하고자 한 것이 아니라, 그러한 견해가 왜 널리 확산되고 수용되었는지를 설명하고자 한 것이라고. 이데올로기에 대한 연구는 비슷한 처지에 있는 사람들이 왜 동일한 견해를 수용하는지, 혹은 왜 각각 독립적으로 동일한 견해에 도달하게 되는지를 설명하는 것이다. 그러므로 한 사상가가 어떤 사상을 창안하고 다른 사람들이 이를 본받은 경우, 여기에 작동하는 신념형성의 실제적인 메커니즘까지 들어갈 필요는 없다. 물론 이데올로기에 대한 사회학적 연구는 메커니즘에 호소해야 한다 (8.2). 그러나 이 경우 한 개인의 신념은 계급적 이익 혹은 계급적 위치에 의해 설명된다고 보고 접근하는 방법에 비해 더 형편없는 결과를 얻게 된다. 12)

지금까지 이데올로기론의 대상이 '신념'이라고 말하기도 하고, '신념과

---

10) Veyne, *Le Pain et le Cirque* (apropos of Cicero), pp. 468∼469.

11) *The German Ideology*, p. 195.

12) 조건 C가 존재하면, 현상 X가 발생한다는 일반 법칙이 있다고 하자. 주어진 상황에서 C가 존재하고, X가 발생한 경우, 위의 일반 법칙에 의해 이 상황을 설명할 수는 없다. 그 법칙의 메커니즘이 작동하기 전에, (적당한 조건이 갖추어지면) X를 산출하는 다른 어떤 메커니즘이 작동했을 수도 있기 때문이다. 그러나 후자가 전자의 메커니즘에 법칙적으로 연결되어 있지 않은 경우 그런 일은 드물게 일어나고, 따라서 보다 큰 척도에서는 이를 무시해도 좋다.

가치'라고 말하기도 했다. 사실대로 말하자면 두 종류의 신념이다. 있는 그대로의 세계에 대한 신념과 당위로서의 세계에 대한 신념이 그것이다. 이 두 종류의 신념은 여러 가지 방식으로 서로 얽혀 있다. '이러이러한 칼이 좋은 칼이다' 하는 신념이 보여주듯이 두 가지가 겹치기도 한다. 둘 다 인지부조화를 감소시키는 효과를 발휘한다는 점에서 상대방에 대해 기능적으로 작용하기도 한다. 또한, 희망적 사고가 보여주듯이 당위로서의 세계에 대한 신념이 있는 그대로의 세계에 대한 신념을 형성하는 경우도 있다. 이러한 문제들은 8.1.2와 8.2.2에서 다시 살펴보겠다.

여기에서는 신념과 가치 중에서 행동의 결정요인이 되는 것에 한정하여 다루고자 한다. 즉 단순히 남에게 보여주기 위해 공언한 것이 아니라 어느 정도 진정성을 가진 것만 설명대상으로 삼겠다. 마르크스는 때때로 상대방의 의식적 위선을 공격하기도 하지만,[13] 이것은 또 다른 영역에 속한다. 남에게 보여주기 위해 어떤 신념을 공언하는 것은 일종의 행동이지, 행동의 결정요인이 되는 정신적 태도가 아니다.

8.1.2. 설명의 본질

마르크스의 이데올로기 설명은 두 가지 방식으로 나눌 수 있다. 하나는 신념소유자(혹은 여타 행위자)의 **이익**에 입각한 설명과 경제적·사회적 **위치**에 입각한 설명으로 나눈 것이다. 이것은 각각 이익 설명과 위치 설명으로 부르기로 하자. 또 하나는 제1장에서 본 것처럼 인과적 설명과 기능적 설명으로 나누는 것이다. 이 두 가지 방식으로 구별된 것들은 부분적으로 중첩된다. 모든 위치 설명은 인과적이지만, 이익 설명은 기능

---

13) 예를 들면 *The German Ideology*, p. 293; *Theories of Surplus-Value*, vol. 3, p. 501 참조.

적 성격과 인과적 성격을 모두 가질 수 있다. 즉 신념은 그것이 어떤 이익에 봉사한다는 사실로 설명할 수도 있고, 이익에 의해 형성된다는 사실로 설명할 수도 있다.

이데올로기론의 미시적 기초를 알기 위해서는 인지심리학의 도움을 받아야 한다. 지난 수십 년 동안 왜곡된 신념형성을 설명하는 두 개의 이론이 발전해왔는데, 하나는 페스팅거(Leon Festinger)와 관계가 있고, 또 하나는 트베르스키(Amos Tversky)와 관계가 있다. 14) 페스팅거가 제안한 '온'(hot) 이론에 의하면, 사람의 태도는 욕구 충동 또는 감정 충동에 의해 설명된다. 여기에서 충동이란 곧 인지부조화를 줄이려는 경향이다. 트베르스키와 그의 동료 연구자들이 제안한 '냉'(cold) 이론에 의하면, 왜곡된 태도는 인지처리 체계에 있어서의 여러 가지 실패에 의해 설명된다.

인지와 동기의 구분은 이러한 분류와 두 번 관계가 있다. 첫째, 피설명항은 인지적 상태이거나 혹은 동기적 상태, 즉 사실에 관한 신념이거나 혹은 가치에 관한 신념이다. 둘째, 설명은 인지 메커니즘에 관한 것이거나 동기 메커니즘에 관한 것이다. 이 두 가지를 조합하면 네 가지가 되는데 각각의 예를 들어보기로 하자. ① 동기변화에 대한 동기적 설명은 여우와 신 포도의 우화에서 찾아볼 수 있다. 획득하기 어려운 어떤 것을 가지려고 하는 불편한 상태는 욕구를 중단하게 하는 동기를 유발한다. 물론 여기에서 그러한 변화를 낳는 '동기'는 변화된 동기와는 다른 것이다. 전자는 비의식적 충동으로서, 쾌락을 추구하는 심리 메커니즘에 따른 것이고, 후자는 의식적 욕구이다. 15) ② 동기변화에 대한 인지적 설명은 '프레임에 의한 선호 변화'의 경우에 볼 수 있다. 여기에서 프레임은 우리

---

14) 특히 Festinger, *A Theory of Cognitive Dissonance and Kahneman*; Slovic and Tversky(eds.), *Judgment under Uncertainty* 참조.

15) 이 구별은 졸저 *Sour Grapes*, pp. 23ff, 111ff 참조.

의 가치가 의존하는 정신적 장서(藏書)의 프레임을 말한다. 16) ③ 인지적
변화에 대한 동기 메커니즘의 좋은 예는 희망적 사고에서 볼 수 있는데,
이것은 인간의 생활에서 매우 중요한 현상이다. 흔히 이것을 자기기만과
같은 것이라고 하는데, 틀린 말이다. 자기기만은 희망적 사고와는 달리
마음속에 이중의 사고가 동시에 존재한다. 하나는 억압된 신념이요, 또
하나는 공언된 신념이다. 17) ④ 인지적 실패에 대한 인지적 설명은 '발견
가능성'(*availability heuristic*)에서 볼 수 있다. 이것은 전체 세계의 모습이
자신이 아는 세계의 일부분과 비슷하리라고 생각하는 경향을 말한다. 18)

어떤 경우든 동기 메커니즘은 (희망적 사고에 의해) 신념의 변화를 가져
오거나 혹은 가치의 변화(적응적 선호)를 가져올 수 있다. 동일한 인지부
조화의 상태에서 개인 또는 집단의 반응은 제각각일 수 있다. 19) 희망적
사고의 명백한 결함은 조만간 있는 그대로의 현실이 나타나게 된다는 것
이다. 희망적 사고에 의해 형성된 신념에 따라 행동하게 되면 성공적으
로 목표를 달성하기 어렵다. 목표를 성공적으로 달성하려면 보통 세상에
대한 올바른 인식이 있어야 한다. 또한 이익에 의해 형성된 신념에 따라
행동한다고 해서 반드시 이익을 얻는 것은 아니다. 20) 물론 예외는 있다.
대상이 무엇이든 그것을 얻기 위한 에너지와 동기를 갖기 위해서는 먼저
자신이 많은 것을 얻을 능력이 있다는 것을 믿어야 할 때가 있다.

"편견의 이익"21)이라는 주제는 프랑스 혁명에서 사용된 "로마인의 의

---

16) Tversky and Kahneman, "The framing of decisions and the rationality of
    choice" 및 Ainslie, "Specious reward" 참조.

17) 자세한 내용은 *Sour Grapes*, ch. IV. 3 참조.

18) Kahneman, Slovic and Tversky(eds.), *Judgment under Uncertainty*, part
    IV 참조.

19) Levenson, *Confucian China and its Modern Fate*, vol. I, ch. iv에 좋은 예가
    나와 있다. 또한 *Sour Grapes*, pp. 123ff, 154ff 참조.

20) Veyne, *Le Pain et le Cirque*, p. 667.

상과 로마인의 언어"에 대한 마르크스의 설명에서 찾아볼 수 있다. "로마 공화정의 고전적이고 엄격한 전통 안에서 〔부르주아 사회의 투사들은〕 그들의 이상과 기법과 자기기만을 발견했다. 그들의 투쟁의 내용에 들어 있는 부르주아적 한계를 감추기 위해 그러한 것들이 필요했던 것이다." 여기에서 그는 자기기만(희망적 사고를 의미한 것으로 보인다)의 이익에 대해 언급하면서 이것이 환상이라고 **설명한다**. 사실상 "그 혁명에서 죽은 자를 불러낸 것은 새로운 투쟁의 영광을 찬양하기 위해서이지 결코 옛 혁명을 모방하기 위한 것이 아니었다".[22] 여기에서 모방이란 루이 보나파르트가 그의 삼촌의 영광을 이용하려 한 것을 말한다. 마르크스는 그가 실패할 것이라고 믿었기 때문에, 그가 환상을 가지게 된 이유를 제대로 예증하지 못했다. 이것은 이전의 혁명들에 대해서도 마찬가지였다. 마르크스는 편견의 이익을 편견에 대한 설명으로 여겼는데, 이것이 바로 기능주의적 설명이다. 목적론적 관점에서는 필요조건들의 등장에 대해 그것들이 왜 필요조건인가를 밝힘으로써 설명된다고 본다.

온 설명과 냉 설명은 **인과적 이익 설명**과 **위치 설명**에 각각 대응한다. 마르크스에게서 볼 수 있는 주요 사례는 각 계급의 '물질적 이익과 사회적 위치'이다. 이에 대해서는 8. 2. 2와 8. 2. 3에서 자세히 논의한다. 8. 2. 4에서는 위치 설명을 좀더 일반적인 형태로 논의한다. 8. 2. 1에서 말한 메커니즘 — 주어와 술어의 전도, 창조자와 피조물의 전도 — 은 인지적 성격과 동기적 성격을 함께 가진다. 8. 3에서 살펴본 사례들은 **기능적 이익 설명**일 뿐만 아니라 위치 설명이기도 하다. 이 부분은 마르크스의 이데올로기론에서 가장 유명한 대목이지만 기초가 가장 빈약한 대목이기도 하다. 이것은 사회적으로 통용되는 신념이나 가치를 지배 계급의

---

21) 이에 대한 논의는 *Sour Grapes*, ch. Ⅳ. 4 참조.

22) *The Eighteenth Brumaire*, pp. 104~105.

이익이라는 관점에서 설명하는 전형적인 예라고 할 수 있다. 이러한 설명은 위치 설명을 수반하기도 한다. 예를 들면, 속류 경제학자들의 '조화이론'(*harmony theory*)은 내생적인 경제적 환상이자, 부르주아 계급의 이익을 위한 변론이라는 것이다. 마르크스는 기독교에 대해서도 유사한 방식으로 설명한다. 즉 기독교가 자본주의와 인지적 친화성을 가지고 있다고 말하기도 하고, 자본가 계급에 유리한 결과를 가져온다고 말하기도 한다. 또한 노동자 계급이 민족주의적 감정을 가지는 것에 대해서도 두 가지 이유를 든다. 하나는 내생적인 정신적 메커니즘이고, 또 하나는 분할통치를 통해 자본가 계급이 얻는 이익이다(1.3.1). 전체적으로 볼 때 마르크스는 우연히 생기는, 혹은 설명할 수 없는 이익이란 없다는 전제를 가지고 있는 것으로 보인다.

8.1.3. 사상의 자율성

이데올로기론은, 특히 일부 극단적인 형태의 주장들은 여러 가지 인식론적 문제들을 야기한다. 관념의 역사의 자율성과 연속성은 부정되어야 하는가? 어떤 관념의 사회적 인과가 증명되면, 그 관념은 반박되었다고 보아야 하는가? 그 이론은 '거짓말쟁이' 역설처럼 자기 자신에게도 적용되어야 하는가? 아니면 마르크스주의는 역사적 사명으로 인해 특권적 지위를 가지는 것인가? 이러한 문제들을 《독일 이데올로기》를 중심으로 살펴보겠다. 이러한 문제들에 대한 언급이 자세한 책은 《독일 이데올로기》뿐이다. 아래의 언급들은 세계관 또는 포괄적인 사회경제적 이론으로서의 이데올로기에 관한 것이지 경제생활의 일상적인 환상에 관한 것은 아니라는 점에 유의하기 바란다.

《독일 이데올로기》에서 마르크스는 인간의 정신적 창조물이 자기 자신의 역사를 가지지 못한다고 반복적으로 말한다.

도덕, 종교, 형이상학, 기타 이데올로기는 그에 상응하는 의식형태들과 마찬가지로 어떠한 독립성도 가지고 있지 않다. 그것들에는 역사도 없고, 발전도 없다. 물질적 생산과 물질적 교통을 발전시키는 인간이 자신의 현실과 함께 자신의 사고와 그 사고의 산물을 변화시킨다. 23)

법도 종교처럼 독립적인 역사를 갖지 못한다는 사실을 잊어서는 안 된다. 24)

정치, 법, 과학을 비롯하여 예술, 종교 등에는 역사가 없다. 25)

마지막 인용구절은 가장 일반적인 진술로서 사상의 자율성뿐만 아니라 정치의 자율성까지 부정한다. 이 둘의 비교는 아래에서 다시 논의한다. 마지막 문장은 특히 과학(아마도 자연과학) 조차도 비자율적 영역에 포함시킨다. 첫 번째 진술에는 관념이 역사를 가질 수 없다는 주장에 대한 개략적인 **논증**이 나와 있다. 더 자세한 논증은 "역사에서 정신의 주도권을 입증하려는 곡예"에 대한 마르크스의 논평에 나와 있다.

1. 경험적인 이유를 근거로 하여 경험적 조건 아래서 그리고 유형적 개체의 자격으로 지배하는 사람들의 사상을 이러한 지배자들로부터 분리시켜야 하며, 이로써 역사에서의 사상이나 환상의 지배를 인정해야 한다.
2. 이 사상의 지배에다 하나의 질서를 부여하고, 그러한 일련의 지배적인 사상들 사이의 신비적 연관을 입증해야 하는데, 이것은 이 사상들을 '개념의 자기규정'으로 파악함으로써 이루어진다(이것이 가능한 까닭은 이 사상들이 경험적 기초에 의해 실제로 서로 관련되어 있고, 또한 그것들이 단지 사상으로 파악된 것으로서 자기구별, 즉 사유에 의해 생긴 구별이기 때문이다). 26)

---

23) *The German Ideology*, pp. 36~37.
24) *Ibid.*, p. 91.
25) *Ibid.*, p. 92.

연속적인 생산양식 A, B, C … 가 있고, 각각에 상응하는 관념 a, b, c … 가 있다고 하자. 마르크스의 주장에 따르면, 생산양식 A가 주어지면 관념 a가 자동적으로 결정된다. 나머지도 모두 마찬가지다. 또한 새로운 생산양식 B의 등장은 이전의 생산양식 A에 의해 완전히 설명된다. 이전의 이데올로기 a와는 아무런 관계가 없다. 마지막으로 a-b-c의 연속성은 A-B-C에 존재하는 연속성에서 파생된 **겉보기** 연속성일 뿐이다. A와 B는 인과관계에 있으므로 어떤 공통성을 가지고 있다. 이 공통의 요소가 a와 b의 생산에 인과적으로 관련되어 있는 정도만큼 a와 b에 공통의 요소가 있는 것처럼 보일 뿐 실제로는 연속성이 없다. (이 주장은 매우 의심스러운 전제들에 기대고 있다. 마르크스의 주장을 다른 방식으로 재구성할 수도 있겠지만, 나는 이보다 더 나은 방법을 알지 못한다.)

이러한 견해는 받아들이기 어렵다. 당장 다음과 같은 반론이 가능하다. 인간은 세계에 대한 이미지를 구성할 때, 백지상태에서 출발하는 것이 아니다. 이전의 이미지에서 시작하여 이를 수정해나간다. 만약 A, B, C … 가 연속적인 단계가 아니라, 세 개의 지구에 동시적으로 존재하는 경우, 각각의 생산양식에 상응하는 a, b, c … 가 내적으로 연관되어 있다고 말할 수는 없을 것이다. 그러나 지금은 경우가 다르다. 이미 존재하는 이데올로기가 있으면, 이것은 새로운 생산양식에서 성립하게 될 가능한 이데올로기들에 영향을 미치게 된다. 데카르트 철학 다음에 등장하는 철학은, 그 사이에 일어난 경제적 변화가 어떤 것이든, 반드시 데카르트와 관계가 있다(반박하는 형태로). 마르크스의 견해를 옹호하는 사람들은 이런 반론을 제기할지도 모르겠다. 즉 중상주의 시기의 지배적인 철학자들이 누구였던 산업자본주의 시기의 지배적인 철학은 당대의 생산양식에 상응해야 한다고 말이다. 그렇다면, 다음과 같이 종합해볼 수 있

---

26) *Ibid.*, p. 62.

다. 새로운 이데올로기 b는 당대의 생산양식 B는 물론, a에도 상응해야 한다. 즉 이 두 요인의 제약에 의해 결정된다고 말이다. 이런 해석은 마르크스의 전투적인 분위기와는 맞지 않는다. 왜냐하면 그렇게 볼 경우, 생산양식에만 연속성이 있는 것이 아니라, 관념의 역사에도 연속성이 있다는 것을 인정하는 결과가 되기 때문이다. 하지만, 주된 관심사가 여러 형태의 사유들이 사회적 기초를 가지고 있다는 것을 보여주는 것이라면 이런 종류의 이론으로도 충분하다. 다음에서 나는 주로 그와 같은 온건한 형태의 이론 ― 철저한 환원주의와 철저한 내재주의 사이의 타협 ― 을 다룰 것이다.

다른 방식의 타협도 있을 수 있다. 내적 일관성과 외적 정합성을 두 개의 제약요인으로 생각하는 대신, 그중 하나를 제약요인으로 하고 다른 하나를 극대화대상으로 보는 방법도 있다. 이것을 이데올로기에 대한 필터 모형이라고 부르겠다. 이 모형의 특징은 모색과 그에 따른 선택이다. 예를 들면, 한 시대의 사상가들이 내적 일관성의 기준을 충족시키는 다양한 이론들을 제안하고, 그중에서 당대의 경제적·사회적 구조에 꼭 맞는 것을 선택하는 방식이 있다. 27) 다른 방식도 있다. 어떤 이론이 수용되기 위해서는 지배 계급의 세계관과 일치하는 부분이 어느 정도 있어야 하지만, 그 다음의 선택은 이러한 제약요인을 충족시키는 이론들 중에서 내적 기준에 의해 이루어지는 방식도 있다. 마르크스는 확실히 후자의 견해를 가지고 있었던 것 같다. 적어도 《독일 이데올로기》의 유명한 구절은 그런 방식으로 읽을 수 있다.

어떤 시대에서나 지배 계급의 사상이 지배적인 사상이다. 다시 말해서 지배적인 **물질적** 힘을 가진 계급이 동시에 그 사회의 지배적인 **정신적** 힘이다. 그

---

27) Dahl, *Child welfare and Social Defence*는 19세기에 범죄학 분야에서 프랑스 학파가 이탈리아 학파보다 우세했던 이유를 이런 방식으로 설명한다.

러므로 물질적 생산수단을 장악한 계급은 정신적인 생산수단도 장악하고 있으며, 정신적 생산수단을 갖지 못한 계급의 사상은 전체적으로 그에 종속된다. 지배적인 사상은 지배적인 물질적 관계들의 관념적 표현, 사상으로서 파악된 지배적인 물질적 관계일 뿐이다. 그러므로 그것은 한 계급을 지배 계급으로 만드는 관계들의 표현, 곧 이 계급의 지배를 나타내는 사상일 뿐이다. 지배 계급을 구성하는 개인들은 무엇보다도 의식을 가지고 있으며, 그러므로 사고한다. … 우리가 이미 앞에서 지금까지의 역사의 주요한 추동력의 하나로 보았던 분업은 이제 지배 계급 내에서도 나타난다. 일부는 그 계급의 사상가로서 등장한다(이들은 적극적으로 개념 작업을 하는 이데올로그로서 그 계급 자신에 대한 환상의 형성을 자신들의 생계의 주요 원천으로 삼는다). 나머지는 이러한 사상과 환상들에 대해서 수동적이고 수용적인 태도를 취한다. 이들도 실제로는 이 계급의 능동적인 구성원이지만 자기 자신에 대한 환상이나 사상을 만들어내기에는 시간이 부족하기 때문이다. 28)

이 구절의 앞부분은 관념이 물질적 생산에 완전히 종속된다는 견해를 반복하지만, 뒷부분은 관념이 어느 정도 독립성을 지니고 있다고 주장한다. 이러한 독립성 주장은 다른 곳에서도 찾아볼 수 있다. 예를 들면, "한 계급의 이데올로그들의 그 계급 자체와의 투쟁"29)에 대한 언급도 있고, "[독일의] 이론가들이 중간 계급의 이익을 나타내는 형태와 중간 계급의 이익 그 자체 간의 겉보기 모순"30)에 대한 언급도 있다. 이러한 두 가지 시각 간의 긴장은 7. 1에서 살펴본 바 있는 국가에 대한 두 가지 시각 ─ 도구적이라는 주장과 어느 정도의 자율성을 가지고 있다는 주장 ─ 과 비슷하다. 두 경우 모두 같은 방법으로 긴장을 해결할 수 있다. 즉 계급 이익을 극대화대상이 아니라 제약요인으로 보는 것이다.

---

28) *The German Ideology*, pp. 59~60.

29) *Ibid.*, p. 176.

30) *Ibid.*, p. 195.

《무월 18일》의 유명한 구절도 같은 방식으로 읽을 수 있다.

> 민주파의 대변자들도 모두가 소상점주이거나 소상점주의 열성적인 대표자
> 라고 생각해서는 안 된다. 그들의 교육수준과 개인적 지위는 천차만별이다.
> 그들이 소부르주아 계급의 대변자인 이유는 그들의 정신이 소부르주아 계급
> 이 생활상 가지는 한계를 벗어나지 못한다는 사실에 있다. 그러므로 그들은
> 소부르주아 계급이 그 물질적 이익과 사회적 위치로 인해 현실적으로 부딪
> 히는 문제들에 대해 이론적으로 그들과 동일한 해결책을 추구한다. 한 계급
> 의 정치적·이론적 대변자와 그들이 대변하는 계급과의 관계는 일반적으로
> 이러하다. 31)

대변자와 계급 간의 상응관계를 투사(投射)라는 신비한 형태로 이해할
수 없다면, 여기에서 제안한 필터 모형이 가장 그럴듯한 독법이라고 생
각한다. 비유적으로 말하면, 계급은 두 가지 요인을 고려하면서 이데올
로기적 대변자를 고른다고 할 수 있다. 즉 사상가들 중에서 충분한 품위
를 지니고 있으면서도 자신들의 계급적 이익을 충분히 대변할 수 있는 사
람을 선택한다. 필터 모형은 이러한 두 가지 필수조건을 모두 고려할 수
있는 하나의 방법이다. 그중에서도 특히 계급이익을 극대화대상이 아니
라 제약요인으로 보는 방법이 해석학적으로나 실질적으로나 가장 나은
것 같다.

이데올로그의 자율성은 국가의 자율성과 마찬가지로 존재하기는 하지
만 제한이 있다. 이 제한은 이데올로그와 그들이 대변하는 계급 간에 분
열이 있을 때 나타난다. 앞에서 인용한 《독일 이데올로기》의 구절 바로
다음에 마르크스는 다음과 같이 말한다.

---

31) *The Eighteenth Brumaire*, pp. 130~131.

이 계급 내부에서 이러한 균열은 두 부분 간의 일정한 대립이나 적대로까지 발전할 수도 있다. 하지만 그 계급 자체를 위태롭게 하는 현실적인 충돌이 생기게 되면, 그러한 대립은 저절로 사라진다. 이러한 일이 발생하면, 지배적인 사상이 지배 계급의 사상이 아닌 것처럼 보이던 가상도, 지배적인 사상이 지배적인 계급의 힘과는 별개의 권력을 가지고 있는 것처럼 보이던 가상도 사라진다. 32)

그러나 정치와 이데올로기 간에는 중요한 차이가 있다. 자본주의 사회에서의 귀족정부 혹은 관료정부는 자본가 계급과의 관계에 있어서 일정한 한계를 넘어서서는 안 된다는 것을 알고 있다. 7.1에서 설명한 것처럼, 정책은 이러한 제약 아래 이루어지며, 어떤 이유로 이 제약을 벗어날 경우, 그 정책은 그대로 추진되기 어렵다. 반면에 이데올로그는 자신들의 신념에 대해 굳은 확신을 가지고 있어야 한다. 그래야 그 사상이 효과를 발휘할 수 있다. 그들은 지배 계급의 지지를 마다할 이유는 없지만, 설령 지배 계급이 못마땅하게 생각한다 하더라도 그 즉시 자신들의 입장을 바꾸지는 않는다. 충돌이 발생하면, 지배 계급은 새로운 대변자를 찾거나 혹은 기존의 이데올로그에게 진리추구자로서의 이미지를 훼손하지 않는 범위 내에서 그들의 견해를 수정할 수 있는 시간적인 여유를 제공한다. 이처럼 이데올로기의 필터 모형은 정치의 포기 모형과는 많이 다르다. 경제적으로 지배적인 계급이 자신들 이외의 누군가로 하여금 정치적·이데올로기적 이익을 대변하도록 한다는 점에서는 같지만, 이데올로그는 그 계급과 전략적 관계를 맺고 있는 것은 아니라는 점에서 정치적 대변자와는 다르다.

또한 경제적으로 지배적인 계급이 권력을 직접 행사하지 않는 이유도 다르다. 마르크스에 따르면, 지배 계급이 이데올로기적 권력을 위임하

---

32) *The German Ideology*, p. 60.

는 이유는 "그들 자신에 대한 환상이나 이념을 만들 수 있는 시간"이 없기 때문이다. 이 설명은 부르주아 계급이 정치를 자제하는 이유(7.1.4)에 대한 콜(G. D. H. Cole)의 주장과 유사하다. 즉 돈 버는 시간을 할애해야 하는 기회비용 때문에 최적의 대표가 이루어지지 않더라도 만족한다는 것이다. 그러나 이것은 정치적 자제에 대한 마르크스의 설명은 아니다. 마르크스의 주장에 따르면, 노동 계급의 관심을 두 개의 적으로 분산하기 위해, 즉 자본과 정부라는 두 개의 전선(前線)을 형성하기 위해 그렇게 한다는 것이다. 이와 마찬가지로 지배 계급이 사회 내에서 이데올로기적 권력을 갖고 있지 않은 것처럼 보이는 것이 더 유리하기 때문에 더 넓은 관점에서 보면 하위최적 상태의 대표가 오히려 최적의 상태라고 판단하여 그렇게 한다고 생각할 수도 있다. 이러한 해석은 '마르크스주의적으로' 보이기는 하지만, 내가 아는 한 마르크스는 그렇게 말한 적이 없다.

우리가 필터 모형을 받아들이고, 공상 같은 '투사 모형'을 거부한다면,[33] 남은 문제는 지배 계급이 어떠한 이론적 견해를 선호하는지 그 메커니즘을 밝히는 일이다. 이 문제는 계급적 이익을 이데올로기 선택의 극대화대상으로 보는 모형으로 가장 잘 이해할 수 있지만, 계급적 이익을 제약요인으로 보는 모형으로도 이해할 수 있다. 지배 계급은 이론적으로 지배적인 사상이 자신들의 '물질적 이익과 사회적 위치'에 최소한의 범위 내에서 일치한다는 것을 어떻게 아는가? 문제는 한 계급이 이데올로그를 어떻게 선택하는가가 아니라 선택된 이데올로그가 그 계급의 경제력의

---

33) 이러한 공상적인 사고방식의 전형적인 예는 Borkenau, *Der Übergang vom feudalen zum bürgerlichen Weltbild*에서 찾아볼 수 있다. 그는 예컨대(pp. 272, 277, 291, 353) 17세기의 철학적 · 과학적 이론들은 '철두철미하게' 사회적으로 결정된 것이라고 주장한다. 보케노에 대한 더 자세한 논평은 졸저 *Leibniz et la Formation de l'Esprit Capitaliste*, pp. 18ff 참조.

도움을 받아 어떻게 지적 헤게모니를 장악하는가 하는 것이다. 왜 지배적인 사상이 지배 계급의 사상인가?

이 질문에 대한 대답이 없다는 것이 마르크스주의 이데올로기론의 기본적인 결점이다. 지배 계급의 세계관과 일치하는 이념이 왜 지식인들의 지지를 얻는지에 대한 미시적인 설명이 없다. 국가의 경우에는 이 문제가 정부의 물질적인 이익, 즉 자본가들로부터 거두어들이는 세금으로 설명되었다. 그러나 이데올로기의 경우에는 이런 방식으로 설명하기 어렵다. 첫째, 이데올로그는 물질적인 지지를 거의 필요로 하지 않는다. 또한 상품으로서의 정보의 특성상 이념의 전파에는 별로 돈이 들지 않는다. 그러므로 경제력의 분배에서보다 이념의 영역에서 더 많은 다양성이 있을 것이라고 기대할 수 있다. 둘째, 사적인 지원을 받은 이데올로그는 영향력을 발휘하기 어렵다. '대변인'의 역할을 하기 위해서는 단순히 '입'으로 보여서는 안 된다.[34] 셋째, 국가의 지원을 받는 이데올로그는 경제적으로 지배적인 계급의 이익이 아니라 국가의 자율적인 이익을 대변할 가능성이 높다. 물론 이러한 주장들에 대한 여러 가지 예외를 생각할 수 있다. 내가 말하고자 하는 것은 물질적인 지원만으로는 이데올로기를 설명할 수 없다는 것이다. 나는 그 둘의 상관관계를 설명할 수 있는 다른 방법은 알지 못한다.

다음으로 이데올로기론의 인식론적 문제점들에 대해 살펴보기로 하자. 이것은 관념의 사회적 원인 및 근거와 그 관념의 진리성과의 관계에 관한 문제이다. 대체로 이렇게 말할 수 있다. 즉 어떤 관념이 사회적 원인을 가지고 있다는 사실 자체만으로 그 관념의 진리성을 추정할 수는 없

---

34) 대변인은 독립성을 가지고 있어야 한다. 그렇다고 해서 대변인이 독립적인 견해를 가지고 있다는 뜻은 아니다. 본문에서 논의한 것처럼 지배 계급의 입장에서 볼 때 그가 자신들을 이데올로기적으로 어느 정도 대표할 수 있다고 판단한 경우에는 독립적인 견해를 가질 수도 있다.

다는 것이다. 또한 여러 종류의 이데올로기가 있다는 것과, 확산에 의해 공유되는 신념도 있고, 여러 개인들이 독립적으로 동시에 갖게 되는 신념도 있다는 사실이 문제를 더욱 복잡하게 만든다.

일반적으로 말해서 ① 그 신념의 원인이 그 신념을 품을 이유라면, 그리고 ② 그 이유가 우연한 방법으로가 아니라 이유로서 그 신념을 야기한다면,[35] 그 신념은 합리적인 원인을 가지고 있다고 할 수 있다. 반면에 엉뚱한 원인들로 인해 잘못 형성되는 신념도 있고, 제대로 된 원인이 엉뚱한 관념을 형성하는 경우도 있다. 엉뚱한 원인의 예로는 그 신념을 품은 자의 이익 혹은 위치를 들 수 있다. 그러므로 사회적 원인은 어떤 신념의 합리적 이유가 아니다. 그렇다고 해서 그 신념이 합리적 근거가 없다는 말은 아니다. 그 신념을 품은 자가 증거를 합리적으로 고려했을 경우 그런 신념에 도달할 수도 있기 때문이다. 예를 들면 합리적 평가에 의해 어떤 신념에 도달할 수도 있지만, 희망적 사고에 의해 그와 동일한 신념에 도달할 수도 있다. 희망적 사고는 자기기만과는 달리 마음속에 이중의 사고가 있는 것은 아니다. 그러나 이러한 일치는 우연의 산물일 뿐이다. 어떤 신념이 합리적 근거를 갖기 위해서는 원인 자체가 합리적이어야 한다.

다음으로, 어떤 신념이 합리적 근거를 가지고 있다고 해서 그것이 꼭 진리라고 할 수는 없다. 근거가 합리적이라는 말은 **증거와의** 관계가 올바르다는 말이지 **세계와의** 관계가 올바르다는 말은 아니다. 물론 합리적인 신념형성의 기준은 이러한 절차의 목적에 의해 정의된다. 그것은 곧 올바른 신념에 도달하는 것이다. 그 기준은 일반적으로 진리를 낳기는 하지만 반드시 그런 것은 아니다. 우연의 일치로 음모를 꾸며 모든 정상적

---

35) ②가 필요한 이유는 보상 오류와 같은 현상을 배제하기 위해서이다. 예를 들면 Nisbett and Ross, *Human Influence*, pp. 267ff 참조.

인 사람으로 하여금 그릇된 결론에 도달하게 만들 수도 있다. 이 경우 그들이 도달한 신념은 합리적인 것이 될 수 없다. 반면에 증거는 완전히 무시한 채 희망적 사고 같은 것에 의해 요행히 올바른 신념에 도달할 수도 있다. 그러나 거듭되는 말이지만 올바른 신념은 합리적인 근거를 가지고 있어야 한다.

요컨대, 어떤 신념의 사회적 원인이 그 신념의 합리적 근거가 될 수는 없으며, 또한 합리적 근거를 갖지 못한 신념은 허위라고 추정하기로 한다면, 사회적 원인을 가지고 있는 신념은 허위라고 추정해야 한다. 그러한 신념이 진리일 수도 있다. 고장 난 시계도 12시간마다 올바른 시각을 말해준다. 문제는 그것이 진리라고 기대할 수 없다는 점이다.

이제 앞에서 말한 두 가지 경우가 어떻게 다른지 살펴보기로 하자. 먼저 어떤 사상가의 마음속에 생긴 신념이 다수 사람들의 물질적 이익 혹은 사회적 위치와 일치하여 그들에게 확산되는 경우를 생각해보자. 이 경우 대다수의 사람들이 그러한 신념을 품게 된 데는 사회적 원인이 있다고 말할 수 있지만, 이것이 진리에 반한다고 추정할 수는 없다. 거의 모든 신념은 옳든 그르든 어떤 집단의 이익이나 위치에 상응하기 때문이다. 인간의 본성상 집단의 성원들은 그러한 일치성 때문에 그 신념을 가지게 될 가능성이 항상 있다. 이데올로기의 필터 모형에 따르면, 이데올로그가 신념을 만들어내고, 지배 계급이 이를 자신의 사상으로 삼게 되는데, 이때 그 이데올로그가 비합리적인 힘에 좌지우지된다고 볼 이유가 없다. 그럴 수도 있지만 그렇지 않을 수도 있다. 36) 마르크스는 맬서스 등이 그

---

36) 현대적인 예를 들면, 노직(Robert Nozick)이 《무정부, 국가, 유토피아》에서 제시한 자유주의적 정의론이 여기에 해당한다. 많은 사람들이 비인지적 근거에서 이 이론에 열광한다 하더라도 노직의 주장이 편견의 산물이라고 의심할 이유가 거의 없다. 예를 들면 그는 과거의 불의를 바로잡을 것을 주장하고 있는데, 이 주장을 알고 나면 아마도 그의 추종자들은 깜짝 놀랄 것이다. 이것은 국가의 대대적인 개입가능성을 열어놓고 있기 때문이다. 이 예는 또한 어

들이 대변한 계급만큼이나 그릇된 신념을 가지고 있었다고 지적했지만 나는 이것이 착오라고 생각한다.

다른 한편, 일상생활에서 자연발생적으로 생기는 환상과, 이 환상을 여과 없이 반영하는 이론의 경우를 생각해보자. 이 경우에는 사회적 원인으로 야기된 신념의 허위성 추정이 힘을 발휘한다. 여기에서는 그 신념이 사회적으로 공유되었다 하더라도 개인적 신념의 확대판일 뿐이다. 그 신념의 원인이 비사회적인 것인지 사회적 원인으로 야기된 신념이 확산된 것인지 구별할 필요가 없다. 이데올로기론이 신념의 수용이 아니라 신념의 생산과 관계가 있을 때에 비로소 진리가(眞理價) 가 중요한 문제로 등장한다.

이런 방식으로 우리는 칼 만하임 이후 지식사회학을 괴롭혀왔던 내적 불일치의 문제를 피하거나 혹은 해결할 수 있다. 즉 모든 이론은 사회적 근거를 가지고 있으며, 따라서 허위라고 주장하는 이론은 그 자신도 사회적 근거를 가지고 있을 것이므로 허위라는 반론이 가능하다는 것이다. 루카치는 마르크스주의에 특권을 부여함으로써 이러한 반론을 배격하였다.[37] 마르크스주의는 프롤레타리아 계급의 이론이며 프롤레타리아 계급은 그 자신의 편협한 계급이익을 대변하는 것이 아니라 인류의 이익을 대변한다는 것이다. 이러한 변론은 내가 보기엔 일고의 가치도 없다. 사회적 원인은 사회적 원인이고, 합리적 원인은 합리적 원인일 뿐이다. 사회적 원인을 가지고 있는 신념의 경우, 특정 집단의 이익이 아니라 인류 전체의 이익이 그 신념을 낳는다고 해서 그 신념이 합리적인 것으로 바뀌

떤 신념 체계가 확산될 때 그 내용이 반드시 동일한 형태로 확산되는 것은 아니라는 점을 보여준다. 한 계급은 어떤 이론을 선택할 뿐만 아니라, 특정 요소를 강조하는 형태로 선택한다.

37) Lukacs, "Die Verdinglichung und das Bewusstsein des Proletariats", pp. 331ff. 이에 대한 강력한 반론은 Kolakowski, *Main Currents of Marxism*, vol. 3의 루카치에 관한 부분 참조.

지는 않는다. 마르크스주의가 자기모순 상태에서 빠져나오려면 다른 방식의 논리를 찾아야 한다. 필터 이론에서는 그 반론의 전제가 무너진다는 것을 쉽게 알 수 있다. 널리 수용된 모든 이론들이 사회적 근거를 가지고 있다고 할지라도, 그것이 확산과 수용에 의해 사회적 근거를 갖게 된 것이라면 반진리 추정은 성립하지 않는다.

8.2. 메커니즘

이데올로기론의 중심적 과제는 관념이 어떻게 생겨나서 사람의 마음속에 뿌리박히게 되는가를 설명하는 것이다. 나는 마르크스가 이 문제를 제대로 진지하게 다루지 못했다고 생각한다. 이데올로기의 사회적 결과들만 고려하면 된다고 잘못 생각했기 때문일 것이다. 그렇다고 해서 마르크스가 이 주제에 대해 아무런 언급도 하지 않았다는 말은 아니다. 여기에서는 경제적·철학적·종교적·정치적 이데올로기에 대한 그의 설명에 들어 있는 여러 가지 메커니즘을 살펴보겠다. 8.2.1에서는 '전도 이론'을 살펴보겠는데, 이것은 그의 이데올로기에 관한 모든 저작에서 찾아볼 수 있다. '전도 이론'이란 이데올로기에서는 진짜 주어가 신비한 술어로 나타나고, 술어가 주어로 나타난다는 주장을 가리킬 때도 있고, 피조물이 창조자로, 창조자가 피조물로 나타난다는 주장을 가리킬 때도 있다. 8.2.2와 8.2.3에서는 마르크스의 이데올로기론에서 가장 가치가 있다고 생각되는 내용들을 살펴보겠다. 공통된 주제는 **이데올로기는 부분의 관점에서 전체를 이해한다**는 점이다. 여기에서 부분이라는 말은 두 가지 의미를 가지고 있는데, 하나는 프랑스어의 'partial'(편파적인 것)에 해당하고, 또 하나는 'partiel'(부분적인 것)에 해당한다. 8.2.2에서는 한 계급의 성원들로 하여금 자신들의 특수 이익과 사회 일반의 이익을 혼동하게 하는 '온' 메커니즘에 대해 논의한다. 8.2.3에서는 부분적으로 타당한 관계를 일반화하는 인지오류(cognitive fallacy)를 살펴본다. 여기에는 각 개인에 대해 진리인 것을 모두에게 진리라고 생각하는 것도 포함된다. 8.2.4에서는 '개념적 제국주의'에 대해 살펴보겠는데, 이것은 자본주의에만 적용될 수 있는 범주들을 전자본주의 혹은 비자본주의 사회구조에 적용하는 것을 말한다.

8.2.1. 전도

포이어바흐는 사변적 주어인 신 또는 정신을 술어로 만들고, 현재 술어로 되어 있는 경험적 인간을 주어로 만들어야 한다고, 종교와 철학을 머리가 발이 되도록 세워야 한다고 생각했다. 마르크스는 이러한 관념을 물려받았다. 이 관념은 《헤겔 법철학 비판 서설》에 가장 분명하게 나타나 있지만, 후기 저작에서도 중요한 부분을 차지한다. 사변적인 명제들을 뒤집는 것은 이전에 뒤집혀 있던 것, 즉 진짜 주어를 술어로 만들어놓은 것을 바로 세우는 것이다. 이러한 초기 전도는 이데올로기 형성 메커니즘이다. 마르크스가 그다지 분명하게 밝히지는 않았지만, 이 전도는 추상화(abstraction)와 투사(projection)의 두 단계로 이루어지는 것으로 보인다. 투사는 주체와 객체, 혹은 창조자와 피조물의 전도라고 하는 편이 더 정확할 것이다. 추상화는 인지 오류라고 할 수 있고, 투사는 동기의 문제라고 할 수 있다.

추상화의 전형적인 예는 헤겔 철학이다. 가장 일반적인 수준에서 헤겔 철학은 존재와 의식이 전도되어 있다. 사유를 사고행위로부터 분리시키고, 의식(Bewusstsein)을 의식하는 존재(das bewusste Sein)로부터 분리시킨 것이다.[38] 《신성가족》에서 마르크스는 독자들에게 아주 이상한 조리법을 통해 철학하는 방법을 소개한다.[39] 우선 사과, 배, 딸기, 아몬드 같은 과일들을 그들의 공통 본질인 '과일'로 분해한다. 이렇게 추상화된 개념을 각 과일의 실체로 삼는다. 그런 다음 마지막으로 각 과일들을 '그 개념의 자기증명'으로 연역한다. 물론 이 마지막 단계만 독자들에게 제시된다. 독자들은 경험적인 과일들이 '과일'이라는 실체의 우연적 계기들일 뿐이라는 주장을 받아들일 수도 있고, 받아들이지 않을 수도 있다. 40) 좀 더 구체적인 수준에서 마르크스는 헤겔의 정치철학이 주어와 술어를 체계적으로 전도시키고 있다고 주장한다. 41) 군주에 대한 논의, 42) 신분제에 관한 논의, 43) 특히 토지소유자를 '재산의 속성'으로 만드는 장자상속제도에 관한 논의44) 가 그렇다는 것이다.

추상화의 방법을 비판하면서도 자신도 모르게 그 방법을 사용하는 경우가 있다. 머리로 서 있는 헤겔을 다시 발로 세우는 일은 청년헤겔학도들이 즐겨 하던 일이었지만, 마르크스는 그들의 방법이 불완전하다는 사실을 알았다. 《독일 이데올로기》에서 마르크스는 당대의 문제를 그런 손쉬운 방법으로 해결하려는 것에 대해 분노를 나타냈다. 45) 포이어바흐, 바우어, 슈티르너는 헤겔의 추상물들을 무너뜨리긴 했지만, 그들이 내세운 인류, 인간, 유일자 역시 추상물이었다. '정신'의 술어였던 '인간'을 주어로 만들었지만, '인간' 역시 추상적인 인간이고 진정한 인간의 술어일 뿐이다. 46) 《독일 이데올로기》에서는 구체적인 개개인이 역사의 주

---

38) *The German Ideology*, p. 36.
39) *The Holy Family*, pp. 57ff.
40) *The Poverty of Philosophy*, pp. 163ff에도 유사한 설명이 나와 있다.
41) *Contribution to a Critique of Hegel's Philosophy of Law*, pp. 11, 23.
42) *Ibid.*, pp. 33ff.
43) *Ibid.*, pp. 60ff.
44) *Ibid.*, p. 106; cp. the *Economic and Philosophical Manuscripts*, p. 266.
45) *The German Ideology*, pp. 234ff, 394~395.
46) *Ibid.*, pp. 29, 293.

체로 등장하고, 추상물들은 완전히 폐기된다. 마르크스의 다른 저작과는 달리 이 책은 사변적인 목적론을 배격하고, 확고한 방법론적 개체론을 보여준다(2.4.2).

《요강》에서, 그리고 정도가 덜 하기는 하지만 후기의 다른 경제적 저작들에서 마르크스는 청년헤겔학도들의 스타일로 돌아간다. 그가 자신의 방법과 사변적 방법을 구별하려고 애쓰는 것은 사실이다. 그의 방법론에 따르면, "구체적인 총체는 사유의 총체, 사유에 있어서 구체적인 것, 사고와 파악의 산물이다. 결코 관찰과 사고 밖에서 혹은 위에서 자기 자신을 낳는 개념의 산물이 아니다".[47] 그러나 변증법적 연역법(1.5.1)에서 '자본'은 자기분화적 개념으로서 자연발생하듯이 개별적인 자본들을 낳는다.[48] 추상화의 방법은 끝까지 마르크스를 따라다닌다.

어떤 의미에서 추상화가 이데올로기, 즉 사회적 근거를 가진 관념을 낳는다는 것일까? 그 대답은 물화 이론(2.2.6)에서 찾아볼 수 있다. 개인의 유동적인 활동이 협소한 전문분야로 고정되면서 생각하는 사람과 행동하는 사람이 분리되고, 다음 단계로 사유가 사상가로부터 분리된다.

> 일단 지배적인 사상이 지배적인 개인들로부터 분리되고 나면, 그리고 무엇보다도 주어진 생산양식의 단계에서 생겨나는 관계들로부터 분리되고 나면, 역사는 언제나 사상이 지배한다는 결론이 성립한다. 그리고 이러한 각종 사상을 근거로 역사의 지배적인 힘으로서 '이념', 사상 등을 추상하는 것은 지극히 쉬운 일이며, 이 모든 개개의 사상과 개념들을 역사 속에서 발전하는 '개념'의 '자기규정'으로 파악하는 것도 지극히 쉬운 일이다. 그렇게 되면 모든 인간관계는 인간의 개념, 개념화된 인간, 인간의 본질, '인간'(Man)에서 자연스럽게 도출될 수 있다.[49]

---

47) *Grundrisse*, p. 101.

48) 또한 *Grundrisse*, p. 151에 자기비판적 언급이 나와 있는데, 이 내용은 1.5.1에 인용되어 있다.

《독일 이데올로기》 초고의 주석에서 마르크스는 계급 사회의 산물인 노동분업을 이데올로기적 추상화의 주범으로 지목한다.

> 왜 이데올로그들은 모든 것을 거꾸로 세워놓는 것일까?
> 성직자, 법률가, 정치가.
> 법률가와 정객(정치가 일반), 도덕가, 성직자. 한 계급 내부에 존재하는 이데올로기적 하위범주들은 **노동분업 때문에 독립적인 직업의 형태를 띤다**. 모두들 자기가 하는 일이 진실된 것이라고 믿는다. 그들의 재능과 현실 간의 관계에 대한 환상은 재능 그 자체의 본질에 의해 더욱 심화된다. 의식, 법률, 정치 등의 영역에서 관계들은 개념이 된다. 그들은 이 관계들을 넘어서지 않기 때문에 관계들의 개념은 마음속에 고정된다. 예를 들면, 판사는 법률을 적용하고, 따라서 입법이 진정한 실질적인 추진력이라고 생각한다.[50]

투사의 관념은 포이어바흐로부터 나온 것이다. 그는 특히 종교적 사유가 인간의 본질을 초월적 존재에게 투사한 것이라고 보았다. 종교에서 인간 "자신의 본질은 타자의 본질로 나타난다".[51] 이러한 투사는 소원성취의 한 형태이다. "인간의 비참함 그 자체가 신을 창조하는 것이 아니라 이러한 비참함을 상상 속에서 벗어나려는 욕구가 소원성취를 위해 신이라는 대상을 만들어내고 이를 전유한다. 이 대상은 사실상 자신을 객체화한 것이며 그렇게 전유된다."[52] 정신분석 이론이 보여주는 바와 같이, 투사자와 투사물의 관계는 전도되어 있다. 프로이트에 의하면, "그에 대한 나의 증오"는 "나에 대한 그의 증오"로 나타난다.[53] 종교에서 인간이 창조한

---

49) *The German Ideology*, p. 61.

50) *Ibid.*, p. 92.

51) Feuerbach, Wartofsky, *Feuerbach*, p. 276에서 인용.

52) Wartofsky, *Feuerbach*, p. 216.

53) Freud, "Über einen autobiographisch beschriebenen fall von Paranoia",

신은 신이 창조한 인간으로 나타난다. 그러나 바탕에 깔려 있는 이유는 다르다. 프로이트에 따르면, 그가 나를 증오한다고 생각해야 그에 대한 나의 증오가 정당화된다. 포이어바흐에 따르면, 신의 특징이 창조성인데, 이것은 창조적인 존재가 되고 싶은 인간의 욕구가 투사된 것이다.[54]

이러한 포이어바흐의 분석은 마르크스의 사상 형성에 심대한 영향을 미쳤다. 마르크스의 종교이론뿐만 아니라, 정치 이론과 자본론의 골격이 여기에서 나왔다. 세 영역의 공통된 주제는 **인간이 자기 자신이 만든 산물의 노예가 된다**는 것이다. 아래에서 특히 이데올로기 문제를 살펴보겠지만, 마르크스가 이를 일반화하여 다른 영역에 어떻게 적용하는지 관련 구절들을 살펴보고 넘어가자.

《자본론 I》에서 마르크스는 이렇게 말한다. "종교에서 인간이 자신의 두뇌의 산물에 의해 지배되듯이, 자본주의적 생산에서 인간은 자신의 손의 산물에 의해 지배된다."[55] 이와 유사한 견해들은 여러 곳에서 볼 수 있지만, 《직접적 생산과정의 결과》에 매우 인상적인 구절이 있다.

> 노동자에 대한 자본가의 지배는 인간에 대한 사물의 지배이며, 산 노동에 대한 죽은 노동의 지배이며, 생산자에 대한 생산물의 지배이다. 노동자에 대한 지배수단이 된 상품은 (**자본** 그 자체의 지배 도구로서) 생산과정의 결과, 즉 그 산물일 뿐이다. 이리하여 우리가 **이데올로기** 수준에서 종교에서 발견하는 것과 **동일한** 상황이 물질적 생산의 수준, 즉 사회적 영역에서의 생활과정에서 발견된다. 즉 주체가 객체가 되고, 객체가 주체가 되는 것이다. 역사적으로 보면 이러한 전도는 불가피한 일이다. 이러한 전도가 없다면, 부(富), 즉 사회적 노동의 가차 없는 생산력 — 이것만이 자유로운 인간 사회의 물질적 기초를 형성한다 — 이 다수의 희생 아래 폭력적으로 창출될 수 없

p. 299.
54) Wartofsky, *Feuerbach*, p. 322.
55) *Capital I*, p. 621.

을 것이다. 이러한 적대적 단계는 피할 길이 없다. 이것은 인간의 정신적 에너지가 종교를 낳고, 이를 자신으로부터 독립된 힘으로 여기는 단계를 피할 수 없는 것과 같다.[56)]

만일 이데올로기가 자율적인 것이 아니라면, 종교의 회피불가능성은 자본의 회피불가능성과 같은 의미로 간주될 수 없다는 점에 유의하자. 8.1.3에서 제시한 도식을 사용하면 종교적 형태 a는 A의 불가피한 결과이지만, 반드시 b(또는 B)로 이행해야 하는 것은 아니다. 포이어바흐 냄새가 물씬 나는 마지막 문장에 유의하면서, 종교가 왜 불가피한 것인지에 대해 다시 살펴보겠다.

다음으로 종교와 정치 간의 유사점에 대해 살펴보자. 초기 저작에서 마르크스는 이렇게 말한다. "종교가 인간을 만든 것이 아니라 인간이 종교를 만든다. 마찬가지로 정치체제가 인민을 만드는 것이 아니라 인민이 정체체제를 만든다."[57)] 대의원이 자신을 뽑아준 사람들을 지배하게 된다는 주장도 이와 관련 있다. 이러한 주장은 《자본론 I》의 주석 중에 자본주의적 농업가의 중개인으로서의 중요성을 강조하는 구절에 들어 있다.

> 이미 여기서도 사회생활의 모든 영역에서 사자의 몫을 중개인이 거두어가는 현상이 나타나고 있다. 예를 들면 경제계에서는 금융업자, 거래소의 투기업자, 도매상인 그리고 소매상인이 사업의 노른자위를 빨아먹는다. 민사소송에서는 변호사가 재판 당사자들을 우려먹고, 정치에서는 대의원이 선거구민보다도 높은 지위를 차지하며, 대신이 오히려 군주보다 낫다. 종교에서 신은 신과 인간을 '매개하는 자'[예수 그리스도]에 의하여 뒷전으로 밀려나

---

56) *Results of the Immediate Process of Production*, p. 990. 또한 *Theories of Surplus-Value*, vol. 3, pp. 276, 496 및 *Economic and Philosophical Manu-scripts*, p. 280 참조.

57) *Contribution to the Critique of Hegel's Philosophy of Law*, p. 29.

고, '매개하는 자'는 또 목사에 의해 밀려난다. 목사는 선한 목자〔예수 그리스도〕와 그의 양 사이에 없어서는 안 될 중개인인 것이다. 58)

이것은 정치권력의 위임에 관한 일반적 주장으로 읽을 수도 있다. 즉 아래로부터이든 위로부터이든 권력을 위임받은 자는 그 권력을 곧 자신을 위해서 행사하게 된다는 것이다. 그러므로 마르크스는 프롤레타리아 독재에서 모든 대의원은 위임받은 권력을 남용하지 못하도록 언제든지 소환할 수 있어야 한다고 주장했던 것이다(7. 3. 1). 부르주아 계급이 귀족이나 관료에게 권력을 양보하게 되는 것도 같은 문맥에서 이해할 수도 있다(7. 1. 4).

종교, 자본, 정치제도는 인간이 객체화된 것으로서 소외를 낳고, 인간의 창조물이지만 인간을 지배하게 된다. 마르크스는 공산주의하에서는 그런 일이 없으리라고 믿었다(2. 2. 7). 그러나 이폴리트는 소외가 불가피한 인간의 조건이라고 주장했는데, 59) 나는 그의 의견에 동의한다. 물론 각각의 소외는 따로 논의해야 할 것이다. 종교적・경제적・정치적 소외를 낳는 메커니즘은 각각 다르기 때문에 모든 소외를 피할 수 있다거나 혹은 모든 소외가 불가피하다는 식의 논증은 있을 수 없다. 최종적인 결과는 비슷하다 하더라도 그 소외들이 생성되는 과정은 각각 다르다. 60)

---

58) *Capital I*, p. 744. 또한 *Grundrisse*, pp. 331~332 참조.

59) "사회주의에서도 사랑에서, 인간관계에서, 타인에 대한 인식에서, 인간이 세계를 건설하는 수단인 기예에서, 도시행정에서, 언제나 자신으로부터 벗어난 자신의 대표가 존재하지 않는가? 타자에게서 자아를 인식하는 것 자체가 일종의 분리이며 소외가 아닌가? 이러한 분리와 소외를 제거하려고 노력할 수는 있어도, 여전히 그대로이지 않겠는가?"(Hyppolite, *Etudes sur Marx et Hegel*, p. 101)

60) Cohen, *Karl Marx's Theory of History*, p. 125는 물신숭배와 종교는 작동 메커니즘이 동일하다고 주장한다. 둘 다 "통일되어 있어야 할 요소들이 직접 통일되지 아니하고, 복제된 환상의 세계를 통해 외부로부터 결합되었을 때" 나

소외의 형태들에 관해서는 앞에서, 특히 2.2.5, 4.3.2, 7.3.3에서 자세히 논의하였다.

마르크스는 종교가 존재하는 이유에 대해 여러 가지 설명들을 제시한다. 자세한 논의는 8.3.2에서 하기로 하고, 여기에서는 투사 메커니즘에 대해서만 살펴보자. 마르크스의 저작에서 이러한 생각을 가장 선명하게 보여주는 역작은 《헤겔 법철학 비판 서설》이다.

> 독일에서 이미 근본적으로 완결된 **종교비판**은 모든 비판의 전제이다. 오류의 천국적인 존재가 백일하에 폭로되자, 오류의 **세속적인** 존재도 비판의 도마에 오르기 시작하였다. 천국의 환상적인 현실에서 하나의 초인을 찾다가 기껏 자신의 **반영**만을 발견한 인간은, 자신의 허영만을, 비인간만을 찾고 그치지는 않을 것이니, 이제 그는 자신의 진정한 실체를 찾아 나설 것이며 또한 찾아나서야 한다. 종교가 인간을 만드는 것이 아니라 **인간이 종교를 만든다.** 이것이 바로 비판의 핵심이다. 종교는 자기를 아직 찾지 못했거나, 자기를 잃어버린 인간의 자기의식이며, 자기인식일 뿐이다. 하지만 인간은 세계의 외부에 우두커니 쪼그리고 앉은 추상적인 존재가 아니다. 인간은 **인간의 세계**이며 국가이며 사회이다. 바로 이 국가, 이 사회가 종교를 낳는 것이니, 종교는 **세계에 대한 전도된 의식**이다. 왜냐하면 그 국가, 그 사회가 **전도된 세계**이기 때문이다. 종교는 이러한 세계의 일반 이론이며, 그 백과사전적 요강이며, 통속적인 형태의 논리학이며, **유심론적 당면과제**이며, 그 열광이며, 도덕적 비준이며, 엄숙한 보충이며, 위안과 정당화의 일반적 원천이다. 거기에서 발견된 인간은 어떠한 진실한 실재도 지니고 있지 않기 때문에 종교는 인간적 존재의 환상적 실현일 뿐이다. 그러므로 종교에 대한 투쟁은, 종교라는 정신적 **방향**을 내뿜는 저 세계에 대한 간접적인 투쟁이다. 종교적 고난은 현실적 고난의 **표현**이며, 현실적 고난에 대한 **항거**이다. 종교

타난다는 것이다. 하지만 이것은 결과에 대한 기술이지 생성과정에 대한 기술은 아니다.

는 피압박 인민의 탄식이며, 비정한 세계의 인정이며, 영혼 없는 현실의 영혼이다. **종교**, 그것은 곧 인민의 **아편**이다. 61)

이 기술과 설명에 대해 주석을 달아보자. 첫째, 종교는 피억압자들이 자발적으로 만들어낸 것이다. 억압자들이 강요한 이데올로기가 아니다. 62) 다음으로 종교의 기초는 동기적인 것으로서 포이어바흐의 소원성취 개념과 관련이 있다. 그러나 포이어바흐와는 달리 마르크스는 종교적 창조신화에 대한 설명은 하지 않는다. 마르크스가 말하는 전도는 인간이 "자신의 두뇌의 산물에 의해 지배되고 있다"는 사실이다. 자신의 두뇌의 산물에 의해 창조되었다고 믿고 있다는 사실이 아니다. 마지막으로, 《유대인 문제》에서 자세하게 다룰 내용을 여기에서 암시한다. 즉 인간이 종교를 만들어내는 이유는 현세에서의 비참함을 보상받기 위한 것이므로 종교를 제거하기 위해서는 그러한 사회적·정치적 조건들을 제거해야 한다는 것이다.

추상화와 투사에 대한 관심은 내 생각으로는 제한적이다. 그것은 마르크스가 원조도 아니고, 설명의 분석적 도구로 사용하지도 않는다. 그러나 그것은 마르크스의 사상 형성에서 중요하기 때문에 언급할 가치가 있다. 청년 시절에 그가 접한 사상 중에서 아마 이것이 가장 결정적이었을 것이다. 이런 생각들이 모여 소외된 사회 이론이 된다. 즉 일부 인간은 사상에 사로잡혀 사상이 세계를 지배한다고 믿게 되고, 또 일부 인간은 자신들의 비참한 현실로 인해 초월적 존재를 만들어내고, 궁극적으로 그 관념의 지배를 받게 된다는 것이다. 두 부류 모두 전도된 세계에서 살고 있다. 궁극적 원인은 둘 다 사회의 계급적 분화이지만, 근인(近因)은 다

---

61) "Contribution to the critique of Hegel's Philosophy of Law —Introduction", p. 175.

62) Veyne, *Le Pain et le Cirque*, *passim* 및 아래 8.3.2 참조.

르다. 관념론자들은 인지적 환상의 희생자들이고, 대중은 위안의 필요
성과 부조화의 축소 필요성의 희생자들이다.

8.2.2. 특수이익과 일반이익

마르크스는 신념을 이익의 관점에서 설명하는데, 핵심적인 내용은 특
수한 계급이익을 가진 사람들은 그것을 사회의 일반이익으로 나타내는
경향이 있다는 것이다. 그렇다고 해서 그 신념이 반드시 가짜라는 뜻은
아니다. 역사상 어떤 시기에는 한 계급의 특수한 이익이 사회 전반의 이
익과 일치하는 경우도 있다. 즉 특수이익의 실현이 지배적 소수를 제외
한 모든 사람에게 혜택을 가져오는 경우도 있다. 이런 경우에 그 계급은
압도적인 힘을 얻는다. 특수이익과 일반이익이 일치한다는 신념이 그릇
된 것일 경우에는 이렇다 할 성과를 내지 못하게 된다. 8.1.3에서 말한
것처럼, 그다지 좋지 않은 인과 메커니즘에 의해 생성된 신념도 예외적
이긴 하지만 진실일 수 있다. 모든 계급이 자신의 특수이익과 사회의 이
익이 일치한다고 믿는 경향이 있고, 이 신념이 진실일 때에는 권력을 얻
게 된다. 고장 난 시계도 하루에 두 번은 맞는다. 한 사회계급과 그 계급
을 대표하는 정당은 다른 계급들에게 **계속판매**를 신청하는 셈이다. [63]

소부르주아 계급의 두 가지 특징을 생각해보자. 즉 그들은 자기들의
이익보다 더 광범위한 이익을 대변하고 있다고 진지하게, 그러나 그릇되
게 믿고 있다.

그러나 무정부당 주류 계파들의 **사회주의**는 그들 계급의 경제적 조건과 총체

---

63) 이 생각은 세예르스테드(Francis Sejersted)에게 배운 것이다. 말할 필요도
없겠지만, 그러한 계속판매 신청을 다른 계급이 수용하는 상황이 주기적으로
반복된다는 뜻은 아니다.

적 혁명적 필요성 및 이로부터 발생하는 계급 분파에 따라 다양하지만, 동일한 주장이 딱 하나 있다. 자신들이 **프롤레타리아 계급을 해방시키는 수단이**며, 프롤레타리아 계급의 해방이 자신들의 **목표**라고 선언하고 있다는 점이다. 이것은 고의적인 기만이기도 하고, 자기기만이기도 하다. 이들은 자신의 요구에 따라 변화된 세계가 모두에게 최상의 세계라고, 모든 혁명적 주장의 실현이요, 모든 혁명적 충돌의 제거라고 선언한다. 64)

사회민주주의의 독특한 성격은 다음과 같은 사실로 요약된다. 즉 그들이 민주공화제도를 요구한 이유가 양 극단, 즉 자본과 노동을 폐지하기 위해서가 아니라 그들의 적개심을 완화하고 조화롭게 하기 위해서였다는 것이다. 이 목적을 위하여 제안된 수단이 아무리 다양하다 하더라도, 그리고 그와 같은 수단이 아무리 혁명적인 개념으로 장식되어 있다 하더라도 내용은 변함없이 그대로였다. 그 내용은 사회를 민주적인 방법으로 변형시키는 것이지만, 소부르주아 계급의 한계 내에서 그렇게 하는 것이다. 이와 같은 사실로부터 소부르주아 계급이 원칙적으로 이기적인 계급이익을 관철시키려 한다고 생각해서는 안 된다. 그들은 자신들의 해방을 위한 **특별한** 조건이 바로 근대사회를 구원하고 계급투쟁을 회피할 수 있는 유일한 **일반적** 조건이라고 믿는다. 65)

첫 구절에서는 소부르주아 계급이 자기기만을 하고 있다는 점을, 둘째 구절에서는 그 계급의 이데올로그가 협소한 이기주의에 사로잡혀 있는 것은 아니라는 점을 지적한다. 앞에서 지적한 것처럼, 자기기만이라기보다는 희망적 사고라고 하는 편이 더 나을 것이다. 이런 식으로 가지게 된 신념은 근거가 있는 것이며, 진실일 수도 있기 때문이다. 물론 마르크스는 소부르주아 계급의 신념은 진실이 아니라고 생각했지만. 자기이익

---

64) *The Class Struggle in France*, p. 126.
65) *The Eighteenth Brumaire*, p. 130.

을 희망적 사고를 매개로 일반이익으로 변환시키는 것은 정치에서 성공하기 위한 필요조건이다. 사회를 위하여 행동한다는 신념이 있어야 열정이 생기고, 열정이 있어야 성취도 있다. 이것이 편견이 주는 이익에 대한 마르크스의 주장의 핵심이다(8. 1. 2). 앞에서도 말했지만, 이것으로 충분한 것은 아니다. 다른 계급들이 그 계급을 일반이익의 대표자로 기꺼이 받아들여야 한다. 여기에서 주의할 점은 그러한 조건의 존재가 그것이 가져오는 이익에 의해 설명되는 것은 아니라는 점이다. 편견은 필요하지만, 그것만으로 성공할 수 있는 것은 아니다. 그리고 성공이 거꾸로 그 편견을 설명하는 것도 아니다. 66)

《독일 이데올로기》에서도 마르크스는 특수이익이 일반이익으로 포장되는 경향이 있다고 주장한다. 이것이 두 단계를 거친다고 주장하기도 한다. 사적 이익이 계급이익으로 전환된 다음 일반이익으로 제시된다는 것이다.

사적 이익이 개인의 의지에 반하여 계급이익으로 발전하고, 다시 이것이 공동이익으로 발전하여 개인으로부터 독립된 지위를 얻고, 마침내 **일반**이익의 형태를 취하게 되는 것은 어째서일까? 그리하여 현실의 개인들과 충돌하게

---

66) 이 문단에서 논의한 견해의 원조가 마르크스라고 생각하는 사람들이 많다. 이것이 사실이건 아니건 토크빌이 1831~1832년 미국 여행 중에 남긴 메모에도 같은 내용이 있다. "주요 정당들은 결과가 아니라 원칙을, 개별적인 경우가 아니라 일반적인 경우를, 사람들이 아니라 이념을 중요하게 여긴다. 이 정당들은 나머지 군소정당들에 비해 일반적으로 고상하고 아량이 있으며, 신념이 확고하고, 솔직하고 용감하다. 특수이익은 언제나 정치적 열정의 원천이지만 여기에서는 공공의 이익 뒤에 잘 감추어져 있다. 그들을 추종하는 사람들에게 그것이 드러나지 않도록 잘 관리하기도 한다. 반면에 군소정당들은 일반적으로 정치적 신념이 없다. 정체성이 약하고, 이기심이 노골적으로 드러나는 행동을 한다. 그들은 언제나 추위 속에서 활기를 띤다."(Tocqueville, *Voyages en Sicile et aux Etats-Unis*, p. 260)

되고, 이 충돌에 의해 **일반이익으로** 정의되고, 그것이 **이상적인 것으로**, 심지어는 경건한 것으로, 신성한 이익으로 인식되는 것은 어째서일까?[67]

사적 이익의 대표자는 '일반적인 의미에서 이기주의자'일 뿐이다. 현존의 생산양식과 교통양식에서 공동이익은 일반이익으로 독립해 있고, 그것이 이상적인 이익의 형태로 제시되는바, 그의 이익이 이 공동이익과 충돌하는 것은 필연적이기 때문이다. [68]

다른 곳에서 마르크스는 그것이 생산력과 생산관계 간의 충돌 신호라고 말한다. [69] 즉 "이러한 교통관계의 낡은 전통적인 관념에는 실질적인 사적 이익 등이 보편적 이익으로 표현되면서 이상화된 문구, 의식적인 환상, 고의적 위선의 수준으로까지 내려온다". [70] 이러한 생각의 일반적 표현은 다음과 같다.

지배권을 추구하는 모든 계급은, 프롤레타리아 계급의 경우처럼 그 지배가 낡은 사회형태와 지배 일반을 완전히 폐지하는 데까지 도달한다 하더라도, 먼저 정치권력을 장악하여 그 이익을 일반이익으로 나타내야 하는데, 이것은 처음에는 어쩔 수 없이 수행해야 할 일이다. [71]

마지막 구절은 주객이 전도된 주장이다. 즉 권력 장악이 특수이익을 일반이익으로 나타내기 위한 수단이라고 주장하고 있으니까 말이다. 이 주제에 관한 그의 일반적인 진술에는 우선순위가 역전되어 있다.

---

67) *The German Ideology*, p. 245.
68) *Ibid.*, p. 247.
69) 《독일 이데올로기》에서 생산관계는 "교통관계"로 지칭된다(5. 1. 2).
70) *The German Ideology*, p. 293.
71) *Ibid.*, p. 47.

새 계급이 지배적 위치를 차지하여 그 목적을 달성하기 위해서는 먼저 자신의 이익을 사회 전체의 공동이익으로, 즉 이상적인 형태로 나타내야 한다. 즉 보편성을 부여해야 하고, 그것이 유일하게 합리적이고 보편적으로 타당한 것으로 나타내야 한다. 혁명을 일으키는 계급은 **계급**과 대립하고 있기 때문에 처음부터 하나의 계급으로서가 아니라 사회 전체의 대표로서, 즉 지배계급에 대항하는 사회 전체로서 등장한다. 이것이 가능한 이유는 그 이익이 실제로 지배 계급을 제외한 모든 계급의 공동이익과 연관되어 있기 때문이며, 기존의 조건하에서 그 이익이 아직 특수계급의 특수이익으로 발전할 수 없었기 때문이다. 그러므로 그 승리는 지배적 위치를 차지하지 않게 될 다른 계급들의 다수 개인들에게도 도움이 된다. 그 승리가 그들로 하여금 스스로 지배 계급에 속하도록 만들 수 있는 한 그러하다. 72)

권력을 얻기 위해서는 보편성과 합리성의 언어로 말해야 한다. '독일 시민들'처럼 사소한 이익의 언어로 말해서는 안 된다. 73) 부르주아 계급은 봉건적 특권을 모든 계급 — 그 특권이 폐지되면 혜택을 얻게 될 — 의 이름으로 공격했다. 마르크스에 따르면, 부르주아 계급의 '공동이익'이 '일반이익'으로 전환되면 개별 부르주아의 이익과는 다른 형태를 띠게 된다. 이것이 아마도 한 계급과 그 계급의 이데올로기적 대표자가 나누어지는 이유일 것이다(8.1.3). 이데올로그는 논리적으로 사고하기 때문에 이데올로기는 특수계급에게 유용한 형태를 취하기보다는 합리적 · 보편적 형태를 취한다. 모든 특권이 아니라 일부 특권의 폐지를 요구하는 것은 그 어떤 자긍심 있는 지식인에게도 불가능한 일일 것이다. 그러므로 계급이익 그 자체보다 더 일반적이고 급진적인 요구를 하는 이데올로그의 자율성은 실제로 그 계급에게도 이로운 일이다. 적어도 처음에는 그렇다. 예를 들면, 프랑스 혁명의 급진적 국면에서 요구의 보편성은 성공

72) *Ibid.*, pp. 60~61.
73) *Ibid.*, p. 194. 각주 66)에 있는 토크빌 인용문 참조.

을 위한 필요조건이었다. 그러나 나중에 가서 장애물이 되었고, 점점 위험물이 되어갔다.[74] 후일의 부르주아 혁명(7.2.1)에서는 이 위험이 처음부터 예견되었고, 따라서 급진적인 국면은 조성되지 않았다. 그러므로 독일 부르주아 계급은 협량한(혹은 건전하고 합리적인) 태도를 취하게 된 것이다.

한 계급의 성원들이 희망적 사고를 한다는 말의 뜻을 분명히 해야겠다. 희망적 사고는 특수계급의 이익이 일반이익과 완전히 일치한다는 믿음을 말하는 것이 아니다. 자신들에게 딱 맞춘 조치들은 제한적이라는 것을 그들도 잘 알고 있다. 그러나 그들은 두 가지를 생각하면서 희망적 사고를 가지게 된다. 첫째, 자신들의 특수이익이 일반화된 형태에서 다른 계급들도 이익을 얻으리라고 믿는다. 소부르주아 계급은 자본과 노동의 대립이 완화되면, 다른 계급들도 이익을 얻을 것이라고 믿는다. 그러므로 부채동결이나 저리신용차 등과 같은 자신들의 요구를 일반화한다. 부르주아 계급은 모든 특권이 폐지되면, 다른 계급들도 이익을 얻을 것이라고 믿는다. 그러므로 자신들과 직접 관계가 있는 특권들을 폐지하라는 자신들의 요구를 일반화한다. 소부르주아 계급의 기대는 빗나갔지만, 부르주아 계급은 옳았다. 그들이 통찰력이 뛰어나서가 아니라, 그들의 시계가 우연히 시각을 맞춘 것이다. 둘째, 일반화된 요구를 위한 투쟁에 참여하는 다른 계급들이 전리품을 가로채지 않을 것이라고 믿는다. 하나의 공식으로 나타내면 이렇게 된다. 모든 계급은 자신들의 특수이익을

---

74) 자세한 논의는 Higonnet, *Class, Ideology and the Rights of Nobles during the French Revolution*, ch. 5 참조. 180쪽에서 그는 마르크스주의자들의 견해를 다음과 같이 요약한다. "자코뱅당의 과도한 평등주의는 그들의 최대의 적인 봉건주의를 완전히 파괴하기 위해 그들이 실제로 원했던 것 이상으로 나아가게 만들었다. 이것이 바로 그들이 보지 못하고 놓친 것이다." 그는 이러한 견해가 지나치게 도구적이고, 자코뱅 사상에 들어 있는 '도덕적 재구조화'의 중요성을 간과한 것이라고 비판한다.

요구할 때 다른 계급들을 유인할 수 있도록 일반화하지만, 그 요구가 달성되었을 때 자신들의 이익이 위험에 빠질 정도로까지 가지는 않는다는 것이다.

8.2.3. 국지적 비전과 전역적 비전

이제 이러한 동기가 형성되는 인식과정을 살펴보자. [75] 이것은 국지적으로 타당한 인과관계가 다른 조건이 같다면 일반화되었을 때도 타당할 것이라고 믿는 경향이다. 좀더 구체적으로 말하면, 누구에게나 진실인 진술은 모두에게 진실일 것이라고 믿는 자연적 경향이 있다는 것이다. 이 문제는 앞에서 여러 차례 언급한 바 있다. 1. 3. 2와 1. 4. 3에서 합성의 오류에 관해 살펴보았다. 3. 1. 2에서는 본질과 현상에 관한 마르크스의 구분을 국지적 비전과 전역적 비전의 대립이라는 관점에서 살펴보았다. 4. 2. 2에서는 자본주의하에서의 자유에 대한 환상이 동일한 대립의 산물이라는 것을 지적했다. 그러므로 여기에서는 간단하게 살펴보고, 8. 3. 1에서 다시 논의하겠다.

피착취자들은 인지적 환상으로 인해 착취의 불가피성을 믿는 자연적 경향이 있다는 마르크스 등의 주장을 살펴볼 것이다. 그러나 착취 계급도 유사한 환상의 피해자가 될 수 있다고 나는 생각한다. 인식에 바탕을 둔 이데올로기가 언제나 지배 계급에게 유리하게 작동하는 것만은 아니다. 희생자가 피착취 계급일 때는 그럴 수 있지만, 착취자가 같은 메커니즘의 희생자일 때는 그렇지 않다. 그러므로 이데올로기 — 자신의 이익 혹은 위치로부터 파생된 신념이라는 의미에서의 — 는 항상 경제적 지배 계급과 기존의 생산관계에 유리하게 작동한다는 일반론은 사실이 아니다.

---

75) 이 부분의 주요내용은 졸저 *Sour Grapes*, ch. IV. 2에서 가져온 것이다.

근대 경제사상에서도 같은 오류가 발견된다. 즉 노동자가 한계생산물에 상응하는 임금을 받으면, 즉 마지막에 고용된 사람인 것처럼, 혹은 가장 먼저 해고될 사람인 것처럼 임금을 받으면, 착취당하는 것이 아니라는 것이다.[76] 개별적 임금협상에서 각 노동자는 그러한 상황에 처할 수 있다. 고용주는 해고의 위협과 함께 그 노동자가 창출하는 한계가치 이상으로 임금을 줄 수는 없다고 말할 것이다. 그러나 모든 사람이 한계생산자가 될 수는 없다. 한계 아래의 생산물은 일반적으로 한계생산물보다 크다. 따라서 그 주장은 단체협상에서는 타당하지 않다. 물론 마르크스가 그런 오류를 범했다는 것은 아니다. 그는 이러한 형태의 한계 개념을 인정하지 않았다(3.2.1). 그러나 그는 유사한 현상을 낳을 수 있는 규모의 경제는 인정한다.

> 노동자는 자기 노동력의 판매자로서 자본가와 거래하는 동안에는 자기 노동력의 소유자이다. 그리고 그는 자기가 가지고 있는 것, 즉 자기의 개인적·고립적 노동력만 판매할 수 있다. 자본가가 한 명의 노동력이 아닌 100명의 노동력을 사들이든, 한 명의 노동자가 아닌 100명의 개별 노동자와 계약을 맺든, 사정은 같다. 자본가는 100명의 노동자에게 협업을 하게 할 수도 있고, 협업 없이 그들을 사용할 수도 있다. 자본가는 100명의 독립된 노동력의 가치를 지불하기는 하지만, 100명의 결합노동력에 대해서는 지불하지 않는다. 노동자들은 독립된 인간으로서 서로 고립되어 있는 사람들이며, 동일한 자본가와 관계를 맺으면서도 상호 간에는 아무런 관계도 맺지 않는다.[77]

여기에서 각 노동자는 마치 **최초로** 고용된 사람인 것처럼 임금을 받는다. 즉 다른 노동자들과의 협업 없이 혼자서 생산할 수 있는 생산물에 따라

---

76) 착취에 관한 신고전파 이론은 Bronfenbrenner, *Income Distribution Theory*, ch. 8 및 졸고 "Exploring exploitation" 참조.

77) *Capital I*, pp. 332~333.

임금을 받는다. 다수의 노동자는 각각 생산할 수 있는 생산물의 합보다 더 많은 생산물을 생산할 수 있다. 따라서 잉여는 "자본이 선천적으로 가지고 있는 생산력, 곧 자본의 내재적인 생산력으로 보인다". [78] 즉 노동자는 자신의 개인적 생산성을 모든 노동자들에게 일반화하게 되고, 추가된 생산물은 '자본' 덕분으로 생각하게 된다. 이로써 이윤을 가져갈 자본의 권리가 정당한 것으로 보이고, 노동자들은 착취를 받아들이게 된다.

6.2.3에서 논의한 바에 따라 이러한 메커니즘의 정치적 논리를 지적할 수 있다. 각 노동자가 이러한 일방적 논리에 막혀 저항을 포기하게 되면 사회변혁은 결코 일어날 수 없을 것이다. 벤느는 고전고대에서도 같은 논리가 작용했음을 밝혔다. 즉 종복들은 누구라도 자신의 안전과 생계가 주인 덕분이라고 생각했다는 것이다. "신의 은총으로 내 생계와 존재를 주인이 맡아주시니, 주인이 없다면 내가 어떻게 되겠는가? 주인의 위대한 영지 덕분에 내가 살고 있는 것이 아닌가?"[79] 가장 멸시를 받은 것은 로마의 평민들이었다. 그들은 "인격이 없는 존재들"이었다. [80] 주인이 없다면 내 형편은 더 나빠질 것이므로, 주인 없는 사회는 받아들일 수 없다. 주인이 없어지면 누가 나를 고용하고 보호해줄 것인가? 봉건주의가 영주와 농노 간의 자발적이고 호혜적인 관계였다는 견해도 마찬가지다. 영주가 농노의 노동과 생산물을 가져가는 대신 보호를 제공했다는 것이다. [81] 그러나 이것이 결코 자발적이고 합리적인 관계가 아니었다는 것은 다음과 같은 사실을 보면 알 수 있다. 즉 영주가 제공한 보호는 다른 영주들로부터의 보호였다는 것이다. 이것은 마치 깡패가 다른 깡패들을 막아

78) *Ibid.*

79) Veyne, *Le Pain et le Cirque*, p. 554.

80) *Ibid.* , p. 696.

81) 이러한 주장은 North and Thomas, "The rise and fall of the manorial system"에 나와 있다(그러나 North, *Structure and Change in Economic History*, p. 130에는 이 내용이 축소되어 있다).

주겠다는 명목으로 금품을 갈취하는 것과 같은 것이다. 모든 사람들이 똑같은 방식으로 행동한다는 전제를 놓고 보면, 모든 공동체가 영주의 통치 아래 놓이는 것이 최적이라는 점에서 봉건주의가 내쉬 균형 상태라고 말할 수도 있다. 그러나 같은 논리로 불복종이 균형이 될 수도 있다. 모든 공동체가 영주를 거부한다면, 두려워할 포식자도 없고, 따라서 보호도 필요하지 않기 때문이다. 82)

마르크스는 자본가들도 유사한 환상의 희생자였다고 주장한다. 2.3.2에서 지적한 바와 같이 화폐숭배는 그릇된 믿음에서 생긴 것이다. 즉 개별 자본가는 **누구라도** 자신의 자본을 생산적으로 투자할 수도 있고, 이자부자본으로 사용할 수도 있다. 그러나 **모든** 자본가가 동시에 그렇게 할 수 있는 것은 아님에도 불구하고 그렇게 할 수 있다는 믿음에서 생긴 것이다.

> 개별 자본가는 자기의 자본을 이자부자본으로 대출할 것인가, 생산적 자본으로 가치를 증식시킬 것인가를 선택한다. 그 자본이 처음부터 화폐자본으로 존재하든 아니면 화폐자본으로 전환해야 하든 마찬가지다. 그러나 이것을 사회의 총자본에 적용하는 것은 물론 잘못된 것이다. 일부 속류 경제학자들은 그렇게 하고 있으며, 심지어는 그것을 이윤의 근거로 제시하기도 한다. 총자본은 화폐로 존재하는 상대적으로 작은 부분을 제외하면, 생산수단의 형태로 존재하는데, 이 생산수단을 구매하여 가치를 증식시키는 사람들 없이 총자본이 화폐자본으로 전환될 수 있다고 생각하는 것은 지극히 어리석은 일이다. 더 어리석은 생각은 자본이 생산적 기능을 수행하지 않아도, 즉 잉여를 — 이자는 이 잉여의 일부일 뿐이다 — 창출하지 않아도 자본주의적 생산양식의 기초 위에서 이자를 낳을 수 있다는 생각, 그리고 자본주의적 생산양식은 자본주의적 생산 없이도 진행될 수 있다는 생각이다. 아주 많은

---

82) 봉건영주가 없는 사회에서는 무임승차 문제가 없겠지만, 그들을 제거하는 과정에서는 그 문제가 발생할 수 있다.

자본가들이 자기의 자본을 화폐자본으로 전환시킨다면, 화폐자본의 가공할 가치감소, 즉 이자율의 대규모 하락이 초래될 것이며, 많은 자본가들이 이자에 의해 생활할 수 없다는 것을 깨닫고 다시 산업자본가로 전환하지 않을 수 없을 것이다. 83)

화폐가 생산과 관계없이 이윤을 낳을 수 있다는 생각은 그릇된 것이지만, 이는 오랫동안 중상주의적 사고의 기초를 이루었다. 17세기 중상주의자들은 국가 수중에 화폐가 있는 한 전쟁으로 경제가 엉망이 되는 일은 없을 것이라고 생각했다. 금은으로 군인들의 배를 채울 수 있기라도 하는 것처럼. 84) 헥셔에 따르면, 제1차 세계대전 중 독일의 경제학자들도 이러한 사고방식을 답습했다. 85) 8.3.1에서 이와 관련된 중상주의적 오류, 즉 이윤이 상품의 구매와 판매를 통해 발생한다는 그릇된 사고에 대해 논의한다. 이러한 사고 역시 개별적으로 가능한 일은 모든 경우에 동시에 가능하다는 추론에 바탕을 둔 것이다. 확실히 이것은 환상이다. 개별 자본가들의 마음속에 자연발생적으로 생기는 사고방식이기는 하지만, 자본가 계급에게 결코 이로울 것이 없다. 이러한 사고방식을 토대로 정책을 수립하면, 중상주의가 그러했듯이, 매우 해로운 결과가 생긴다.

8.2.4. 개념적 제국주의

이 메커니즘 역시 앞에서 살펴본 사회사상에 대한 위치 설명과 같다. 여기에서 위치는 계급보다 좀더 넓은 관점이다. '개념적 제국주의'란 사

---

83) *Capital III*, pp. 377~378.

84) 예컨대 졸저 *Leibniz et la Formation de l'Esprit Capitaliste*, p. 115에 인용된 라이프니츠의 텍스트 참조.

85) Heckscher, *Mercantilism*, vol. II, p. 202.

람들이 자기가 살고 있는 사회의 주요구조들에 상응하는 범주를 사용하여 그 사회의 하위구조 혹은 다른 사회를 이해하려는 경향을 말한다. 이 현상은 자민족 중심주의 혹은 시대착오와 관련되어 있지만, 인식 수준에서는 '내적 식민주의'도 여기에 해당한다. 주로 자본주의에서 이러한 경향이 발견되지만, 이것은 꽤 보편적인 현상이다. 마르크스는 봉건주의에 대해 이 개념을 적용했고, 오늘날에는 서구역사에 대한 마르크스의 분석을 비서구사회의 역사에 그대로 적용하는 모습을 볼 수 있다.[86] 편의상 제국주의의 방향이 외부인가 내부인가, 전진인가 후진인가에 따라 넷으로 나누어서 살펴보겠다.

개념적 제국주의는, 식민지에 대한 영국의 자민족 중심주의에서 보듯이, 제국주의 그 자체에 동반한다. 전형적인 사례는 인도의 경작자들이 국가에 세금을 내야 하는지, 아니면 토지소유자에게 지대를 내야 하는지를 놓고 논쟁을 벌인 일이다. 1858년 논설에서 마르크스는 이렇게 논평한다. "이 논쟁의 핵심은 이른바 자민다르,[87] 탈루크다르[88] 혹은 시르다르[89]가 인도의 경제체제 내에서 차지하는 위치가 무엇인가 하는 것이다. 그들을 토지소유자로 볼 것인가, 아니면 징세인으로 볼 것인가?"[90] 이어서 마르크스는, 토지소유권은 촌락공동체에 속해 있고, "자민다르나 탈루크다르는 원래 정부가 임명한 관리로서 마을에 대한 과세를 감독하고, 지조(地租)를 징수하여 군주에게 바치는 일을 했다"고 주장한다. 당시 인도총독이던 카닝 경은 이러한 진보적 견해를 옹호하고, 이에 따

---

86) 특히 Black(ed.), *Rewriting Russian History* 및 Feuerwerker(ed.), *History in Communist China* 참조.

87) 〔옮긴이주〕 영국령 인도에서 영국정부에 지조(地租)를 바친 대지주.

88) 〔옮긴이주〕 무굴제국에서 영내의 징세권을 가진 호족.

89) 〔옮긴이주〕 인도에서 고위직에 있는 사람. 고관 혹은 장군.

90) *New York Daily Tribune* 1858. 6. 7.

라 포고문을 내렸고, 이 포고문에 대해 마르크스가 논평한 것이다. 그러나 더비 내각은 이와는 달리 "기득권의 신성함과 토지귀족의 이익을 유지하는 것이 중요하다"고 주장하였다. 이에 대해 마르크스는 "인도 문제에 관한 견해들이 영국적 편견과 감정의 영향을 받아 현실에 맞지 않는 정책을 낳고 있으며, 이것이 바로 영국이 인도를 통치하는 데 겪고 있는 불편함과 어려움"이라고 논평한다. 나중에 베버가 지적한 것처럼, 인도의 '토지소유자'는 영국이 그들에게 지조를 바치게 했을 때, 즉 그들을 토지소유자로 간주했을 때 비로소 등장했다. 91)

'내적 식민주의'는 자본주의가 우세한 사회의 비자본주의적 경제부문에 자본주의적 범주들을 적용할 때 나타난다. 《잉여가치 학설사》의 한 구절은 이러한 경향을 명확하게 보여준다.

> 여기서 우리는 일정한 생산양식이 우세하긴 하지만, 아직 그 사회의 전체 생산관계를 종속시키지는 못하고 있는 그런 사회에 특징적인 하나의 특성을 보게 된다. 예컨대 봉건사회에서는 봉건주의의 본질과는 아주 인연이 먼 그러한 관계까지도 봉건적 형태를 띠게 되었다. (이것은 영국의 실례에서 가장 잘 알 수 있다. 봉건적 체제는 노르망디로부터 기성형태로 여기에 도입되어, 여러 가지 측면에서 차이가 있는 사회형태에 이식되었다.) 예를 들면, 군주와 신하 상호 간의 인신적인 봉사와는 전혀 관련이 없는 화폐 관계조차 봉건적 성격을 띠게 되었다. 또한 소농민은 자기의 토지를 봉토로 여겼다. 자본주의적 생산양식에서도 마찬가지다. 독립적인 농민이나 수공업자는 둘로 나누어진다. 생산수단의 소유자로서 그는 자본가이다. 노동자로서 그는 자신의 임금노동자이다. 자본가로서 그는 자신에게 임금을 지불하고 자신의 자본에서 이윤을 얻는다. 즉 그는 자기 자신을 임금노동자로서 착취하며, 노동이 자본에 지불할 의무가 있는 공물, 즉 잉여가치를 자기 자신에게 지불한다. 어쩌면 토지소유자로서 셋째 부분(지대)도 자기 자신에게 지불할 것이

---

91) Weber, "Hinduismus und Buddhismus", p. 70.

다. 나중에 보게 되겠지만 이것은 산업자본가가 하는 것과 똑같다. 산업자본가는 자신의 자본으로 일하면서, 자기 자신에게 이자를 지불하는데, 이것은 산업자본가로서가 아니라, 단순히 자본가로서 마땅히 해야 할 일이라고 생각한다.

　　자본주의적 생산에서 생산수단의 **일정한 사회적 성격**은, 특정한 **생산관계**를 표현하고 있으며, 생산수단의 물질적 존재와 함께 생겨나는 것으로, 부르주아 사회의 관념에서는 이 물질적 존재와 분리되지 않는다. 따라서 그러한 사회적 성격은 생산관계가 그것과 모순되는 경우에도 일정한 범주로서 표현된다. 생산수단은 그것이 노동자로부터 분리되고 독립적인 권력으로서 노동자와 대립하게 되었을 때 비로소 자본이 된다. 그러나 이 경우에 노동자인 생산자는 자신의 생산수단의 점유자이며, 소유자이다. 따라서 그 생산수단은 자본이 아니며, 생산수단과의 관계에 있어서 노동자는 결코 임금노동자가 아니다. 그럼에도 불구하고 생산수단은 자본으로 간주되며 노동자 자신은 양분되어 자본가로서의 그가 임금노동자로서의 자기 자신을 고용한다. … **분리**는 이 사회에서 정상적인 관계로 나타난다. [92]

마르크스는 여기에서 독립적인 직인이나 농민에게 자본주의적 범주를 적용하는 것은 이데올로기적 선입관이라고 주장한다. 생산수단이 자본이라는 관념이 자본주의적 생산양식 자체에서 생겨난 이데올로기적 환상이라는 것이다. [93] 그것은 환상이므로 그릇된 인식이다. 그러나 내생적인 환상이므로 어떤 의미에서는 그 생산양식에 적합한 것이다. 그러나 이 개념을 자본주의 경제 내에 있는 비자본주의 영역에 적용하는 순간, 그러한 적합성조차 사라진다.

　　과거를 현재의 관점에서 이해하는 것은 휘그당의 역사해석 방법이다. 휘그당은 과거의 사건들을 현재에 이르는 디딤돌로 해석한다. 또한 그러

---

92) *Theories of Surplus-Value*, vol. 1, pp. 497ff.
93) *Capital III*, ch. 48, e. g. p. 824.

한 이해방법은 과거와 현재의 과도한 동일시, 즉 시대착오를 낳는다. 이것은 목적론과는 다른 것이다. 예를 들면 마르크스는 몸젠과 같은 역사가들이 고전고대에서 자본주의를 찾는다고 한탄한다. 94) (베버로부터 핀리에 이르기까지 시대착오의 위험을 마르크스 이상으로 역설한 사람들이 많이 있다. 그래서 마르크스도 '근대주의'의 창시자 반열에 들어 있다. 95)) 또한 마르크스가 메인(Henry Maine)을 비난한 것도 그가 근대 영국의 범주들로 고대사회를 보고 있다는 점 때문이었다. 96)

홉스에 따르면, "미래에 대한 관념을 가질 수 있는 사람은 없다. 미래는 아직 존재하지 않기 때문이다. 그러나 우리는 과거의 관념을 통해 미래를 만든다". 97) 그래서 많은 혁명들이 보수적인 성격을 가지고 있다. 이것은 마르크스가 영국 혁명에 관한 귀조의 책을 논평하면서 지적했던 사실이기도 하다. 98) 《무월 18일》에서 그는 "크롬웰과 영국 백성들은 그들의 부르주아 혁명을 위하여 구약성서로부터 어법과 열정과 환상을 빌려왔다"고 지적한다. 99) 이 저작에서 그는 인간은 자신이 가지고 있는 개념을 버릴 방법을 찾는 순간에도 그 개념으로 사고하게 된다고 지적한다.

인간은 스스로 자신의 역사를 만들지만, 자신이 바라는 대로 만드는 것은 아니다. 인간은 스스로 선택한 환경에서 역사를 만드는 것이 아니라, 주어진 환경에서, 과거가 넘겨준 환경에서 역사를 만든다. 모든 죽은 세대들의 전

---

94) *Capital I*, p. 168; *Capital III*, p. 787. 그러나 마르크스는 자본주의에 대한 그릇된 이해 역시 고대에 대한 과도한 자본주의적 이해만큼이나 잘못된 것이라고 말한다.

95) Finley, *The Ancient Economy*, pp. 49~50. 또한 6.1.2 참조.

96) *Ethnological Notebooks*, pp. 308~309.

97) Stone, *The Causes of the English Revolution*, p. 51에서 인용.

98) Review of Guizot, pp. 252~253.

99) *The Eighteenth Brumaire*, p. 105.

통이 악몽처럼 살아 있는 자들의 머리를 짓누르고 있다. 자기 자신과 만물을 혁명화하고, 지금까지 존재한 적이 없는 무엇인가를 창조하려는 바로 그 순간에, 바로 그와 같은 혁명적 위기의 시기에, 그들은 자신의 목적에 봉사할 수 있도록 과거의 망령들을 불러내고 이들로부터 이름과 구호와 의상을 빌리고, 이들에게 빌린 유서 깊은 분장과 언어로 세계사의 새로운 모습을 제시한다. 그리하여 루터는 사도 바울로 가장하였으며, 1789년부터 1814년에 이르는 혁명은 로마공화국과 로마제국의 의상을 차례차례 몸에 걸쳤으며, 1848년의 혁명은 때로는 1789년의 혁명적 전통을, 또 어떤 때에는 1793년부터 1795년에 이르는 혁명적 전통을 서툴게 모방하였다. [100]

이것은 개념적 제국주의의 다른 형태들과는 전혀 다른 것이다. 이것은 인간의 미래에 대한 관념이 현재의 위치가 아니라 역사적 전통의 영향을 받는다는 점을 알려준다. 더 정확히 말하면, 현재의 위치는 과거에 대한 기억을 포함한다. [101] 확실히 이것은 이념에는 역사적 연속성이 없다는 견해와는 다른 것이다. 이것은 8. 1. 3에서 제시한 타협에 해당한다. 즉 인간의 사상은 과거로부터 물려받은 사상의 제약을 받는다는 것이다. 현재의 경제적 · 사회적 구조에 의한 제약만 받는 것이 아니다. 이것은 상부구조의 '관성'의 문제가 아니다. 그러나 그 현상만큼이나 중요한 문제이다. 요점은 과거의 사상이 오랫동안 잠복해 있다가 미래와 직면했을 때 분석과 행동에 쓸모가 있으면 부활한다는 것이다.

---

100) *Ibid.*, pp. 103~104.

101) Assoun, *Marx et la Répétition Historique* 및 졸고 "Note on hysteresis in the social sciences" 참조.

8. 3. 적용

마르크스는 대부분의 사고 영역을 이데올로기론의 관점에서 보았다. 일상생활의 경제적 환상은 물론, 정치 이론, 경제 이론, 종교, 철학, 법학, 예술, 자연과학도 다 그렇게 보았다. 이러한 영역들에 대해 그는 제대로 된 분석을 한 것이 아니라 단편적인 **단정**을 내렸다. 이 중에서 중요하다고 생각되는 두 가지만 골라 자세히 살펴보겠다. 8. 3. 1에서는 《잉여가치 학설사》를 중심으로 경제적 지식에 관한 마르크스의 사회학을 살펴보겠다. 8. 3. 2에서는 종교의 경제적 근원에 관한 그의 이론을 살펴본다. 이 이론은 여러 가지 측면에서 이데올로기론의 폐해를 잘 보여준다. 종교에 관한 그의 주장은 자의적이고 대체로 일관성이 없다. 그는 종교적 교리와 경제체제 간에 '유사성'이 발견되기만 하면, 제대로 살펴보지도 않은 채 설명적 의의를 부여한다. 그가 주장한 유사성 중에는 사실인 것도 있지만, 단지 주장에 불과한 것도 있다. 후일의 마르크스주의자들도 같은 길을 따랐고, 비참한 결과를 낳았다. 그러나 경제사상의 역사에 관한 그의 통찰은, 약간의 흠은 있지만, 취할 만한 가치가 있다.

8.3.1. 이데올로기로서의 경제 이론

슘페터는 마르크스가 당대의 가장 뛰어난 경제학자였다고 말한 적이 있다. 《잉여가치 학설사》를 읽어보면, 그가 당시의 경제학자들에 대해 얼마나 심층적인 연구를 했는지 알 수 있다. 여러 번 언급했지만, 이것은 그들의 견해에 대한 학문적 관심 때문만은 아니었다. 그들의 견해가 자신과 얼마나 다른가를 알기 위한 것이 아니었다. 그는 그들의 견해가 자본주의에 관한 **이론**이 아니라 자본주의의 발전의 **일부**라고 보았다. 따라서 그는 잇달아 등장한 경제 이론들을 경제적·사회적 구조에 있어서의 변화와 체계적으로 연결시키려고 하였다. 즉 각각의 이론은 자본주의의 특정 발전단계에서의 특정 계급을 대변한다는 것이다. 그 계급의 이익과 결부시킨 주장도 있고, 그 계급의 위치와 결부시킨 주장도 있다. 모든 경우에 작동하는 일반적 메커니즘은 없다.

경제사상의 역사에 대한 마르크스의 설명을 여기서 다 논의할 생각은 없다. 이데올로기론의 관점을 잘 보여주는 부분만 살펴보겠다. 즉 중상주의자, 중농주의자, 맬서스, 속류 경제학자만 살펴보겠다. 마르크스는 아담 스미스와 리카도에 대해서도 심층적인 분석을 하였지만, 주로 내적 비판이고, 지식사회학과는 별로 관련이 없으므로 논의에서 제외하였다.

중상주의자

마르크스는 중상주의에도 여러 종류가 있다고 말한다. 첫째, M ⋯ M' 로 요약되는 형태, 즉 돈이 아무런 매개과정 없이 돈을 낳는다는 주장이 있다. 마르크스는 이것을 "분리하여 고수된 중상주의 체제의 형태"라고 하였다.[102] 8.2.3에서 지적한 바와 같이 이러한 형태의 중상주의는 합성의 오류를 범하고 있다. 즉 자본가는 누구라도 이자로 살 수 있으므로, 모든 자본가가 이자로 살 수 있다고 잘못 생각한 것이다. 중상주의자는 이러한 '현실의 자본가'의 시각을 경제 이론으로 만들어 경제 전체에 타당한 것처럼 제시했다. 《자본론 III》의 관련 구절에서는 이것이 중상주의자가 아니라 "속류 경제학자"의 견해라고 말했지만,[103] 뒤에 가서 "중상주의, 이것은 조잡한 현실주의로서 그 당시의 진정한 속류 경제학"이라고 말한다.[104] 중상주의자와 후일의 속류 경제학자는 자본주의 경제에서 본질과 현상을 혼동하고 있다는 점에서는 같다(3.1.2). 다른 점은 현

---

102) *Capital II*, p. 99.
103) *Capital III*, pp. 377~378. 8.2.3에 인용되어 있음.
104) *Ibid.*, p. 784.

상이 17세기와 19세기에 다른 모습으로 나타났다는 점이다. 중상주의자는 금융자본가 혹은 상업자본가의 시각을 일반화했고, 속류 경제학자는 산업자본가의 시각을 일반화했다.

그러나 마르크스는 이자부자본(M … M')이 중상주의의 전형적인 특징이라고 생각하지는 않았다.

> 근대적 생산양식에 관한 최초의 이론적 연구인 중상주의는, 상업자본의 운동이 보여주는 유통과정의 피상적인 현상들로부터 출발하였으며, 이 때문에 외관을 파악했을 따름이다. 그렇게 된 이유는 상업자본이 자본 일반의 최초의 자유로운 존재형태였기 때문에, 또한 상업자본이 봉건적 생산의 최초의 변혁기, 근대적 생산의 발생기에 미친 압도적인 영향 때문이었다. 근대 경제에 관한 진정한 과학은 이론적 고찰이 유통과정으로부터 생산과정으로 옮겨갈 때 비로소 시작된다. 이자부자본도 자본의 아주 오래된 형태이다. 그런데 중상주의가 왜 이것을 출발점으로 삼지 않고 이것에 대해 공격적인 태도를 취하게 되었는지는 뒤에 가서 보게 될 것이다. [105)]

둘째, 좀더 세련된 형태의 중상주의는 화폐의 보유가 아니라 유통에서 이윤을 찾는다. "이른바 화폐제도는 M-C-M'의 불합리한 형태의 표현일 뿐이다. 이것은 오로지 유통과정에서만 나타난다."[106)] 《자본론 I》에서 마르크스는 이 중상주의도 앞의 중상주의와 마찬가지로 합성의 오류를 범하고 있다고 주장한다. 즉 상품소유자는 누구라도 그 물건을 가치 이상으로 판매하여 다른 사람들의 희생하에 치부할 수 있다고 해서 모두가 동시에 그렇게 할 수 있다고 잘못 생각하고 있다는 것이다. "한 나라의 자본가 계급 전체가 스스로 자기 자신에게 속임수를 쓸 수는 없다." 그리고

---

105) *Ibid.*, p. 337.
106) *Capital* II, p. 60.

주석에서 이렇게 덧붙인다. "트라시는 … 그 견해에 반대하였다. 그는 이렇게 말한다. 산업자본가가 이득을 얻는 이유는 '모든 것을 생산에 든 비용보다 비싸게 팔기 때문이다. 그러면 그들은 누구에게 판매하는가? 우선 서로에게 판매한다.'"[107]

이러한 오류에 빠지지 않으면서 이윤이 유통에서 생긴다고 주장할 수도 있다. 이윤이 유통에서 창출된다는 전제로부터 부의 순증가는 일어나지 않는다는, 즉 경제는 일정합 게임이라는 타당한 결론에 도달할 수도 있다. 예컨대 스튜어트는 "이쪽이 이득을 보면, 저쪽은 손해를 본다"는 것을 잘 알고 있었다.[108] 그릇된 전제로부터 타당하지 않은 추론을 거쳐, 부의 순증가가 가능하다는 올바른 결론에 도달하는 중상주의자도 있고, 논리적으로 타당한 추론을 거쳐 그것이 가능하지 않다는 그릇된 결론에 도달하는 중상주의자도 있다. 양쪽 다 유통의 외관에 사로잡혀 생산이 부의 진정한 원천이라는 것을 알지 못했기 때문이다.

그러나 마르크스에 따르면, 생산의 중요성을 인식하고서도 중상주의적 환상에 사로잡히는 경우도 있다.

> 더욱 발달한 중상주의의 기초에는 M-C … P … C'-M'이 유일의 형태로 고정되어 있는데, 이 형태에서는 상품유통뿐만 아니라 상품생산도 필수적인 요소로 나타난다. M-C … P … C'-M'의 환상적인 성격과 그에 상응하는 환상적인 해석이 나타나는 이유는 이 형태를 흐름으로서 끊임없이 반복되는 것으로 보는 것이 아니라 한 번만 일어나는 것으로 보기 때문이다. 즉 그것을 순환형태로 보지 않고, 유일한 형태로 볼 때 그러한 환상이 나타난다.[109]

---

107) *Capital I*, p. 163.
108) *Theories of Surplus-Value*, vol. 1, p. 42.
109) *Capital II*, pp. 60~61.

내가 아는 한, 마르크스는 이 중상주의가 논리적 가능성인지 아니면 경제사상의 역사에서 실제로 존재한 이론인지는 밝히지 않는다. 그렇지만 그것이 왜 환상인지는 지적할 필요가 있다. 부분에 적용되는 진실을 전체로 확장하는 오류를 범하고 있기 때문이다.

> 새로 등장하여 처음으로 M-C … P … C'-M'의 순환을 그려내는 하나의 개별 자본을 살펴보면, M-C는 이 개별자본이 처음으로 수행하는 생산과정의 준비단계, 혹은 전조이다. 그러므로 M-C의 단계는 전제된 것이 아니라 오히려 생산과정에 의해 요구된, 혹은 필요해진 것이다. 그러나 **이것은 개별자본에만 해당된다.** 산업자본의 순환의 일반적 형태는 자본주의적 생산양식 하에서는, 즉 자본주의적 생산에 의해 결정된 사회적 조건에서는 화폐자본의 순환이다. 그러므로 자본주의적 생산과정은 선행조건으로 전제된다. 새로 투하되는 산업자본의 화폐자본이 최초로 순환되는 경우에는 그렇지 않겠지만, 이것을 제외하면 모두 그렇다. [110]

중요한 것은 화폐자본이 생산과정에서 잉여를 창출하기 위해서는 반드시 임금노동자 계급이 있어야 하고, 따라서 완전히 발전된 자본주의적 생산양식이 전제되어야 한다는 것이다. 새로 형성된 화폐자본의 관점에서 보면, 화폐가 그 과정의 첫 단계처럼 보일지도 모르지만, 체계 전체를 놓고 보면, 첫 단계가 아니라 순환하는 재생산과정의 일부일 뿐이다. 이러한 주장 자체는 그리 흥미로운 것은 아니다. 주목할 가치가 있는 것은 마르크스가 중상주의의 특징을 국지적 시각과 전역적 시각을 체계적으로 혼동한 것이라고 보았다는 점이다.

---

110) *Ibid.*, pp. 61~62. 강조 추가.

중농주의자

마르크스에 따르면, 중농주의학파는 "사물에 대한 전(前) 부르주아적 사고방식 내에서의 부르주아적 견해"를 보여주었다. 111) 그는 그들의 주장이 한편으로는 토지귀족의 계급적 위치를 반영하고 있고, 다른 한편으로는 초창기 부르주아 계급의 이익을 반영한다고 설명한다. 여기에 덧붙여 순수한 지적(知的) 요소도 있다고 말한다. 즉 중상주의 체제로부터, 그리고 그에 대한 반발에서 중농주의가 나왔다는 것이다. 이러한 설명은 사상에는 자율적 역사가 없다는 주장과는 맞지 않는다.

중농주의자들은 산업 이윤은 유통과정에서 발생하는 것이므로 국부의 순증가를 가져오지는 않는다고 보았다는 점에서 계몽된 중상주의와 견해가 같았다. "중농주의자들은 산업 이윤을 소외에 기초를 둔 이윤이라고 설명한다(이것은 중상주의적 설명방법이다). "112) 다른 한편 그들은 국부가 농업에서 창출된다고 믿었다. 그들은 농업에 종사하는 생산적인 계급들과 산업에 종사하는 무익한 계급들을 구분하였을 뿐 산업에 종사하는 계급을 자본가와 노동자로 나누지는 않았다. "그들은 자본가들이 소득으로 가져가는 이윤이 지주가 지불하는 더 높은 임금 같은 것이라고 생각했다. "113) 마르크스는 그들이 최초로 자본에 대한 분석을 시도했다는 점에서는 칭찬하지만, 114) 그것을 사회적 범주로 보지 못하고 자연적인 것으로 인식했다고 비판한다. 중농주의자들은 "잉여가치가 **자연의 선물**", 115) 즉 토지의 자연적 산물이라고 보지만, 사실상 그것은 사회적 범주이다. 3. 2. 2에서 논의한 것처럼, 이 점에서는 중농주의자가 옳았고, 마르크스

---

111) *Theories of Surplus-Value*, vol. 1, p. 385.
112) *Ibid.*, p. 383. 또한 p. 380 참조.
113) *Ibid.*, p. 47.
114) *Ibid.*, p. 44.
115) *Ibid.*, p. 51.

가 틀렸다. 물론 산업이 순잉여를 생산할 수 없다고 본 점에서는 틀렸지만, 그들의 기본적 직관은 옳았다.

중농주의자의 잉여가치론을 설명하기 위해 마르크스는 농업에서는 "잉여가치의 창출이 물질적이고 유형적인 형태로 나타난다"는 사실을 지적한다. 116) 마르크스에 따르면, 그들은 경제적 관계의 현상적인 모습만을 보고 있는데, 이 점에서 중상주의자와 다를 바가 없다. 다른 한편, 마르크스는 그들이 중상주의에 대한 과도한 반발로 잘못을 저지르고 있다고 지적한다.

> 가치 및 잉여가치를 유통으로부터가 아니라 생산으로부터 이끌어낸 것이 중농주의자의 큰 공적이다. 그러므로 그들은 유통 및 교환과는 완전히 분리 독립되어 있다고 생각되는 생산부문에서, 그리고 인간과 인간 간의 교환이 아니라 인간과 자연 간의 교환만을 전제로 하는 생산부문에서 출발한다. 이것이 중금주의 및 중상주의와 다른 점이다. 117)

중상주의자에 대한 반발로 중농주의자는 반대편 극단으로 갔고, 유통을 완전히 무시하였다. 그들의 공식은 M … M'가 아니라 P … P'이다. 이 견해의 사회적 의미는 불분명하다. 118)

> 한편으로 지대 ─ 즉 토지소유의 현실적인 경제적 형태 ─ 는 토지소유의 봉건적 외피를 벗게 되었으며, 노임의 초과분에 해당하는 잉여가치가 되었다.

---

116) *Ibid.*, p. 48.

117) *Ibid.*, p. 49.

118) *Capital II*, p. 99에서 마르크스는 케네가 중상주의자의 M … M'에 반대하여 P … P' 대신 C … C' 형태를 선택한 것에 대해 칭찬하고 있는 것은 사실이다. 그러나 그는 이것이 그의 '위대한 통찰력'을 보여주는 것으로서 중농주의자를 대표할 수는 없다고 말한다.

다른 한편, 이 잉여가치는 다시 봉건적인 방법으로 설명되었는데, 사회가 아니라 자연으로부터, 사회관계가 아니라 토지에 대한 관계로부터 도출되었다. 119)

바로 "그 학설의 봉건적 외관 덕분에, 계몽주의의 귀족적 분위기가 그러했던 것처럼, 다수의 봉건영주로 하여금 그러한 주의의 열렬한 지지자 및 보급자가 되게 하였다." 120) 이 지지자들은 그 학설의 진정한 역사적 의의를 알지 못했는데, 이것은 중농주의자도 마찬가지였다.

학설의 간판이 다른 물품의 상표와 다른 점은 무엇보다도 그것이 구매자뿐만 아니라 때때로 판매자까지 속인다는 점이다. 케네 자신과 그의 직계 제자들은 그들의 봉건적 간판을 그대로 믿고 있었다. … 그러나 사실상 중농주의자의 학설은 자본주의적 생산에 대한 최초의 체계적 파악이다. 121)

즉 그들이 잉여가치의 본질을 발견했다는 것이다. 마르크스는 여기에서 출발하여 "봉건사회로부터 벗어나 작동하는 자본주의적 생산의 모순"을 발견하였다. 122) 이것은 중농주의 학설에 대한 목적론적 해석으로서, 그 학설보다 앞서간 것이다. 이것은 그 학설에 따라 정책을 수립할 경우 어떤 결과가 나타날 것인지에 대해 그가 분석한 것을 보면 쉽게 알 수 있다. 즉 그 학설에 따르면, 농업생산물에만 과세를 하고, 공업은 과세할 만한 잉여가 없는 불임부문이므로 면세를 해야 하는데, 이것은 지주가 아니라 산업자본가에게 유리한 정책이라는 것이다.

---

119) *Theories of Surplus-Value*, vol. 1, p. 52.
120) *Ibid.*, p. 53.
121) *Capital II*, p. 360.
122) *Theories of Surplus-Value*, vol. 1, p. 52.

그러므로 중농주의자 자신들이 내리고 있는 결론을 보더라도 토지소유에 대한 표면상 찬양이 토지소유의 경제적 부정과 자본주의적 생산의 긍정으로 바뀌고 있다. 한편으로 모든 세금은 지대에 부과된다. 바꾸어 말하면 토지소유는 부분적으로 몰수를 당한다. 이 조치는 프랑스 혁명의 입법이 실현하려 했던 것이며, 충분히 발전된 근대 부르주아 정치경제학인 리카도 경제학이 도달한 결론이다. 지대가 유일한 잉여가치이기 때문에 모든 세금이 지대에 부과된다. 다른 형태의 소득에 대한 과세는 궁극적으로 토지소유에 대한 과세가 된다. 이러한 우회적인 방법의 과세는 경제적으로 해로운 것이며, 생산을 방해한다. 그러므로 산업에 대해서는 과세와 국가적 간섭이 제거되고, 이로써 산업은 국가의 모든 간섭으로부터 해방된다. 이것이 표면상으로는 토지소유의 복리를 위하여, 즉 산업의 이익을 위해서가 아니라 토지소유의 이익을 위해서 진행된다. 123)

토지소유의 찬양은 실제로는 오직 지대에만 과세하라는 요구로 바뀌는데, 여기에는 국가에 의한 토지소유의 몰수가능성이 내포되어 있다. 이것은 리카도학파의 급진파들의 경우도 마찬가지다. 프랑스 혁명은 뢰드레르 등의 반대에도 불구하고 이 조세 이론을 채택하였다. 튀르고 자신이 급진적인 부르주아 대신이었으며, 그의 활동이 프랑스 혁명의 서곡이었다. 중농주의자는 봉건적 외관으로 위장하였지만, 백과전서파와 손을 잡고 있었다. 124)

이 진술들은 앞에서 인용한 구절들과 마찬가지로 무슨 말인지 알기 어렵다. 중농주의자의 봉건적 성격에 대한 공격이 도가 지나쳐, 그들이 단순한 과오를 넘어 기만을 획책한 듯한 인상을 준다. 그들은 고의적으로 기만하지는 않았고, 마르크스도 중농주의자들이 자신들의 간판을 믿었다는 말로 이를 인정했다. 여기에서 우리는 기능적 설명의 진수를 볼 수 있

---

123) *Ibid.*
124) *Ibid.*, p. 66.

다. 마르크스는 중농주의 학설이 부르주아 계급을 위한 길을 닦는 진보적인 역사적 기능을 했다고 주장한다. 지주의 환상이 산업자본가의 이익에 봉사했다는 것이다. 즉 이익을 설명요인으로 삼고 있다. 역설적인 상황을 관찰하는 데 만족하지 않고, 이성의 간지를 등장시킨 것이다.

맬서스

마르크스가 보기에 맬서스 학설의 특징은 유효수요가 유지되어야 하고, 이를 위해서 아무것도 판매하지 않는 구매자 계급이 창출되어야 한다고 주장한 점이다. 이로써 맬서스는 토지귀족과 국가 관리의 더할 나위 없는 대변자가 되었다.

> 〔맬서스는〕 토지귀족의 아첨꾼으로서 그들의 지대, 명목상의 지위, 낭비, 무자비성 등을 **경제적으로** 정당화하였다. 맬서스는 산업부르주아 계급의 이익을 옹호한다. 그것이 토지소유의 이익, 즉 귀족의 이익과 일치하는 한에서, 즉 그것이 인민대중 즉 프롤레타리아 계급의 이익과 대립되는 한에서. 그러나 일단 토지귀족의 이익과 산업부르주아 계급의 이익이 분열되고 서로 충돌하는 경우에는 부르주아 계급을 반대하고 귀족 편에 선다. 그래서 '비생산적 노동자', 과잉 소비 등을 옹호하는 것이다. [125]

그러나 때로는 귀족을 달래는 것이 부르주아 계급에게 이익이 된다는 점을 상기할 필요가 있다(7.1). 처음에 맬서스의 견해는 "아직까지 전체 사회를, 국가를 장악하지 못한 혁명적 부르주아 계급"에 반대되는 것이었다. [126] 이 단계의 부르주아 계급은 "국가와 교회 등은 생산적 부르주아 계급의 공동이익을 감독하거나 관리하는 위원회가 되어야 하고, 그 비용

---

125) *Ibid.*, vol. 2, p. 115.
126) *Ibid.*, vol. 1, p. 300. 또한 *ibid.*, p. 175 참조.

은 … 불가피한 최소한에 그쳐야 한다"고 주장했다. 127) 그러나 나중에 노동 계급이 등장하자 이 비생산적 경비가 각광을 받게 되었다. 이 내용은 7. 1. 5 말미에 소개되어 있다. 이 단계에서 부르주아 계급은 "등장하는 적을 강화하기보다는 사라지는 적과 타협하는 길을 선택했다". 128) 1820년의 맬서스는 부르주아 계급 — 아직 혁명적 단계에 있었던 — 의 이익을 대변할 수 없었지만, 수십 년이 지나 상황은 변했다. 맬서스가 제시한 '판매신청'(8. 2. 2)을 산업부르주아 계급이 받아들인 것이다. 129)

속류 경제학자들

이들은 하나의 학파에 속한 경제학자들이 아니라 공통된 견해를 가진 사람들이다. 마르크스에 따르면, 세이, 가니어, 시니어, 바스티아, 케리 등이 여기에 속한다. 중상주의자와 마찬가지로 이들 역시 현상의 표면에 머물러 경제적 관계의 본질은 보지 못하고 있다. 중상주의자와는 달리 이들은 기존 체제를 변호한다. 기존의 체제가 모든 가능한 세계 중으뜸이라는 것이다. 이들의 핵심적인 오류는 토지와 자본과 노동을 각각 독립적인 생산요소로 동등하게 놓고, 각각 그에 상응하는 수익을 낸다고 본다는 점이다. 이러한 환상은 자본주의적 생산의 본질에서 비롯된 것으로서 자본주의 체제의 영속성을 믿고, 이를 정당화한다. 따라서 마르크

---

127) *Ibid.*

128) *New York Daily Tribune* 1852. 8. 25. 6. 3. 3에 자세한 인용이 있다.

129) 실제로 비생산적 계급에 대한 옹호는 나중에 맬서스가 한 것과는 다른 맥락에서 이루어졌다. 속류 경제학자들은 이 계급들 — 자신들도 포함하여! — 이 실제로는 아주 생산적이라는 장황한 설명을 늘어놓은 반면, 맬서스는 생산적 노동자를 "자신의 주인의 부를 직접 증가시키는" 사람으로 정의했다(*Theories of Surplus-Value*, vol. 3, p. 35. vol. 1, p. 176 참조). 맬서스는 속류 경제학자들을 유용한 게으름뱅이들이라고 옹호한 반면, 그들은 자신들이 생산적이기 때문에 유용하다고 주장했다. 대체로 그들은 맬서스가 말한 계열에 속했다고 볼 수 있다.

스는 이에 대해 위치 설명과 기능적 이익 설명을 병행한다. 두 가지 설명은 다음과 같다.

> 자본-이윤, 또는 이보다 더 나은 자본-이자, 토지-지대, 노동-임금이라는 경제적 삼위일체는 가치의 구성부분과 부 일반 및 부의 원천 사이의 관련을 나타낸다. 이 삼위일체에서 자본주의적 생산양식의 신비화, 사회적 관계의 물화, 물질적 생산관계와 그 역사적·사회적 특수성과의 직접적 융합이 완성된다. 이것은 요술에 걸려 뒤집힌 세계이며, 여기에서 자본 도령과 토지 아씨가 사회적 인격이자 사물로서 귀신놀이를 하고 있다. … 현실의 생산 담당자들이 자본-이자, 토지-지대, 노동-임금이라는 소외되고 불합리한 형태에 흡족해하는 것은 당연하다. 바로 이러한 외관 속에서 움직이고 있으며 이러한 외관과 매일 부딪치기 때문이다. 이 삼위일체는, 내적 관련이 결여되어 있지만, 자연스럽게 보이고 의심할 여지가 없어 보이기 때문에 속류 경제학은 여기에서 천박한 자만심의 고상한 토대를 발견한다. 속류 경제학은 선생 노릇이 하고 싶어서 현실의 생산 담당자의 일상적인 관념을 그럴듯하게 교조적으로 번역한 것에 불과하다. 이 공식은 또한 지배 계급의 이익과도 일치한다. 왜냐하면 그들의 수입 원천의 자연적 필연성과 영원한 정당성을 설교하며 하나의 교리로까지 격상시키기 때문이다. 130)

> 수입의 형태와 수입의 원천은 자본주의적 생산관계의 **물신숭배적** 표현이다. 관계의 본질과 매개 고리들은 그 형태 속에 은폐되어 있다. 그리하여 **토지**가 **지대**의 원천이 되고, **자본**이 **이윤**의 원천이 되고, **노동**이 **임금**의 원천이 된다. 전도된 관계를 보여주는 이 왜곡된 형태는 이 생산양식의 담당자들의 시야에서 자연스럽게 재생산된다. 이것은 환상 없는 허구이며, 속인들의 종교이다. 속류 경제학자들은 … 자본주의적 생산양식의 대표자들의 관념과 동기 등을 보여준다. 이들은 그 생산양식에 사로잡혀 있으며, 그 생산양식의 피상적인 관계만 인식하고 있을 뿐이다. 속류 경제학자들은 이들의 관념과

---

130) *Capital III*, p. 830.

인식을 교조적인 언어로 나타내는데, 지배적인 분파인 자본가들의 관점에서 그렇게 한다. 그러므로 그들이 하는 일은 순진한 것도 아니요, 객관적인 것도 아니다. 단지 옹호론일 뿐이다.[131]

마르크스에 따르면, 모든 수입의 원천은 노동이다. 지대와 이윤은 잉여가치의 일부이며, 임금은 노동력의 가치에 해당한다. 수입의 형태는 생산의 특정 요소에 대한 통제와 관련이 있다. 수입의 원천을 세 가지로 여기게 된 이유는 생산 요소에 대한 통제가 아니라, 그 요소 자체가 수입의 원천이라고 생각했기 때문이다.

이러한 세 개의 공식은 속류 경제학의 산물만은 아니다. 중상주의가 이자부자본을 생산적 자본으로 잘못 생각했다는 점은 앞에서 지적한 바 있다. 마르크스는 M … M′이 속류 경제학의 기본 공식이라고 여러 차례 강조한다.[132] 《자본론 III》에서 그는 자본가는 자신의 총이윤이 복수의 상품 속에 각각 실현되어 있는 이윤에 의해 결정된다고 믿는 경향이 있다고 지적한다. 그러나 마르크스에 따르면, 총잉여가치는 개별 상품에 할당되기 전에 이미 정해져 있다. "속류 경제학자는 경쟁에 사로잡힌 자본가들의 독특한 관념을 겉보기에 더 이론적이고 일반적인 말로 번역하는 일 이외에는 하는 일이 없다."[133] 여기에서 마르크스는, 자본 숭배에 대한 논의(2.3.2)에서 그러했던 것처럼, 노동가치설에 사로잡혀 오류를 범하고 있다. 마르크스는 여기에서 한 걸음 더 나아가 속류 경제학자들이 노동의 가치와 노동력의 가치를 혼동하고 있다고 지적한다(3.1.2). 이러한 사례들은 경제현상의 본질을 경제적 주체들이 직접 파악할 수 있다는 믿음을 공통적으로 가지고 있다. "그러나 겉으로 보이는 현상과 사물의

---

131) *Theories of Surplus-Value*, vol. 3, p. 453.

132) *Ibid.*, p. 467. 또한 *Capital III*, pp. 405~406 참조.

133) *Capital III*, p. 231; *Theories of Surplus-Value*, vol. 2, p. 267.

본질이 일치한다면 과학이 불필요할 것이다."[134] 속류 경제학자들은 지구의 관찰자 눈에 그렇게 보인다고 해서 태양이 지구를 돌고 있다고 믿은 천문학자와 같다.[135]

수입의 원천에 대한 그러한 속된 관념은

> 옹호론일 뿐이다. 예컨대 토지-지대, 자본-이자, 노동-임금의 공식은 자본주의적 생산이 이루어지는 곳에서는 서로 다른 형태의 잉여가치이며, 서로 충돌하지도 않으며, 이질적이고 독립적인 형태로서 서로 다를 뿐 적대적인 것은 아니다. 각각의 수입은 서로 다른 원천에서 나온다. 지대는 토지에서, 이자는 자본에서, 임금은 노동에서 나온다. 이들은 서로 어떠한 관련도 없기 때문에 적대적 관계에 놓일 이유가 없다. 그럼에도 불구하고 생산에 함께 참여한다면, 이것은 조화로운 행동이며, 조화의 표현이다. 이것은 농부와 황소와 쟁기와 토지가 서로 다른 것임에도 불구하고 함께 **조화를 이루면서** 농사를 짓는 것과 같다. 여기에 충돌이 있다면, 그들이 함께 창출한 가치를 놓고 누가 더 많이 가져갈 것인가 하는 경쟁에서 발생하는 충돌이 있을 뿐이다.[136]

이 분석은 매우 시사적이다. 특히 마지막 문장은 자본주의가 협력으로 얻은 이익을 어떻게 분배할 것인가를 놓고 벌이는 협상이라는 견해를 잘 보여준다. 이러한 견해는 단체협상으로 제도화되어 있으며, 현대 자본주의 사회의 지배적인 경제 이데올로기이다. 나도 이러한 견해가 틀렸다는 마르크스의 주장에 동의하지만, 틀린 이유에 대해서는 그와 생각이 다르다. 마르크스는 그 견해가 가치의 창출과 관련하여 그릇된 사실적 전제를 가지고 있다고 주장했다. 속류 경제학자들은 수입이 오로지 노동

---

134) *Capital III*, p. 817.
135) 이 비유는 *Zur Kritik (1861~1863)*, p. 2117에 나온다.
136) *Theories of Surplus-Value*, vol. 3, p. 503.

으로부터만 나온다는 것을 알지 못했다는 것이다. 나는 3.2.3에서 이러한 마르크스의 견해가 잘못된 것이라고 지적한 바 있다. 내가 속류 경제학자들의 개념이 틀렸다고 생각하는 이유는 바로 **규범적인** 문제 때문이다(4.3.2).

일반적으로 말해서, 속류 경제학자들의 견해는 인지적 환상이다. 그것은 '현실의 자본가'가 직접적으로 느끼는 관념을 이론적으로 번역한 것이다. 그러나 일단 그러한 환상이 형성되고 나면, 자본가 계급의 이익에 훌륭하게 봉사한다. 자본이 그 자체로 생산적인 것으로 보이기 때문이다. 이 점에 있어서 그 환상은 중상주의자의 견해와는 다르다. 어떠한 옹호 기능도 하지 않았기 때문이다. 또한 맬서스의 이론과도 다르다. 마르크스에 따르면, 맬서스도 인지적 혼란은 없었지만, 옹호적 성격을 가지고 있었다. 속류 경제학자들의 특징은 그들의 견해가 두 개의 뿌리를 가지고 있다는 점이다. 하나는 일상생활의 환상이고, 또 하나는 부르주아 계급의 이익이다. 그들의 주장이 호소력이 매우 강했던 이유가 바로 그것이다. 이 경우는 필터 모형(8.1.3)에 해당하지는 않는다. 왜냐하면, 이 견해가 널리 퍼지기 전부터 이미 '오염된' 것이었기 때문이다. 마르크스가 때때로 속류 경제학자들이 부르주아 사회를 "모든 가능한 세계 중에서 으뜸"이라고 말한 것에 대해 그들의 인지적 환상이 무엇이든 간에 "조화된" 관념이라고 말하고 있는 것은 사실이다.137) 이 문맥에서 보면, 속류 경제학의 특징이 본질과 현상을 혼동한 것이 아니라 자본주의를 옹호하는 것이라고 말하는 것 같다. 이른바 '보상 이론'과 같은 몇몇 전형적인 경우를 보면,138) 속류 경제학자들의 견해가 인지적 환상에서 비롯되었

---

137) 자세한 논의는 졸고 "Marx et Leibniz" 참조.

138) *Capital I*, pp. 438ff. 이것은 "노동자를 쫓아내는 모든 기계는 동시에, 그리고 필연적으로 같은 수의 노동자를 고용하기에 충분한 자본을 방출한다"는 견해이다.

다고 믿을 이유가 없다. 그러나 마르크스는 속류 경제학에서 그 두 측면이 서로 뗄 수 없는 관계로 연결되어 있다고 주장한다.

요약하면, 경제적 지식에 관한 마르크스의 사회학은, 기능적 설명과 노동가치설에 의존한 흠은 있지만, 상당한 성과를 얻었다는 것이 내 생각이다. 그는 '심리경제학'으로 알려진 분야의 개척자였다. 후일의 대부분의 연구자들이 주로 선호의 형성에 관심을 가진 것과는 달리, 그의 주된 관심은 신념의 형성에 있었지만 말이다. 최근의 '자본 논쟁'은 이러한 문제들이 진부한 사안이 아니라는 것을 보여준다. 확실히 일부 인지적 혼란은 '자본'이 동질적 '생산 요인'이라는 발상에서 생겼다. 이러한 발상은 **자본가들**이 상당히 동질적인 계급을 형성한다는 사실로부터 나온 추론이다. 생각하건대 고전파 경제학자들이 총자본이라는 개념에 집착한 것도 비인지적 관심과 관계가 있다. 그것이 공론(空論)에 불과하다는 것은 널리 인정된 사실이다. 물론 나도 틀릴 수 있다. 지적 취향 때문에 어떤 이론에 반대할 수도 있다. 그렇다 하더라도 경제적 관념과 경제 이론에 대한 사회학은, 이 영역에 도사리고 있는 방법론적 함정들에 빠지지만 않는다면, 연구할 가치가 있는 분야이다.

8.3.2. 이데올로기로서의 종교

종교적 신앙의 본질과 원인 및 결과에 대한 마르크스의 논의는 25년간에 걸친 그의 저작물 여기저기에 흩어져 있다. 이 논의들을 한데 모아 일관성 있는 주장으로 만들기는 매우 어렵다. 그 글이 쓰인 방식대로 조각조각 읽어나간다 하더라도 별로 재미가 없다. 종교를 논의하면서 마르크스는 그의 사변적 성향을 유감없이 발휘했다. '기능'과 '상사'(相似)에 관한 논의는 개인심리학적 기초가 결여되어 있다.

내가 아는 한, 마르크스는 종교 일반에 관해 논한 적이 없다. 자연종교에 관한 몇몇 언급과 유대교에 관한 수사적 웅변을 제외하면, 139) 거의 전부 기독교에 관한 언급이다. 그의 관심은 세계종교로서의 기독교를 다른 세계종교와 비교하는 것이 아니라 기독교 신조의 다양한 형태들을 비교하는 것이었다. 이 점에 있어서 그는 베버에 비해 관심 영역이 아주 협소했다. 자본주의와 프로테스탄트의 관계에 관한 그의 분석은 베버에 비하면 유치한 수준이었다.

종교에 대해 논의하면서 마르크스는 8. 1. 2에서 말한 여러 가지 형태의 설명을 동원한다. 8. 2. 1에서 이른바 인지부조화의 관점에서 보는 인과적 이익 설명에 대해 언급한 바 있다. 아래에서 보게 되겠지만, 그도 때때로 기능적 이익 설명을 사용한다. 대중 종교가 지배 계급에 이익이 된다는 것이다. 마지막으로, 그가 사용한 인과적 위치 설명, 즉 경제적·사회적 구조에 입각한 설명을 살펴보겠다. 즉 종교는 **위안**이 되는 것이며, **사회적 통제**이며, 경제구조의 반영이라는 것이다. 아래에서 주로 둘째 유형과 셋째 유형을 살펴보겠지만, 첫째 유형과 둘째 유형의 관계에 관해 몇 가지만 미리 살펴보자.

이 관계를 알아보기 위해 벤느의 역작 《빵과 서커스》(Le Pain et le Cirque)를 살펴보기로 하자. 이 책의 중심주제는 어떤 사회에서 사람들이 가지고 있는 신념은 지배자에게 이익이 되는 것이기는 하지만, 그렇다고 해서 그 이익으로 그 신념을 설명할 수는 없다는 것이다. 예를 들어 로마인들은 지배자들의 신성(神聖)을 믿는 경향이 있었지만(8. 1에서 말한 의미에서), 이러한 믿음이 지배 계급에게 가져다준 명백한 이익으로 그 믿음을 설명할 수는 없다. 오히려 그 믿음이 백성들에게 준 이익 — 마음의 평화와 같은 것 — 으로 설명해야 한다. 벤느는 페스팅거를 인용하여, 지

---

139) 자세한 내용은 Carlebach, *Karl Marx and the Radical Critique of Judaism* 참조. 마르크스의 논설 "유대인 문제"(*On the Jewish Question*)에 대해서는 필자가 제대로 이해할 능력이 없음을 고백한다.

배자의 신성에 대한 믿음은 보통 사람들이 권력을 탐할 엄두를 내지 못하게 함으로써 부조화를 감소시켰다고 주장한다. 140) 종교는 인민의 아편(8.2.1) 이라는 진술에서 볼 수 있듯이 마르크스도 유사한 종교 이론을 제시했다. 지배자가 인민들로 하여금 환상적인 만족을 얻도록 종교를 보급한 것은 아니라는 뜻이다. 벤느가 강조하는 바와 같이, 인민들 스스로 필요한 아편을 만들어낸다. 그러나 지배 계급도 종교적 믿음을 가지고 있다는 사실은 이러한 이론으로는 설명할 수 없다.

속설에 따르면, 로마의 통치자들은 백성들에게 '빵과 서커스'를 제공하면서 반란을 방지했다(벤느는 이 속설에 반대한다). 이와 유사하게 마르크스는 1847년의 논설에서 '빵과 종교'를 거론한다. 이 논설은 종교에 대한 기능적 이익 설명을 분명하게 보여준다. 이 논설에 나오는 주문(呪文) 과 격려를 오해해서는 안 된다. 이 논설에서 프롤레타리아 계급은 '기독교의 사회적 원칙'에 속지 않을 것이라고 말하고 있는데, 이 말은 실제로 그럴 위험이 있다는 뜻이다.

> 기독교의 사회적 원칙은 고대의 노예제를 정당화하고, 중세의 농노제를 찬미하고, 필요할 경우에는 슬픈 표정을 지으면서도 프롤레타리아 계급에 대한 억압을 옹호한다. 기독교의 사회적 원칙은 지배 계급과 피억압 계급의 필연성을 설교한다. 피억압 계급에게 하는 말은 지배 계급이 자비심을 갖도록 경건하게 기도하라는 것이 전부다. 기독교의 사회적 원칙은 모든 오명은 하늘에서 보상을 받으라는 것이다. 이로써 지상에서의 오명은 계속되고 정당화된다. 억압자가 피억압자에게 가하는 악행은 원죄에 대한, 그리고 이런저런 죄를 지은 데 대한 정당한 처벌이거나, 무소부지의 주님이 속죄를 위해 내린 심판이다. 기독교의 사회적 원칙이 설교하는 것은 소심, 자기멸시, 굴욕, 굴종, 비하, 요컨대 천민의 기질이다. 그러나 프롤레타리아 계급은 이

---

140) Veyne, *Le Pain et le Cirque*, pp. 310ff 및 *passim*.

처럼 천민 대우를 받는 것을 용납하지 않을 것이며, 필요한 것은 용기와 자신(自信)과 긍지와 독립정신이지 빵이 아니다. 기독교의 사회적 원칙은 비열하고 위선적이지만 프롤레타리아 계급은 혁명적이다. 141)

1847년에 쓴 다른 논설에도 같은 내용이 발견된다. 이 논설은 "진정한 사회주의자" 크리게와 그의 "사랑의 종교"에 대한 요구를 비판한 것이다.

'자아'로부터 분리된, 따라서 형이상학적·종교적 허구인 '인류'에 대한 수치스럽고 구역질나는 아첨, 비참하기 이를 데 없는 천민적인 자기비하, 이 종교 역시 그 결말이 다른 종교와 다를 바 없다. 굴종과 자기멸시의 육체적 쾌락을 설교하는 그러한 교리는 전적으로 용감한 수도사에게나 어울리는 것이지, 행동하는 인간에게는, 특히 투쟁의 시기에는 전혀 어울리지 않는다. 142)

니체 같은 느낌을 주는 이 구절은 물론 기능적 설명이 아니다. 이 구절은 종교적 믿음의 결과를 사실적으로 진술한 것이며, 설명의 문제는 남아 있다. 마르크스는 크리게를 반박하면서 "기독교의 망상은 기존 세계의 환상적 표현"이라는 앞의 주장을 반복한다. 즉 종교를 위안으로 보는 인과적 이익 설명을 하는 것이다. 그럼에도 불구하고 이 텍스트들은 기능주의적으로 읽을 수 있는 여지가 있다. 기독교가 지배 계급에게 어떤 이익을 가져다주는지 자세하게 구체적으로 열거하고 있기 때문이다. 또한 마르크스가 전반적으로 기능적 설명을 하는 경향이 있다는 점을 생각하면 충분히 그렇게 읽을 수 있다.

후기의 경제적 저작에는 종교적 믿음에 대한 이익 설명은 거의 나오지 않는다. 주로 기독교의 다양한 형태에 대한 위치 설명이 많은데, 일관성

---

141) *Deutsche-Brüsseler-Zeitung* 1847. 9. 12.
142) "Circular against Kriege", p. 49.

있게 연결되지는 않는다. 논의의 편의를 위해 관련 구절들을 여기에 인용하겠다.

(1) 화폐 축장자가 금욕적이고 근면하면 그는 본질적으로 프로테스탄트이며, 청교도이다. 143)

(2) 가톨릭에서 금은을 사회적 노동의 직접적인 구현물, 즉 추상적 부의 표현으로 여기고, 다른 세속적 상품들과 다른 것으로 본다는 사실은 부르주아 경제학자들의 프로테스탄트적 명예율법과 맞지 않았다. 부르주아 경제학자들은 화폐제도에 대한 편견과 두려움 때문에 화폐유통 현상에 대한 식별력을 한동안 잃어버렸다. 144)

(3) 종교적 세계는 현실 세계의 반영일 뿐이다. 상품생산에 기초한 사회에서는 일반적으로 생산자들이 타인의 생산물을 상품과 가치로 취급하는 사회적 관계를 형성하며, 이로써 사적 노동을 동질적인 인간 노동으로 환원한다. 이 사회에서는 추상적인 인간에게 예배하는 기독교가, 특히 그 부르주아적 발전인 프로테스탄트나 이신론(理神論) 따위가 가장 적당한 종교이다. 145)

(4) 금은이 부의 물질적 대표자이자 일반적 형태라는 견해의 자극을 받아 금은의 축적이 이루어졌음을 알 수 있다. 화폐 숭배는 금욕, 자기부정, 자기희생, 절약과 근검, 세속적이고 일시적이며 덧없는 향락의 멸시, **영원한** 보화의 추구이다. 이로써 영국의 청교도주의 또는 네덜란드의 프로테스탄트와 화폐 증식의 연관을 알 수 있다. 146)

---

143) *Contribution to the Critique of Political Economy*, p. 108.
144) *Ibid.*, p. 134.
145) *Capital I*, p. 79.
146) *Grundrisse*, p. 232.

(5) 화폐제도는 기본적으로 가톨릭적이고 신용제도는 기본적으로 프로테스 탄트적이다. "스코틀랜드 사람은 금을 싫어한다." 지폐로서 존재하는 상품은 오로지 사회적 존재일 뿐이다. 구원을 받는 것은 믿음에 달려 있 다. 상품에 내재하는 영혼으로서의 화폐가치에 대한 믿음, 생산양식과 예정된 질서에 대한 믿음, 자기증식적인 자본의 단순한 인격화로서의 개별 생산담당자에 대한 믿음. 147)

(6) 자본주의적 생산의 발전은 부르주아 사회를 평준화하고, 다양한 민족들 의 기질과 성향을 평준화한다. 그것은 기독교와 같은 진정한 사해동포 주의이다. 이것이 바로 기독교가 자본의 특별한 종교인 이유이다. 둘 다 사람이 중요하다. 추상화된 존재로서 한 인간은 다른 인간만큼 가치 있거나, 혹은 다른 인간만큼 하찮은 존재다. 기독교에서는 모든 것이 믿음 여부에 달려 있다. 자본주의에서는 모든 것이 신용 여부에 달려 있 다. 한 가지 더 추가하자면 기독교에는 구원이 예정된 사람들이 있고, 자본주의에는 은수저를 입에 물고 태어난 사람들이 있다. 148)

여기에 《경제학 · 철학 원고》의 한 구절을 더 추가할 수 있다.

(7) 이러한 계몽된 정치경제학은 사적 소유에서 부의 **주관적 본질**을 발견하 였다. 따라서 이들에게는 사적 소유를 인간과 마주한 **대상적 존재**로 인 식하는 화폐제도와 중상주의 체제의 추종자들이 **화폐숭배자**, 즉 **가톨릭 교도**로 보인다. 그러므로 **아담 스미스**는 **정치경제학의 루터**라고 한 엥겔 스의 말은 옳았다. 149)

이 텍스트들은 서로 앞뒤가 맞지 않는다. (1), (4)는 금은의 축장이 프로

---

147) *Capital III*, p. 592.
148) *Theories of Surplus-Value*, vol. 3, pp. 448~449. *Grundrisse*, p. 839 참조.
149) *Economic and Philosophical Manuscripts*, p. 290.

테스탄트와 관계가 있다고 주장한다. 그러나 (2), (5), (7)은 화폐제도가 본질적으로 가톨릭적이라고 말한다. 화폐가 두 가지 특징을 가지고 있고, 이것이 서로 다른 종교와 연결될 수 있다는 사실을 마르크스가 혼동한 것으로 보인다. 신용은 금속과는 달리 축장될 수 있다. 축장은 강박관념(2.2.5)을 가져오기 쉽다. 즉 극단적인 프로테스탄트의 광신적인 자기부정과 연결될 수 있다. 다른 한편 화폐는 사회적 부의 '화신'((2)의 독일어 원문)으로 보일 수 있고, 이것은 성물(聖物)에 초자연적 의미를 부여하는 가톨릭과 관계가 있다. 마르크스는 물신숭배를 성변화(聖變化)150)와 비교하는데, 151) 이것은 화폐를 숭배하는 중상주의적 오류(M … M')와 관련이 있다. 여기에 나타난 모순된 진술은 마르크스의 지적 훈련의 결여를 보여주는 확실한 증거가 될 수 있다. 영국 공장법에 대한 그의 설명(4.1.4)도 증거 목록에 올릴 수 있다. 마르크스가 생각나는 대로 쓴 후에 다른 주제로 옮겨가서는 앞에 쓴 것을 잊어버리는 버릇을 가지고 있었던 것으로 보인다.

인용한 텍스트 중에 몇 개는 이론적으로 매우 중요하다. (3), (5), (6)은 교리 문제를 다룬 것으로서, 자본주의의 여러 측면을 프로테스탄트 신학에 비유하고 있다. 인간의 노동을 추상화하는 것은 프로테스탄트에서 강조하는, 자신의 하느님과 함께 있는 추상적 개인에 해당한다. 자본주의에서 강조하는 신용의 가치는 프로테스탄트에서 강조하는 구원의 수단으로서의 믿음에 해당한다. 부잣집에 태어난 사람은 은총을 입은 사람에 해당한다. 내 생각으로는 이러한 비유는 지극히 독단적인 것이다. 재치가 조금만 있으면 누구라도 정신적 태도와 사회·경제적 구조 간의 상사(相似)나 '구조적 상동(相同)'을 쉽게 지어낼 수 있다. 후일의 마르크

---

150) 〔옮긴이주〕가톨릭의 성체성사(聖體聖事)에서 빵과 포도주가 그리스도의 몸과 피로 변하는 일.

151) *Theories of Surplus-Value*, vol. 3, p. 494.

스주의 이론에서 그런 예를 많이 찾아볼 수 있다. 152) 이런 사례들은 과학의 공포의 방153)에 눈에 잘 띄는 곳에 진열해야 한다. 종교에 관한 언급을 보면, 마르크스는 불행하게도 그러한 사고방식의 선구자였다.

종교와 자본주의의 관계에 관한 마르크스의 주장을 이른바 베버-톰슨의 견해와 비교해보자. 154) 요점은 다음과 같다. ① 캘빈주의 혹은 감리교의 경우, 속세에서의 금욕은 예정설에 대한 믿음과 구원에 대한 기대 사이의 인지부조화를 줄이는 방법이었다. 155) 마르크스가 청교도주의와 저축 사이에 관련이 있다고 한 것과 비슷하다. 그러나 마르크스는 프로테스탄트가 비생산적 축장과 관련되어 있다고 본 반면에, 베버는 그것을 생산적 투자와 연결시켰다. 베버의 추론에도 문제가 있지만, 156) 마르크스의 견해도 지지하기 어렵다. 오로지 유추(類推)에 기대고 있을 뿐 인과관계에 대한 설명이 없다. 베버의 설명이 종교에서 자본주의로 가는 반면, 마르크스의 설명은 반대 방향으로 진행된다는 점도 차이점이다. 157) ② 노동자들이 다양한 형태의 프로테스탄트를 채택하게 되면, 이것은 확실히 자본가 계급에게 유익하다. "노예는 주인이 필요한 반면, 노

---

152) 예를 들면 각주 33)에 인용한 보케노의 저작; Hessen, "The social and economic roots of Newton's Principia"; Goldmann, Le Dieu Caché 참조.

153) 〔옮긴이주〕 '공포의 방'(Chamber of Horrors)은 고문 도구 등을 전시하는 박물관의 한 구역을 말한다.

154) Weber, The Protestant Ethic; Thompson, The Making of the English Working Class, ch. 11.

155) 바탕에 깔려 있는 메커니즘은 Quattrone and Tversky, "Self-deception and the voters illusion" 참조.

156) 저축에서 투자로 가는 과정을 베버가 설명한 것은 아니다. 그는 비생산적 축장의 가능성을 무시했을 뿐만 아니라, 자선의 가능성도 무시했다. 코헨이 지적한 것처럼, 기부하는 인생도 속세에서의 금욕이라고 할 수 있을 것이다.

157) 하나의 예외가 있다면 5. 2. 2의 말미에 인용되어 있는 1861~1863년의 《비판》의 한 구절이다. 여기에서 마르크스는 프로테스탄트와 과학을 부르주아 사회의 정신적 전제조건이라고 말한다.

동자는 스스로를 통제하는 법을 배우게" 됨으로써, 작업규칙을 강화할 수 있고, 이로써 생산과정을 효율적으로 관리할 수 있기 때문이다. 158) ③ 그러나 이러한 신념들을 노동자들이 채택한다고 생각하면 잘못이다. 반복된 교육이 전파의 한 요인이기는 하지만, 교육자 자신이 그것을 믿고 있어야 효과적으로 전파될 수 있다. 효율적인 도구라고 생각하여 노동자들에게 설교한다고 될 일은 아니다. 159) 또한 노동자들에게 그러한 신념을 채택할 만한 이유가 있어야 한다. 즉 위안의 필요성이 절실해야 한다. 노동자의 종교에 대한 이러한 설명은 어떤 의미에서 ①에서 요약한 자본가의 종교에 대한 설명의 역(逆)이다. 베버는 자본가의 종교를 주어진 것으로 보고, 그들의 경제적 행위를 부조화의 축소형태로 보았지만, 톰슨은 노동자의 경제적 상황을 주어진 것으로 보고, 그들의 종교적 신념을 부조화의 축소형태로 보았다. 물론 이 두 가지 설명은 완벽하게 양립 가능하다. 나로서는 잘 알지 못하지만, 이 두 가지 설명이 진실이라면, 자본가가 프로테스탄트를 수용한 이유가 무엇인지 설명해야 하는 과제가 남는다. 160)

결론적으로 종교적 신념형성에 대한 마르크스의 설명 중에서 유일하게 가치가 있는 것은 초기의 포이어바흐적 관념, 즉 종교는 "피억압 인민

---

158) *Results of the Immediate Process of Production*, p. 1033. 4. 2. 1에 자세한 내용이 인용되어 있다. 이 구절은 종교에 관한 것이 아니지만, 프롬(Fromm, *Fear of Freedom*, p. 80)의 주장을 연상하게 한다.

159) *Sour Grapes*, ch. II; Veyne, *Le Pain et le Cirque*, p. 679, *passim*.

160) Thompson, *The Making of the English Working Class*, pp. 391~392는 청교도주의가 "중간 집단으로 하여금 소명의식을 가지게 하여 사회적 통합을 가져오고, 획득활동을 열심히 하도록 만드는(그리고 성공하게 하는) 정신적 에너지"를 공급한다고 주장한다. 이러한 기능적 설명은 이해하기 어렵다. 이것은 베버의 주장을 거꾸로 한 것이다. 즉 경제적 행위가 종교에 의해 발생한 긴장의 해소책을 제공한 것 아니라, 종교가 이 집단들의 경제적 행위를 안정화했다는 것이다.

의 한숨"이라는 것이다. 이 관념은 1865년에까지도 유지된다. 161) 이것
은 베버-톰슨 견해의 ③에 해당한다. 그의 기능주의적 설명은 ②의 견해
와 관련이 있지만, 지금까지 잘 알려진 이유로 버려야 한다. ①과 모호하
게 닮은 주장, 즉 자본주의와 프로테스탄트 사이에 선택적 친화성이 있
다는 관념도 피상적인, 그릇된 유추에 불과하다는 사실이 증명되고 있
다. 폭로과학의 학도들은 그의 실패를 보고 배워야 할 것이다.

---

161) 각주 56)에서 인용한 구절 참조.

결 론

제9장

자본주의, 공산주의, 혁명

자본주의에서 공산주의로의 혁명적 이행은 마르크스의 일생의 과업이었다. 전자본주의 사회에 대한 연구와 이른바 '역사적 유물론'은 그 과업의 포장지에 불과했다. 그러한 이행이 어디서부터, 어느 쪽으로, 그리고 어떻게 진행되는가 하는 문제를 이 장에서 다루고자 한다. 먼저 앞에서 논의한 내용들을 요약 및 종합하는 형태로 자본주의에 대한 그의 견해, 즉 자본주의의 발전, 생리 및 병리에 대한 견해를 살펴보겠다. 그의 주된 관심은 특히 자본주의의 병리에 있었다. 그는 자본주의가 비인간적이고, 불의하며, 낭비적인 체제라고 생각했다. 이 모든 면에서 반대편에 있는 것이 바로 공산주의 사회였다. 마르크스는 공산주의가 임박했고, 불가피하다고 믿었다. 다음으로 마르크스가 말하는 공산주의의 윤리적·경제적·정치적 개념을 살펴보겠다. 전체적으로 유토피아적이기는 하지만, 분야에 따라 정도의 차이는 있다. 이 개념들은 희망적 사고와 과장을 털어내면 정치 이론과 정치적 행동에 귀중한 지침을 제공한다. 마지막으로 자본주의의 병폐와 공산주의의 가능성이 노동자들로 하여금 혁명운동에 나서게 하는 과정에 대한 마르크스의 견해를 살펴볼 것이다. 그는 공산주의의 필연성을 굳게 믿은 나머지 논증의 필요성을 느끼지 못했다. 그의 이론이 우리를 설득하는 데 실패한다면 그 이유는 바로 거기에 있다.

자본주의

레온티프(Wassily Leontief)에 따르면, 마르크스는 자본주의 체제를 독창적으로 읽어낸 위대한 판독가였다. 그는 실로 강력한 직관으로 자본주의 기업가를 움직이는 동기가 무엇인지, 이 동기가 집합적 수준에서 그리고 정치적 수준에서 어떻게 형성되고, 변형되는지 파악했다. 결점이 많이 있기는 하지만, 《자본론 I》에 있는 자본주의의 역사에 관한 부분들은 관찰과 종합을 훌륭하게 결합하고 있다. 마르크스는 문제를 제기한 다음, 상당한 해결책을 보여주었다. 하지만, 레온티프의 평가에 들어 있는 비판적인 측면도 염두에 두어야 한다. 판독가가 심리학자는 아니다. 위대한 경제사회사가(經濟社會史家)가 꼭 탁월한 경제 이론가는 아니다. 사무엘슨은 《자본론 I》 출간 100주년을 기념하면서 마르크스가 기본적으로 '비주류 리카도 학파'라고 논평했다. 당시에 나는 이 논평을 못마땅하게 생각했지만, 지금은 사무엘슨의 견해에 대체로 동의한다. 《자본론 II》와 《자본론 III》에 나와 있는 경제 이론만 놓고 평가하면 그렇다고 할 수 있다.

《자본론 I》의 가장 중요한 성취는 자본주의 공장과 자본주의 기업가에 대한 분석이었다. 자본주의 기업가에 대한 분석은 베버나 슘페터보다 훨씬 더 풍부하고 통찰력이 넘친다. 소유관계와 권력과 기술과 합리적 결정, 이들의 상호작용을 그처럼 멋지게 파악한 사람은 없었다. 그의 마니교적인 진술들은 물론 버려야겠지만, 앤드류 어(Andrew Ure)의 저작이 보여주는 것처럼, 그러한 진술들도 전혀 터무니없는 것은 아니었다. 분량이 많지는 않지만, 기업들의 **체제**로서의 자본주의에 대한 분석, 즉 경쟁, 매뉴팩처에서 공장제공업으로의 이행, 축적, 성장, 기술변혁 등에 대한 분석도 역시 훌륭했다. 나아가 이러한 경제적 발전들이 계급투쟁에 어떠한 영향을 미치고, 또한 계급투쟁에 의해 어떠한 영향을 받는지, 그리고 계급투쟁이 정치영역으로 어떻게 이어지는지에 대한 분석에도 통찰력이 넘쳐난다. 마지막으로, 마르크스가 선구적으로 이루어놓은 성취 가운데 무시되는 것이 하나 있다. 마르크스는 경제주체들이 경제체제의 작동에 대해 가지고 있는 신념들이 그 체제와 이중적인 인과관계를 맺고 있다는 것을 밝혔다. 즉 그러한 신념은 체제의 산물이자 동시에 체제를 재생산한다는 것이다. 이를 보여주기 위해 마르크스는 모든 경로 — 개인적 수준에서 집합적 수준까지, 정태적 분석에서 동태적 분석까지, 경제적 수준에서 사회적·정치적·이데올로기적 수준까지 — 를 샅샅이 탐색했다. 이들 각각에 대해 앞에서 비판적으로 살펴본 바 있는데, 하나하나가 다 인상적이며, 합쳐서 놓고 보면 더욱 인상적이다.

그러나 이러한 내용들은 종종 그릇된 틀 속에 들어 있기 때문에 재구성할 필요가 있다. 우선, 곳곳에 헤겔식 방법의 잔재가 남아 있다. '자본'은 스스로 의지를 가진 신비한 행위주체로 등장한다. 공장법은 마법에 의해 자본의 욕구를 충족시킨다. 사회적 이동성도 자본의 법칙을 강화시키는 형태로 나타난다. 중농주의자의 학설도 봉건체제 내에서 자본을 대변하기 위해 나타난다. 앞에서 말한 것처럼, 이러한 설명들은 방법론적 전체론과 기능적 설명과 변증법적 연역이 뒤범벅된 것이다. 한마디로 표현하자면, **목적론**이라고 할 수 있을 것이다. 자본을 지지하는 보이지 않는 손이 마르크스에게서 발견되는 목적론의 한 축이요, 궁극적으로 자본을 파괴하는 과정의 필연성이 또 한 축이다.

다음으로, 《자본론》의 분석들은 노동가치설에 집착한 나머지 곳곳에서 결함을 낳았다. 그의 노동가치설은 매우 독창적인 측면도 있지만, 기술적인 측면에서 많은 오류를 안고 있다. 노동이 이질적이고, 작업의 비효용이 서로 다른 경우, 노동가치설의 기본 개념들은 더 이상 적용될 수 없다. 이것은 근본적인 결함이다. 이러한 문제들을 무시한다 하더라도 노동가치설로는 아무것도 분석할 수 없다. 이것이 노동가치설의 가장 큰 문제점이다. 다른 이론들이 설명하지 못하는 것 중에서 노동가치설이 더 간명하게 설명하는 것은 아무것도 없다. 균형가격과 이윤율에 관해서는 노동가치설의 설명이 오히려 방해가 된다. 연역 자체는 옳지만, 불필요하게 복잡한 길로 끌고 간다. 기술변혁과 균형성장에 관해서는 확실히 해롭다. 헤겔주의자로서의 마르크스만이 알 수 있는 방식으로 전개되어 있기 때문이다. 그가 노동가치설에 집착한 이유는 가치계산이 자본주의 체제의 내적 본질이며, 가격 체계는 피상적인 현상에 불과하다고 생각했기 때문이다. 그러나 이러한 접근법을 선택할 경우 개인의 행동은 설명할 길이 없다. 가치는 눈에 보이지 않는 것이기 때문에 인간의 의도적인 행동을 설명하는 자리에는 있을 곳이 없다. 그러므로 마르크스와 그의 후예들이 기술의 선택을 잉여가치의 극대화라는 관점에서 설명하면서, 자본 부문과 소비 부문의 잉여가치 저축률이 동일하다고 주장했을 때, 그들은 속류 경제학이 범한 오류의 반대편에 있는 오류를 범했다. 즉 그들은 현상이 있어야 할 자리에 본질을 두었던 것이다.

마르크스가 자본주의를 비난한 이유는 다음 세 가지로 요약될 수 있다. 첫째, 자본주의는 인간의 유적 능력을 박탈하고 소외시키기 때문에 **비인간적**이라는 것이다. 유적 능력이란 지성과 언어와 도구제작 능력 덕분에 인간만이 가지고 있는 창조적인 활동을 말한다. 마르크스는 이러한 능력의 개발이 인류와 개개인의 궁극적인 목적이요, 궁극적인 선이라고 믿었다. 이러한 견해는 부분적으로 공리주의적 성격을 띠고 있다. 자신의 능력을 개발하고 사용하는 것이 인간에게 가장 깊은 만족을 주는 활동이라는 것이다. 아리스토텔레스적 성격도 있다. 인간은 자신의 본질 또는 내적 목적을 실현해야 하는데, 그것은 창조적인 활동이라는 것이다. 자본주의는 한편으로는 인류를 위한 거대한 진보이다. 자본주의는 유적 능력의 미증유의 확대를 가능하게 만들어주었기 때문이다. 다른 한편으로는 인간 개개인이 자신의 능력을 전면적으로 발전시키는 것을 가로막고 있다. 인간의 가장 심원한 욕구인 자신의 재능과 능력을 사용하고자 하는 욕구가 좌절되는 것, 이것이 바로 소외이다. 마르크스가 그것이 인간의 가장 깊은 욕구라고 생각했는지는 확실하지 않다. 소외가 때로는 자아실현의 결여를 의미하고, 때로는 이러한 결여에 대한 인식의 결여를 의미한다. 때로는 주관적인 좌절 경험을 의미한다. 이것은 단순히 하고 싶은 것을 할 능력이 없어서 생기는 좌절이 아니라, 사회적으로 실현 가능함에도 불구하고 실현되지 않은 데 따르는 좌절이다. 또한 이것은 집합적인 현상이기도 하다. 이전의 사회에서는 좌절은 개별적인 것이었다. 각 개인의 욕구는 오직 타인의 희생 위에서만 충족될 수 있었기 때문이다. 그러나 자본주의적 소외는 욕구충족이 대규모로 이루어질 수 있음에도 불구하고 실현되지 않는 상태이다. 이러한 격차를 사회구성원들이 인식할 경우, 즉 자신의 욕구가 무엇인지 알고, 또한 이러한 욕구의 객관적인 충족가능성을 알 경우, 드디어 행동에 나서게 된다.

다음으로 마르크스는 자본주의가 속속들이 **불의한** 체제라고 믿었다. 물론 이런 해석은 논란이 생길 수 있다. 마르크스주의자들은 이 용어가 부르주아적 용어라고 생각하여 이 용어를 사용하지 않고 오히려 공격하기 때문이다. 하지만 나는 마르크스의 착취 이론에 비추어, 그리고 이윤을 도둑질이라고 자주 비난한 것 등에 비추어 그가 분배적 정의 이론을 가지고 있었다고 생각한다. 중심적인 원칙은 각자의 기여에 비례하여 보상이 이루어져야 한다는 것이다. 물론 여기에는 모두가 기여할 능력이 있다는 전제가 있다. 불행하게도 이러한 노동착취 이론은 분명하지 않으며, 또한 노동가치설과 충돌을 일으킨다. 노동이 이질적일 경우 기여를 공통의 척도로 측정할 수 없다. 게다가 그 원칙을 노동의 성질과 관계없이 노동시간을 기준으로 적용하고자 할 경우, 노동의 형태에 따라 비효용의 정도가 다를 것이므로 보상기준도 달라야 한다. 노동가치설에서처럼 노동의 형태를 무시한다 하더라도, 이러한 기여 원칙은 윤리적으로 볼 때도 매력적인 것이 아니다. 이 원칙을 따르면, 빈자가 부자를 착취하는 비상식적인 상황이 발생할 수도 있다. 빈자가 여가를 좋아한 나머지 지금 가지고 있는 극소량의 자본조차 필요 없는 경우가 그러하다. 이로써 알 수 있듯이, 착취가 도덕적으로 비난받는 것은 기여 원칙에 어긋나기 때문이 아니라 뭔가 다른 이유 때문이다. 또한 착취가 노동의 공급상황 때문이 아니라 기본재산의 차이 때문에 발생한다면, 이것은 결코 도덕적으로 비난할 일이 아니다. 기본재산의 차이는 시간에 대한 선호의 차이에서 발생할 수도 있다. 일부 사람들은 자신의 작업에 필요한 것보다 더 많은 자본을 축적할 수 있다. 이들이 이 자본을 다른 사람들, 즉 버는 대로 다 써버린 사람들에게 제공하여, 그들이 추가수입을 올릴 수 있도록 한다면, 이 일에 누가 반대할 것인가? 처음에 기본재산이 동일한 상황에서 자유로운 활동에 의해 서로에게 이익이 되는 구조가 등장했다면 이것을 기여 원칙의 잣대로 비난할 수는 없다.

　나는 이러한 반론이 오늘날의 자본주의에 적용될 수 있다고 생각하지는 않는다. 기본재산의 차이가 주로 자발적인 선택, 즉 소비를 했느냐 저축을 했느냐에 따라 생겨났다는 주장은 틀린 것이다. 또한 그러한 반론은 마르크스의 견해에 대한 효과적인 반론도 아니다. 마르크스는 확실히 그러한 반론을 받아들이지 않을 것이다. 소외가 극복된 사회였다면 다른 사람을 위해 무상으로 일할 사람은 없었을 것이기 때문이다. 그렇게 하는 것은 자아실현이라는 근본적인 가치를 손상시키는 일이 된다. 그러나 실현가능성이 있는, 공상이 아닌 공산주의 사회를 건설하려고 할 경우,

반드시 이 반론을 명심해야 한다. 그로스만(Wassily Grossman)의 소설에 나오는 한 구절을 보자. 이 구절은 노브(Alec Nove)의 《실현 가능한 사회주의 경제학》(*The Economics of Feasible Socialism*)에 인용되어 있다.

> 나는 어릴 때부터 가게를 하나 열고 싶었다. 누구라도 와서 물건을 살 수 있도록. 그 가게에는 스낵바가 있어서 고객들은 불고기를 먹을 수도 있고 음료를 마실 수도 있다. 나는 이 모든 것을 싼 값에 제공할 것이다. 진짜 시골 음식도 제공할 것이다. 군 감자! 마늘 넣은 베이컨! 독일김치! 제1코스로는 사골을 제공할 것이다. … 한 잔의 보드카, 사골, 물론 흑빵도, 그리고 소금. 의자는 가죽의자. 기생충들이 생기지 않도록. 고객들은 자리를 잡고 앉아서 쉬기도 하고, 음식을 먹기도 한다. 내가 이런 이야기를 큰 소리로 외친다면, 나는 곧장 시베리아로 유배를 당할 것이다. 그런데, 내가 도대체 남들에게 무슨 피해를 주었는가?

정말이지 무슨 피해를 주었는가? 몇 명의 점원과 요리사를 고용했다고 해서(이들은 노동자 협동조합이 아니라 레스토랑에서 임금을 받고 일하기를 원했다) 누가 피해를 입었는가? 사회주의 경찰이 개입하여 그러한 계약을 금지해야 하는가? 노동자들을 강제로 해방시키기 위해?

셋째, 마르크스는 자본주의가 본질적으로 그리고 불필요하게 비합리적이고, 낭비적이라고 비난했다. 낭비적이라고 본 이유는 여러 가지가 있다. 시장 메커니즘은 경제적 결정을 조정하는 데 매우 비효율적이라는 것이다. 경제적 위기가 발생할 가능성이 항상 있고, 실제로 빈번히 발생한다. 위기가 발생하면 자본재는 유휴상태가 되고 노동자들은 일자리를 잃고, 생산된 재화는 있지만 살 사람은 없다. 또한 동태적 관점에서 볼때 자본주의는 기술변혁 문제에 있어서 사회적으로 바람직한 기준, 즉 노동의 극소화에 미치지 못한다. 자본가들은 지불노동시간을 극소화하려는 것이지 노동시간 전체를 극소화하려는 것이 아니다. 기술변혁이 노동시간의 단축을 가져오지만, 더 많은 지불노동을 사용해야 한다면, 혹은 (변혁이 임금투쟁에 미친 영향 때문에) 더 많은 임금을 지불해야 한다면, 자본가는 그런 기술을 채택하지 않을 것이다. 그 중요성이 다소 과장되긴 했지만, 이러한 일들이 비효율을 가져올 수 있다고 한 마르크스의 지적은 옳다. 물론 그 어떤 경우에든 이러한 결점이 전혀 없으면서도 자본주의의 장점은 가지고 있는, 특히 새로운 기술의 모색을 끊임없이 촉진하는 그런 체제를 제시해야 한다. 대안 체제를 제시하지 못하는 한, 자본주의의 낭비적 성격은 견디는 수밖에 없다. 마르크스는 이 모든 면 — 새로운 기술의 모색, 기술선택의 기준, 효율적인 사용 등 — 에서 자본주의보다 우수한 새로운 생산관계의 등장이 임박했다고 주장했다. 마지막으로 자본주의 체제는 스스로를 파괴하는 경향이 있다는 점에서 불합리한 체제이다. 자본주의는 자신의 장기적인 생존가능성을 저해하는 수단을 통해서만 경제적으로 생존할 수 있다. 특히 이윤율이 하락하는 국면에 이르러 모든 자본가들이 동일한 방식의 대응을 할 경우 그 경향은 더욱 강화된다. 이윤율 하락 이론은 얼핏 보기에는 그럴듯하지만, 자세히 살펴보면 엉성하기 짝이 없다. 그 이론은 그릇된 전제, 즉 사람들이 항상 노동절약형 혁신을 추구할 것이라는 전제에서 출발하여, 이로부터 이윤율이 하락하는 경향을 가지게 된다는 그릇된 추론을 한다.

대체로 마르크스는, 소비수준이 낮아진다는 의미에서 빈곤이 증대된다는 이유로, 좀더 일반적으로 말하자면 생활수준이 낮아진다는 이유로 자본주의를 비난하지는 않았다. 영국 노동자 계급의 상태에 관해 이글거리는 분노를 나타낸 것은 사실이지만, 그들의 상태가 악화되고 있다는 뜻은 아니었다. 그의 비교기준은 현실의 상황이 아니라 미래의 가능한 상황이었다. 그는 현존하는 자본주의에서의 노동자의 상황을 보다 합리적으로 조직된 생산관계에서의 상황과 비교했다. 욕구충족의 결여는 역사를 통해 대부분의 사람들에게 불가피한 사실이었다. 그러나 자신의 힘을 완전하고 자유롭게 사용할 수 있는 사회가 가능하고, 그러한 사회에서는 욕구충족이 객관적으로 가능하다면, 욕구충족의 결여는 사회의 수치가 된다. 마찬가지로 기술변혁과 관련된 자본주의의 하위최적이 혁신의 정체를 가져온다는 말은 아니다. 이윤율이 하락하면 자본가는 오히려 미친 듯이 기술혁신에 매달린다. 문제는 자본주의가 창출한 조건하에서 다른 체제가 더 잘 작동할 수 있다는 것이다. 소외와 '생산력과 생산관계 사이의 모순'은 현실적인 것과 가능한 것 사이의 격차로 정의될 수 있다. 대체로 소외는 생산력의 더 나은 **사용**이 가능함에도 그렇지 못한 현실을 말하는 것이고, 모순은 생산력의 더 **빠른 발전**이 가능함에도 그렇지 못한 현실을 말하는 것이다. 사실상 이 두 현상은 밀접히 연관되어 있다. 소외를 진압하고 나면, 사회의 구성원들은 창조적 능력을 자유롭게 발휘하게 될 것이다. 과학기술 분야에서 자아실현을 추구하는 사람들도 있을 것이고, 그 결과 전대미문의 생산성 향상이 나타날 것이다. 거듭되는 말이지만, 그러나 이런 일은 자본주의가 창출한 기술적 기초 위에서만 가능하다. 자본주의는 토끼를 잡은 다음 버리게 될 올무 같은 것이다.

자본주의에 대한 경제적 분석과 고발은 이분법적 계급 틀로 이루어져 있다. 자본가와 노동자만이 (개별적으로 그리고 집합적으로) 《자본론》의 중요한 행위주체이다. 농민과 지주 등 농업계급은 제 3권의 말미에 잠깐 나올 뿐이다. 장인과 소부르주아 계급은 사실상 보이지 않고, 관리자 계급과 공무원 계급도 보이지 않는다. 마르크스의 다른 저작에서는 다양한 사회적 계급들이 등장하는데, 계급 이론은 마땅히 이러한 모든 사회적 계급을 염두에 두고 개진해야 한다. 프랑스 정치에 관한 널리 알려진 저작들은 이 목적에 적합하지 않다. 선진 자본주의 국가를 다룬 것이 아니기 때문이다. 영국에 관한 수많은 짤막한 글들로 보충해야 한다. 이 글들을 함께 모아 보면 자본주의 사회에서의 국가의 본질에 대한 이론을 얻을 수 있다. 프랑스와 영국에서는 국가권력을 장악한 계급이 권력을 독점적으로 행사하였다. 프랑스의 중앙집권적 관료가 그러했고, 영국의 토지 귀족이 그러했다. 1848년 독일 혁명이 일어나기 전부터, 그리고 혁명이 진행되는 동안, 마르크스는 자본가 계급이 자력으로 권력을 장악할 것이라고 생각했고, 그러기를 바랐다. 그래야 노동자와 부르주아 계급 간의 적나라한 대결이 이루어질 수 있기 때문이었다. 기대가 빗나가자, 그는 경제적으로 지배적인 계급이 정치 영역에서는 왜 한 걸음 양보하는지에 대한 분석에 착수했다. 그는 부르주아 계급이 노동자들과의 대결을 피하고자 했다는 사실에서 그 이유를 찾았다. 노동자의 힘과 투쟁의지를 두 개의 적, 즉 '자본'과 '정부'로 분산시키는 것이 장기적으로는 더 유리하다고 판단하여 부르주아 계급이 단기적으로 양보했다는 것이다. 노동 계급에 대한 주요 지배유형은 분할정복 — 마르크스가 가끔 이 말을 사용하긴 했지만 — 이 아니라, 2개 전선(*two-front war*) 전략이다. 노동자들로 하여금 주적(主敵)이 누구인지 알 수 없게 하고, 계급투쟁의 전선을 모호하게 만드는 것이다.

계급투쟁은 경제와 정치를 잇는 매개요소다. 계급은 경제행위에 의해 정의되고, 공통의 경제적 이해에 따라 하나의 집단이 되지만, 이러한 이익을 추구하고자 할 경우 정치영역으로 나아가게 된다. 이 과정은 두 단계로 분석할 수 있다. 첫째, 계급의식의 형성. 즉 계급적 유대의 형성 및 조직의 건설. 객관적으로 정의된 계급이 집합행위자가 되는 과정에는 여러 가지 구조적 요인들이 영향을 미친다. 예를 들면, 계급 구성원들 간의 의사소통 네트워크, 일정한 기간에 걸친 계급 구성원의 평균 총수, 문화적 동질성의 정도 등. 마르크스는 특히 농민들은 (농민이 있는 나라의 경우) 구조적으로 계급의식을 갖기 어렵다고 주장했다. 농민들은 루이 보나파르트를 지지했지만, 그들 자신의 이익을 도모하기 위한 조직을 만들 수는 없었다. 둘째, 계급연합의 형성. 즉 집합행위자로 등장한 계급들 간의 동맹. 2개 전선 이론으로부터 다음과 같이 추론할 수 있다. 즉 유산 계급이 무산 계급에 대항하여 동맹을 맺게 될 것이다. (초기에는 두 산업 계급이 전자본주의적 지배 계급에 대항하여 동맹을 맺었을 수도 있다.) 그러나 마르크스는 이러한 반노동자 동맹은 최후의 대결과 붕괴를 지연시킬 뿐이라고 생각했다. 자본주의가 점점 취약해지고, 위기가 만연하면 그 어떤 정치적 술책도 소용이 없다. 그는 국가가 개입하여 경기부양책이나 규제 등으로 위기를 극복할 수 있으리라고는 생각하지 않았다.

마르크스의 자본주의에 대한 분석에는 마지막으로 국제적 차원의 분석이 있다. 그는 자본주의가 줄기차게 확장되고, 비자본주의 사회를 자본주의 사회로 개종시키는 성격을 가지고 있다는 사실을 잘 알고 있었다. 이러한 자본주의의 전파는 재화와 인력과 자본과 사상이 국제적으로 확산되면서 진행된다. 나아가 그는 자본주의적 발전이 앞선 나라와 후발주자들의 차이점을 분석하였다. 나중에 트로츠키가 주장한 것처럼, 마르크스가 결합·불균등발전 이론으로 분석했다고 주장한다면, 틀린 말이 될 것이다. 그럼에도 불구하고 그렇게 볼 만한 요소들을 그의 저작에서 발견할 수 있다. 이러한 견해는 일생동안 몇 차례 변화를 겪는다. 1850년 무렵에는 공산주의 혁명이 유럽 대륙의 후진 자본주의 국가에서 발생할 것이고, 그 다음 영국으로 전파될 것이라고 생각했다. 영국은 공산주의 정권이 자본주의를 앞지르고 생존할 수 있는 유일한 나라였다. 다시 말해 혁명이 동방에서 서방으로 확산될 것이라고 생각했다. 30년 후에 그는 서방 선진국의 기술이 혁명적인 동방으로 전파되기를 기대했다. 이 두 가지 생각이 공유하는 전제가 있다. 즉 성공적인 공산주의 **혁명**의 조건들은 공산주의 **정권**의 생존가능성에 따라 다르고, 그 생존가능성을 높일 수만 있다면 다른 나라로부터 배우기도 하고, 빌려오기도 하고, 전염되는 것도 불사해야 한다는 것이다. 이 이론은 초기의 생각에는 적용될 수 있지만, 나중의 생각과는 맞지 않는다. 본질적으로 정치사상의 전파 속도는 기술의 전파속도보다 훨씬 빠르기 때문이다.

공산주의

《자본론 I》은 행복한 소수를 위해, 행복한 소수에 속하는 사람이 쓴 작품이다. 배우지 못한 독자에 대한 배려라곤 조금도 없다. 마르크스는 그의 독자들이 라틴어와 그리스어와 기타 유럽 주요국의 언어들을 다 알고 있다고 가정한다. 또한 그의 독자들은 철학에도 정치경제학에도 정통해야 하고, 세계 역사와 시사문제에도 밝아야 한다. 심지어는 위장된 형태로 나타낸 문학적 암시도 알아채야 한다. 그 책은 저자가 자신의 능력을 마음껏 발휘한 만큼, 평범한 독자들에게는 읽기 버거운 책이다. 달리 말하면 그 책은 창조성의 극치를 보여준다. 미래 공산주의 사회에서는 모든 사람이 이런 수준의 책을 이해할 수 있는 능력을 갖게 될 것이다. 실로 모든 사람이 그에 버금가는 책을 집필할 수 있을 것이며, 대부분의 시간을 그런 일을 하면서 보내게 될 것이다.

이 말이 과장으로 들릴 수도 있다. 확실히 마르크스의 일부 주장에는 과장이 있다. 그러나 그 말에는 부정할 수 없는 진리의 일면이 담겨 있다. 마르크스는 19세기 중반의 노동자들이 비참하게 식물처럼 맥없이 살아가는 모습을 보고 전율했다. 직장에서 그들은 기계에 붙어 있는 부속품이었고, 집으로 돌아와도 너무 지친 나머지 활기찬 생활을 할 수 없었다. 그들이 즐길 수 있는 것이라곤 소비의 수동적 쾌락밖에 없었다. 마르크스는 그 반대편 극단에 있었다. 해야 할 일이 있을 때조차도 그에게는 창조적인 힘이 넘쳐났다. 그는 창조의 기쁨이 어떤 것인지, 어려움을 극복했을 때, 긴장이 해소되었을 때 어떤 기쁨이 오는지 알고 있었다. 그는 이것이 인간의 좋은 삶이라는 것을 알고 있었다. 그리고 그는 그러한 좋은 삶이 더 이상 소수 특권층의 전유물이 아닌 사회를 갈망했다. 창조적인 일을 통한 자아실현, 이것이 바로 마르크스의 공산주의의 본질이다.

나는 이것이 마르크스 사상의 가장 값지고 오래 남을 요소라고 생각한다. 그가 언급한 것은 지적 성취이지만, 꼭 지적 성취에 한정할 필요는 없다. 훌륭한 요리사가 되는 것, 혹은 훌륭한 목수가 되는 것, 혹은 훌륭한 자수공예가가 되는 것, 이러한 목표들도 모두 같은 종류의 즐거움을 가져올 수 있다. 실제로 공기놀이를 하는 것도 시를 읽는 일과 같은 즐거움을 가져올 수 있다. 이 문맥에서는 밀의 저급한 쾌락과 고급한 쾌락의 구별은 의미가 없다. 마르크스는 정신적인 창조활동을 언급했지만, 여기에 모리스(William Morris)의 손으로 하는 창조활동을 추가하는 것이 더욱 균형 있는 주장이 될 것이다. 이에 대해 아마 마르크스도 이의를 제기하지 않을 것이다. 가능한 한 이를 실현하는 것은 매우 가치 있는 정치적 과업이다.

그러면, 어디까지가 "가능한 한"인가? 자아실현이라는 이상의 충족한계는 어디까지인가? 이 이상이 마르크스가 중요하게 여긴 다른 가치들과 충돌하는 경우는 없는가? 혹은 인간의 본성이나 사회의 현실과 충돌할 가능성은 없는가? 아래의 반론들은 그러한 이상을 폄하하기 위한 것이 아니라, 그 이상이 실현될 수 있는 형태와 한계에 관해 고찰이 필요한 부분들을 일깨우기 위한 것이다. 그렇게 하지 않으면, 최선이 오히려 선(善)의 적(敵)이 되기 쉽다. 이것은 현존 사회주의 체제들이 마르크스의 이상을 실현하지 못한 이유를 너그럽게 설명하는 사람들이 사용하는 표현이다.

(1) 마르크스는 확실히 공산주의의 특징이 개인의 완전하고 자유로운 자아실현이라고 믿었다. 이 말을 글자 그대로 해석하면 이런 의미가 된다. 즉 각 개인은 (a) 다른 사람이 가진 모든 능력을 다 가지고 있고, (b) 이 모든 능력을 다 개발한다. (a)는 유전적으로 결정된 능력의 차이를 부정하기 때문에 유토피아적 발상이라고 하지 않을 수 없다. 또한 (a)를 적당히 수정한다 하더라도 (b) 역시 가능성이 매우 희박하다. 성취의 넓이

와 깊이는 반비례 관계에 있어서 **모든** 분야에서 능력을 발휘하면서, 각 분야에서 다 잘할 수 있는 사람은 없다. 독서를 적게 한 사람은 자아실현의 완전성보다는 자유를 택한 것이라고 볼 수도 있다. 공산주의 사회에서는 개인의 자아실현의 욕구를 어느 특정 계열의 활동으로 실현하도록 한정하지 않을 것이기 때문이다. 이러한 견해는 또한 사회적 조정의 어려움을 야기할 가능성이 매우 높다. 이 점에 대해서는 나중에 다시 설명한다.

(2) 자아실현의 이상은 노력을 요하는 일이다. 지나친 요구가 아닌가? 공산주의 사회는 소비의 수동적 쾌락 — 그것이 푸시핀에 관한 것이든 시에 관한 것이든 — 을 즐기는 사람들은 축출하거나 비난할 것인가? 창조의 과정을 촉진하기 위해 자원을 사용하는 것이 창조의 과실을 낳고 창조의 기쁨을 누리는 사람들에게 불의를 행하는 것인가? 나는 솔직히 말해서 이런 주장을 받아들일 수 없다. 현대 사회에서 많은 사람들이 수동적인 태도를 취하는 것이 대체로 사회적 인과의 결과이고, 이것은 고칠 수 있는 것이라고 믿고 있지만, 그들의 선택 전부가 결코 자발적인 것이 아니라고 말할 자신은 없다. 다시 말해서 시간, 에너지, 돈, 혹은 자긍심의 결여와 같은 제약요인들이 제거되고 나면, 모든 사람들이 소비보다는 창조를 자발적으로 선택할 것이라고 장담할 수 없다. 그리고 이러한 문제에 대한 결정은 당사자가 아닌 제3자가 할 수는 없는 것이므로 불확실성이 존재하고, 따라서 그 이상을 구현하고자 할 때에는 이러한 불확실성을 염두에 두어야 한다.

(3) 자아실현의 이상은 자칫하면 자아도취나 방종으로 전락할 수 있다. 자아실현을 추구하는 사회에서는 아무도 자아실현에 관심을 갖지 않게 될 것이다. 사람들은 당장의 관심사에 골몰할 것이다. 책을 읽거나,

자수를 놓거나, 체스 게임을 하거나. 이런 일들을 진지하게 집중할 때에만 성공할 수 있고, 오직 그렇게 할 때에만, 그 행위의 부산물로서 자아실현의 기쁨이 생길 것이다. (물론 실제로 성공하는 일도 종종 있어야 한다.) 여기에서 자아실현을 위한 계획 자체가 자기패배적일 수도 있다는 문제가 생긴다. 즉 자아실현을 사회의 중심적 가치로 삼을수록 자아실현이 적어지는 효과가 생길 수도 있다는 것이다. 이것은 작업장에서 참여를 독려하는 개혁운동에서 발생할 수 있는 위험과 어느 정도 유사한 것이다. 참여가 가치를 가지기 위해서는 참여 이외의 목표 — 결정을 내린다거나 좋은 제품을 만든다거나 — 가 반드시 있어야 한다. 그런데 사람들은 종종 이러한 사실을 망각한다.

(4) 근대 산업사회에서는 직장에서 제공하는 분야가 제한되어 있기 때문에 마르크스가 생각한 자아실현이 이루어지기는 어렵다. 반복적인 일일 수도 있고, 단조로운 일일 수도 있고, 지루한 일일 수도 있고, 혹은 아닐 수도 있다. 그러나 어떤 일이든 조정과 감독 아래 이루어질 수밖에 없고, 이러한 조정과 감독은 자유로운, 창조적 활동을 심각하게 제한한다. 미래에 기술이 발전하면 지난 세기보다는 그 정도가 약해지겠지만 그러한 제한이 완전히 사라지리라고 기대할 수는 없다. 다른 한편, 작업을 하는 상황도 여러 가지 면에서 중요한 문맥이다. 그것이 곧 외적 규제이며, 이 외적 규제가 종종 자아실현의 조건이 되기 때문이다. 고객이 그 제품을 좋아하지 않으리라는 것을 알고 있으면, 정신을 집중하여 열심히 일하려 할 것이다. 반대로 사적으로 수행되는 활동, 예컨대 재택근무의 경우 그러한 외적 규제가 없기 때문에 일을 대충대충 할 수도 있고, 앞에서 말한 방종에 빠져들 위험도 있다.

(5) 마르크스는 공산주의가 자본주의 사회와 전자본주의 사회의 종합,

즉 전자의 개인주의와 후자의 공동체적 성격을 조화시키는 것이라고 생각했다. 개인의 자아실현은 공동체를 위한 창조적인 일을 통해 이루어진다. 그러나 창조적인 자아실현을 극단적으로 강조할 경우 공동체의 가치와 충돌을 일으키게 된다. 생산이 공동체를 위한 것이라면, 최소한 구성원 중 일부는 소비의 수동적 쾌락에 탐닉하는 때가 반드시 있어야 한다. 즉 일을 통한 자아실현의 결과인 생산물을 소비하는 사람이 반드시 있어야 한다. 창조를 극단적으로 강조할 경우, 그 공동체에는 창조자들만 남게 된다. 소설가는 대중의 반응을 기대할 수는 없고, 대신 동료 소설가들의 반응을 기대하게 된다. 과학도 소비자는 없고 오직 동료들만 있는 영역이다. 또한 경쟁과 자기주장이 이타주의보다 앞서는 영역도 있다. 헤겔의 말을 빌리면, 그것은 '정신적 동물의 왕국'이다. 어느 정도까지는 이러한 일이 불가피하다. 자아실현은 다른 사람들의 인정을 받는 것과 밀접히 연관되어 있다. 이때 그들은 평가할 만한 능력을 가지고 있어야 한다. 고객과 청중과 대중은 그런 능력을 갖고 있기 어렵다. 창조자들의 공동체에서는 그런 평가가 가능하다.

(6) 마르크스가 자본주의에 관한 논의를 하면서 공동체를 강조한 이유는 자본주의에 만연한 자기중심적 개인주의 때문이었다. 특히 그는 공산주의하에서는 동기유인 문제가 발생하지 않는다는 것을 보여주고자 했다. 즉 개인에 대한 (물질적) 보상과 개인의 기여를 연결시킬 필요가 없다는 것이다. 사람들은 일 자체가 즐거워서 일을 한다. 여기에는 자신의 생산물을 다른 사람들이 즐기는 것을 보는 즐거움도 포함된다. 그러나 고차적인 수준으로 가면 공산주의에서도 자기중심적 태도가 나타날 수 있다. 자아실현 중에는 물질적인 지원이 더 많이 필요한 것들도 있다. 불대(torch)를 사용하여 작업하는 조각가는 요리사보다, 영화감독은 체스 경기자보다 더 많은 지원을 필요로 한다. 가장 우선적인 가치가 모든 사

람의 자유로운 자아실현이라면 사회는 각자가 필요로 하는 만큼의 물질적인 지원을 해주어야 한다. 그렇게 하지 않으면 고비용 활동을 선택한 사람들의 자아실현은 어려워질 것이다. 고비용 활동을 선택한 사람이 많을 경우(이럴 가능성이 높지만), 자아실현의 일반적인 수준은 아주 낮아지게 될 것이다. 이런 결론을 내릴 수 있는 근거는 세 가지다. ① 공산주의 사회도 완전히 풍요롭지는 않을 것이다. 그곳에서도 재화는 희소할 것이며, 어느 한 사람이 차지하고 나면 다른 사람은 그것을 가질 수 없게 된다. ② 마르크스의 공산주의 이론에 들어 있는 분배적 정의의 원칙은 자아실현의 평등이다. ③ 자아실현의 형태를 자유롭게 선택하도록 할 경우, 고비용 활동을 선택하는 사람들이 너무 많아질 가능성이 있다. 첫 번째 전제를(따라서 두 번째 전제도) 부정할 경우, 그런 사회는 이상향이고, 더 이상 말할 것이 없다. 세 번째 전제를 부정하려면, 각 개인은 공동체를 위해, 즉 타인의 자아실현을 위해 자신의 자아실현을 일부 희생한다는 가정을 받아들여야 한다. 이를 위해서는 동기유인 문제를 해결하기 위해 필요한 것보다 더욱 발전된 형태의 이타주의가 있어야 한다. 그러나 이것은 마르크스가 생각한 공산주의가 아니다. 그가 생각한 공산주의는 **완전한** 자아실현이 **완전한** 공동체와 함께 가는 사회이기 때문이다.

(7) 자본주의에서, 더 일반적으로는 역사상 모든 계급 사회에서 인간(*Man*)의 자아실현은 대부분의 사람들의 자아실현을 희생하면서 이루어져 왔다. 마르크스의 주장에 따르면, 공산주의에서 최고의 가치는 개인의 자아실현이다. 이러한 가치의 극대화는 인류의 최대의 번영과 일치한다. 마르크스는 이러한 일치를 당연하게 여긴 것으로 보인다. 공산주의하에서 예술, 과학이론, 천재적인 발명과 같은 위대한 일들은 이전의 그 어떤 시대보다 더 빠른 속도로 발전할 것이다. 그러나 객관적인 법칙을 따르는 서로 다른 두 개의 함수가 동시에 최댓값을 갖는 그런 이론이 과

연 있을 수 있는지 의심스럽다. 거칠게 말하자면, 성공적인 예술가, 과학자 등의 수는 두 변인의 함수다. 하나의 변인은 그러한 활동에 종사하는 개인들의 수이고, 또 하나의 변인은 그 분야에서 성공한 사람들의 수이다. 그런데, 좌절하고 실망한 사람들의 수 역시 같은 변인의 함수다. 즉 시도한 사람의 수 곱하기 실패율이다. 앞의 함수가 최댓값을 갖는 사회가 되면, 자동적으로 뒤의 함수가 최솟값이 된다고 볼 수는 없다. 공산주의하에서는 여러 가지 물질적·심리적 제약이 사라질 것이기 때문에 (시도한 사람의 수에 비해) 성공률을 높이는 것은 가능할지 모른다. 그러나 능력의 제약과 불확실성을 완전히 없앨 수는 없다. 누가 성공하고, 누가 성공하지 못할지를 예단하는 일은 일반적으로 불가능하기 때문에, 성공한 예술가 수를 최대화하는 유일한 방법은 시도하는 사람을 늘리는 것이다. 그러나 이렇게 하면 실패하는 사람 수도 늘어난다.

(8) 마지막으로 자아실현이 기술적 효율을 낳을 것이라는 주장도 확실치 않다. 기술적 효율은 자아실현의 전제조건이다. 가능한 한 값싸게 물건을 생산하고자 하는 욕구가 자아실현의 수단으로 등장할 것이라고 단정할 수는 없다. 경제는 아름다움이나 진리와는 달리 그 자체가 목적은 아니다. 그것은 수단적 가치로서 본질적으로 타협적인 성격을 갖는다. 완벽을 추구할 일이 아니다. 공동체를 위해 그런 목표가 선택될 수도 있지만, 이것은 앞에서 말한 더욱 발전된 형태의 이타주의가 있을 때 가능한 일이다. 또한 그런 목표를 선택하는 일은 공산주의의 비전과도 타협을 해야 한다. 우선 자신의 개인적인 자아실현을 희생시킬 사람을 선발해야 하고, 이 선발을 어떤 절차에 의해 할 것인지를 정해야 한다. 다음으로, 그렇게 되면 누구는 땀 흘려 일하고, 누구는 자기개발을 하는 일이 벌어지는데, 이 결과는 묘하게도 계급 사회와 비슷하다. 다른 한편, 그렇다고 해서 모든 사람이 예술이나 과학 분야에서 자아실현을 시도할 경

우, 물질적인 기초의 결여로 아무도 성공하지 못할 것이다.

　이런 난점들을 평가하기 위해서 마르크스의 사상 가운데 유토피아적인 것과 그렇지 않은 것, 혹은 최소한 유토피아적이라고 단정할 수 없는 것을 구별할 필요가 있다. 우선 내가 보기에 지극히 비현실적인 것으로 보이는 내용들은 다음과 같다. 첫째, 공산주의에서는 물질적 풍요를 누릴 것 — 모든 사람이 원하는 것을 다 가지고도 재화가 남아돈다는 의미에서 — 이라는 가정. 둘째, 모든 사람들의 타고난 능력이 양적·질적으로 같다는 생각. 엄밀히 말해서 이것은 모두 다 선천적인 유전적 결함도 없고, 후천적인 장애도 없고, 특별한 수학적 혹은 음악적 재능 — 흔히 가문의 전통으로 여기는 — 도 없다는 것을 의미한다. 이 두 가지 가정을 받아들일 경우, 공산주의에 존재하는 제약은 오로지 시간밖에 없다. 인간이 불사의 존재가 되지 않는 한, 공산주의에서도 시간은 희소자원이 될 것이다. 그렇지만 앞의 두 가정도 인간이 불사의 존재가 된다는 가정만큼이나 비현실적으로 보인다.

　유토피아적이라고 할 수는 없지만, 확실히 틀렸다고 말할 수 있는 내용은 다음과 같은 것들이다. 첫째, 인간이 고차원적인 이타주의를 발전시킬 수 있다는 생각. 고차원적 이타주의란 물질적인 복지뿐만 아니라 '사회'를 위해 자신의 인격개발까지 희생하는 것을 말한다. 둘째, 각 개인이 자신의 **모든** 잠재적 능력을 **완전히** 개발하고 사용할 수 있다는 관념. 이것은 자신의 잠재력 가운데 어느 하나만 개발하거나 혹은 그 능력에만 집착하지 않는다는 뜻이다(그러한 집착은 물화에 해당한다). 셋째, 사회적 결정이 갈등 없이 만장일치로 승인 또는 채택될 수 있다는 관념. 마지막으로, 경제적 활동을 종합계획을 통해 완전히 조정할 수 있다는 생각. 이 모든 가정들은 내가 보기엔 이론과 경험의 측면에서 너무 나간 것이다. 그러므로 이러한 가정들을 바탕으로 변혁을 추구하는 것은 무모한 일로 보인다. 물론 그 가정들 중 한 두 가지는 타당할 수도 있다. 그러나 연성과학 ― 심리학, 경제학, 정치학 ― 의 이론과 경험에 비추어볼 때, 그 가정들은 결코 타당하다고 할 수 없고, 첫 번째 가정은 물리학과 생물학의 진리와 어긋난다. 내 견해가 사회과학에만 의존한 지나친 회의주의일 수도 있고, 그런 점에서 그러한 기초 위에 그 가정들을 작업가설로 받아들일 수는 있다. 인간과 사회는 변할 수 있기 때문이다. 그러나 무한정으로 변할 수 있는 것은 아니다.

마지막으로, 오늘날에는 적용되기 어려운 제안들이 몇 가지 있다. 그러나 이러한 제안들이 언제까지나 실현 불가능하다고 말할 수는 없다. 예를 들면, 마르크스는 공산주의의 초기단계에는 기여 원칙을 사용해야 한다고 제안했는데, 이러한 동기유인 문제는 나중에 가면 없어질 수도 있다. 능력을 사용하는 것 자체가 즐거운 일이며, 이러한 능력을 이끌어내기 위한 물질적 보상은 그다지 큰 문제가 아니라는 마르크스의 견해에는 상당한 진리가 들어 있다. 오늘날 남다른 기술을 가진 사람들은 협박을 통해, 즉 하던 일을 중지하겠다고 위협함으로써 큰 보상을 얻어낼 수 있다. 그러나 그러한 협박이 통하지 않을 경우, 그들은 자신의 이익과 관계없이 그 기술들을 사용하고자 할 것이다. 또한 높은 지위에 오르고자 하는 욕망처럼 원천적으로 완전한 충족이 불가능한 욕구들도, 패배자가 없는 사회가 된다면, 큰 문제가 아닐 수 있다. 그러한 사회가 풍요를 낳지는 않겠지만, 많은 자원들을 보다 건설적인 목적을 위해 사용될 수 있도록 해방시킬 것이다. 마지막으로, 분산된 소규모 생산과정을 가능하게 하는 기술개발이 훨씬 더 체계적으로 이루어질 수도 있다. 동기유인이 제공되면 그렇게 될 것이다.

대체로 말해서 유토피아적 성격이 강한 제안들은 마르크스의 텍스트에서 근거들을 찾기 어렵고, 유토피아적 성격이 덜한 것들은 다소 근거들이 있다. 그리고 합리적인 제안들도 근거가 부족하다. 이 평가는 지극히 주관적일 수밖에 없다. 관련 텍스트들이 매우 적고, 또 있다 해도 모호하게 에둘러 표현되어 있기 때문이다. 어쨌든 그런 것은 별로 문제가 되지 않는다. 특정한 텍스트에 근거하여 단서들을 찾을 것이 아니라 그 이면에 깔려 있는 일반적인 고찰들에 주목해야 한다. 예를 들면, 평등한 자아실현이라는 일반적인 이상을 지지할 수도 있다. 평등이라는 말이 실질적으로 개인에게 주어진 것의 평등이 아니라, 자아실현에 필요한 물질적 전제의 평등을 의미한다면 말이다. 작업장에서의 자율은 모든 사람에게 열려 있는 자아실현의 한 형태이다. 근대 산업의 대규모적 성격을 감안할 때, 그것은 주로 집합적인 수준, 즉 노동자들의 협동에 있어서의 자율이 될 것이다. 이것은 확실히 마르크스의 기대에는 미치지 못하지만, 오늘날 우리의 현실보다는 확실히 나은 것이다. 종합 계획을 세우는 것은 안 된다. 자율성에도 반하고, 효율성에도 반하기 때문이다. 대신에 특별한 형태의 정치적 개입과 규제에 입각하여 갈등을 해결하는 정치적 과정이 있어야 할 것이다. 이것은 마르크스의 주장으로부터 꽤 멀리 나간 것이다. 마르크스의 견해는 궁극적으로 유기적인 성격을 띠고 있다. 마르크스가 생각한 공산주의는 자발적으로 협력하는 생산자들의 사회였다. 이 사회는 세포들이 공동선을 위해 함께 일하면서도 각 세포가 자신의 관점에서 전체를 반영하는 사람의 신체와 비슷하다. 그런 사회는 지금까지 존재한 적이 없다. 그런 사회가 오리라고 믿는 것은 재앙을 부르는 일이다. 마르크스는 공산주의를 **윤리적** 개인주의의 관점에서 이해했을 뿐, 실제로 사회를 조직할 때는 개인들의 가능성과 한계를 고려해야 한다는 사실을 알지 못했다. 마르크스가 그런 사실들을 고려했더라면 (우리는 그렇게 해야 한다) 목표를 낮추었을 것이며, 그가 설정한 목표들의 실현가능성도 높아졌을 것이다.

혁명

공산주의가 오려면 두 가지 조건이 갖추어져야 한다. (1) 생산력이 발전하여 공산주의가 생존 가능한 수준이 되어야 한다. 그래야 공산주의가 자본주의를 당장 혹은 궁극적으로 앞지를 수 있다. (2) 노동자들이(그리고 그의 동맹이) 정치권력을 장악하고, 공산주의적 생산관계를 수립해야 한다. (2)는 다시 두 개로 나뉜다. (2-1) 노동자들이 권력을 가질 기회가 있어야 하고, 지배 계급이 이를 물리력으로 진압할 수 없어야 한다. 또한 노동자들이 권력을 갖고자 하는 동기가 있어야 한다. (2-2)는 또 두 개로 나뉜다. (2-2-1) 노동자들이 자본주의에서의 삶에 좌절하고 불행을 느껴야 한다. 그리고 (2-2-2) 공산주의가 더 우월한 체제이며 생존 가능하다고 믿어야 한다.

자본주의의 발전과정에서 이러한 조건들이 모두 어떻게 갖추어질 수 있는지에 대한 설명이 마르크스의 혁명론에는 없다. 그중 몇 가지에 대해서는 그의 논의를 재구성하여 얻을 수 있지만, 그렇게 할 수 없는 것도 있다. 첫 번째 조건, 즉 공산주의의 객관적인 전제조건에 대해서는 아주 명확하다. 자본주의의 발전이 일정한 단계에 이르면 생산력의 발전은 둔화되고, 이 단계에서 공산주의적 생산관계를 채택할 때 생산력의 발전은 최대가 된다는 것이다. 이 견해는 별로 그럴듯하지는 않지만, 노동자들이 이 주장을 받아들일 경우, 혁명적 효과를 가질 수 있다. 이 문제는 잠시 뒤로 미루기로 하고, 다만 이러한 주장으로 인해 때 이른 혁명의 문제가 발생한다는 점만 지적해둔다. 때 이른 혁명은 생산력이 충분히 발전하기도 전에 권력을 장악하려는 시도를 말한다.

마르크스는 혁명의 호기가 언제인지에 대해서는 분명하게 말하지 않았다. 널리 알려진 견해에 따르면, 군사적인 패배와 심각한 경제난이 겹쳤을 때 혁명이 일어나기 쉽다. 이때에는 지배 계급의 저항 의지도 사라지고, 능력도 붕괴한다. 마르크스에게서 이에 해당하는 이론을 찾을 수는 없다. 가장 비슷한 것이 이윤율 하락 이론일 것이다. 마르크스가 분명하게 말하지는 않았지만, 이윤율이 하락하면 투자가 중지될 것이고, 따라서 지배 계급의 체제수호 의지도 꺾일 것이라고 예상할 수 있다. 1850년 무렵부터 쓴 글에는 혁명전쟁을 위해(예를 들면 프랑스 혁명이 진행되는 동안) 어떤 일을 해야 하는지에 대한 언급이 있다. 프랑스 혁명은 항상 마르크스의 기준점이었다. 어떤 경우든 이러한 종류의 객관적인 곤경이 혁명의 필요조건 중 하나다. 더 나은 체제가 있을 수 있다는 것만으로는 충분하지 않다. 이것만으로는 지배 계급의 사기를 꺾을 수 없고, 곧 간단하게 설명하겠지만, 노동자들을 혁명운동에 나서도록 할 수 없다.

혁명 동기는 매우 중요한 문제다. 자본주의에 대한 세 가지 비난을 살펴본 후에 이들이 혁명의지를 불러일으킬 수 있는지 논의해보자. 공산주의적 대안에 대해서도 살펴보아야 할 것이다. 자본주의가 '미는 힘'과 공산주의가 '당기는 힘'은 동기의 형성에 상호작용할 것으로 생각되기 때문이다.

첫째, 혁명 동기로서의 소외를 살펴보자. 여기에서는 소외를 주관적 개념으로 볼 것인지 객관적 개념으로 볼 것인지가 중요하다. 주관적 개념의 소외는 의미의 상실에 대한 인식을 말하고, 객관적 개념의 소외는 의미에 대한 인식의 상실을 말한다. 마르크스의 원전에 어떻게 나와 있든, 이 문제는 객관적 개념으로 접근해야 한다. 그렇게 해야 할 선험적인 이유가 몇 가지 있다. 마르크스의 공산주의는 자본주의와는 전혀 다른 생활방식을 의미한다. 단순히 소비수준이 높아지는 것이 아니라, (수동적) 소비로부터의 탈피를 의미한다. 능동적인 창조의 기쁨의 중요성을 알기 위해서는 먼저 그런 경험이 있어야 한다. 자본주의에서 이런 경험의 기회를 가질 수 있는 사람은 소수에 불과하다. 공산주의의 매력을 느끼기 위해서는 먼저 이미 그곳에 가 있어야 한다. 달리 말하면, 합리적 선택을 하기 위해서는 양쪽의 장단점을 모두 알고 있어야 하는데, 자본주의 사회에서 살고 있는 노동자들은 오직 한쪽밖에 알지 못한다. 노동자들이 기술효율이 제고된다는 공산주의의 약속을 받아들인다 하더라도, 이것은 더 나은 소비에 대한 기대 때문일 것이다. 그런데, 소비에서 능동적 창조로 이행하면 기술효율이 제고된다고 주장할 경우, 과연 노동자들이 이를 믿을 것인가? "네가 잃어버린 것이 무엇인지 너는 모른다"고 말하면, 노동자들은 이렇게 대답할지도 모른다. "그래? 그럼 너는 어떻게 알았는데?"

다음으로 정의가 동기가 될 수 있는지 살펴보자. 마르크스가 정의에 관한 이론을 가지고 있었든 아니든, 그것이 행동의 지렛대가 될 수 있다고 생각했을 수 있다. 설사 그렇지 않다 하더라도 이 문제는 그 자체로 흥미 있는 주제이다. 텍스트가 대체로 모호하기는 하지만, 이것 하나만은 분명하게 말할 수 있다. 즉 국가가 불의하다는 인식이 생기면 (마르크스의 표현을 빌리면) 그 종말의 조종이 울리게 된다는 것이다. 내 생각으로는 지난 수 세기 동안의 사회경제사는 이러한 관점에서 보면 쉽게 이해할 수 있다. 약간의 불균형이 있기는 하지만, 기본적으로 민주주의가 지속적으로 증가해왔고, 마르크스가 생각한 공산주의에 도달하지는 않았지만, 그 방향으로 발전해왔다. 주된 동력은 자치(自治) 개념이었다. 이 개념은 어느 누구도 거부할 수 없는 정당성을 지니고 있다. 자치 개념이 등장하여 지지를 받기 시작하면, 엄청난 위력을 발휘한다. 이에 저항하는 것은 퇴행적인 것으로 간주되고, 심지어는 저항하는 사람들 눈에도 절망적인 일로 보인다. 그러므로 변화의 시기와 형태에 관한 전략적·전술적 논의가 필요할 뿐이다. 궁극적인 필연성 여부는 더 이상 논할 바가 못 된다. 이처럼 정의는 노동자들에게 행동의 동기를 부여할 수 있을 뿐만 아니라 지배자들의 사기를 꺾어놓을 수도 있다. 이런 논의는 마르크스의 주장으로부터 너무 멀리 나간 것이 아니냐는 반론이 있을 수 있다.

동의한다. 그러나 여기에서 그것은 중요한 문제가 아니다. 또한 내 주장이 동기 형성 문제에 있어서 규범적 개념을 과대평가하고, 직접적인 이익을 과소평가한 것이 아니냐는 반론도 있을 수 있다. 나도 사람들이 정의를 실현하기 위해 혁명을 일으킬 가능성은 적다고 생각한다. 눈앞의 관심사와 일치할 경우에는 다르겠지만. 혁명은 비용을 치러야 하는 고통스러운 과정이므로 현재 상황이 아주 절망적일 때에만 일어날 수 있다. 그러나 규범적인 동기는 혁명까지는 아니라 하더라도 점진적인 변화는 일으킬 수 있고, 역사상 사례도 있다.

마지막으로 자본주의의 비효율성이 자본주의를 폐기하고자 하는 동기가 될 수 있는지 살펴보자. 비효율은 본질적으로 반사실적 비교에 기초한 개념이다. 더 나은 상황이 존재할 수 있다면 현재 상황은 비효율적이라고 말할 수 있다. 그러므로 현재 상황이 '만족스러운' 경우에도, 대부분의 사람들이 품위 있는 생활을 하고 있다고 느끼는 상황이라 하더라도, 비효율적이라고 주장할 수 있다. 만족스러운 현재 상황과 더 나을 가능성이 있는 미래 상황을 놓고 선택을 하라면, 대부분의 사람들은 전자를 선택할 것이다. 두 가지 이유가 있다. 첫째, 미래는 항상 불확실성을 내포한다. 공산주의 이론가들이 노동자들에게 공산주의는 정태적으로 보나 동태적으로 보나 자본주의보다 낫다고 열심히 설교해도, 구체적인 증거를 보여주지 못하는 한, 근거 박약한 주장으로 의심을 받을 것이다. 둘째, 그런 주장을 받아들였다 해도 혁명은 전환의 비용을 요구하기 때문에 노동자들이 망설일 가능성이 있다. 노동자들에게 손자손녀를 위해 자신과 자식들을 희생하라고 요구하는 것은 결코 정당한 일이라고 할 수 없을 것이다. 자신과 자녀들이 자본주의하에서도 충분히 괜찮은 삶을 살 수 있는데도 말이다. 그러므로 자본주의의 비효율성은 절대적인 곤경이나 궁핍을 수반할 경우에만 행동의 동기가 될 수 있다. 이 경우에는 노동자들이 사슬 이외에는 잃을 것이 없다. 이러한 궁핍의 원인이 지배 계급의 사기까지 떨어뜨린다면, 그때에는 혁명의 동기가 될 수 있을 뿐만 아니라, 혁명의 기회까지 제공된다. 그 원인이 두 번째 효과를 나타내지 못한다면, 혁명을 시도해도 성공하지 못할 것이다. 또한 두 번째 효과까지 있고, 혁명이 성공해도, 공산주의를 위한 객관적 조건이 존재하지 않을 수도 있다. 객관적 조건이 존재하지 않는다고 추론할 수 있는 충분한 근거가 있다. 현재 곤경을 겪고 있는 상황인데 어떻게 생산력의 발전이 공산주의에서 요구되는 수준까지 이루어졌다고 할 수 있겠는가? 위에서 언급한 여러 가지 상황을 어떻게 조합하더라도 이 난관에 대한 해결책은 보이지 않는다.

두 개의 유령이 공산주의 혁명을 괴롭히고 있다. 하나는 때 이른 혁명의 위험이다. 혁명사상은 앞서 가는데, 그 나라의 상황은 빈곤하여 공산주의를 할 정도로 성숙되지는 않은 경우에 혁명을 일으키는 것을 말한다. 또 하나는 선제(先制) 혁명의 위험이다. 이것은 혁명이 발생할지도 모르는 위험한 상황을 타개하기 위해 위로부터 개혁이 추진되는 것을 말한다. 지난 세기에 우리는 때 이른 혁명의 사례를 많이 보았다. 이런 판단 자체가 때 이른 것일 수도 있겠지만, 혁명을 예방하기 위한 개혁들이 없었더라면, 미성숙 여부를 떠나 더 많은 혁명들이 발생했을 것이다. 마르크스가 옹호한 혁명의 종류가 어떤 것인지, 어느 하나로 분명하게 말할 수는 없다. 현존하는 공산주의 국가들이 언젠가 자본주의를 앞설 가능성이 없는 것도 아니고, 따라서 나중에 가서 자신들의 혁명을 소급적으로 정당화할 수도 있다. 그러나 이런 일이 일어나리라고 믿을 만한 합리적인 근거는 아무것도 없다. 그러므로 그런 의미에서 마르크스의 일생의 과업은 실패했다. 그것이 마르크스에게 가장 중요한 문제였으므로, 그렇게 말할 수 있다.

그러나 마르크스의 영향은 결코 마르지 않는 샘처럼 계속되고 있다. 오늘날 도덕적인 측면에서 혹은 지적인 측면에서 전통적인 의미의 마르크스주의자가 되기는 불가능하다. 과학적 사회주의, 노동가치설, 이윤율 하락 이론 등 마르크스가 중요하게 여긴 이론들 전부 혹은 대부분을 그대로 받아들이기는 어렵다는 말이다. 그러나 내 생각을 말하자면, 전통적인 의미와는 약간 다른 의미에서 마르크스주의자가 될 수는 있다. 나는 내가 중요한 진리라고 믿는 것 대부분을 마르크스에게서 발견한다. 방법론에서도 구체적인 이론에서도, 특히 가치문제에서도 그렇다. 착취와 소외에 대한 비판은 여전히 중요하다. 모든 사람들에게 오직 인간만이 할 수 있는 일 ― 창조하고, 발명하고, 지금과는 다른 세계를 상상하는 일 ― 을 할 수 있도록 해주는 사회가 더 좋은 사회일 테니까.

A. 마르크스의 저작

마르크스의 저작은 주로 3종의 마르크스·엥겔스 전집 중 하나를 사용하였다. 그러나 후기의 경제학 저작들, 《자본론》 3권, 《잉여가치 학설사》, 《요강》, 《직접적 생산과정의 결과》 등은 아래에 나와 있는 표준 영어번역본을 사용하였다. 또한 《인종학 노트》, 《수학 원고》, 《18세기 비밀 외교사》 등도 다른 판본을 사용하였다. 이 저작들은 전집에 없다.

영문 전집(*Karl Marx and Friedrich Engels: Collected Works*, London: Lawrence and Wishart)에 들어 있는 저작은 모두 이 전집(CW로 약칭)을 사용하였고, 없는 것은 독일어 전집을 사용하였다. 대부분의 경우 *Marx-Engels Werke*, Berlin: Dietz(MEW로 약칭)를 사용했으나, 여기에 없는 것은 *Marx-Engels Gesamtausgabe*, Berlin: Dietz(MEGA로 약칭) 신판을 사용하였다. 제2차 세계대전 이전에 랴자노프와 아도라츠키가 편집한 MEGA와 혼동하지 말길 바란다. 한 가지 예외를 빼고는 인용 출처를 영어번역본으로 표시하였다. 그 예외는 《정치경제학비판을 위하여》(1861~1863년의 원고)이다. 이 책은 21권의 노트로 되어 있는데, 이 중 제6~15권은 카우츠키가 《잉여가치 학설사》로 출판하였다. (여기에는 다른 노트에서 발췌한 내용들도 일부 들어 있다.) 나머지 노트들은 최근에 출간되었으며, 아직 영어번역본이 없다. 이 책에서 인용한 구절들은 로드니 리빙스턴 씨가 영역한 것이다.

신문 기사의 경우에는 신문의 이름과 날짜로 표시하였다. 편지의 경우에도 수신자의 이름과 날짜로 표시하였다. 편지에 있는 구절들은 대부분 Saul K. Padover(ed.), *The Letters of Karl Marx*, Englewood Cliffs, N. J.: Prentice Hall, 1979에서 인용하였다. 엥겔스와 공동으로 집필한 저작에는 앞에 *표를 붙였다.

"Account of an interview with Karl Marx published in the World", MEGA
     I. 22, 451~458.

"The alleged divisions in the international", MEW 18, 7~51. 인용은 프랑스
     어 원본을 영어로 번역한 D. Fernbach(ed.), 1974, *Karl Marx: The
     First International and after*, New York: Vintage Books를 사용함.

"Aus der 'kritischen Geschichte'", MEW 20, 210~238. (이것은 엥겔스의
     《반듀링론》의 일부로, 마르크스가 쓴 것이다.)

"Briefwechsel mit Vera Sasulich", MEW 19, 386~403.

Capital I, 1967, New York: International Publishers.

Capital II, 1967, New York: International Publishers.

Capital III, 1967, New York: International Publishers.

"Circular against Kriege", CW 6, 35~31.

The Civil War in France, MEGA I. 22, 15~159. 여기에는 제1초고(15~81),
     제2초고(85~117), 최종원고(123~159)가 다 들어 있다.

The Class Struggles in France, CW 10, 45~145.

"Commentary on Friedrich List's book *Das nationale System der politischen
     Ökonomie*", CW 4, 265~293.

Comments on James Mill, Elémens d'Economie Politique, CW 3, 211~228.

"Comments on Adolph Wagner's *Lehrbuch der politischen Ökonomie*", MEW
     19, 355~383. 인용에 사용한 영어번역본(발췌본)은 D. McLellan
     (ed.), 1977, *Karl Marx: Selected Writings*, Oxford University Press
     과, Allen Wood, 1979, "Marx on right and justice: A reply to
     Husami", *Philosophy and Public Affairs 8*이다.

*The Communist Manifesto, CW 6, 477~519.

"Confidential communication", MEW 16, 409~420. 인용에 사용한 영어번역
     본은 D. Fernbach(ed.), 1974, *Karl Marx: The First International
     and after*, New York: Vintage Books.

Contribution to the Critique of Hegel's Philosophy of Law, CW 3, 3~129.

"Contribution to the critique of Hegel's Philosophy of Law - Introduction",
     CW 3, 175~187.

A Contribution to the Critique of Political Economy, MEW 13, 7~160. 인용
     에 사용한 영어번역본은 1979, Moscow: Progress Publishers.

Critique of the Gotha Program, MEW 19, 15~32. 인용에 사용한 영어번역본

(발췌본)은 D. McLellan(ed.), 1977, *Karl Marx: Selected Writings*, Oxford University Press.

Economic and Philosophical Manuscripts, CW 3, 229~346.

The Eighteenth Brumaire of Louis Napoleon, CW 11, 99~197.

The Ethnological Notebooks of Karl Marx, L. Krader(ed.), 1974, Assen: Van Gorcum.

**The German Ideology*, CW 5, 19~539.

Grundrisse, 1973, Harmondsworth: Penguin Books.

Herr Vogt, CW 17, 21~329.

*The Holy Family, CW 4, 6~211. 이 책에는 엥겔스가 쓴 부분과 마르크스가 쓴 부분이 구별되어 있다. 내가 인용한 것은 전부 마르크스가 쓴 부분 이다.

"Instructions for delegates to the Geneva Congress", MEW 16, 190~199. 인용에 사용한 영어 원본은 D. Fernbach(ed.), 1974, *Karl Marx: The First International and after*, New York: Vintage Press.

"Letters from the *Deutsch-Französische* Jahrbücher", CW 3, 133~145.

Mathematische Manuskripte, W. Endemann(ed.), 1974, Kronberg: Scriptor.

"On Bakunin's *Statism and Anarchy*", MEW 18, 597~642. 인용에 사용한 영어 번역본(발췌본)은 D. McLellan(ed.), 1977, *Karl Marx: Selected Writings*, Oxford University Press.

"Political indifferentism", MEW 18, 299~304. 인용에 사용한 영어번역본은 D. Fernbach(ed.), 1974, *Karl Marx: The First International and after*, New York: Vintage Books.

The Poverty of Philosophy, CW 6, 105~212.

"Preface" to the second edition of *The Eighteenth Brumaire of Louis Bonaparte*, MEW 16, 358~360.

"Procès-verbaux de la Conférence des délégués de l'Association Inter-nationale des Travailleurs réunie à Londres du 17 au 23 septembre 1871", MEGA I. 22, 641~748.

"Proclamation of the General Council", MEW 16, 422~423.

"Provisional rules of the International", MEW 16, 14~16. 인용에 사용한 영어 원본은 D. Fernbach(ed.), 1974, *Karl Marx: The First Inter-national and after*, New York: Vintage Books.

"Reflections", CW 10, 584~594.

Results of the Immediate Process of Production. Appendix to Karl Marx, *Capital. Volume One*, Translated by Ben Fowkes, 1977, New York: Vintage Books.

Relations concerning the Communist Trial in Cologne, CW 11, 395~457.

Review of A. Chenu, *Les Conspirateurs*, CW 10, 311~325.

Review of E. Girardin, *Le Socialisme et l'Impôt*, CW 10, 326~337.

Review of Guizot, *Pourquoi la Révolution d'Angleterre a-t-elle Réussi?*, CW 10, 251~256.

The Secret Diplomatic History of the Eighteenth Century, in T. Payne (ed.), 1972, *The Unknown Karl Marx*, London: University of London Press.

"Speech on the Hague Congress", MEW 18, 159~161. 인용에 사용한 영어 번역본(불어 원본을 독일어로 번역한 것을 영어로 번역한 것)은 D. Fernbach (ed.), 1974, *Karl Marx: The First International and after*, New York: Vintage Books.

"Speech on the question of free trade", CW 6, 450~465.

Theories of Surplus-Value, vols. 1~3, London: Lawrence and Wishart, 1972.

"Theses on Feuerbach", CW 5, 3~5.

Urtext to *A Contribution to the Critique of Political Economy*, in MEGA II. 2, 17~93.

"Wages", CW 6, 415~437.

Wages, Price and Profit, MEW 16, 101~152. 인용에 사용한 영어 원본은 1975, Peking: Foreign Languages Press.

Zur Kritik der politischen Ökonomie (Manuskript 1861~1863), MEGA II. 3, vols. 1~6. 이 중 vol. II. 3. 1 (pp. 1~328), vol. II. 3. 5 (pp. 1543~1888), vol. II. 3. 6 (pp. 1891~2384). 나머지는 《잉여가치 학설사》 3권과 대략 일치한다.

B. 기타 저자들의 저작

Acton, H. B., "Dialectical materialism", in Paul Fdwards(ed.), *The Enyclopedia of Philosophy*, *vol. 2*, 389~397, New York: Macmillan.

Ainslie, G., 1975, "Specious reward", *Psychological Bulletin 82*, 463~496.

_____, 1982, "A behavioural economic approach to the defence mechanism", *Social Science Information 21*, 735~780.

_____, "Beyond microeconomics", In J. Elster(ed.), *The Multiple Self*, Cambridge University Press 발간예정.

Alexander, L. A., 1983, "Zimmerman on coercive wage offers", *Philosophy and Public Affairs 12*, 160~164.

Allison, G., 1971, *The Essence of Decision*, Boston: Little, Brown.

Anderson, P., 1974, *The Lineages of the Absolutist State*, London: New Left Books.

Arneson, R., 1981, "What's wrong with exploitation?", *Ethics 91*, 202~227.

Aron, R., 1967, *Les Etapes de la Pensée Sociologique*, Paris: Gallimard.

Arrow, K., 1971, *Essays in the Theory of Risk-bearing*, Amsterdam: North-Holland.

Assoun, J.-L., 1978, *Marx et la Répétition Historique*, Paris: Presses Universitaires de France.

Avineri, S., 1969, *The Social and Political Thought of Karl Marx*, Cambridge University Press.

Axelrod, R. and Hamilton, W., 1981, "The evolution of cooperation", *Science 211*, 1390~1396.

Balibar, E., 1966, "Les concepts fondamentaux du matérialisme historique", in L. Althusser et al., *Lire le Capital*, *vol. 2*, Paris: Maspero.

Bardhan, P., 1982, "Class formation in India", *Journal of Peasant Studies 10*, 73~94.

Barrow, J. H., 1925, *Slavery in the Roman Empire*, London: Methuen.

Baumol, W., 1965, *Welfare Economics and the Theory of the State*, 2nd edn, London: Bell.

Beauchamp, T. and Rosenberg, A., 1981, *Hume and the Problem of*

Causation, Oxford University Press.

Beck, B. , *Animal Tool Behavior*, New York: Garland.

Black, C. (ed.), 1956, *Rewriting Russian History*, New York: Praeger.

Blau, P. and Duncan, O. D. , 1967, *The American Occupational Structure*, New York: Wiley.

Blaug, M. , 1968, "Technical change and Marxian economics", in D. Horowitz (ed.), *Marx and Modern Economic Theory*, 227~243, London: MacGibbon and Kee,

———, 1978, *Economic Theory in Retrospect*, 3rd edn, Cambridge University Press.

———, 1980, *A Methodological Appraisal of Marxian Economics*, Amsterdam: North-Holland.

———, 1980, *The Methodology of Economics*, Cambridge University Press.

———, 1982, "Another look at the reduction problem in Marx", in I. Bradley and M. Howard (eds.), *Classical and Marxian Political Economy*, 188~202. London: Macmillan.

Bleaney, M. , 1977, *Underconsumption Theories*, New York: International Publishers.

Bliss, C. , 1975, *Capital Theory and the Distribution of Income*, Amsterdam: North-Holland.

Bloch, M. , 1963, "The rise of dependent cultivation and seignorial institutions", in M. Bloch, *Mélanges Historiques*, *vol. I*, Paris: S. E. V. P. E. N.

Bodemann, E. , 1889, *Die Leibniz-Handschriften*, Hanover.

Bois, G. , 1976, *La Crise du Féodalisme*, Paris: Presses de la Foundation Nationale des Sciences Politiques.

Borkenau, F. , 1934, *Der Übergang vom feudalen zum bürgerlichen Weltbild*, Paris: Alcan.

Boserup, E. , 1981, *Population and Technological Change*, University of Chicago Press.

Boudon, R. , 1974, *Education, Opportunity and Social Unequality*, New York: Wiley.

Bourdieu, P. , 1966, "Condition de classe et position de classe", *Archives*

Européennes de Sociologies VII, 201~229.

_____, 1979, *La Distinction*, Paris: Editions de Minuit.

Bowles, S. and Gintis, H., 1977, "The Marxian theory of value and heterogeneous labour", *Cambridge Journal of Economics 1*, 173~192.

_____, 1983, "The power of capital: on the inadequacy of the conception of the capitalist economy as 'private'", *The Philosophical Forum XIV*, 225~245.

Bowman, J., 1982, "The logic of capitalist collective action", *Social Science Information 21*, 571~604.

Braverman, H., 1974, *Labor and Monopoly Capital*, New York: Monthly Review Press.

Brenkert, G., 1879, "Freedom and private property in Marx", *Philosophy and Public Affairs 8*, 122~147.

Brenner, R., 1977, "The origins of capitalists development: a critique of neo-Smithian Marxism", *New Left Review. no. 104*, 25~82.

_____, 1982, "The agrarian roots of European capitalism", *Past and Present. no. 97*, 16~113.

Bronfenbrenner, M., 1968, "*Das Kapital* for modern man", in D. Horowitz (ed.), *Karl Marx and Modern Economic Theory*, 205~226. London: MacGibbon and Kee.

_____, 1971, *Income Distribution Theory*, London: Macmillan.

Brunt, P. A., 1971, *Social Conflicts in the Roman Republic*, London: Chatto and Windus.

Buchanan, A., 1982, *Marx and Justice*, London: Methuen.

Buckland, W. W., 1908, *The Roman Law of Slavery*, Cambridge.

Carlebach, J., 1978, *Karl Marx and the Radical Critique of Judaism*, London: Routledge and Kagan Paul.

Chambers, J. D. and Mingay, G. E., 1966, *The Agricultural Revolution 1750~1880*, London: Batsford.

Chambliss, 1975, "The Political economy of crime. A comparative study of Nigeria and the USA", in I. Taylor et al. (eds.), *Critical Criminology*, 167~180, London: Routledge and Kagan Paul.

Clegg, H. A., 1951, *Industrial Democracy and Nationalization*, Oxford:

Blackwell.

Cohen, G. A., 1972, "Karl Marx and the withering away of social science", *Philosophy and Public Affairs 1*, 182~203, Reprinted as an appendix to *Karl Marx's Theory of History*(아래를 보라).

_____, 1973, "Bourgeois and proletarians", in S. Avineri(ed.), *Marxist Socialism*, 101~125, New York: Lieber-Atherton.

_____, 1974, "Karl Marx's dialectic of labour", *Philosophy and Public Affairs 3*, 235~261.

_____, 1978, *Karl Marx's Theory of History: A Defence*, Oxford University Press.

_____, 1978, "Robert Nozick and Wilt Chamberlain", in J. Arthur and W. Shaw(eds.), *Justice and Economic Distribution*, 246~262, Englewood Cliffs, N. J.: Prentice Hall.

_____, 1979, "Capitalism, freedom and the proletariat", in A. Ryan(ed.), *The Idea of Freedom*, 9~26. Oxford University Press.

_____, 1980, "Review of F. Parkin: *Marxism and Class Theory*", *The London Review of Books 15*(May 1980).

_____, 1981, "Freedom, justice and capitalism", *New Left Review. no. 126*, 3~16.

_____, 1981, "Illusions about private property and freedom", in J. Mepham and D. -H. Ruben, *Issues in Marxist Philosophy*, *vol. 4*, 223~242. Brighton: Harvester Press.

_____, 1982, "Functional explanation, consequence explanation and Marxism", *Inquiry 25*, 27~56.

_____, 1982, Reply to Elster, "Marxism, functionalism and game theory", *Theory and Society 11*, 483~496.

_____, 1983, "Reconsidering historical materialism", *Nomos XXVI*, 226~251.

_____, 1983, "Reply to four critics", *Analyse und Kritik 5*, 195~222.

_____, 1983, "Restricted and inclusive historical materialism", Paper presented at the Colloque Marx, Ecole des Hautes Etudes en Sciences Sociales, Paris 6-9 December 1983.

_____, 1983, "Review of Wood: *Karl Marx*", *Mind XCII*, 440~445.

_____, 1983, "The structure of proletarian unfreedom", *Philosophy and Public affairs 12*, 3~33.

Cohen, J., 1982, "Review of G. A. Cohen: *Karl Marx's Theory of History*", *Journal of Philosophy 79*, 253~273.

Cole, G. D. H., 1955, *Studies in Class Structure*, London: Routledge and Kagen Paul.

Coleman, J., 1973, *The Mathematics of Collective Action*, London: Heinemann.

_____, 1974, *Power and the Structure of Society*, New York: Norton.

Collins, H. and Abramsky, C., 1965, *Karl Marx and the British Labour Movement*, London: Macmillan.

Collins, K., 1967, "Marx on the English agricultural revolution", *History and Theory 6*, 351~381.

Collins, S., 1982, *Selfless Persons*, Cambridge University Press.

Conry, Y., 1974, *L'Introduction du Darwinisme en France au XIXe Siécle*, Paris: Vrin.

Constant, B., 1980, "De la liberté des anciens comparée à celle des modernes", in B. Constant, De la liberté chez les Modernes, M. Gauchet(ed.), 491~517, Paris: Le Livre de Poche.

Crouzet, F., 1972, "Capital formation in Great Britain during the Industrial Revolution", in F. Crouzet(ed.), *Capital Formation in the Industrial Revolution*, 162~222, London: Methuen.

Cummins, I., 1980, *Marx, Engels and National Movements*, London: Croom Helm.

Dahl, T. S., 1984, *Child Welfare and Social Defence*, Oslo: Universitets-forlaget.

Dahrendorf, R., 1957, *Class and Class Conflict in Industrial Society*, London: Routledge and Kegan Paul.

Davidson, D., 1980, *Essays on Actions and Events*, Oxford University Press.

Davies, J., 1962, "Toward a theory of revolution", *American Sociological Review 27*, 1~19.

Dennett, D., 1979, *Brainstorms*, Hassocks, Sussex: Harvester.

Dobb, M., 1937, *Political Economy and Capitalism*, London: Routledge and

Kagan Paul.

Domar, E., 1971, "The causes of slavery and serfdom", *Journal of Economic History 30*, 137~156.

Draper, H., 1962, "Marx and the dictatorship of the proletariat", *Etudes de Marxologie 6* (= *Cahiers de l'ISEA no. 129*), 5~74.

———, 1977, *Karl Marx's Theory of Revolution. Volume I: State and Bureaucracy*, New York: Monthly Review Press.

———, 1978, *Karl Marx's Theory of Revolution. Volume II: The Politics of Social Classes*, New York: Monthly Review Press.

Dumont, L., 1977, *From Mandeville to Marx*, University of Chicago Press.

Dunn, J., 1980, "The success and failure of modern revolutions", in J. Dunn, *Political Obligation in its Historical Context*, 217~239, Cambridge University Press.

Dworkin, R., 1981, "What is equality? Part 1: Equality of welfare", *Philosophy and Public Affairs 10*, 185~246, "Part 2: Equality of resources", *Philosophy and Public Affairs 10*, 283~345.

Elster, J., 1975, *Leibniz et la Formation de l'Esprit Capitaliste*, Paris: Aubier-Montaigne.

———, 1976, "A note on hysteresis in the social sciences", *Synthese 33*, 371~391.

———, 1976, "Some conceptual problems in political theory", in B. Barry (ed.), *Power and Political Theory*, 245~270. Chichester: Wiley.

———, 1978, "Exploring exploitation", *Journal of Peace Research 15*, 3~18.

———, 1978, *Logic and Society*, Chichester: Wiley.

———, 1979, *Ulysses and the Sirens*, Cambridge Uiversity Press.

———, 1980, "Négation active et négation passive", *Archives Européennes de Sociologie 21*, 329~349.

———, 1980, "Reply to comments", *Inquiry 23*, 213~232.

———, 1980, "Review of G. A. Cohen: *Karl Marx's Theory of History*", *Political Studies 28*, 121~128.

———, 1982, "Marxism, functionalism and game theory", *Theory and Society 11*, 453~482.

———, 1982, "A paradigm for the social sciences?" (Review of van Parijs:

      Evolutionary Explanation in the Social Sciences), *Inquiry 25*, 363~386.

_____, 1982, "Roemer vs. Roemer", *Politics and Society 11*, 363~374.

_____, 1983, *Explaining Technical Change*, Cambridge University Press.

_____, 1983, *Sour Grapes*, Cambridge University Press.

_____, 1983, "Further thoughts on Marxism, functionalism and game theory", Paper presented at the Colloque Marx, Ecole des Hautes Etudes en Sciences Sociales, Paris 6-9 December 1983.

_____, 1983, "Marx et Leibniz", *Revue Philosophique 108*, 167~177.

_____, 1983, "Exploitation, freedom and justice", *Nomos XXVI*, 277~304.

_____, 1983, "Reply to comments", *Theory and Society 12*, 111~120.

_____, 1985, "The market and the forum", in A. Hylland and J. Elster (eds.), *Foundation of Social Choice Theory*, Cambridge University Press.

_____, "Constitutional choice and the transition to socialism", To be published in R. Slagstad(ed.), *Constitutionalism and Democracy*.

Engels, F., *Anti-Dühring*, MEW 20.

_____, "Preface to the 1891 edition of *Wage Labour and Capital*", MEW 22, 202~209.

Erckenbrecht, U., 1973, *Marx's materialistische Sprachtheorie*, Kronberg: Scriptor.

Evans-Pritchard, E., 1940, *The Nuer*, Oxford University Press.

Fagen, R., 1981, *Animal Play Behavior*, Oxford University Press.

Fararo, T. S., 1973, *Mathematical Sociology*, New York: Wiley.

Felix, D., 1983, *Marx as Politician*, Carbondale and Edwardsville: Southern Illinois University Press.

Fellner, W., 1961, "Two proposition in the theory of induced innovations", *Economic Journal 71*, 305~308.

Festinger, L., 1957, *A Theory of Cognitive Dissonance*, Stanford University Press.

Feuerwerker, A., 1968, "China's modern economic history in communist Chines historiography", pp. 216~246, *History in Communist China*, Cambridge, Mass.: MIT Press.

_____(ed.), 1968, *History in Communist China*, Cambridge, Mass.∶ MIT Press.

Field, A., 1981, "The problem with institutional neoclassical economics", *Explorations in Economic History 18*, 174~198.

Finley, M. I., 1973, *The Ancient Economy*, London∶ Chatto and Windus.

_____, 1974, "Aristotle and economic analysis", in M. I. Finley(ed.), *Studies in Ancient Society*, 26~52, London∶ Routledge and Kagan Paul.

_____, 1980, *Ancient Slavery and Modern Ideology*, London∶ Chatto and Windus.

_____, 1981, "Politics", in M. I. Finley(ed.), *The Legacy of Greece*, 22~36. Oxford University Press.

_____, 1981, "Technical Economy and economic progress in the ancient world", in M. I. Finley, *Economy and Society in Ancient Greece*, 176~198, London∶ Chatto and Windus.

_____, 1983, *Politics in the Ancient World*, Cambridge University Press.

Foster, J., 1974, *Class Struggle and the Industrial Revolution*, London∶ Methuen.

Frankfurt, H. G., "Coercion and moral responsibility", in T. Honderich (Ed.), *Essays on Freedom of Action*, 63~86, London∶ Routledge and Kagan Paul.

Freud, S., 1945, "Psychoanalytische Bemerkungen über einen autobiographisch beschriebenen fall von Paranoia", in Freud, *Gesammelte Werke, vol. VIII*, 240~320, Frankfurt a. M.∶ Fischer Verlag.

Friedrich, C. J., 1963, *Man and his Government*, New York∶ McGraw-Hill.

Fromma, E., 1960, *Fear of Freedom*, London∶ Routledge and Kagan Paul.

Furet, F., 1978, *Penser la Révolution Francaise*, Paris∶ Gallimard.

Garnsey, P., Hopkins, G. and Whittaker, C. R. (eds.), 1983, *Trade in the Ancient Economy*, London∶ Chatto and indus.

Gellner, E., 1980, "A Russian Marxist philosophy of history", in E. Gellner(ed.), *Soviet and Western Anthropology*, 59~82, New York∶ Columbia University Press.

Genovese, E., 1974, *Roll, Jordan, Roll*, New York∶ Pantheon.

Georgescu-Roegen, N., 1971, *The Entropy Law and the Economic Process*, Cambridge, Mass.: Harvard University Press.

Gerschenkron, A., 1965, "Agrarian policies and industrialization: Russia 1861~1917", in H. J. Habackkuk and M. Postan (eds.), *Cambridge Economic History of Europe, vol. VI*, 706~800, Cambridge University Press.

Geuss, R., 1981, *The Idea of a Critical Theory*, Cambridge University Press.

Goldmann, L., 1954, *Le Dieu Caché*, Paris: Gallimard.

Gould, C. G., 1978, *Marx's Social Ontology*, Cambridge, Mass.: MIT Press.

Grégoire, F., 1958, *Etudes Hégéliennes*, Louvain: Publications Universitaires de Louvain.

Grindheim, S., 1975, "How could the aristocracy govern when the bourgeoisie ruled?" (노르웨이어), 오슬로대학 역사학 석사학위논문.

Haavelmo, T., 1970, "Some observation on welfare and economic growth", in W. A. Eltis, M. Scott and N. Wolfe (eds.), *Induction, Growth and Trade: Essays in Honour of Sir Roy Harrod*, 65~75, Oxford University Press.

_____, 1971, "The role of expectations in economic theory" (노르웨이어), Memorandum from the Department of Economics at the University of Oslo.

Hamerow, T. S., 1966, *Restoration, Revolution, Reaction: Economics and Politics in Germany 1815~1871*, Princeton University Press.

Hammen, O., 1969, *The Red 48'ers. Karl Marx and Friedrich Engels*, New York: Scribner.

Hanagan, M. P., *The Logic of Solidarity*, Urbana, III.: University of Illinois Press.

Harcourt, G. C., 1973, *Some Cambridge Controversies in the Theory of Capital*, Cambridge University Press.

Hardin, R., 1982, *Collective Action*, Baltimore: Johns Hopkins University Press.

Harsanyi, J., 1955, "Cardinal welfare, individualistic ethics and interpersonal comparisons of utility", *Journal of Political Economy 63*, 309~

321.

―――, 1977, *Rational Behavior and Bargaining Equilibrium in Game and Social Situations*, Cambridge University Press.

Hayek, F. A., 1967, "The results of human action but not of human design", in F. A. Hayek, *Studies in Philosophy, Politics and Economics*, 96~105, London: Routledge and Kagan Paul.

Hechter, M. (ed.), 1983, *The Microfoundations of Macrosociology*, Philadelphia: Temple University Press.

Heckscher, E., 1955, *Mercantilism, vols. I~II*, London: Allen and Unwin.

Hegel, G. W. F., 1945, *The Philosophy of Right*, Oxford University Press.

―――, 1961, *The Science of Logic, vols. I~II*, London: Allen and Unwin.

―――, 1977, *The Phenomenology of Spirit*, Oxford University Press.

Heller, A., 1976, *The Theory of Needs in Marx*, London: Allison and Busby.

Hessen, B., 1931, "The social and economic roots of Newton's Principia", in N. Buckharin et al. (eds.), *Science at the Cross Roads*, reprint (1971), London: Cass.

Hernes, G., 1976, "Structural change in social processes", *American Journal of Sociology 83*, 513~537.

Hicks, J., 1969, *A Theory of Economic History*, Oxford University Press.

Higonnet, P., 1981, *Class, Ideology and the Rights of Nobles during the French Revolution*, Oxford University Press.

Hilton, R., 1973, *Bond Men Made Free*, London: Methuen.

Hirsch, F., 1976, *Social Limits to Growth*, Cambridge, Mass: Harvard University Press.

Hirschman, A., 1982, "The changing tolerance for inequality in the course of economic development", in A. Hirschman, *Essays in Trespassing*, 39~58, Cambridge University Press.

―――, "Exit, voice and the state", *ibid.*, 246~265.

―――, 1982, *Shifting Involvements*, Princeton University Press.

Hobsbawm, E., 1982, "Marx, Engels and politics", in E. Hobsbawm (ed.), *The History of Marxism, vol. 1*, 227~264. Brighton: Harvester Press.

Holmes, S., "Precommitment and self-rule. Reflections on the paradox of democracy", To be published in R. Slagstad (ed.), *Constitutionalism and Democracy*.

Hume, D., 1960, *A Treatise on Human Nature*, ed. Selby-Bigge, Oxford University Press.

Hunt, R., *The Political Ideas of Marx and Engels. vol. I: Marxism and Totalitarian Democracy 1818~1850*, University of Pittsburgh Press.

Husami, Z., 1978, "Marx on distributive justice", *Philosophy and Public Affairs 8*, 27~64.

Hyppolite, J., 1955, *Etudes sur Marx et Hegel*, Paris: Marcel Riviére.

Johansen, L., 1963, "The labour theory of value and marginal utilities", *Economic of Planning 3*, 89~103.

Johansson, I., 1936, "Der Minimalkül", *Compositio Mathematica 4*, 119~136.

Jones, A. H. M., 1977, *Athenian Democracy*, Oxford: Blackwell.

Kahneman, D., Slovic, P. and Tversky, A. (eds.), 1982, *Judgment under Uncertainty*, Cambridge University Press.

Kalleberg, A. L. and Griffin, L. J., 1980, "Class, occupation and inequality in job rewards", *American Journal of Sociology 85*, 731~768.

Kemeny, J. G., Snell, J. L. and Thompson, G. L., 1966, *Introduction to Finite Mathematics* 2nd edn, Englewood Cliffs, N. J.: Prentice Hall.

Kennedy, C., 1964, "Induced bis in innovation and the theory of distribution", *Economic Journal 74*, 541~547.

Kenway, P., 1980, "Marx, Keynes and the possibility of crisis", *Cambridge Journal of Economics 4*, 23~36.

Keynes, J. M., 1971, *A Treatise on Money, in The Collected Works of John Maynard Keynes, vol. V*, London: Macmillan.

Knei-Paz, B., 1977, *The Social and Political Thought of Leon Trotsky*, Oxford University Press.

Koalkowski, L., 1978, *Main Currents of Marxism, vols. 1~3*, Oxford University Press.

Kolm, S. -C., 1971, *Justice et Equité*, Paris: Editions du CNRS.

_____, 1977, *La Transition Socialiste*, Paris: Editions du Cerf.

_____, 1982, *Le Bonheur-liberté*, Paris: Presses Universitaires de France.

_____, 1983, "Introduction à la réciprocité", *Information sur les Sciences*

Sociales 22, 569~622.

Kydland, F. and Prescott, W., 1977, "Rules rather than discretion: The inconsistency of optimal plans", *Journal of Political Economy 85*, 473 ~492.

Lancaster, K., 1966, "A new approach to consumer theory", *Journal of Political Economy 74*, 132~157.

_____, 1973, "The dynamic inefficiency of capitalism", *Journal of Political Economy 81*, 1092~1109.

Leibniz, G. W., 1965, "Considérations sur les principes de vie, in G. W. Leibniz", *Die Philosophischen Schriften, vol. 6*, ed. Gerhardt, 539~546, Reprint Hildesheim: Olms.

_____, "Nouveaux Essais sur l'Entendenement Humain". *ibid., vol. 6*.

_____, 1966, *Opuscules et Fragments Inédits*, ed. Couturat, Reprint Hildesheim: Olms.

Levenson, J., 1968, *Confucian China and its Modern Fate, vols. I~III*. Berkeley: University of California Press.

Liebermann, Y. and Syrquin, M., 1983, "On the use and abuse of rights", *Journal of Economic Behaviour and Organization 4*, 25~40.

Lipietz, A., 1982, "The so-called 'transformation problem' revisited", *Journal of Economic Theory 26*, 59~88.

Lipset, S., 1968, "Social stratification: social class", in E. Shils (ed.), *International Encyclopedia of the Social Sciences, vol. 15*, 296~316, New York: Macmillan.

Lucas, E., 1964, "Marx und Engels' Auseinandersetzung mit Darwin", *International Review of Social History 9*, 433~469.

Lukacs, G., 1968, "Die Verdinglichung und das Bewusstsein des Proletariats", in G. Lukacs, *Geschichte und Klassenbewusstsein*, 257~397, Neuwied und Berlin: Luchterhand.

_____, "Der Funktionswechsel des historischen Materialismus", *ibid.*, 398 ~431.

Lukes, S., 1974, *Power: A Radical View*, London: Macmillan.

_____, 1983, "Can the base be distinguished from the superstructure?", in D. Miller and L. Siedentorp (eds.), *The Nature of Political Theory*,

103~120, Oxford University Press.

_____, 1984, *Marxism and Morality*, Oxford University Press.

Maarek, G., 1979, *An Introduction to Marx's Das Kapital*, Londoon: Martin Robertson.

Macfarlane, A., 1978, *The Origins of English Individualism*, Oxford: Blackwell.

Maguire, J., 1978, *Marx's Theory of Politics*, Cambridge University Press.

March, J. G. and Lave, C. A., 1975, *An Introduction to Models in the Social Sciences*, New York: Harper and Row.

Margalit, A., "Ideals and second-best", in S. Fox(ed.), *Philosophy for Education*, 77~90.

Marglin, S., 1976, "What do bosses do?", in A. Gorz(ed.), *The Division of Labour*, 13~54, London: Longman.

Marvel, H., 1977, "Factory regulation: and interpretation of the early English experience", *Journal of Law and Economics 20*, 379~402.

Marwell, G., Oliver, P. and Teixeira, R., "Group heterogeneity, interdependence and the production of collective goods: a theory of the critical mass", *American Journal of Sociology*에 게재 예정.

Meisner, M., 1967, *Li Ta-chao and the Origins of Chinese Communism*, Cambridge, Mass.: Harvard University Press.

Melotti, I., 1977, *Marx and the Third World*, London: Macmillan.

Miller, D., 1981, "Market neutrality and the failure of co-operatives", *British Journal of Political Science 11*, 302~329.

Moene, K., 1983, "Strike threats and the choice of production technique", Working Paper, Department of Economics, University of Oslo.

Molnar, M., 1975, *Marx, Engels et la Politique Internationale*, Paris: Gallimard.

Moore, S., 1963, *Three Tactics*, New York: Monthly Review Press.

_____, 1980, *Marx on the Choice between Socialism and Communism*, Cambridge, Mass.: Harvard University Press.

Morishima, M., 1970, *Theory of Economic Growth*, Oxford University Press.

_____, 1973, *Marx's Economics*, Cambridge University Press.

_____, 1974, "Marx in the light of modern economic theory", *Econo-*

metrica 42, 611~632.

Needham, J., 1956, *Science and Civilisation in China, vol. II*: Cambridge University Press.

———, 1971, *Science and Civilisation in China, vol. IV. 3*: Cambridge University Press.

Nelson, R. and Winter, S., 1982, *An Evolutionary Theory of Economic Change*, Cambridge, Mass. : Harvard University Press.

Nisbett, R. and Ross, L., 1980, *Human Inference: Strategies and Short-comings of Social Judgement*, Englewood Cliffs, N. J. : Prentice Hall.

Northe, D., 1981, *Structure and Change in Economic History*, New York: Norton.

North, D. and Thomas, R. P., 1971, "The rise and fall of the manorial system a theoretical model", *Journal of Economic History 31*, 777~803.

———, 1973, *The Rise of the Western World*, Cambridge University Press.

Nove, A., 1983, *The Economics of Feasible Socialism*, London: Allen an Unwin.

Nozick, R., 1969, "Coercion", in S. Morgenbesser et al. (eds.), *Philosophy, Science and Method: Essays in Honor of Ernest Nagel*, 440~472, New York: St Martin's Press.

———, 1969, "Newcomb's problem and two principles of choice", in N. Rescher (ed.), *Essays in Honor of Carl G. Hempel*, 114~146, Dordrecht: Hempel.

———, 1974, *Anarchy, State and Utopia*, Oxford: Blackwell.

Nuti, M., 1970, "Capitalism, socialism and steady growth", *Economic Journal 80*, 32~57.

O'Connor, J., 1973, *The Fiscal Crisis of the State*, New York: St Martin's Press.

Okishio, N., 1961, "Technical change and the rate of profit", *Kobe University Economic Review 7*, 85~99.

Ollmann, B., 1976, *Alienation*, 2nd edn, Cambridge University Press.

Olson, M., 1965, *The Logic of Collective Action*, Cambridge, Mass: Harvard University Press.

_____, 1982, *The Rise and Decline of Nations*, New Haven, N. J. Yale University Press.

Ossowski, S. , 1963, *Class Structure in the Social Consciousness*, London: Routlege an Kegan Paul.

Pagano, U. , 1984, *Work and Welfare in Economic Theory*, Oxford: Blackwell.

Panico, C. , 1980, "Marx's analysis of the Relationship between the rate of interest and the rate of profit", *Cambridge Journal of Economics 4*, 63 ~78.

Papaïoannou, K. , 1983, *De Marx et du Marxisme*, Paris: Gallimard.

Parfit, D. , 1981, "Prudence, morality and the Prisoner's Dilemma", *Proceedings of the British Academy*, Oxford University Press.

_____, 1981, *Reasons and Persons*, Oxford University Press.

Parkin, F. , 1979, *Marxism and Class Theory*, London: Tavistock.

Parijs, P. van. , 1980, "The falling-rate-of-profit theory of crisis: a rational reconstruction by way of obituary", *Review of Radical Political Economics 12*, 1~16.

_____, 1981, *Evolutionary Explanation in the Social Sciences*, Totowa, N. J. : Rowman and Littlefield.

_____, 1984, "Marxism's central puzzle", in T. Ball and J. Farr (eds.), *After Marx*, 88~104, Cambridge: Cambridge University Press.

Pasinetti, L. (ed.), 1980, *Essays on the Theory of Joint Production*, New York: Columbia University Press.

Pearson, H. , 1957, "The economy has no surplus", in K. Polanyi, C. M. Arensberg and H. Pearson (eds.), *Trade and Market in the Early Empires*, 320~341, Glencoe, Ill. : The Free Press.

Pen, A. , 1959, *The Wage Rate under Collective Bargaining*, Cambridge, Mass. : Harvard University Press.

Perkin, H. , 1969, *The Origins of Modern English Society 1780~1880*, London: Routledge and Kagan Paul.

Plamenatz, J. , 1954, *German Marxism and Russian Communism*, London: Longman.

_____, 1975, *Karl Marx's Philosophy of Man*, Oxford University Press.

Polanyi, K. , 1957, *The Great Transformation*, Boston: Beacon Press.

——, 1977, *The Livelihood of Man*, New York: Academic Press.

Popkin, S. , 1979, *The Rational Peasant*, Berkeley: University of California Press.

Popper, K. , 1940, "What is dialectic?", *Mind 49*, 403~426.

Posner, R. , 1977, *Economic Analysis of Law*, 2nd edn, Boston: Little, Brown.

Printz, A. , 1969, "Background an ulterior motives of Marx's 'Preface' of 1859", *Journal of the History of Ideas 30*, 437~450.

Przeworski, A. , "Democracy as a contingent outcome of conflict", To be published in R. Slagstad (ed.) , *Democracy an Constitutionalism*.

Przeworski, A. and Wallerstein, M. , 1982, "The structure of class conflict in democratic capitalist societies", *American Political Science Review 76*, 215~238.

Quattrone, G. , "an Tversky, A. Self-deception and the voters illusion", To be published in J. Elster (ed.) , *The Multiple Self*, Cambridge University Press.

Quine, W. V. O. , 1959, *Methods of Logic*, 2nd edn, New York: Holt-Dryden.

Rapoport, A. and Chammah, A. , 1965, *Prisoner's Dilemma*, Ann Arbor: University of Michigan Press.

Robinson, J. , 1956, *The Accumulation of Capital*, London: Macmillan.

Robinson, R. V. and Kelly, J. , 1979, "Class as conceived by Marx and Dahrendorf", *American Sociological Review 44*, 38~58.

Roemer, J. , 1979, "Divide and conquer: microfoundations of a Marxian theory of wage discrimination", *Bell Journal of Economics 10*, 695~705.

——, 1981, *Analytical Foundations of Marxian Economic Theory*, Cambridge University Press.

——, 1982, *A General Theory of Exploitation and Class*, Cambridge, Mass. : Harvard University Press.

——, 1982, "Methodological individualism and deductive Marxism", *Theory and Society 11*, 513~520.

_____, 1982, "Property relations vs. surplus value in Marxian exploitation", *Philosophy and Public Affairs 11*, 281~313.

_____, 1983, "Are socialist ethics consistent with efficiency?", *The Philosophical Forum 14*, 369~388.

_____, 1983, "Unequal exchange, labour migration and international capital flows: a theoretical synthesis", in P. Desai (ed.), *Marxism, the Soviet Economy and Central Planning: Essays in Honor of Alexander Erlich*, 34~60, Cambridge, Mass. : MIT Press.

_____, "Why labor classes?", Working Paper no. 195 from the Department of Eonomics, University of California at Davis.

_____, "Choice of technique under capitalism, socialism and 'Nirvana': reply to Samuelson", Working Paper no. 213 from the Department of Economics, University of California at Davis.

_____, 1985, "Should Marxists be interested in exploitation?", *Philosophy and Public Affairs 14*, 30~65.

Rorty, A., "Akrasia and self-deception", To be published in J. Elster (ed.), *The Multiple Self*, Cambridge University Press.

Rosdolsky, R., 1968, *Zur Entstehungsgeschichte des Marxschen "Kapital"*, Frankfurt a. M. : Europäische Verlagsanstalt.

Rousseau, J.-J., 1964, "Letters de la Montagne", in Rousseau, *Oeuvres Complétes* (edn Pléiade), *vol. III*, 685~897, Paris: Gallimard.

Routley, R. and Meyer, R. K., 1976, "Dialectical logic, classical logic and the consistency of the world", *Studies in Soviet Thought 16*, 1~25.

Rowthorn, B., 1980, "Skilled labour in the Marxist system", in B. Rowthorn, *Capitalism, Conflict and Inflation*, 231~249, London: Lawrence and Wishart.

_____, "Marx's theory of wages", *ibid.*, 182~230.

Rubel, M., 1965, "Editorial comments in Marx", *Oeuvres* (edn Pléiade), *Economie I*, Paris: Gallimard.

_____, 1974, "Plan et méthode de l'"Economie'", in M. Rubel, *Marx Critique du Marxisme*, 369~401, Paris: Payot.

Ruben, D.-H., 1979, *Marxism and Materialism*, 2nd edn, Brighton: Harvester Press.

_____, 1981, "Review of G. A. Cohen: *Karl Marx's Theory of History*", *British Journal of Political Science 11*, 227~234.

Runciman, W. G. and Sen, A., 1965, "Games, justice and the general will", *Mind 74*, 554~562.

Salter, W. G., 1960, *Productivity and Technical Change*, Cambridge University Press.

Samuelson, P., 1982, "The normative and positivistic inferiority of Marx's *values* paradigm", *Southern Economic Journal 49*, 11~18.

Sartre, J.-P., 1960, *Critique de la Raison Dialectique*, Paris.

_____, "Questions de méthode", *ibid.*, 15~111.

Schelling, T. C., 1963, *The Strategy of Conflict*, Cambridge, Mass.: Harvard University Press.

_____, 1978, *Micromotives and Macrobehavior*, New York: Norton.

Schotter, A., 1981, *The Economic Theory of Social Institutions*, Cambridge University Press.

Schumpeter, J. A., 1951, *Imperialism and Social Classes*, New York: Kelley.

_____, 1954, *A History of Economic Analysis*, London: Allen and Unwin.

_____, 1961, *Capitalism, Socialism and Democracy*, London: Allen and Unwin.

Sen, A., 1981, *Poverty and Famines*, Oxford University Press.

Seton, F. and Morishima, M., 1961, "Aggregation in Leontief matrices and the labour theory of value", *Econometrica 29*, 203~220.

Shaikh, A., 1978, "Political economy and capitalism: notes on Dobb's theory of crisis", *Cambridge Journal of Economics 2*, 233~251.

Shapley, L. and Shubik, M., 1967, "Ownership and the production function", *Quarterly Journal of Economics 80*, 88~111.

Shubik, M., 1982, *Game Theory and the Social Sciences*, Cambridge, Mass.: MIT Press.

Simmel, G., 1908, *Soziologie*, Berlin: Duncker und Humblot.

_____, 1978, *The Philosophy of Money*, London: Routledge and Kagen Paul.

Skinner, G. W., 1977, "Cities and the hierarchy of local systems", in G. W. Skinner(ed.), *The City in Late Imperial China*, 275~352,

Stanford University Press.

Smolinski, L. , 1973, "Karl Marx and mathematical economics", *Journal of Political Economy 81*, 1189~1204.

Sombart, W. , 1924~7, *Der moderne Kapitalismus*, 2nd edn, *vols. I~III*, München and Leipzig: Duncker und Humblot.

Sraffa, P. , 1963, *Production of Commodities by Means of Commodities*, Cambridge University Press.

Ste Croix, G. E. M. de. , 1981, *The Class Struggle in the Ancient Greek World*, London: Duckworth.

Steedman, I. , 1977, *Marx after Sraffa*, London: New Left Books.

_____, 1980, "A note on the 'choice of technique' under capitalism", *Cambridge Journal of Economics 4*, 61~64.

_____, 1983, "Heterogeneous labour, money wages and Marx's theory", Paper presented at the Colloque Marx, Ecole des Hautes Etudes en Sciences Sociales, Paris, 6-9 December 1983.

Stigler, G. and Becker, G. , 1977, "De gustibus non est disputandum", *American Economic Review 67*, 76~90.

Stinchcombe, A. , 1968, *Constructing Social Theories*, New York: Harcourt, Brace and World.

_____, 1974, "Merton's theory of social structure", in L. Coser (ed.), *The Idea of Social Structure: Papers in Honor of Robert Merton*, 11~33, New York: Harcourt, Brace, Jovanovich.

Stone, L. , 1972, *The Causes of the English Revolution 1529~1642*, London: Routledge and Kagan Paul.

Stroebe, W. and Frey, B. , 1982, "Self-interest and collective action: the economics and psychology of public goods", *British Journal of Social Psychology 21*, 121~137.

Sweezy, P. , 1962, *The Theory of Capitalist Development*, London: Dennis Dobson.

Tartarin, R. , 1981, "Gratuité, fin du salariat et calcul économique dans le communisme", in M. Lavigne (ed.), *Travail et Monnaie en Systéme Socialiste*, 233~255, Paris: Economica.

Tayolor, C. , 1971, "Interpretation and the sciences of man", *Review of*

Metaphysics 25, 3~51.

Taylor, M., 1976, *Anarchy and Cooperation*, Chichester: Wiley.

Thernstrom, S., 1970, "Working class social mobility in industrial America", in M. H. Richter(ed.), *Essays in Theory and History*, 221~240, Cambridge, Mass.: Harvard University Press.

Thompson, E. P., 1968, *The Making of the English Working Class*, Harmondsworth: Penguin Books.

_____, 1971, "The moral economy of the English crowd in the eighteenth century", *Past and Present no. 50*, 76~136.

_____, 1977, *William Morris*, London: Merlin Press.

Tilly, C., 1978, *From Mobilization to Revolution*, Reading, Mass.: Addison -Wesley.

Tocqueville, A. de., 1955, *The Old Régime and the French Revolution*, New York: Anchor Books.

_____, 1957, "Voyages en Sicile et aux Etats-Unis", in *Oeuvres Complétes*, *vol. V*, Paris: Gallimard.

_____, 1969, *Democracy in America*, New York: Anchor Books.

Trivers, R., 1971, "The evolution of reciprocal altruism", *Quarterly Review of Biology 46*, 35~57.

Trotsky, L., 1977, *The History of the Russian Revolution*, London: Pluto Press.

Tsou, T., 1983, "Back from the brink of revolutionary-'feudal' totalitarianism", in V. Nee and D. Mozingo(eds.), *State and Society in Contemporary China*, 53~88 and 268~275, Ithaca, N.Y.: Cornell University Press.

Tsuru, S., 1968, "Keynes vs. Marx: the methodology of aggregates", in D. Horowitz(ed.), *Marx and Modern Economic Theory*, 176~202, London: MacGibbon and Kee.

Tversky, A. and Kahneman, D., 1981, "The framing of decisions and the rationality of choice", *Science 211*, 5443~5458.

Veblen, T., 1970, *The Theory of the Leisure Class*, London: Allen and Unwin.

Veyne, P., 1976, *Le Pain et le Cirque*, Paris: Le Seuil.

_____, 1983, *Les Grecs ont-ils cru à leurs Mythes?*, Paris: Le Seuil.

Viner, J., 1948, "Power versus plenty as objectives of foreign policy in the seventeenth and eighteenth centuries", *World Politics 1*, 1~29.

Von Weizsäcker, C. C., 1971, *Steady-State Capital Theory*, New York: Springer.

_____, 1973, "Modern capital theory and the concept of exploitation", *Kyklos 26*, 245~281.

Wartofsky, M., 1977, *Feuerbach*, Cambridge University Press.

Weber, M., 1958, *The Protestant Ethic and the Spirit of Capitalism*, New York: Scribner.

_____, 1966, "Hinduismus and Buddhismus", in Weber, *Gesammelte Aufsä tze zur Religions-soziologie*, *vol. II*, 1~378, Tübingen: Mohr.

_____, 1968, *Economy and Society*, *vols. 1~3*, New York: Bedminster Press.

Weintraub, S., 1979, *Microfoundations*, Cambridge University Press.

Williams, B. A. O., 1973, "A critique of utilitarianism", in J. J. C. Smart and B. A. O. Williams, *Utilitarianism: For and Against*, 77~150, Cambridge University Press.

_____, 1982, *Moral Luck*, Cambridge University Press.

Wilson, E., 1975, *Sociobiology*, Cambridge, Mass.: Harvard University Press.

Wittfogel, K., 1932, "Die natürlichen Ursachen der Wirtschaftsgeschichte", *Archiv für Sozialwissenschaft und Sozialpolitik 67*, 466~492, 579~609, 711~731.

_____, 1957, *Oriental Despotism*, New Haven, N. J.: Yale University Press.

Wolfstetter, E., 1973, "Surplus labour, synchronized labour costs and Marx's labour theory of value", *Economic Journal 83*, 787~909.

Wood, A., 1981, *Karl Marx*, London: Routledge and Kagan Paul.

Wright, E. O., 1979, *Class Structure and Income Determination*, New York: Academic Press.

Wright, E. O. and Perrone, L., 1977, "Marxist class categories and income inequality", *American Sociological Review 42*, 32~55.

Zimmerman, D. , 1981, "Coercive wage offers", *Philosophy and Public Affairs* *10*, 121~145.

_____, 1983, "More on coercive wage offers: reply to Alexander", *Philosophy and Public Affairs 12*, 165~171.

욘 엘스터(Jon Elster)는 현대 마르크스주의의 주요한 사조 중 하나인 분석적 마르크스주의(Analytical Marxism)를 대표하는 인물이다. 먼저 분석적 마르크스주의에 대해 간단히 살펴본 다음, 《마르크스 이해하기》에 대해 해설하기로 한다.

분석적 마르크스주의

마르크스주의의 핵심이 무엇인가에 대한 이론적인 논쟁은 이미 19세기 후반부터 마르크스주의 진영 내에서 격렬하게 전개되어왔다. 그러나 과거의 마르크스주의자들은 적어도 자본주의의 임금노동제도를 분석하는 기초로서의 '노동가치설'이나 역사적 발전단계를 분석하는 '역사적 유물론', 국가권력과 이데올로기의 본질을 이해하기 위한 '사회구성체 이론', 그리고 공산주의 혁명을 위한 '계급투쟁론'에 대해서는 어렴풋한 합의를 유지해왔다. 그러나 현대의 마르크스주의 진영에서는 그러한 어렴풋한 합의마저 사라져, 이제 '마르크스주의자들'의 공통분모를 찾아내기가 거의 불가능한 지경에 이르렀다. 예컨대, 노동가치설을 받아들이지 않는 마르크스주의자도 있으며, 역사적 유물론을 인정하지 않는 마르크스주의자도 있고, 계급투쟁론을 부정하는 마르크스주의자도 있다.

코헨, 엘스터, 로머, 레빈, 파리스, 라이트 등으로 대표되는 '분석적 마르크스주의'가 바로 그런 종류의 '마르크스주의'이다. 이 학파의 주도적 인물 가운데 하나인 라이트는 분석적 마르크스주의자들이 공유하고 있는 신념을 이렇게 소개한다. "마르크스주의는 문제를 제기하고 해답을 모색하는 데 매우 생산적인 지적 전통이기는 하지만 여러 가지 방법론적, 메타이론적 자세 때문에 설명력의 한계를 노정하곤 했다. 그러나 마르크스주의의 핵심 개념들인 계급, 착취, 역사이론, 자본주의, 사회주의 등은 정치적 해방운동을 위해 여전히 필수적인 것이기 때문에 방법론적, 메타이론적 한계를 극복하기 위한 노력을 기울일 필요가 있다."[1] 여기에서 '방법론적, 메타이론적 한계'란, 마르크스주의 전체에 드리워 있는 변증법적 연역, '기능적' 설명방식, '방법론적 전체론' 및 '목적론적' 역사철학을 말한다.

전통적으로 마르크스주의자들은 실증주의와 전통적인 과학에 대해 극단적인 적대감을 표시해왔으며, 이른바 '부르주아 사회과학'과 구별되는 고유한 방법론을 마르크스주의의 큰 특징으로 자부해왔다. 마르크스주의는 과학적·유물론적인 데 비해 부르주아 과학은 이데올로기적·관념적이고, 마르크스주의는 전체주의적인데 부르주아 과학은 개인주의적이고, 마르크스주의는 변증법적·역사적인데 부르주아 과학은 단선적·비

---

1) Eric Olin Wright, "What is Analytical Marxism", A paper for an international conference on *Marxism and the New Global Society*, The Institute for Far Eastern Studies, Gyungnam University, Oct. 25~27, 1989, p. 2.

역사적이며, 마르크스주의는 반경험주의적·반실증주의적인데 부르주아 과학은 경험주의적·실증주의적이라는 것이다. 물론 이러한 주장에 대해 마르크스주의자들 사이에서도 논란이 전혀 없는 것은 아니지만, 마르크스주의가 고유한 방법론을 가지고 있다는 점은 모든 마르크스주의자들이 인정해왔다.

물론 마르크스 자신은 '과학적 사회주의', 혹은 '사회에 관한 과학'을 자칭했지만, 이러한 '과학'은 세계에 대해 새로운 것을 배우는 이론적 장치가 아니라 종종 모든 문제에 대한 해답을 미리 준비한 경직된 이데올로기의 형태를 취하곤 했다. 말하자면, 종래 마르크스주의자들이 '과학'을 매우 비과학적인 방법으로 정의하여 '과학'이 곧 신학과 같은 역할을 해왔다는 것이 분석적 마르크스주의자들의 시각이다. 그러므로 이들은 마르크스주의에 진정한 사회과학의 지위를 부여하기 위해서는 엄밀한 과학적 기준을 적용해야 한다고 믿고 있다. 이들에 따르면, 과학은 경험적 현상을 산출하는 메커니즘이 무엇인가를 알아내는 작업이다.

경험적 현상에 대한 우리의 관찰은 두 종류의 메커니즘에 의해 동시적으로 형성된다. 그 현상을 직접 산출하는 메커니즘과 관찰과정 자체에 내재한 메커니즘이 바로 그것이다. 이러한 이중성으로 말미암아 경험적 '사실'로부터 현상을 산출하는 메커니즘을 객관적으로 발견하는 것은 불가능하지만, 과학적 이론이 제시하는 설명은 분명히 실재적인 메커니즘에 기초해 있다는 것이다. 이것은 곧 종래 마르크스주의자들이 그 독자성을 주장해온 '마르크스주의적 방법론'에 대해 비판적인 태도를 취한다는 것을 의미하는 동시에, 과학적 지식의 증진을 위해 체계적인 이론모형과 연결된 경험적 연구를 중요시한다는 것을 뜻한다.

그러면, 분석적 마르크스주의자들이 마르크스주의의 '고유한 방법론'을 부정하면서도 굳이 마르크스주의를 자처하는 이유는 무엇인가? 그 이유로는 두 가지를 들 수 있다.

첫째, 분석적 마르크스주의자들이 제시하는 이론적·경험적 문제들은 모두 마르크스주의 전통에 뿌리를 두고 있다는 점이다. 즉 연구의 결과들은 비록 마르크스주의로부터 상당히 벗어난 것이라고 할지라도 문제 자체는 과거 마르크스주의자들이 제기해온 것과 같다. 그러므로 그들의 전형적인 연구형태는 마르크스주의의 핵심적인 명제나 논증을 선택하여 이 논증이 성립할 수 있는 필요조건들을 찾아내고, 이를 통해 그 명제나 논증을 재구성한다. 여기에서 사용되는 개념들도 역시 마르크스주의적 논의에서 주로 등장하는 언술들이다.

둘째, 마르크스주의의 핵심적인 규범을 공유한다는 점이다. 학자에 따라 정도의 차이는 있지만 대체로 자유, 평등, 인간의 존엄, 그리고 그러한 가치들의 실현을 위한 제도적 수단으로서의 민주사회주의에 대한 믿음 등이 이들의 가치관을 이루고 있다. 물론 이러한 가치들은 비마르크스주의자들도 지닐 수 있는 것들이다. 그러나 분석적 마르크스주의자들은 이 가치들을 마르크스주의적 언어를 통해서 추구하고 있다는 점에서 '마르크스주의적'이다. 즉 그들은 마르크스가 제기한 자본주의에서의 소외와 착취, 계급투쟁, 혁명, 사회주의와 같은 개념들을 사용하여 더 나은 사회를 만들고자 하는 인류의 열망을 표현할 수 있고, 구체적인 실천을 위한 이론적 작업을 할 수 있다고 믿는다.

방법론적 개체론과 의도·인과적 설명

엘스터의 《마르크스 이해하기》의 가장 큰 특징은 마르크스의 텍스트를 읽는 방법이 기존의 마르크스주의자들과 다르다는 점이다. 엘스터에 따르면, 사회과학적 설명에는 세 가지 층위가 있다. ① 욕망이나 신념과 같은 정신적 상태에 관한 인과적 설명, ② 전제된 욕망 또는 신념의 관점에서 개별적인 행동을 설명하는 의도적 설명, ③ 개별적 행동의 관점에서 그것이 낳은 집합적 현상을 설명하는 인과적 설명이 바로 그것이다. 예를 들어 노동자의 파업이라는 집합적 현상을 설명할 때, 노동자 개개인이 파업에 참여한 의도를 설명하는 것은 ②에 해당한다. 즉 파업참가자의 파업행위의 목적 — 임금인상 등 — 을 제시함으로써 파업이 일어난 이유가 설명된다는 것이다. 그런데 노동자 중에는 파업에 참가하지 않는 사람도 있다. 이들의 불참 이유는 현재의 임금수준에 만족해서, 파업의 성공가능성에 대해 회의적이라서, 혹은 파업 후에 받게 될 보복이 두려워서 등 여러 가지가 있을 것이다. 이처럼 불참자(혹은 참가자)가 불참(혹은 참가)의 결정에 이르게 된 정신적 과정을 밝히는 것이 ①에 해당하는 설명이다. 파업은 성공할 수도 있고, 실패할 수도 있다. 또한 전혀 예기치 못한 긍정적 혹은 부정적 결과를 초래할 수도 있다. 이처럼 행위자가 의도하지 않은 결과가 나타날 수도 있는데, 이러한 '비의도적 결과'를 인과적으로 추론 또는 예측하는 것이 ③에 해당한다. 엘스터는 마르크스가 사회과학방법론에 특별히 기여한 것이 바로 이 마지막 설명 형태라고 주장한다.

엘스터는 행위자의 의도를 기준으로 ②를 '의도적 설명', ①을 '준의도적 인과설명', ③을 '초의도적 인과설명'이라고 부른다. 다시 말하면, ②의 경우에는 행위자의 '의도'를 밝히는 것이 그의 '행위'를 설명하는 것이고, ①의 경우에는 그러한 의도를 갖게 된 배경, 즉 의도 또는 선호의 형성과정을 인과론적으로 밝히는 것이 '의도'를 설명하는 것이고, ③의 경우에는 개별적 행위들이 모여 집합적 결과를 낳는 메커니즘을 인과론적으로 밝히는 것이 그 현상에 대한 설명이라는 것이다. 특정한 행위와 그러한 행위를 한 의도와의 관계는 비교적 밝히기 쉽다. 그러나 사람마다 다른 의도를 갖게 된 이유는 개개인의 욕망, 신념 등과 관계가 있으므로 객관적으로 관찰하기 어렵다. 따라서 이것은 흔히 '블랙박스'에 비유되곤

한다. 또한 개인의 행위가 초래할 미래의 결과에 대한 예측도 매우 어렵다. 특히 예측하고자 하는 시점과 행위시점 간의 기간이 길수록 매개변수가 많아져 예측은 어려워진다. 예컨대, 북경의 나비가 뉴욕의 날씨에 영향을 준다는 것은 알지만, 그 메커니즘을 밝히는 것은 거의 불가능에 가깝다. 엘스터는 이 세 층위의 설명만이 '과학적' 설명이라고 주장한다.

의도는 인간 개개인의 속성이다. 자연이나 사물에는 의도가 없다. 또한 과학에서는 의도를 가진 초월적 존재도 인정하지 않는다. 국가, 민족, 자본가 계급 등 집단도 의도의 주체가 될 수 없다. 사회구조, 제도 등도 개개인의 의도에 영향을 미치기는 하지만 그 자체가 의도의 주체는 아니다. 따라서 세 층위의 설명에서 가장 중요한 요소는 개개인이다. 그러므로 이러한 방법론을 이른바 '방법론적 개체론'(methodological individualism)이라고 부른다. 2)

방법론적 개체론에 따르면, 모든 사회현상(인간의 행위와 그 행위의 결과)의 구조와 변화는 원칙적으로 오직 개인(개개인의 속성, 목표, 신념, 의도, 행동)만을 원인변수로 삼아 설명해야 한다. 과학의 목표가 법칙에 의해 설명하는 것이라면, 사이비설명이 되지 않기 위해 설명항과 피설명항3) 사이의 기간, 즉 원인과 결과 간의 기간을 가능한 한 줄여야 한다. "설명이란 메커니즘을 제공하는 것이며, 블랙박스를 열어 볼트와 너트를, 톱니와 톱니바퀴를, 욕망과 신념을 보여주는 것이다. 이들이 집합적

---

2) 분석적 마르크스주의자들의 '방법론적 개체론'에 관한 자세한 논의는 임화연, "마르크스주의와 방법론적 개인주의", 〈철학〉 제44집(한국철학회, 1995) 참조. '방법론적 개체론'에 대한 비판은 백충용, "집합행위에 대한 엘스터의 설명 논리 비판", 〈철학연구〉 제64집(철학연구회, 2004) 및 김성민, "사회구조와 행위의 문제 - 맑스의 사회이론에 대한 코헨과 엘스터의 해석을 중심으로", 〈통일인문학논총〉 제37집(건국대학교 인문학연구원, 2001) 참조.

3) 설명하고자 하는 대상이 피설명항(explanandum)이고, 그 대상을 설명하는 말이 설명항(explanan)이다.

결과를 낳기 때문이다."

이러한 관점에서 보면 방법론적 전체론, 기능적 설명, 변증법적 연역은 사이비설명에 해당한다. 방법론적 전체론에서는 설명 순서상 개인을 넘어 존재하는 초개인적 실체가 있다고 가정하고, 그러한 실체들의 전개 혹은 발전의 법칙으로부터 설명을 진행한다. 여기에서 개인의 행동은 집합적 행동유형을 가리킨다. 이것은 종종 기능적 설명의 형태를 띤다. 어떤 행동들이 집합적으로 이익을 낳는다면, 바로 그 객관적 이익이 그 행동들을 설명해주는 원인변수라고 주장할 경우에 그렇게 된다. 예컨대 자본주의 사회에 사회적 이동성이 존재하는 이유에 대해 그것이 자본주의의 존속에 유리하기 때문이라고 '설명'하는 것이 바로 기능적 설명이다.

그러나 방법론적 전체론과 기능적 설명 사이에 논리적 연관은 없다. 그러나 마르크스에게서는 이 두 가지가 함께 나타난다. 예를 들어, 마르크스의 역사철학에서 '인류'(humanity)는 집합적 주체로 나타난다. 이 주체의 완전한 실현을 향한 본성적 투쟁이 역사의 경로를 형성한다. 자본주의 이론에서도 '자본'은 비슷한 역할을 한다. 마르크스는 리카도를 공격하면서 이렇게 말한다.

> 자본의 지배가 자유경쟁의 전제이다. … 자본이 약할 때는 과거의 생산양식, 혹은 자본이 등장하고 나면 사라지고 말 생산양식을 버팀목으로 삼는다. 그러나 자본이 강하다고 느끼는 순간, 그 버팀목을 버리고 자신의 법칙에 따라 움직인다. 자기 자신이 발전에 장애가 된다고 감지하는 순간, 자유경쟁을 제한함으로써, 자본의 지배를 더욱 완전하게 해주는 듯 보이는 형태들 속에 피난처를 마련한다. 그러나 동시에 그런 피난형태들은 자본의 해체를 예고하는 것이요, 자본이 의존하는 생산양식의 해체를 예고하는 것이다. … 필연성은 자본의 본성에 들어 있다. 경쟁이란 많은 자본들이 자본의 내재적 결정인자들을 상호 간에 그리고 자기 자신에게 강요하는 방식에 불과하다. [4]

이 진술에서 '자본'은 의도를 가진 행위주체로 되어 있는데, 엘스터는 이런 종류의 '설명'은 모두 사이비설명으로 간주한다.

다른 한편, 엘스터는 마르크스가 방법론적 개체론도 간간이 사용했다고 주장한다. 특히 《독일 이데올로기》는 역사에 대한 강력한 개체론적, 반(反) 목적론적 접근을 보여준다는 것이다. 엘스터에 따르면, 그가 주장한 공산주의의 목표는 인간 개개인의 발전이지 보편개념으로서의 인간의 발전이 아니다. 마르크스는 공산주의가 개개인의 완전하고 자유로운 실현을 가능하게 한다고 굳게 믿고 있었지만, 다만 공산주의 단계까지 가는 과정에 대한 설명에서는 그와 같이 개인을 설명의 중심에 놓지는 않았다는 것이다.

마르크스주의의 '합리적 핵심'

《마르크스 이해하기》는 엘스터가 방법론적 개체론의 관점에서 마르크스의 텍스트를 읽은 과정과 결과를 보여주는 책이다. 그가 이해한 과학으로서의 마르크스주의, 즉 방법론적 개체론의 관점에서 과학적 설명으로 간주할 수 있는 '합리적 핵심'은 제 9장의 결론 부분에 요약되어 있다. 주요 내용을 간추리면 다음과 같다.

마르크스는 경제주체들이 경제체제의 작동에 대해 가지고 있는 신념들이 그 체제와 이중적인 인과관계를 맺고 있다는 것을 밝혔다. 즉 그러한 신념은 체제의 산물인 동시에 체제를 재생산한다는 것이다. 이를 보여주기 위해 마르크스는 모든 경로 — 개인적 수준에서 집합적 수준까지,

---

4) Karl Marx, *Grundrisse*, Harmondsworth: Penguin Books, 1973, p. 651.

정태적 분석에서 동태적 분석까지, 경제적 수준에서 사회적·정치적·이데올로기적 수준까지 ― 를 샅샅이 탐색했다. 그러나 이러한 내용들은 종종 그릇된 틀 속에 들어 있기 때문에 재구성할 필요가 있다. 우선 곳곳에 헤겔식 방법의 잔재가 남아 있다. '자본'은 스스로 의지를 가진 신비한 행위주체로 등장한다. 공장법은 마법처럼 자본의 욕구를 충족시킨다. 사회적 이동성도 자본의 법칙을 강화하는 형태로 나타난다. 중농주의자의 학설도 봉건체제 내에서 자본을 대변하기 위해 나타난다. 이러한 설명들은 방법론적 전체론과 기능적 설명과 변증법적 연역이 뒤범벅된 일종의 목적론이다. 자본을 지지하는 보이지 않는 손이 그 목적론의 한 축이요, 궁극적으로 자본을 파괴하는 필연적인 과정이 또 하나의 축이다.

또한 《자본론》의 분석들은 노동가치설에 집착한 나머지 곳곳에서 결함을 낳았다. 노동이 이질적이고 작업의 비용이 서로 다른 경우, 노동가치설의 기본 개념들은 더 이상 적용될 수 없다. 이러한 문제들을 무시한다 하더라도 노동가치설로는 아무것도 분석할 수 없다. 다른 이론들이 설명하지 못하는 것 중에서 노동가치설이 설명하는 것은 아무것도 없다.

마르크스가 자본주의를 비난한 이유는 다음 세 가지로 요약할 수 있다.

⑴ 자본주의는 인간의 '유적 능력'을 박탈하고 소외시키기 때문에 비인간적이라는 것이다. '유적 능력'이란 지성과 언어와 도구제작 능력 덕분에 인간만이 할 수 있는 창조적인 활동능력을 말한다. 마르크스는 이러한 능력의 개발이 인류와 개개인의 궁극적인 목적이요, 궁극적인 선이라고 믿었다. 인간의 가장 심원한 욕구인 자신의 재능과 능력을 사용하고자 하는 욕구가 좌절되는 것, 이것이 바로 소외이다. 이것은 단순히 하고 싶은 것을 할 능력이 없어서 생기는 좌절이 아니라, 사회적으로 실현 가능함에도 불구하고 실현되지 않은 데 따르는 좌절이다. 자본주의적 소외는 욕구충족이 가능함에도 불구하고 실현되지 않고 있는 상태이다. 이러한 격차를 사회구성원들이 인식할 경우, 즉 자신의 욕구가 무엇인지

알고, 또한 이러한 욕구의 객관적인 충족가능성을 알 경우, 드디어 행동에 나서게 된다.

(2) 자본주의는 속속들이 불의한 체제라는 것이다. 마르크스가 생각한 정의는 각자의 기여에 비례하여 보상이 이루어지는 것이다. 그러나 이러한 판단기준에서 나온 노동착취 이론은 내용이 분명하지 않으며, 또한 노동가치설과 충돌을 일으킨다. 노동이 이질적인 경우 기여를 공통의 척도로 측정할 수 없기 때문이다.

(3) 자본주의는 본질적으로 비효율적이고 불합리한 체제라는 것이다. 시장 메커니즘은 경제적 결정을 조정하는 데 매우 비효율적이다. 경제적 위기가 발생할 가능성이 항상 있고, 실제로 빈번히 발생한다. 위기가 발생하면 자본재는 유휴상태가 되고, 노동자들은 일자리를 잃고, 생산된 재화는 있지만 살 사람은 없다. 또한 기술변혁이 있다 하더라도 사회적으로 바람직한 기준, 즉 노동의 극소화를 가져오지 못한다. 자본가들은 지불노동시간을 극소화하려는 것이지 노동시간 전체를 극소화하려는 것이 아니다. 기술변혁이 노동시간 단축을 가져오지만, 더 많은 지불노동을 사용해야 한다면, 혹은 더 많은 임금을 지불해야 한다면 자본가는 그런 기술을 채택하지 않을 것이다. 또한 자본주의 체제는 스스로를 파괴하는 경향이 있다는 점에서 불합리한 체제이다. 자본주의는 자신의 장기적인 생존 가능성을 저해하는 수단을 통해서만 경제적으로 생존할 수 있다. 특히 이윤율이 하락하는 국면에 이르러 모든 자본가들이 동일한 방식으로 대응할 경우 그 경향은 더욱 강화된다. 그러나 그의 이윤율 하락이론은 자세히 살펴보면 엉성하기 짝이 없다. 그 이론은 그릇된 전제, 즉 사람들이 항상 노동절약형 혁신을 추구할 것이라는 전제에서 출발하여, 이로부터 이윤율이 하락하는 경향을 갖게 된다는 그릇된 추론을 한다.

소외와 "생산력과 생산관계 사이의 모순"은 실현된 것과 가능한 것 사이의 격차로 정의할 수 있다. 대체로 소외는 생산력의 더 나은 '사용'이

가능함에도 그렇지 못한 현실을 말하는 것이고, 모순은 생산력의 더 빠른 '발전'이 가능함에도 그렇지 못한 현실을 말하는 것이다. 사실상 이 두 현상은 밀접히 연관되어 있다. 소외를 극복하고 나면, 사회의 구성원들은 창조적 능력을 자유롭게 발휘하게 될 것이다. 과학기술 분야에서 자아실현을 추구하는 사람들도 있을 것이고, 그 결과 전대미문의 생산성 향상이 나타날 것이다. 그러나 이런 일은 자본주의가 창출한 기술적 기초 위에서만 가능하다.

마르크스의 자본주의에 대한 경제적 분석과 도덕적 탄핵은 이분법적 계급 틀로 이루어져 있다. 자본가와 노동자만이 (개별적으로 그리고 집합적으로) 《자본론》의 중요한 행위주체이다. 농민과 지주 등 농업계급은 제3권의 말미에 잠깐 나올 뿐이다. 장인과 소부르주아 계급은 사실상 보이지 않고, 관리자 계급과 공무원 계급도 보이지 않는다. 마르크스의 다른 저작에서는 다양한 사회적 계급들이 등장하는데, 계급 이론은 마땅히 이러한 모든 사회적 계급을 염두에 두고 개진해야 한다.

계급투쟁은 경제와 정치를 잇는 매개요소다. 계급은 경제행위에 의해 정의되고, 공통의 경제적 이해에 따라 하나의 집단이 되지만, 이러한 이익을 추구하고자 할 경우 정치영역으로 나아가게 된다. 이 과정은 두 단계로 분석할 수 있다. ① 계급의식의 형성. 즉 계급적 유대의 형성 및 조직의 건설. 계급이 집합행위자가 되는 과정에는 여러 가지 구조적 요인들 — 계급 구성원들 간의 의사소통 네트워크, 일정한 기간에 걸친 계급 구성원의 평균 총수, 문화적 동질성의 정도 등 — 이 영향을 미친다. 마르크스는 특히 농민들은(농민이 있는 나라의 경우) 구조적으로 계급의식을 갖기 어렵다고 주장했다. ② 계급연합의 형성. 즉 집합행위자로 등장한 계급들 간의 동맹 및 무산 계급에 대항한 유산 계급의 동맹. 그러나 마르크스는 이러한 반노동자 동맹은 최후의 대결과 붕괴를 지연시킬 뿐이라고 생각했다. 자본주의가 점점 취약해지고 위기가 만연하면 그 어떤 정치적 술책도 소용없다. 그는 국가가 개입하여 경기부양책이나 규제 등으로 위기를 극복할 수 있으리라고는 생각하지 않았다.

마르크스는 19세기 중반의 노동자들이 비참하게 살아가는 모습을 보고 전율했다. 직장에서 그들은 기계에 붙어 있는 부속품이었고, 집으로 돌아와도 너무 지친 나머지 활기찬 생활을 할 수 없었다. 그들이 즐길 수 있는 것이라곤 소비의 수동적 쾌락밖에 없었다. 마르크스는 그 반대편 극단에 있었다. 해야 할 일이 있을 때조차도 그에게는 창조적인 힘이 넘쳐났다. 그는 창조의 기쁨이 어떤 것인지, 어려움을 극복했을 때, 긴장이 해소되었을 때 어떤 기쁨이 오는지 알고 있었다. 그는 이것이 인간의 좋은 삶이라고 생각했다. 그리고 그러한 좋은 삶이 더 이상 소수 특권층의 전유물이 아닌 사회를 갈망했다. 창조적인 일을 통한 자아실현, 이것이 바로 마르크스 공산주의의 본질이요, 마르크스 사상의 가장 값진 요소이다.

마르크스의 사상 가운데 지극히 비현실적으로 보이는 내용들은 다음과 같다. ① 공산주의에서는 (모든 사람이 원하는 것을 다 가지고도 재화가 남아돈다는 의미에서) 물질적 풍요를 누릴 것이라는 가정. ② 모든 사람들의 타고난 능력이 양적·질적으로 같다는 가정. 엄밀히 말해서 이것은 모든 사람들이 선천적인 유전적 결함도 없고, 후천적인 장애도 없고, 특별한 수학적 혹은 음악적 재능도 없다는 것을 의미한다. 이 두 가지 가정을 받아들일 경우, 공산주의에 존재하는 제약은 오로지 시간밖에 없다. 인간이 불사의 존재가 되지 않는 한, 공산주의에서도 시간은 희소자원이 될 것이다. 그렇지만 앞의 두 가정도 인간이 불사의 존재가 된다는 가정만큼이나 비현실적으로 보인다.

유토피아적이라고 할 수는 없지만, 확실히 틀렸다고 말할 수 있는 내용은 다음과 같은 것들이다. ① 인간이 고차원적 이타주의를 발전시킬 수 있다는 가정. 고차원적 이타주의란 물질적인 복지뿐만 아니라 '사회'

를 위해 자신의 인격개발까지 희생하는 것을 말한다. ② 각 개인이 자신의 모든 잠재적 능력을 완전히 개발하고 사용할 수 있다는 관념. 이것은 자신의 잠재력 가운데 어느 하나만 개발하거나 혹은 그 능력에만 집착하지 않는다는 뜻이다. ③ 사회적 결정이 갈등 없이 만장일치로 승인 또는 채택될 수 있다는 관념. ④ 경제적 활동을 종합계획을 통해 완전히 조정할 수 있다는 가정. 이 모든 가정들은 이론과 경험의 측면에서 너무 나간 것이다. 그러므로 이러한 가정들을 바탕으로 변혁을 추구하는 것은 무모한 일로 보인다. 물론 그 가정들 중 한두 가지는 타당할 수도 있다. 그러나 심리학, 경제학, 정치학의 이론과 경험에 비추어볼 때, 그 가정들은 결코 타당하다고 할 수 없고, 첫 번째 가정은 물리학과 생물학의 진리와 어긋난다. 물론 인간과 사회는 변할 수 있다. 그러나 무한정으로 변할 수 있는 것은 아니다.

마르크스의 견해는 궁극적으로 유기적인 성격을 띠고 있다. 마르크스가 생각한 공산주의는 자발적으로 협력하는 생산자들의 사회였다. 이 사회는 세포들이 공동선을 위해 함께 일하면서도 각 세포가 자신의 관점에서 전체를 반영하는 인체와 비슷하다. 그런 사회는 지금까지 존재한 적이 없다. 그런 사회가 오리라고 믿는 것은 재앙을 부르는 일이다. 마르크스는 공산주의를 윤리적 개인주의의 관점에서 이해했을 뿐, 실제로 사회를 조직할 때에는 개인들의 가능성과 한계를 고려해야 한다는 사실을 알지 못했다. 마르크스가 그런 사실들을 고려했더라면 목표를 낮추었을 것이며, 그가 설정한 목표들의 실현가능성도 높아졌을 것이다.

공산주의가 오려면 두 가지 조건이 갖추어져야 한다. 첫째, 생산력이 발전하여 공산주의가 생존 가능한 수준이 되어야 한다. 그래야 공산주의가 자본주의를 당장 혹은 궁극적으로 앞지를 수 있다. 둘째, 노동자들이 (그리고 그의 동맹이) 정치권력을 장악하고 공산주의적 생산관계를 수립해야 한다. 이 조건은 다시 두 개로 나뉜다. ① 노동자들이 권력을 가질

기회가 있어야 하고, 지배 계급이 이를 물리력으로 진압할 수 없어야 한
다. ② 노동자들이 권력을 갖고자 하는 동기가 있어야 한다. 그러기 위해
서는 노동자들이 자본주의에서의 삶에 좌절하고 불행을 느껴야 하고, 공
산주의가 더 우월한 체제이며 생존 가능하다고 믿어야 한다.

　자본주의의 발전과정에서 이러한 조건들이 모두 어떻게 갖추어질 수
있는지에 대한 설명이 마르크스의 혁명론에는 없다. 따라서 그의 혁명론
을 따른 후일의 마르크스주의자들은 두 가지 위험에 직면해야 했다. 하
나는 때 이른 혁명의 위험이다. 이것은 혁명사상은 앞서 가는데 그 나라
의 상황은 빈곤하여 공산주의를 할 정도로 성숙되지는 않은 경우에 혁명
을 일으키는 것을 말한다. 또 하나는 선제(先制) 혁명의 위험이다. 이것
은 혁명이 발생할지도 모르는 위험 상황을 타개하기 위해 위로부터 개혁
이 추진되는 것을 말한다. 지난 세기에 우리는 때 이른 혁명의 사례를 많
이 보았다. 현존하는 공산주의 국가들이 언젠가 자본주의를 앞설 가능성
이 없는 것은 아니며, 따라서 나중에 자신들의 혁명을 소급적으로 정당
화할 수도 있다. 그러나 이런 일이 일어나리라고 믿을 만한 합리적인 근
거는 없다. 그런 의미에서 마르크스의 일생의 과업은 실패했다. 그것이
마르크스에게 가장 중요한 문제였으므로, 그렇게 말할 수 있다.

　그러나 마르크스의 영향은 결코 마르지 않는 샘처럼 계속되고 있다.
오늘날 도덕적 측면에서 혹은 지적인 측면에서 전통적인 의미의 마르크
스주의자가 되기는 불가능하다. 과학적 사회주의, 노동가치설, 이윤율
하락 이론 등 마르크스가 중요하게 여긴 이론들 전부 혹은 대부분을 그대
로 받아들이기 어렵기 때문이다. 그러나 전통적인 의미와는 약간 다른
의미에서 마르크스주의자가 될 수는 있다. 착취와 소외에 대한 비판은
여전히 중요하다. 모든 사람들이 오직 인간만이 할 수 있는 일 — 창조하
고, 발명하고, 지금보다 더 나은 세계를 상상하는 일 — 을 할 수 있도록
해주는 사회가 더 좋은 사회일 테니까.

욘 엘스터 Jon Elster, 1940~

노르웨이 정치학자로 로머(J. Roemer), 코헨(G. A. Cohen), 쉐보르스키(A. Przeworski) 등과 함께 이른바 '분석적 마르크스주의'(*Analytical Marxism*)를 대표하는 인물이다. 파리 소르본느대학교에서 박사학위를 받고 1970년대 후반부터 활발한 저술활동을 벌여 마르크스주의, 사회과학철학, 합리적 선택이론, 신고전파 경제학, 공공선택이론 등 다양한 분야에 걸쳐 수십 편에 달하는 논문과 저서가 있다. 노르웨이 오슬로대학교 교수, 미국 시카고대학교 교수를 거쳐 현재 미국 컬럼비아대학교 교수로 있다. 노르웨이 과학문학원 회원이며, 미국 예술과학원 회원이다. 대표적인 저서로는 *Logic and Society* (1978), *Ulysses and the Sirens* (1979), *Sour Grapes* (1983), *An Introduction to Karl Marx* (1986), *Nuts and Bolts for the Social Sciences* (1989), *The Cement of Society* (1989), *Local Justice* (1992), *Political Psychology* (1993), *Addiction: Entries and Exits* (1999), *Alchemies of the Mind: Rationality and the Emotions* (1999), *Ulysses Unbound* (2000), *Closing the books: Transitional Justice in Historical Perspective* (2004), *Retribution and Reparation in the Transition to Democracy* (2006) 등이 있다.

진석용 秦錫用

서울대학교 정치학과를 졸업하고 같은 대학교에서 석사·박사 학위를 받았으며, 일본 쿠마모토학원대학교 교환교수와 미국 오하이오주립대학교 객원교수를 지냈다. 현재 대전대학교 정치언론학과 교수로 있다. 저서로는 《마르크시즘 100년: 사상과 흐름》(공저, 1984), 《칼 마르크스의 사상》(1992), 《한국정치·사회개혁의 이념적 기초》(공저, 1998), 《베이컨의 신논리학》(2012), 《양심적 병역거부와 대체복무제》(공저, 2013) 등이 있고, 역서로는 《신기관》(2001), 《서양정치철학사》(공역, 2007), 《리바이어던》 1·2(2008), 《무정부사회》(2012) 등이 있다.

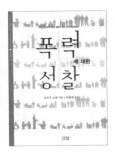

폭력에 대한 성찰

2008년
대한민국학술원
우수학술도서

조르주 소렐 지음 | 이용재(전북대) 역

"모든 억압들을 전복하라!"

20세기 혁명적 생디칼리즘의 성서

이 책에서 조르주 소렐은 제도화된 개량 사회주의에 반기를 들고 프랑스 특유의 노동운동노선인 혁명적 생디칼리즘을 제시한다.

446면 | 18,000원

도덕과 입법의 원리서설

제러미 벤담 지음 | 고정식(연세대) 역

"벤담 공리주의 사상의 원천"

최대 다수의 최대 행복은 삶의 궁극적 목적이다

저자는 다양한 사례와 사상의 논거를 통해 공리주의의 개념과 합당성을 제시한다. 인류의 철학사, 사상사 속 공리주의의 의미를 돌아보게 하는 역작.   528면 | 30,000원

리바이어던 ①②
교회국가 및 시민국가의 재료와 형태 및 권력

토머스 홉스 지음 | 진석용(대전대) 역

"만인의 만인에 대한 투쟁에서 어떻게 벗어날 것인가"

현 세계질서에서도 시의성을 잃지 않는 불멸의 고전

이 책은 어떻게 정치질서와 평화를 구축할 것인가를 체계적으로 이론화한 고전 중의 고전이다. 또한 근대 정치 '과학'의 출발점이기도 하다.

480~520면 내외 | 각권 28,000원

충족이유율의 네 겹의 뿌리에 관하여

아르투어 쇼펜하우어 지음 | 김미영(홍익대) 역

"쇼펜하우어 철학의 핵심!"

인식 주체의 선천적 능력에 대한 쇼펜하우어 철학의 핵심작품

저자는 '원인'과 '인식 이유'를 구별하지 않아 생긴 철학적 혼란을 비판하고, 칸트를 비판적으로 계승하여 생성, 인식, 존재, 행위라는 충족이유율의 네 겹의 뿌리를 치밀하게 논증한다.   224면 | 15,000원

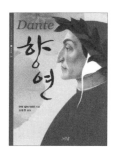

향연

단테 지음 | 김운찬(대구가톨릭대) 역

"단테 저술의 시작!"

단테를 이해하기 위한 첫번째 작품

단테 불후의 명작인《신곡》,《속어론》,《제정론》의 원전.

단테의 저술에서 이론적 논의를 띤 최초의 작품이자, 정치활동과 철학연구에 대한 성찰을 고스란히 담고 있다.   432면 | 25,000원

형이상학①②

아리스토텔레스 지음 | 조대호(연세대) 역

"존재에 관한 여러 각도의 사색"

"왜"라는 물음에서 인간과 전체 세계가 보인다.

전문화되고 파편화된 연구와 정보취득에 몰두하는 우리에게 인간, 자연, 세계를 아우르는 통합적 사유의 길을 제시하는 아리스토텔레스의 역작.   각권 464면 | 각권 28,000원